名校名城 苏州大学人文社科优秀学术专著资助出版

转型时期的媒介文化议题：
现代性视角的反思

陈龙 著

上海三联书店

目 录

绪　论

　　本世纪社会变迁最大的特点是媒介化社会的形成。所谓媒介化社会是指人类大部分社会生活、社会事件和社会关系都可以在媒介上发生、表演、运作的社会,媒介化社会的一个重要特征,就是媒介影响力已超越历史任何时候,传统媒体的式微与社交媒体的崛起,成为总体趋势,媒介生态的变革已是一日千里。

　　媒介文化的复杂性,表现为它总是与政治、经济、科技等有着千丝万缕的联系。马克·波斯特(Mark Poster)强调,自鲍德里亚开始,我们便在向"第二媒介时代"过渡。"在此过渡中,播放媒介的限制将会被突破,所以媒介政治将不会以现代主义所描述的面目出现。因此,新媒介可以被看成是正在创造现代立场所难以遏制的力量。"①媒介生态变革对媒介文化的影响较为深远,许多现象值得总结。改革开放以来,媒介文化在中国的发展迅猛,不可避免地带有全球化的色彩。作为一种体现现代性特点的文化样式,它既是资本全球性扩张的必然结果,又是资本全球性扩张在文化领域的具体体现。近 20 年来,媒介文化的变革频率、节奏都是全球其他地方所无法比拟的,因此,中国越来越成为全球媒介文化事件发生的第一现场,也是全球媒介文化创新实践的第一实验场,中国为世界提供了许多宝贵的案例。中国的媒介文化实践为学术研究提供了丰富的素材,也为中国的传播研究及文化研究风格、流派的形成创造了良好的条件。

一、媒介文化的本土现象与本土研究

　　20 世纪 80 年代末 90 年代初,"最早论及媒介文化的专题论文出现在 1990

---

① ［美］马克·波斯特:《第二媒介时代》,范静晔译,南京:南京大学出版社 2005 年版,第 22 页。

年"。① 20 世纪末 21 世纪初,中国媒介文化研究大致可以分为两个阶段:第一阶段主要是介绍西方媒介文化、文化研究理论。相关的研究集中在阐释西方法兰克福学派、英国文化研究派的研究成果;第二阶段大约在 2010 年前后,国内学者的研究论文、专著及教材相继问世,以媒介文化为研究对象的博、硕士论文逐渐增多,其中有些已经出版。学术期刊上发表的相关论文逐渐增多。学界对媒介文化的认识也开始发生转变,早期的研究者,基本上是循着大众文化、文艺美学的研究路径来进行研究,因而,基本秉持一种审美现代性的批判视角,并未将媒介文化视为一种新型文化形态。此时,学者周宪为媒介文化"正名",他指出,"这是一种全新的文化,它构造了我们的日常生活和意识形态,塑造了我们关于自己和他者的观念;它制约着我们的价值观、情感和对世界的理解;它不断地利用高新技术,诉求于市场原则和普遍的非个人化的受众……总而言之,媒介文化把传播和文化凝聚成一个动力学过程,将每一个人裹挟其中。于是,媒介文化变成我们当代日常生活的仪式和景观。"②第三阶段出现在 2017 年前后,媒介文化研究专业委员会成立,《媒介文化研究》集刊出版,聚集了一批来自传播学、文艺学、哲学研究的学者,开展跨学科研究,一大批优秀成果出版问世,特别是对用户自生成内容、后真相、网红以及数字文化等现象的关注,标志着媒介文化研究走向纵深。

媒介文化的研究肇始于 20 世纪英国的文化研究,文化研究传统也往往是把媒介文化作为具体的研究对象。中国媒介文化研究也常常以英美文化研究为理论指导。中国关于媒介文化理论方面的研究始于改革开放以后。虽然在此之前,部分学者已经开始关注此方面的研究内容,但受意识形态斗争与复杂国际关系的影响,关于媒介文化理论方面的研究并未引起国人的重视。1971 年底,传播政治经济学派的健将达拉斯·斯麦兹(D. W. Smythe)访问中国,并应邀在北京大学做了一场题为《大众传播与文化革命:中国的经验》的研究报告,这是国人较早接触西方媒介文化理论研究的开端。改革开放以后,随着中外学术思想界交流的频繁,关于西方媒介文化理论方面的研究才开始引起国人的高度重视。1986 年 8 月,在第二次全国传播学研讨会上,媒介文化理论研究问题

---

① 赵勇:《媒介文化源流探析》,《河南社会科学》2009 年第 1 期。
② 周宪、许钧:"文化和传播译丛""总序",见[英]尼克·史蒂文森《认识媒介文化:社会理论与大众传播》,王文斌译,北京:商务印书馆 2013 年版。

得到了前所未有的重视。此后,作为传播学理论研究重要组成部分的媒介文化研究成为中国传播学发展浪潮中的主要力量之一,为推动中国本土传播学研究和媒介文化研究走向国际起到了重要作用。

本土的媒介文化研究在四个层面上展开:

第一是对西方理论资源的译介和阐释

中国本土媒介文化研究是从译介和阐释西方文化理论开始的。早在改革开放之初的 1978 年,关于法兰克福学派的文章就开始在中国的期刊上被译介发表。进入 20 世纪末期,相关译作开始多了起来。其中有马尔库塞的《工业社会与新左派》(任立编译,商务印书馆 1982 年版),《现代美学析疑》(绿原译,文化艺术出版社 1987 年版),《单向度的人》(刘继译,上海译文出版社 1989 年版),阿多诺,霍克海姆的《启蒙辩证法》(洪佩郁、蔺月峰译,重庆出版社 1990 年版),哈贝马斯的《交往行动理论》第一卷、第二卷(洪佩郁译,重庆出版社 1993 年版),卢卡奇的《理性的毁灭》(王玖兴等译,山东人民出版社 1997 年版),《历史与阶级意识》(商务印书馆 1999 年版),阿尔都塞的《保卫马克思》(商务印书馆 2010 年版)等等。这些哲学、社会学、西方马克思主义著作对刚刚起步的中国本土传播学研究启发很大,但他们毕竟不是专门介绍西方传播学理论或媒介文化理论的,因而,对媒介文化研究影响有限。直到 21 世纪初,译介西方媒介文化或文化研究的著作开始集中化和专门化。比较有影响的译著有周宪、许钧主编的"文化和传播译丛"(商务印书馆),张一兵主编的"当代学术棱镜译丛·媒介文化系列"(南京大学出版社),李陀主编的"大众文化研究译丛"(中央编译出版社)等,罗钢、刘象愚主编的《文化研究读本》(中国社会科学出版社),陶东风等主持翻译的《文化研究导论》(高等教育出版社),《文化研究精粹读本》(北京大学出版社)等。这些译著、译作的出版,给我国的媒介文化研究界打开了一扇窗,

2010 年以后,何道宽逐步翻译了麦克卢汉的原著以及有关对麦克卢汉评论、研究的相关著述,并对麦克卢汉的媒介文化理论作了深入的研究。何道宽翻译了麦克卢汉的《理解媒介——论人的延伸》《麦克卢汉如是说——理解我》以及《机器新娘——工业人的民俗》,其中前者是麦克卢汉的成名作,在我国学术界引起了巨大的反响,为许多传播学、社会学及哲学研究者所借鉴。此外,他还翻译了菲利普·马尔尚著的《麦克卢汉媒介及信使》、保罗·莱文森的《数字麦克卢汉——信息化新纪元指南》、埃里克·麦克卢汉和弗兰克·泰格龙编的《麦克卢

汉精粹》等。何道宽根据麦克卢汉隐而不显的媒介观念,推导出一个最为广泛、无所不包的定义:媒介是人的一切外化、延伸、产出。一句话,媒介是人的一切文化。由于麦氏所研究的媒介涉及到人类生活的一切领域和一切层面——衣食住行、机器电力、语言文字、娱乐游戏、科学技术、艺术世界,所以,麦氏的研究对人文科学和社会科学各个领域各个层面的研究人员都不乏教益和启示价值。因此,何教授对麦克卢汉的研究成果对诸多研究领域都具有重要的贡献。

随着西方理论的译介,国内关于法兰克福学派、英国文化研究、麦克卢汉等的研究日益增多,这些研究都对西方文化理论投射了一种本土视角和本土理解。总体看,表现为以下几个方面总体趋势和特点。

1. 对法兰克福学派媒介文化思想的研究

近 20 年来,国内关于法兰克福学派的研究较多,许多学者从哲学、社会学、文化学角度展开思考,取得了一批丰硕的成果。就法兰克福学派的媒介文化思想研究而言,有几位学者的研究值得关注。许正林在他的《欧洲传播思想史》一书中,较为全面、透彻地阐释了法兰克福学派关于媒介文化的核心思想和理论。他指出,法兰克福学派侧重于从政治、经济和社会结构层面去研究媒介文化。法兰克福学派"坚持一种'强烈价值介入'的定性研究。他们将马克思的异化理论和卢卡契的物化理论引入大众传媒批判理论之中。在法兰克福学派看来,大众传媒并没有带来人的自由与解放,而是导致了文化的异化和物化。"[1]在资本主义社会大众传媒已经完全资本化了,成为国家机器和利润之源的重要组成部分。此外,大众传媒还带有文化霸权性质。法兰克福学派关注文化工业,他们认为"文化工业产品永远带着批量生产的物化特征,机械复制导致精神生产的个体独创性的消失。"[2]法兰克福学派批判文化工业,实际上是将大众文化置入媒介文化的框架中进行的,某种意义上说,它批判的其实就是欧美早期媒介文化现象。许正林分析了法兰克福学派代表人物马尔库塞的理论贡献,认为马尔库塞对大众媒介影响力的概括较为深刻。马尔库塞的核心观点是"富裕社会凭借'大众传

---

[1] 许正林:《欧洲传播思想史》,上海:上海三联书店 2005 年版,第 247 页。

[2] 许正林:《欧洲传播思想史》,上海:上海三联书店 2005 年版,第 247 页。

播媒介'如电视、广告、电影、广播等手段,消灭了从思想上颠覆和改变现状的文化"①,"在大众传播媒介的诱导下,人们在消费过程中,不断得到一种虚假的满足","大众传媒和其造就的'文化工业'在使人成为'单向度'的人的过程中起着决定性的影响"。② 这些观点都切中肯綮,找到了法兰克福学派的思想核心。

学者姚文放在其《法兰克福学派大众文化批判的"症候解读"》(《清华大学学报》2016 年第 4 期)对法兰克福学派的相关理论概念的来龙去脉进行了辨析,其独到的发现是对"文化工业"概念的理解。他认为,"文化工业"的提出,有其现实的针对性,阿多诺置身的时代变故,为"文化工业"的内涵提供了特定的语境。在他看来,文化工业的产品不是艺术品而是商品,它是受到经济动机的驱使、为在市场上销售而被生产出来,因此文化工业的生产和消费离不开资本运作的普遍法则,服从商品交易的逻辑。另一方面,大众媒介都受到现代技术的支撑,但也因此而沾带了机械复制的弊端,文化工业产品都不可避免地包含着机械重复的因素,采用了大规模、标准化的生产方式。总之,"文化工业"颠覆了由康德确立的美学原则"无目的的合目的性",而代之以"有目的的无目的性"的信条。就是说,在经典美学中被视为"无目的性"的艺术和文化,在资本主义时代都变成"有目的"的了,而且是"市场所声明的目的"了。另一方面,阿多诺所理解的"文化工业"中还包含着另一层复杂交织,即资本主义与法西斯主义的彼此呼应。此二者之间的默契来自它们的共同特点:总体性。在阿多诺看来,资本主义的总体性表现为将所有差异性的局部和个体统合起来,纳入商品拜物教的同一整体之中,拜物教不仅成为商品的唯一经济特性,而且扩展到了社会生活的方方面面。在阿多诺看来,这种标榜"总体性"概念的极权主义,与法西斯主义无甚区别。③

陈振明在他的《当代资本主义社会变化了的文化模式——法兰克福学派对大众文化的批判》(《哲学研究》1995 年第 11 期)较早对"文化工业"概念进行辨析。他认为法兰克福学派提出了三个密切联系但又有所区别的概念,即"肯定文化"(affirmative culture)、"大众文化"(mass culture)和"文化工业"(culture industry)。这三者在该学派历史上也是依次出现的。陈振明通过辨析,揭示概

---

① 许正林:《欧洲传播思想史》,上海:上海三联书店 2005 年版,第 289 页。
② 许正林:《欧洲传播思想史》,上海:上海三联书店 2005 年版,第 292 页。
③ 姚文放:《法兰克福学派大众文化批判的"症候解读"》,《清华大学学报》2016 年第 4 期。

念的演变过程,法兰克福学派经历不同阶段的认知,他们对现代资本主义国家特别是法西斯主义国家利用大众传播媒介操纵大众心理和意识有痛切的感受,对文化工业的批判是他们对当代科技发展对文化手段尤其是大众传媒影响的评估,以及对当代资本主义社会中变迁着文化模式的反思。

尤战生在其《流行的代价——法兰克福学派大众文化批判理论研究》一书以及《法兰克福学派对发达资本主义大众文化的批判》(《理论学刊》2003 年第 3期)、《大众文化与心理控制——法兰克福学派大众文化批判的心理学维度》(《山东社会科学》2003 年第 5 期)等系列论文中,对"大众文化"概念作了深入的剖析,并立足政治经济学角度对大众文化进行批判,揭示出文化工业的拜物性。作者立足当代视域对法兰克福学派大众文化批判进行反思,考察了法兰克福学派的大众文化批判理论对我国当代媒介文化的启示,结合我国当代媒介文化的现状及我国当代文化建设的任务,探讨这一理论对我国当代文化建设的意义。刘建明对法兰克福学派文化政治进行了研究,尤其分析了哈贝马斯的交往行为理论,认为哈贝马斯对传媒对公共领域政治功能异化的揭示具有很大的价值意义。在哈贝马斯看来,"大众传媒是信息和意见传播的平台,是非商业性、非政治性的,在公共领域中承担重要的责任,然而,大众传媒最终颠覆了公共领域,大众传媒培养了消费者的消费意识,剥夺了他们的批判机会,传播技巧越成熟,操纵民意就越彻底"。[①] 法兰克福学派认为大众传播媒介造成的大众趣味影响了所有的人。大众传媒和文化工业实现的社会控制是一种潜移默化的控制,它一直深入到人的本能结构之中。张羽佳、曲径的《法兰克福学派大众文化批判理论的得与失》(《哈尔滨工业大学学报》2003 年第 2 期)一文,对法兰克福学派的理论作了客观冷静的分析,认为法兰克福学派在对大众文化进行批判的过程中,由于缺乏辩证的态度,其精英主义的文化姿态造成了这一批判理论存在内在缺失。

2. 对英国文化研究派理论观点的介绍和研究

国内英国文化理论进行全面深入研究的传播学者,杨击以英国文化研究为枢纽并溯源其思想文化源流,从文化观念、批判方向和意识形态三个方面入手,对威廉斯、霍尔等数十位对英国传播理论发展产生重要影响的人物及其研究作

---

① 刘建明:《西方媒介批评史》,福州:福建人民出版社 2007 年版,第 475 页。

了详略不等的评述。① 杨华的《英国文化研究学派的媒介文化理论述略》(《新闻界》2005 年第 6 期)指出,大众传媒是当代资本主义的主要意识形态工具,传播过程的复杂化意味着凭借霸权代码生产主流意识形态这一传统在当代面临的重大挑战。"编码/解码"理论实际上承认了意识形态诸策略的偶然性和易变性,揭示了意识形态构建过程中生产的权力关系与消费的权力关系并不完全吻合的传媒现实。② 秦志希等人对英国文化研究派以及现代意义的概括也是比较准确的。他认为,英国文化研究学派既开创了当代文化研究的传统,也同时为媒介文化研究奠定了基础。比如雷蒙德·威廉斯(Raymond Williams),他对"文化"一词的重新定义对当代文化研究具有重要的意义。威廉斯扩展文化的意义,将文化由原来人们认定的狭窄的"高级精神产品"延伸为人类学意义的"整个生活方式",把文化视为"与我们的日常生活成为同义的",这就将大众的生活方式纳入到了"文化"的范畴之内。而在事实上,媒介已深入日常生活的方方面面,威廉斯扩展文化的含义,也就为媒介文化研究确立了理论的合理性。文化研究学派在很大程度上受阿尔都塞的结构主义意识形态理论和葛兰西文化霸权理论的影响,其另一重要成员斯图亚特·霍尔(Stuart Hall)"特有的贡献,就是将经过意识形态编码的文化诸形式与受众的解码策略联系起来"。霍尔着力探讨社会统治阶层的意识形态如何借助传媒的力量使之成为全社会的意识形态,他充分肯定了大众传媒在意识形态播散过程中的重要性,看到编码解码所呈现的复杂性:"这完全进入到争夺意义的斗争之中——语言中的阶级斗争"。霍尔使意识形态成为文化研究包括媒介文化研究中的重要的概念之一。③

3. 后现代主义的媒介文化研究

后现代主义的媒介文化研究,围绕着西方后现代"不确定性"以及后现代消费主义展开研究。姜华在其博士论文《大众文化理论的后现代转向》中,以利奥塔、福柯、博德里拉、杰姆逊等为代表的后现代理论家对大众文化的研究相对于早期以法兰克福学派为代表的大众文化批判理论研究来说,在内容和价值评价

① 杨击:《传播·文化·社会——英国大众传播理论透视》,上海:复旦大学出版社 2006 年版。
② 杨华:《英国文化研究学派的媒介文化理论述略》,《新闻界》2005 年第 6 期。
③ 秦志希等:《"媒介文化研究"笔谈》,《武汉大学学报》2005 年第 4 期。

上都体现了一种整体的转向,赋予了后现代大众文化以合法性,并为大众文化的广泛发展提供了理论基础。后现代主义理论家认识到了由景观、影像所决定的先进的资本主义、消费主义和媒体社会所经历的变化,他们充分发展了一种突破传统界限的、更加广义的艺术理论,通过引入大众文化打破了高雅和低级艺术的对立,进一步拓展了大众文化的合法性空间,为大众文化发展提供了理论背景。也正因为如此,后现代主义的大众文化批判理论相对于早期大众文化批判理论而言,在整体上体现了大众文化理论研究与价值评价的转向。因此,要正确评价和认识西方当代大众文化批判理论的发展,全面把握大众文化的深层本质和特征,分析大众文化的积极功能和负面影响,以求对大众文化有一个全面认识,引导中国大众文化的健康发展,为 21 世纪的中国大众文化和文化发展提供一种合理化借鉴。兰州大学刘涛的学位论文《后现代主义文化逻辑研究》指出,后现代主义在一种难以把握的不确定性中反映出当下社会复杂多元的现实,并希望通过对以现代主义为代表的传统文化体制的否定和反叛,以颇具自我毁灭感的特立独行的精神表达对晚期资本主义制度的抗争以唤起人们对当代新的社会问题的思考和反省。在同晚期资本主义社会的斗争后,后现代主义回归冷静的思考,在对现代社会问题的反思中描绘出后现代世界的理想画卷,通过对生态科学、稳态经济和共同体发展的设计和展望表达出一种平等博爱的生态构建维度和对道德价值感的追求以及对内在联系的世界中人类创造性的崇尚。郑祥福的《大众文化批判:西方马克思主义的文化转向》认为大众文化是当代西方资本主义发展的重要领域,对大众文化的批判涉及当代资本主义政治、经济、意识形态等诸方面,是西方马克思主义的一种表现形态。对大众文化的批判是 20 世纪五六十年代以来西方马克思主义的一个转向,这一转向是与当代资本主义发展的现实密切相关的。决定大众文化批判理论是不是西方马克思主义的主要依据在于:这一批判理论的立场与出发点。[①]

  在对后现代主义文化学者的研究方面,杰姆逊、费瑟斯通是备受关注的学者。佟立的《后现代主义文化的心理逻辑阐释——关于弗雷德里克·杰姆逊的文化理论研究》(《天津师大学报》1997 年第 5 期)一文认为,杰姆逊所建构的后现代文化心理逻辑——深度消失、历史意识消失、主体消失、距离感消失等理论,

---

① 郑祥福:《大众文化批判:西方马克思主义的文化转向》,《国外社会科学》2018 年第 2 期。

具有划时代意义,引起了西方哲学、美学、文艺学、历史学等领域有关后现代主义问题的广泛而深入的论争。而他关于后现代文化心理逻辑的表述,对揭示当代西方社会文化的新特点、新趋势有很高的指导意义。李媛媛的《杰姆逊的后现代主义与大众文化理论浅析》(《大众文艺》2018 年第 15 期)介绍杰姆逊的《晚期资本主义的文化逻辑》一书主要分析了西方社会出现的后现代主义文化现象,对后现代主义的研究应当注意的是时代的发展变化和社会生活的历史变迁,在当今资本主义经济转型的社会中考察后现代主义这种文化现象,正是基于这一研究使杰姆逊关注到后现代主义的大众文化,指出后现代主义的大众文化是晚期资本主义文化的产物,有着无深度感、无主体性等特点。刘乃歌的博士论文《费瑟斯通后现代主义消费文化理论研究》试图从社会学、文化学、美学、大众传播学四个领域的理论视角,深入挖掘费瑟斯通后现代主义消费文化理论的内涵,阐述后现代主义是如何兴起的,又如何成为一个强大的、富有影响的文化思潮,并指出消费文化主要关照的是具体的消费实践所体现的消费快感 W 及审美特征。这种特征主要体现为后现代社会的消费者追求风格的多样性,消费文化能更直接地养成人们的个性及与他人的差异性。正是由于费瑟斯通解释后工业社会文化状况的独特视角,从而深刻阐述了如下重要的问题:他回答了如何区分文化的价值 W 及我们应该怎样在当下活着这样的终极问题。这是费瑟斯通后现代主义消费文化理论给我们启示所在,也是该论文选题的意义所在。

第二是本土媒介文化理论的研究

1. 媒介文化的价值研究

这里所说的"价值"包含两层意思,一指媒介文化产品的市场价值,一指媒介文化价值指向问题。传媒产品是一种劳动产品,它是传播者运用传播工具,通过创造性的劳动,将信息资源整理、加工而形成能够发挥正确导向作用的舆论宣传工具,或者形成能够满足受众需求和欲望的传媒商品。肖凭的《论传媒产品的价值分割与财富分配》(《山东社会科学》2007 年第 1 期)、李松龄的《传媒价值的分割》(《湖南大众传媒学院学报》2005 年第 3 期)都讨论到"传媒价值"的概念,认为传媒价值的分割可以价值决定为依据,也可以斯密的三分法为依据。前者能够保证公平,后者有利于提高效率。在社会主义市场经济条件下,传媒产品既有政治属性,能够作为舆论宣传工具;又有经济属性,能够作为商品生产和商品交换,传媒价值的分割从而是一个需要研究的问题。科学分割传媒价值,能够促进传媒经济的发展。尽管传媒产品曾被作为舆论宣传工具,只有政治属性,但随着社会主义市场经济体制的不断完善和传媒体制的不断创新,它的经济属性也越来越明显,而且也越来越重要。许多传媒既有政治属性,也有经济属性,而且越来越多的传媒产品被作为商品生产和商品交换。劳动力的价格就是工资,资本的价格就是利息,土地的价格就是地租。传媒价值也就需要分割为劳动工资、资本利息和土地地租。只有这样,才能充分调动不同所有者有效配置生产要素的积极性、主动性和创造性。昝廷全提出了传媒价值定律,他在其文章《传媒价值定律的实证研究》(《中国传媒大学学报(自然科学版)》2008 年第 4 期)中指出,一个传媒的价值取决于它所镶嵌的竞技系统的特征与规模,包括这个经济系统所覆盖的区域大小、人口构成、人口规模与经济总量。

影响媒介文化价值取向的因素有经济因素、政治因素以及科技因素。其中经济因素是关键性因素,媒介的产业化经营必定对媒介文化的价值取向产生深远的影响,使媒介文化趋向于对经济利益的追求。而科技的进步则使得人们自觉地对媒介文化的价值取向重新定义,充满了个性化和人性化的因素。要想正确引导媒介文化价值取向,首先需要求助于国家宏观调控的策略,其次,媒介机构与广大人民的自律也是必不可少的。坚持正确的媒介文化价值取向具有深远的意义,一方面有利于形成社会共有价值体系,引导人们积极地投入生产建设;另一方面有利于社会文化的净化,防止不良思想倾向的蔓延。此外,关于媒介文化价值问题还有朱春阳的《传播力传媒价值竞争回归的原点》(《传媒》2006 年第 8 期),吕吉胜、胡振辉的《浅谈大众传媒的价值取向》(《新闻传播》2004 年第 8 期),张福平的《社会公正作为公共空间的大众传媒之价值核心》(《河南大学学报》2006 年第 2 期),王倩的《文化比较视野中的传媒价值取向》(《山东师大学报》2002 年第 3 期)等。另有周笑所著的《重构中的媒介价值》一书,旨在探究在新经济环境中,如何有效认识并跟上飞速发展中的新媒体,以期实现媒介社会价值与经济价值的复合化良性增长。

2. 媒介与文化领导权问题

孟繁华在其著作《传媒与社会主义文化领导权》(山东教育出版社 2003 年版)以及《大众文化与文化领导权》(《文艺争鸣》2010 年第 3 期)、《媒体霸权与文学消费主义》(《当代文坛》2007 年第 3 期)、《传媒时代文化领导权的重建》(《辽宁大学学报》2004 年第 1 期)等文章中,对传媒与社会主义文化领导权问题进行了深入研究。这些文章追溯了文化领导权概念的由来,着重探讨了中国的文化领导权问题。他认为,现代传媒改变了传统的文化生产和传播方式,被称为"印刷资本主义"的早期现代传媒的出现,使人与人或群体与群体之间的交流无需再面对面就可以实现。生产和交流方式决定的以地域而形成的流派也代之以传媒为中心,更重要的是,传媒不只是工具,它是带着它的观念一起走进现代社会的。现代传媒在中国的出现是在现代化的追求中实现的,它适应了社会政治动员的需要。对国家与民族的共同体的认同,是被现代传媒整合起来的,或者说,是现代传媒推动或支配了中国思想文化的发展方向。① 张士海、施秀莉在他们的《文化领导权的本质、作用与实现》(《科学社会主义》2012 年第 1 期)一文中,认为文化领导权的本质是使民众认同和接受政党意识形态。文化领导权对于增强党的团结和确立社会价值导向具有重要作用。实现文化领导权需要政党的高度重视、民众的积极参与和运用科学的方法。房曼越在她的《葛兰西文化领导权思想的研究》(《法制与社会》2018 年第 29 期)一文中,通过阐述葛兰西文化领导权思想产生的时代背景和理论背景,深刻分析了文化领导权的内涵和内容,详细阐释文化领导权对于西方和对中国当下文化发展的影响。传媒是一种新型的权力,这个权力不只是话语权力,在其传播的过程中如果为民间社会所认同,它也就获得了"文化领导权",传媒和文化领导权的关系是密切联系在一起的。

3. 媒介文化批判与现代性问题

媒介文化与现代性之间具有诸多关联,厦门大学的荣耀军在其《现代性与媒介文化批评中的主体型像——从本雅明、麦克卢汉到鲍德里亚》(《厦门大学学报》2008 年第 3 期)中详解了媒介文化与现代性之间的一个关联"主体"问题,因为主体性是现代性的核心问题,在媒介文化中关于"主体"的理解,主要分为两种态度:第一,对媒介文化持批判态度的学者认为,媒介文化造成了理想的现代主体的坍塌;第二,对媒介文化持建设性态度的学者认为,媒介文化促成了一种新型现代主体的出现。荣耀军认为,分歧的根源在于现代性的复杂性以及不同学

---

① 王岳川:《媒介哲学》,开封:河南大学出版社 2004 年版,第 96 页。

者对现代性的多元反思与解读。刘水平在《媒介方式与文化现代性》(《宁夏社会科学》2006 年第 5 期)一文中认为,随着媒介方式的变迁,文化与产业、技术与审美、真实与现实、意识形态与媒介化和主体的生成,一切处于文化现代性漩涡中的核心问题必须面对新的检验。文化现代性工程现在必须面对的就是如何冲破媒介方式变迁带来的现实及理论困境。武鸿鸣的《媒介文化消费构建现代性的维度及意义》(《当代传播》2014 年第 4 期)提出了一个"媒介文化消费指数"概念,他认为,"媒介文化消费指数"是一个非常复杂的综合体系,包含诸多需要考量的现代社会文化消费状态内涵。从媒介消费的角度看,媒介消费指数在一定意义上能够对媒介传播力给予直观地呈现。现代社会价值文化趋势与社会现代进程的方向相互兼容。媒介文化消费是文化价值构建的在场行为。媒介文化消费的意义场域始终建立在社会现代性元素之上,因此,媒介文化在社会消费中弥漫着强烈的现代性引领意义。很显然,这类研究都带有很强的反思现代性的意识,将媒介文化置于审美现代性、社会现代性双重视阈下观察与分析,不仅可以见出媒介文化本身所具有的诸多审美属性,也有助于人们对其有更深层次的理解。

4. 关于媒介文化与女性主义问题

西方媒介研究常常将女性媒介使用作为一个考察和研究领域,成为媒介文化研究的一个重要领域,与"妇女研究"的社会学领域交叉、重合。在女性主义研究领域,本土的媒介文化研究具有非常独特的地位和作用。在理论发展方面,媒介文化为女性主义研究提供了不竭的活水之源;在社会实践方面,媒介研究为女性主义开启了社会权力建构的方便之门。在女性主义视野下,媒介研究只有具备了社会学、人类学层面上的女性意识,才能建构出自信的、快乐的、主动的、独立的女性形象,并最终创造出没有歧视与偏见的和谐共进的两性文化。具体到现代媒介文化研究,便是如何找到被男权媒介所遮蔽的女性的表达方式,进而揭示并表达出女性独特的生活体验或媒介体验。杨雨柯的《激进的女权标签——女权主义如何在媒介平台被污名化》(《新闻与传播研究》2014 年增刊)颇为值得关注。作者通过对广州三份传统媒体有关"女权主义"的 200 余篇报道进行文本分析,可以看出"女权主义"在传统媒体上被误读、被污名化的过程。她指出,媒体通过着重突出女权主义者、女权主义事件的激进情绪如激动、抗议、反驳的描写,对女权主义思想内核的误读,对女权主义符号的商业化消费等一系列或显性或隐性的方式,致使读者对女权主义误解,从而实现了对女权主义的污名化。杨嫚的《大众媒体与女性双性气质建构:以"女汉子"话语为例》(《云南民族大学学报》2014 年第 6 期)同样也值得关注。作者认为,"女汉子"一词作为新的"能指",反映出这样一种社会现实需求:打破纯粹男性气质/女性气质之间的界限,在话语表达中寻求性别多样重组的空间和可能。媒体的话语实践,或突出"女汉子"身上的性别对立与矛盾,或通过国家话语强调女性的劳动者角色,或对该符号进行大规模使用,使之"平常化"。传统的性别话语的隐藏其间,甚至再次强化了原有的性别二元对立。但这并不意味着它是无意义的。媒介的"女汉子"话语向我们展示了话语及意义的不稳定,以及微观权力的流动性。这一见解颇为独到。

女性主义政治意义需要放到当下消费社会的现实中来,才能看出其价值。彭小华在其论文《消费文化背景下媒介女性符号解读》(《西南民族大学学报》2005 年第 6 期)中,充分肯定了女性在当今社会中的主体地位及其与媒介文化不可分割的联系。消费在当今社会已经成为每个人的日常生活,成为经济发展的决定性力量,成为当今社会的主流意识形态。在农业文明和工业文明社会中,男性是文化中的核心和社会中的英雄,而在消费文化中,消费者是核心和英雄。在消费者的性别结构中,女性消费者所占据的比例无疑要大于男性消费者,成为消费的主体,在这里我们就需要重新考量和审视女性的地位。而作为大众传媒中坚力量的广告,也学会了迎合女性群体,他们开发了以女性为核心消费群的产品,策划以女性为核心诉求对象的广告。消费体现了女性在物质和文化两个层面上的权力,正是由于消费的主要实行者是女性,所以如果我们承认消费者的权力,就必然要承认女性在消费文化中所具有的中心地位,与此同时,文化研究视野中女性被贬斥、被边缘化的角色解读和对于媒介女性符号的悲观解读应该让位于与女性在消费文化中的地位相吻合的积极解读。

5. 关于媒介与消费主义问题

后工业化社会的一个重要的特征就是浮现出消费主义文化。消费主义是一种文化,表现为人民大众普遍的积极同意和主动实践,消费主义文化基于符号的创造,商品符号系统所体现的消费主义文化控制了人们消费的需求与欲望,控制了人们的价值选择和以价值选择为前提的制度的生产与再生产,而商品的符号象征意义的建立则极大程度上依靠媒体。罗雯在其《消费主义时代中国传媒的文化表现》(《理论月刊》2007 年第 1 期)中阐述了三个问题:第一,消费主义文化与中国媒体。中国由计划经济向市场经济转变,由一个农业国走向现代化的工业国乃至直接跨入后工业化社会,起源于西方社会尤其是战后美国社会中的消费主义正在渗透中国城乡社会的日常生活领域。随着中国加入,中国新闻事业领域的开放与改革,以及媒介产业的全球化精英,中国传媒顺应着消费主义文化逻辑发展,传媒文化实际上会与社会处于一个相互制造和产生的循环中。第二,在消费主义初露端倪的时代中国传媒的文化特征。主流媒体传播的宏观策略趋于平民化传播内容时尚化、娱乐化媒介传播的主体由政治、经济等领域中的楷模变为适应市场经济需要的成功人士以及娱乐界、体育界的明星传播途径呈现全球化特征。第三,中国传媒的价值取向。后工业社会传媒的兴起是建立在"精英文化"衰落的基础上的。消费主义在某种意义上通过渲染一种享乐主义的、物质主义的价值观及生活方式,在消解中国新闻传媒精英文化情节,摧毁着精英文化深厚的社会基础,因此罗雯在文章中提出了中国传媒文化应该具有的价值取向反抗奴役与异化。燕道成在其《消费意识形态建构中大众传媒的共谋》(《西安电子科技大学学报》2005 年第 4 期)中指出,大众传媒无疑是建构和再现消费意识形态的中坚,由于现代社会是大众媒介支配的社会,大众传播系统及广告声像作为消费文化的载体和符号,正充斥着人们的生活空间,操纵着人们的衣食住行和消费方式,它已经不仅是人们日常生活的策源地,而且成了人们生活世界的一部分,这就使它可以充分地发挥对人们的支配作用。

可以说,大众传播媒介的宣传和诱导是消费主义得以大众化的关键。李旺的《浅析现代传媒的消费主义倾向》(《兰州学刊》2005 年第 6 期),阐述了现代传媒的消费主义倾向的表现,以及如何理性地审视现代传媒的消费主义倾向。他指出,现代传媒的消费主义倾向具体表现在传播内容上由"生产方式报道"转向"生活方式报道",传媒主体形象由"消费偶像"逐渐取代"生产英雄",传媒解读经典的语态由"敬畏、尊奉"变为"背叛、颠覆"。面对这种偏移,我们要立足国情,以全球化的眼光正视传媒的消费主义倾向,站在"构建和谐社会"的高度,警惕传媒的消费主义倾向。曲慧、喻国明的《超级个体与利基时空:一个媒介消费研究的新视角》(《新闻与传播研究》2017 年第 12 期)提出了媒介消费研究的一个新视角,移动互联技术正在破除大众媒介在时间和空间上的不同垄断,同时不断赋予个体更大的权利和自由,使得"秩序"所必须的一致性与确定性在时间和空间上都被重新定义。该文以移动互联网时代的媒介消费行为特征为研究对象,在分析积极受众观解释力日渐缺失的基础上,提出以"超级个体"(Mega-individual)和"利基时空"(Niche time-space)新视角,在媒介消费研究中引入了"时空体积"(Time Space Volume Index)的概念,解释了媒介消费者的决策机制及其对产业发展的潜在影响。

第三是对网络亚文化现象的研究

这是中国本土媒介文化研究最为热闹的部分。我国较早介绍亚文化的文章是冯凭发表于 1984 年《文摘》杂志的《文化中的亚文化和反文化亚文化》。在这篇文章中作者第一次对亚文化、反文化的内涵、外延以及产生的社会动因等作了阐述。其后,1985 年《社会》杂志第一期,发表了王曙光的文章《青年亚文化社会功能浅析》,指出亚文化具有一般文化的社会功能,如价值观上的认同、协调人际关系、满足心理需要和人的社会化等等。文章认为,除此之外亚文化还有一些相对于主导文化的更为突出的社会功能,这主要体现在对外来文化的敏感、吸收和对内的灵活、多变这两个方面。20 世纪 80—90 年代的相关研究,一部分是文化学者(包括文学研究学者)在文化范畴内加以介绍,内容除了青年亚文化外还涉及犯罪亚文化、宗教亚文化、种族亚文化等,另一部分则是由社会学者从青少年研究角度来思考相关青年亚文化现象。

从 1984 年开始至 2018 年在国内出现的"亚文化"研究,共有 3222 篇相关论文,而"网络亚文化"概念显然是互联网产生后才出现的,从 1999 年开始在国内出现相关研究,至 2013 年达到最热。"网络亚文化"的多学科研究趋势也越来越明显,已深入到语言学、心理学、传播学、社会学等多个学科,并衍生出多个交叉学科主题。

进入 21 世纪以来,亚文化的相关研究才成爆发之势,大量的著作、大量的论文将亚文化研究推向深入。以 2010—2018 年中国知网(CNKI)资源库(期刊、学术辑刊、报纸、国内外会议、硕博士学位论文)为范围进行检索,发现以"亚文化"或"青年亚文化"为主题词的记录共 1289 条,经过筛选,确定 436 条为有效文献。如当前热门的"伯明翰学派亚文化理论、网络语言与亚文化、佛系亚文化、流行音乐"等相关的文献正与日俱增。以相关概念或理论关键词进行搜索,则有约

2000 多篇文献。总体看,我国学界尤其热衷于对于亚文化本土化问题的探讨。我国亚文化研究主要呈现以下几个特征:

(一)亚文化研究呈现多元化趋势

客观地说,新千年伊始的几年,与 20 世纪八九十年代的亚文化没有太大的区别,总体看比较多元。(1)多学科视角的亚文化理论探讨。涉及的学科主要有文化学、传播学、青年研究、文艺研究等,各学科从自身学科理论体系出发,思考相关的亚文化问题。这些不同学科主要探讨的理论有:青年亚文化与主导文化的关系、后现代主义青年亚文化、青年亚文化群体利益与文化表达权等。这些理论受伯明翰学派的传统研究路线影响较深,大多缺少理论创新。(2)亚文化族群研究。在传统大学生群体和都市青年群体之外,对边缘群体、边缘文化关注较多。新生代农民工群体、青年女性群体等成为重点研究对象。(3)媒介多元化背景下的亚文化研究。从大众传媒到网络新媒介的变迁亚文化也发生了变化,研究者的兴趣从影视作品、动漫作品、电视选秀节目等的亚文化转向新媒介的亚文化群体和亚文化行为。(4)主题内容多样化。从具体的研究内容来看,也体现了多元化的特点。林林总总的亚文化研究,表明网络亚文化研究开始走向多样化。

(二)青年亚文化研究成为主流

中国的青年亚文化研究起步较晚,但随着互联网逐步普及,青年亚文化也出现了一些新的形态。中国青年亚文化研究近十年来主要集中在青年网络语言行为的研究。

1. 挖掘网络流行语亚文化的“风格”特点。网络青年亚文化的一大表现形式就是网络语言。怪异、另类的网络语言是一种“风格”创造,这与早期欧美青年亚文化有相似性。例如,王英在她的《网络流行语现象解析》中指出,网络流行语是网友在虚拟空间发起的一场语言“狂欢”,其含义约定俗成,甚至成为集体认同的标识。(《新闻前哨》2009 年第 8 期)曾祥月也对网络流行语进行了分析,在他的《网络流行语的文化解析》一文中认为,网络流行语揭露的社会问题如楼房质量问题、政府公信力问题、社会资源分配不平等问题、公共安全问题、社会诚信等社会问题,引起了社会各界广泛思考。这些词在网络和现实生活中的大流行表现了网民对社会问题的关注,同时也表达了民意。(安徽大学 2011 年硕士论文)

王琦、巩彦博的《网络社交媒体环境下青年流行语的解读与思考》一文认为,青年网络流行语是青年寻求自身身份和文化认同的有效方式,同时也是青年用这一群体特有的方式表达对社会不满及进行抗争的话语表达途径,从很大程度上展现出了青年的社会境遇、社会心理和社会地位。(《山东青年政治学院学报》2018年第 3 期)

2. 对网络亚文化行为研究有鲜明特色。这突出地表现在对"恶搞""追星""御宅"网游"弹幕"等网络行为的研究上。例如,陈霖的《迷族:被神召唤的尘粒》(陈霖,2012),易前良、王凌菲的《御宅:二次元世界的迷狂》(苏州大学出版社 2012 年版),陈一的《拍客:炫目与自恋》(苏州大学出版社 2012 年版),曾一果的《恶搞:反叛与颠覆》(苏州大学出版社 2012 年版),顾亦舟的《黑客:比特世界的幽灵》(苏州大学出版社 2012 年版)等著作堪称这一时期青年亚文化研究的应时之作。这些研究可以说是对 PC 互联网阶段催生的网络一代亚文化现象进行的总结,但多数还是以大众读物为主,深层次的分析研究尚未出现。此后,赵彦的《"李毅吧"的网络亚文化现象研究》对百度"李毅吧"年轻网民群体的产生、发展、行为以及影响进行了分析(黑龙江大学 2017 年硕士论文)。这些研究,继承和运用了伯明翰学派"风格"研究的相关理论,同时又有所突破,这些年轻研究者没有把年轻网民的网络行为简单等同于朋克、光头党、嬉皮士等的标新立异的文化"风格",而是深入探讨这类亚文化产生的社会根源。

3. 重视网络青年亚文化的影响研究。这类研究通常由社会学研究、教育研究的学者研究较多,更多地对网络青年亚文化产生的社会影响做出理性的客观的研究。李庆瑞的《自媒体时代大学生网络亚文化的解读与反思》认为大学生网络亚文化有良性、中性、不良之分,其不良成分会对当下青少年产生不良影响。(《阜阳师范学院学报》2015 年第 4 期)裴淑雯的《网络亚文化传播对大学生群体网络人格的影响》也认为,网络亚文化在属性上有优劣之分,且极易影响大学生的文化观念和个人人格。(《新闻研究导刊》2016 年第 18 期)这些研究均是从传播学、教育学、犯罪学等学科理论视角对亚文化现象进行的思考,就网络亚文化的影响而言,还有待作深入的研究。

(三) 亚文化与消费主义的关系研究得到重视

1. 二次元与消费亚文化研究。消费亚文化是中国网络亚文化的一个重要领域。赵雅妮和刘海将亚文化置于当下消费社会中加以考察,在《青年文化的变奏:从"青年的反叛"到"青春审美"的文化消费》一文中,作者强调了亚文化的种种词汇和表征已经被文化工业和文化符号的设计者们改写,从而使青年们在假想的意义上经历着一场关于意识形态的政治颠覆活动,一场关于符号的游戏活动。(《北京青年政治学院学报》2012 年第 1 期)蒋文宁的《90 后大学生"二次元"式消费亚文化的解读》一文值得关注,作者指出,与以往亚文化主要指向阶级反叛不同,"二次元"式消费亚文化具有鲜明的后现代特点:与社会、科技发展相互造就,从阶级对抗转向科技与思维方式的反叛;身份认同主要指向个性化并与群体意愿保持一致;亚文化对主流文化产生技术性逆袭。(《广西师大学报》2018 年第 1 期)

2. 游戏、弹幕亚文化与商业逻辑研究。对这一领域的深入研究,有助于揭开游戏、弹幕流行的内在机理。潘晓婷的《网络游戏亚文化中的消费主义逻辑》指出网络游戏亚文化产生于消费,从一开始就在商业收编体系之内;网络游戏提供给人与现实生活无关的幸福感、满足感和愉悦感,其中诞生出的亚文化也因此缺乏对现实生活和意识形态的抵抗。(《青年记者》2018 年第 5 期)王一鹤的《商业逻辑下亚文化消费的发展——以 Bilibili 弹幕视频网站为例》一文以 Bilibili 弹幕视频网站为例,揭示这类商业网站在符合商业逻辑与媒介消费主义的同时,也有意识地将自己"亚文化"的定位进行宣传推广,获取特定青年群体的认同并且成为他们的中心,从而激发和形塑了青年亚文化的生成及流变。而与此同时,亚文化在新媒体语境下的生成方式也助长了亚文化与商业文化的关系构成。(《新闻研究导刊》2017 年第 18 期)

3. 粉丝亚文化研究这类主题的研究成果较多,比较有代表性的是蔡骐、陈霖、杨培、黄婷婷等人的研究。蔡骐的《网络与粉丝文化的发展》《正说"粉丝文化"》《粉丝型受众探析》运用涂尔干传统与韦伯传统的受众理论,对粉丝型受众的特性进行了分析,认为,在走向组织化的进程中,粉丝这一亚文化群体无可避免地成为文化产业链中的一环,消费主义和意识形态在消解其主体性的同时,还建构了一种二元对立的类型化幻象。事实上,粉丝虽然处于一定的社会结构制约中,但同时也是具有主观能动性的个体,对这一群体要作出反本质化的解读。(《国际新闻界》2009 年第 7 期,《学习月刊》2007 年第 5 期,《新闻与传播研究》2011 年第 2 期)陈霖等人的《青年亚文化的跨文化解读——对〈绯闻少女〉中美粉丝群的比较研究》,对中美粉丝对《绯闻少女》表现出的态度进行比较,揭示差异性的根本原因在于不同的社会在文化传统和价值取向方面的差异,包括个人价值、家庭伦理、自由精神、社会公正等诸多方面。如此的差异在基于新媒介的跨文化交流中得到暴露的同时也得到理解,从而为相互借鉴、融合、修正提供了广阔的可能性。(《深圳大学学报》2010 年第 5 期)黄婷婷、宋琴琴的《微博视域下的粉丝文化传播》一文对微博粉丝群体做了深入的分析后认为,粉丝与明星之间存在一种特别的关系,这是一种与现实社会关系相区别的"伪社会互动关系",近距离狂欢取代了远距离膜拜。参照"盗猎者"理论,粉丝们掠夺并整合明星各类支离破碎的文本信息,并采用转译、拼贴、挪用等各种方式对其进行解读与重构,将粉丝的追星行为转化为一种偶像制造的生产行为。在微博粉丝文化传播中,文化交往的中心难以维持固定的关系,粉丝间的交往结构发生着不断的塌陷、转移和重建,从而构建出一种新型的社交文化生态。(《编辑之友》2016 年第 10 期)倪东辉、程淑琴的《网络粉丝文化研究》从网络粉丝文化的表征入手,探讨网络粉丝文化中语言的象征性、隐喻性、周期性,对网络粉丝间的群体关系以及形成的交往模式进行分析,提出了网络粉丝文化看似杂乱和非理性的表征是基于现实社会映射的文化内涵。(《蚌埠学院学报》2013 年第 1 期)殷慧龙的《新媒体环境下粉丝文化资本探究——以"虎扑体育论坛"为例》一文,从粉丝研究的视角出发,采用人类学民族志的研究方法,以"虎扑体育论坛"为研究对象,将粉丝在论坛中的实践活动作为切入点,运用布尔迪厄的"文化资本"理论来探究这样的实践活动产生了怎样的文化资本,而这些文化资本对粉丝群体有怎样的意义。(华东师范大学 2017 年硕士论文)这一研究视角富有新意。

相关的研究还很多,这些成果都是从不同角度对网络消费亚文化作的不同侧面的研究,揭示了网络亚文化在当下消费社会中所表现出的种种特征。

(四) 技术变革背景下的新型亚文化成为研究的重点

新媒体技术变革带来了亚文化传播的新动向,数字媒体、数字传播等成为亚文化研究关注的新对象。中国网络亚文化传播机制研究,源自网络 Web2.0 技术的普及,很快形成自身的传播机制。吴迪、严三九的《网络亚文化群体的互动仪式链模型探究》一文指出,随着数字化技术的不断发展,公共领域与私人空间的界限愈加模糊,中国互联网空间涌现出了大量虚拟的亚文化群体。它们以网络为基地、个性为纽带,传播着另类的文化形式,并创造出共同的群体符号与情感连带,成为了互联网上一股不可忽视的巨大力量。(《现代传播》2016 年第 3 期)林品的《从网络亚文化到共用能指——"屌丝"文化批判》,富有新意地提出了亚文化"共用能指"传播的社会学意义。作者认为,亚文化语词表达了特定虚拟社区的亚文化群体对于既得利益者主导的新主流文化叙事的犬儒式抵抗,但它的想象性解决方案最终只能生产出既有权力结构的封闭循环。"屌丝"在网络空间的播散,使自身成为一种共用能指:亚文化群体、主流消费者、资本力量甚至官方宣传机器争相借重这个能指,合力推动了它的流行。但"屌丝"符号体系对"穷""富"对立的凸显,并不意味着对阶级议题的强调,反而是"屌丝"能指的超量衍生异化并遮蔽了阶级议题,排斥和放逐了中国当下受到压迫与剥夺的大多数,使得"屌丝"成为一个主体中空的共用能指。(《文艺研究》2013 年第 10 期)

(五) 网络亚文化的社会心理的研究成为热点

社会转型期因各种社会矛盾、贫富差距等造成的普遍的灰暗心理、焦虑心态、遁世哲学等具有广泛的影响。令小雄在《从"屌丝文化"透视当代青年的社会心理》一文中写道:"'屌丝文化'所反映的集体焦虑,折射了社会内在的深层次问题。其代表的自嘲韵味是解构文化中的快感和胜利,这和'阿 Q 精神'有着内在传承性,网上的'愤青'往往是现实生活中的'屌丝'。'虐骂'和'求虐'心理是'屌丝文化'集体喷射的快感。"(《青年探索》2014 年第 1 期)萧子扬等《从"废柴"到"葛优躺":社会心理学视野下的网络青年"丧文化"研究》认为,青年"丧文化"产生与流行的原因主要包括虚拟网络的现实"拟构性"、青年自我的"主动污名化"、集体和社会的"无意识"和"有意识""微时代"的情绪感染:从"微"到"大"等特点。(《青少年学刊》2017 年第 3 期)这些研究也都发现厌世亚文化中充斥着负面社会情绪,是社会动向的一种指标,对社会稳定十分不利。

网络亚文化研究在新时期的兴起,主要原因有以下几点:一是网络媒体已崛起为主流媒体,尤其是 Web2.0 技术普及后,网民的言论表达、文化自生产等的出现,造就了许多新型文化样式,为传播学、社会学、文化学学者提供了新的研究素材和研究领域。二是青少年网民群体成为网络文化生产的主力,青少年网民占我国网民总数的 70%,他们是网络世界最活跃的群体,反传统、追求新潮是他们文化生产和消费的总体特点,这也在某种程度上推动了媒介文化的创新。

三是社会转型期矛盾积累深厚,自然也在媒介文化中折射出来,一些网络流行语亚文化正是社会矛盾的反映。

以上作为本土的媒介文化研究,虽然取得了一些成就,但总体来说还有很多不足,特别是大量的研究成果聚焦于媒介文化的微观现象和微观问题,缺少宏观的深层次的研究,形而下的研究对媒介文化总体发展不能起到很好的指导作用。

媒介文化研究中值得我们深刻反思的问题主要包括:

一是媒介文化的研究状况与媒介文化的快速发展不相协调。高速发展的新闻与传播事业呈现出了多样的媒介文化景观,既需要媒介文化研究对此进行阐释与说明,更需对其进行理论上的宏观指导,而媒介文化领域中出现的"失速""失序""失范"状态足以说明媒介文化研究的滞后与迟缓。

二是媒介文化研究的本土化与学术后殖民化之间的矛盾。我们的媒介文化研究与文化研究一样,一直处于学术后殖民状态。在媒介文化研究中我们所关注的前沿问题与流行主题与西方国家别无二致,甚至在某种程度上讲就是直接照搬。除此之外,西方国家在媒介文化研究中所采用的观念、方法、学术概念均在我国的媒介文化研究中找到了翻版,就连对媒介文化现象的描述与阐释也能看到西方学者的影子。这种数量本来就稀少的媒介文化研究在立场、方法、观念上的简单移植,必然导致研究质量上难有上乘水准。更为可怕的是,媒介文化研究中数量的稀缺与质量的稀薄还会导致这样一种结果,即媒介文化研究在中国的合理性与合法性。当然,在全球化时代的大背景下,中国当下的媒介文化景观与西方发达国家似乎没有明显的不同之处,但同中有异亦是必然。中国媒介文化景观中所蕴含的本土性或"中国特色"更应该成为我们关注的问题域,否则很可能导致我们的媒介文化研究脱离中国现实,使得处于后殖民状态中的中国媒介文化研究充其量只能成为此类研究世界大合唱中的简单的伴奏,无法形成一个独立的声部。这样,也就从根本上脱离了媒介文化研究在当代中国本应该具有的实践性精神。

三是媒介文化研究的理论创造力贫乏与其历史解释力之间的不协调。与前二者相比,此问题或许属于微观层面。就总体而言,我国的媒介文化研究置身于学术后殖民的尴尬状态之中,学术研究的原创性严重不足,即使就某些具体的媒介文化现象进行观察与思考,也往往只停留在对其表面现象的描述上,或是按照西方的理论话语进行一番按图索骥式的解释,缺乏对既具特殊性又兼有一般性与普遍性的中国媒介文化现象与特点进行具有历史阐释力的概括与说明。所以,有学者感慨,中国学者对于媒介文化的研究现象描述多,理论阐发与建构少。此三种状态虽不能完整地概括国内媒介文化研究的不足,但至少也说明了一些问题。中国媒介文化研究的方兴未艾与不尽人意,使得这种"正在开发的未来"颇具扑朔迷离之势,既给中国的媒介文化研究者提供了足够大的学术研究空间,也给他们派发了异常艰巨的任务。

当代中国的媒介文化研究要冷静面对自身的热闹表象,就应摆脱学术后殖民化的锁链,并进行具有历史阐释能力的理论建构,这就要求在我们的媒介文化研究中着力关注中国媒介文化的存在状态,找寻其"问题域"并从理论上予以阐释与说明。在具体的研究中,以下几个方面值得关注:

首先是中国媒介文化的存在状态与媒介文化的景观非常奇妙。单就媒介文化景观而言,可以一言以蔽之——繁荣昌盛,但在繁荣与昌盛背后所掩藏着的则是令人惊心动魄的恐惧与令人扼腕的悲哀。这是因为,如同媒介文化研究一样,中国媒介文化的后殖民状态异常严重。从改革开放初期到目前 40 多年来,一波未平一波又起的对媒介文化产品的引进潮、克隆潮、模仿潮、改造潮等就足以说明问题。其次,是中国媒介文化的创新动力与创新性不足的问题。经过长期的引进、克隆、模仿与改造,中国媒介文化的创新性遭受到空前的扼制,在媒介文化产品的生产过程中以西方媒介文化为模板,以及以韩、日、中国港台媒介文化为模板,只落窠臼,难有创新,导致我国的媒介文化产品成为只是经过改造、改良后的西方媒介文化产品的副本。这不仅不符合中国特有的文化,甚至在某种意义上还具有自我殖民的色彩。

再次,缺乏创新的能力,媒介文化产品的"文化性""审美性"就很难凸显出来,甚至在媒介文化生产过程中不知道该如何将丰富多样的中国文化资源加以充分的挖掘和利用,导致中国媒介文化产品中的"文化性"与"审美性"严重空缺,只剩下华丽包装后的空壳外皮。

最后,中国媒介文化生产过程中对商业逻辑的膜拜胜于对文化逻辑的尊崇,使得商业逻辑时常凌驾于文化、审美逻辑之上。这样,感官化、低俗化的直播"网红"式文化生产导致媒介文化产品水平的整体下降,直接影响到受众的审美体验与审美能力的提升。

二、媒介文化研究至今未讨论完的几个议题

1. 文化现代性危机

现代性不是一个简单的状态或结果,作为一个社会学概念,现代性总是和现代化过程密不可分,工业化、城市化、科层化、世俗化、市民社会、殖民主义、民族主义、民族国家等历史进程就是现代化的种种指标。在某种意义上说,现代性涉及以下四种历史进程之间复杂的互动关系。政治的、经济的、社会的和文化的过程。世俗政治权力的确立和合法化,现代民族国家的建立,市场经济的形成和工业化过程,传统社会秩序的衰落和社会的分化与分工,以及宗教的衰微与世俗文化的兴起,这些进程深刻地反映了现代社会的形成。英国著名的传播政治经济学学者格雷厄姆·默多克(G. Murdoch)认为,现代性的建构过程涉及三个内容,"其中包括经济和政治构建、知识文化构建以及日常生活构建。从第一种构建中产生了规范和组织基本日常经验的主要体制和资源;第二种构建则赋予日常经验与象征意义,并为其提供话语和表述的资源。"①他认为,这两种普遍性的构建都与传播体系的发展存在着互动关系。一个现实社会的再生产总是有两个水平:一个是物质的,一个是符号的,而传播活动的目的,是在现实与公众象征表象与个人内化之间造成可能的相互理解。在社会领域当中既不可能是中立的,也不可能是没有结构的,而社会透明是不可能的,就是因为组成社会的个人本身从来不是透明的,他们不可能清除无意识。"只有在异议生成机制的知识的同时,也是社会结构和事实的体制的知识,一个社会才是透明的。"②正是在这个意义上,我们来思考媒介文化的现代性与社会现实的关系问题。

现代化进程中,媒介发挥着什么作用? 在大众传播时代,社会大众与媒介之间建立起了机制,久而久之形成了传播参与者之间的相互默契的主体间性。随着社交网络的崛起,这种相互默契的主体间性终止了,被新型的用户之间的主体间性所取代,文化的现代性危机开始产生。这种危机早在 20 世纪欧美的文化实

① [英]格雷厄姆·默多克:《传播与现代性的构成》,见李陀、陈燕谷主编《视界》第 7 辑,石家庄:河北教育出版社 2002 年版,第 45 页。
② [法]让·鲍德里亚:《物体系》,林志明译,上海:上海人民出版社,2001 年版,第 216 页。

践中就已经出现了。

这里有必要先梳理一下现代性文化危机的三大主题。西方马克思主义较早关注文化危机问题，与发达工业社会的发展息息相关，面对现代性问题的拷问，直视着现代人生存的困境，从法兰克福学派学者到美国的批判学者，一批又一批的思想家在不懈地探索，在求解。他们对现代性文化危机的探索主要集中在三个主题上，一是技术理性异化的文化危机，二是大众文化异化的文化危机，三是生存异化的文化危机。

首先，技术理性异化的文化危机。马克思异化理论所蕴含的以人的存在为依据，以人的解放为宗旨的文化批判精神，经由卢卡奇物化理论的挖掘、拓展，并以此为中介，转化成了以发达工业社会的技术理性为对象的文化批判理论。20世纪是科学技术迅猛发展的时代，作为以社会批判理论而闻名的法兰克福学派敏锐地抓住了这个时代主题，在继承马克思"异化"理论及卢卡奇物化理论的基础上，借用韦伯的"工具理性"概念，从科学技术对人与社会的现实影响出发，深入、全面地批判了资本主义的异化现象。在法兰克福学派中，对技术理性异化展开深入论述的主要有法兰克福学派的三代学人，其中最具代表性的是霍克海默、阿多诺、马尔库塞和哈贝马斯。

技术理性批判思想同20世纪的人类遭遇的文化危机紧密关切，当时的人们已经开始对技术理性文化信念产生了动摇和质疑，人类感觉到现代科学技术的发展并未像我们期待的那样能完全实现人的全面的、自由的解放；相反，在现代技术社会里，人越来越受自己的造物——科技技术的奴役和压迫，而且深陷科学技术的异化之中。在这种背景下，西方众多学者开始了对科学技术的反思和批判，相对于韦伯的工具理性的批判、齐美尔对现代技术理性的批判等等思潮，新西方马克思主义的典型代表法兰克福学派的技术理性的批判更为彻底、更为深刻、更为全面，其中霍克海默和阿多诺的"启蒙辩证法"、马尔库塞的"单向度的人"和哈贝马斯的"作为意识形态的科学与技术"的技术异化思想最为典型。

"文化工业"一词，就是由霍克海默与阿多诺在他俩所合作的《启蒙辩证法》一书中提出来的。他们认为资本主义社会中的休闲娱乐是一种欺骗，并以"文化工业"来指涉商业电影、流行音乐、电视、漫画、杂志等大众文化形式。强调文化工业有能力因应既得利益者的要求而去组织人们的休闲活动。他们借助德国社会学家马克斯·韦伯（Max Weber）的观念，认为资本主义的发展得力于工具理性的祛魅化,因而现代社会生活得以受到全面的理性的管理,不过这种发展过程却走向另一个令人意外的方向——理性本身出现异化,反而成为人类的牢笼,结果使大众受制于科层秩序。霍克海默和阿多诺所描绘的文化工业,对先进资本主义的社会生活具有一种普遍性的影响,因为文化工业设定了社会化的脉络,所有人都必须服膺于这些预定的标准,并只能选择与接受文化工业提供的内容与方式。文化工业理论反映出的是资本主义社会在理性化与现代化的进程中所出现的一种病态发展。

霍克海默和阿多诺在《启蒙辩证法》一书中对文化工业发展过程中技术理性异化的情形保持了高度警惕。他们指出,启蒙运动的本意要强调和重视理性至上、人要掌控技术,进而控制自然和社会,其核心理念就是技术理性主义。他们认为技术理性主义就是要肯定理性的万能,要用知识取代神话和宗教,要把人类从迷信和愚昧中解救出来。然而,霍克海默和阿多诺研究发现,"启蒙辩证法"的悲剧恰恰就在自身上演了,技术理性非但没有完成人类最初的夙愿,结果走向了反面,走向了启蒙自我蜕化和摧毁。启蒙导致了新的野蛮状态的出现,用霍克海默与阿多尔诺的话说,"人类不是进入到真正合乎人性的状况,而是堕落到一种新的野蛮状态!"①技术理性的启蒙最终呈现给人类的是技术理性变成了新的"神话"、新的"迷信"。霍克海默和阿多诺认为,现代的科学技术逐渐地聚合成了一种崭新的全面统治人的强大势力,"今天,技术上的合理性,就是统治上的合理性,人处于深刻的异化状态之中。"②"人不仅对自然界的支配是以人与所支配的个体的异化为代价的,随着精神的物化,人与人之间的关系本身,甚至个人之间的关系也神话化了"。③ 我们发现在技术理性统治下的社会中,异化不只限于物对人的操控,而且渗透到人与人的关系中,整个资本主义社会中人与人之间的关系都是相互异化的。所以,在霍克海默与阿多尔诺看来,由技术理性引发的异化,其危害性最直接的表现在于使主体失去了创造性,成为了受动和机械的存在者。阿多诺指出,文化工业的产品旨在提供大众消费,借助当代技术、经济与集中管理的能力,并依据完整与详细的计划而生产制造,将一些旧的与新的元素融

① [德]马克斯·霍克海默、泰奥多·阿多尔诺:《启蒙的辩证法》,洪佩郁、蘭月峰译,重庆:重庆出版社,1990年版,第1页。
② 同上,第113页。
③ 同上,第24页。

合成一种新的性质,这些产品在结构上大多相似或至少彼此相符,因而能将自身组织成一个没有缝隙的体系。事实上,文化工业的"工业"一词已表达出一种社会学的意义,也就是指采用理性组织的产业形式。文化工业的所谓"技术"只是在名称上与艺术作品的"技术"相同,在内容上已大相径庭。

其次,大众文化的异化。这是西方马克思主义文化研究的一个古老话题。大众文化对人的存在的负面影响是显而易见的。揭开大众文化奴役现代人的面纱,不难发现,最直接地表现为文化的艺术性、创造性的丧失。法兰克福学派认为,在技术世界里,通俗化、大众化的文化已经丧失了真正的文化质的规定性,即丧失了艺术品的创造性,呈现出商品化的趋势,具有商品拜物教的特质。其二是表现为大众文化的个性化的丧失,文化整体体现出虚假的个性。由于以现代技术发展为背景的大众文化具有批量生产、无限度复制的特点,大众文化具有了显明的标准化和同质化的标签。大众文化因而不再具有真正艺术品所具有的不可替代的个性。大众文化的标准化和同质化的直接后果就是真正的艺术品所包含的个性的消失,艺术品和文化产品成为无个性的模仿和标准化的批量复制。其三是表现为思考彼岸世界的精神层面超越维度的消解。大众文化产品的生产策略转变为主要迎合在机械劳动中疲惫的人们的需求,捕捉他们生活中的"痛点",通过煽情化手法来赢得大众的认同。通过提供形式足够精致的伪精神产品来消磨大众的意志,使他们日渐麻醉,沉迷日久而渐渐放弃其反抗维度。

再次,生存方式的异化。这是现代性文化危机最深层次的问题。在西方马克思主义学者中,最早论述人的生存异化状态的是卢卡奇。他认为,商品交换原则是资本主义社会的主要原则,在这种社会中,人与人之间的关系也被物与物之间的关系所代替。卢卡奇指出:"在这里最重要的是因为这种情况,人自身的活动,他自己的劳动变成了客观的、不依自己的意志为转移的某种东西,变成了背离人的自律力而控制了人的某种东西。"①在这种条件下,人成了商品,他也就会服从商品的运行规律,因而人丧失了自由,与自身愈来愈远了,随之而来的是人的价值的丧失和被物的价值的占有,物支配着人的命运。卢卡奇认为,在资本主义社会中,最重要、最基本的现象是物化,物化是整个资本主义社会及生活其中的人必然遭到的现实。他指出:"无产阶级作为资本主义的产物,必然隶属于它

---

① [匈]卢卡奇:《历史和阶级意识》,张西平译,重庆:重庆出版社,1989年版,第96页。

的创造者的(生存)模式。这一(生存)模式就是非人性和物化。"①卢卡奇认为人的生存物化表现为三个方面。一是表现为人的数字化,即人变成了抽象的数字,失去了主体性和能动性,人屈从于狭隘的分工范围,整个社会生活被分解为一块块碎片。二是表现为人的原子化,人与人之间变得隔膜、疏离、冷漠,丧失了统一性和有机联系,变得僵硬化、机械化,变成各自孤立的、被动的原子。

在探讨和反思现代人的生活状态的问题上,存在主义哲学家所做的思考较多。萨特、列斐伏尔(H. Lefebvre)等依据自己的存在主义哲学立场,对现代性进程中人的生存境遇和生存状态的异化进行了深入的考察。萨特关于生存异化的主要思考体现在《存在与虚无》和《辩证理性批判》两本著作中。在《存在与虚无》中,萨特从传统的"人学"批判角度出发,对异化进行了解说。他认为,我们每一个人都是孤独的个体存在,他将个体看作独立于社会之外的孤立的封闭系统,并将社会视为对人的束缚力量的对立面。对于社会来讲,人生活于其中,必然会丧失其本真;对于人与人的关系来讲,每个人都想要将他人当作客体和对象,同时也竭力使自己不被他人当作客体看待。在这种局面中,不论人与人之间,还是人与社会之间,始终会存在一种紧张、恐惧的关系。在《辩证理性批判》中,萨特是从异化的现实存在以及造物异化的角度,对异化进行了一番历史性的考察。他认为,异化的产生源于匮乏。所谓的匮乏,指的是缺乏和不足。匮乏是一种必然的社会现象,也是一种人类生存体验,因为相对人的需求,供应永远是有限的,它不可能完全满足人的所有需要。萨特指出,在匮乏面前,每一个人都有可能被消灭,为了生存,人与人之间必然产生对物品的争夺。长期以来,匮乏就会导致对人的否定,造成对人与人之间的紧张性和抗争性。

萨特指出生存异化是不可消除的,异化将是每一个人生存体验和状态。这是因为,迄今为止的人类历史就是一部匮乏以及人类为之作斗争的历史,"事实上,经过几千年的历史,世界人口的 3/4 备受供应不足之苦。因此,匮乏除了具有视情况而异的因素之外,是一种非常根本的人类关系,对于自然来说和对于人来说都是如此。"②并且,在萨特看来,人类克服和超越匮乏的活动过程中,造就了异化。他指出,人类"通过社会化的物质和作为惰性统一体的物质否地,人被

① [匈]卢卡奇:《历史和阶级意识》,张西平译,重庆:重庆出版社,1989 年版,第 86 页。
② [法]让·保罗·萨特:《辩证理性批判》,林骧华等译,合肥:安徽文艺出版社,1998 年版,第 263 页。

构成他人,而不单单是人。人的存在对于每一个人来说都是非人的人,作为一种异化的种类。"①因而,萨特悲观地认为,异化是人类永恒的存在状态。

弗洛姆(E. Fromm)则对现代性进程中的人性异化作出思考,他认为,在资本主义社会中,广告宣传、文化甚至典礼无一例外地成了折磨人的机制的一部分,人的生活不过是由许多零碎的,互不相关的事情构成,人丧失了任何的整体感。在这种社会里,人变成了"空心人""没有个性的人""孤独的人群"。弗洛姆指出,我们现在的消费欲望已经脱离了人的真正需要,人可以借助货币占有自己所喜欢的一切,而自己则异化成为消费品的奴仆。人本身越来越成为一个贪婪的被动的消费者。物品不是用来为人服务,相反,人却成了物品的奴仆。在当代资本主义社会中,人性的异化或丧失"渗透到了人的生活、人的工作、所消费的物品、国家、同胞以及他自己等这些关系中"。② 人处在由媒体、符号所包围的世界,人性的异化是不可避免的。

列斐伏尔也从人的立场出发,对生存异化问题进行了深入的思考。他认为,在现代社会中,异化已经无处不在,它充斥于日常生活的每一角落,日常生活不是介于经济基础与上层建筑之间的领域,它自身有独特的存在意义,而且比其他方面更为真实。日常生活也不例外,处处充满了异化。现代科技的发展,生产的社会化,使得人们完全听命于技术和工具的奴役。技术的这种奴役与统治,使现代人失去了自由自主性,使生产、生活和业余生活单一化、标准化、规范化,人失去了个性和创造性。

第四,消费的异化。消费社会最直接的异化是人的物化。马尔库塞指出,发达工业社会创造了富裕,大多数居民享受着高消费,但这种高消费是一种受控制的、异化的、虚假的、违反人性的消费方式。在他看来,现代社会,人们是"物质丰富,精神痛苦"。现代社会物质财富确实极大丰富,但这种富裕并没有给人带来幸福,这种物质生活的满足是以牺牲精神生活为代价的。马尔库塞指出,追求物质享受并不是人的主要需求,因此物质需求的满足并不能给人幸福。但在现代西方社会中人们正恰恰把物质需求作为自己最基本的需求。因而他认为,这种不属于人本质需要范围的"虚假的需求"是这个社会强加给人的。现代西方社会

---

① 〔匈〕卢卡奇:《历史和阶级意识》,第 269 页。
② 〔美〕弗洛姆:《资本主义异化问题》,《哲学译丛》1981 年第 4 期。

主要通过制造"虚假的需求",以实现"强迫性的消费"。社会一旦把追求享受这种虚假的需求加之于人,就出现了个人与整个社会制度一体化的现象。个人失去了反抗这一制度的理由。其结果是把人们完全交给了拜物教,扼杀了人的自由,扼杀了他们的革命性,使他们与现存社会趋同,变成"单向度的人",他们具有单面的思想和行动。马尔库塞认为,在这种"一体化"统治下,人们所过的是一种"痛苦中的安乐生活"。

回过头来看,文化现代性的危机,肇始于当代文化内涵的变异和外延的扩张,当代文化几乎无所不包,其中透露出的相关信息可以看到文化现代性的退化变质,已越来越远离审美现代性的要求。

文化现代性在 20 世纪出现的危机,在本世纪依然没有解决,相反,表现得越来越严重。首先,工具理性盛行,技术膜拜已成为当代社会的通病。现代性遭遇到的问题既是指向未来的、人类生存的一种样式,也是人在其中的、与前现代和后现代相互镶嵌着的环节,但毋庸置疑的是,从现代性的展现中不难透视出现代性的技术理性滥觞。技术理性根植于人类理性的分裂,同时又催化了现代理性的分裂。内在于人性的理性,是人类诉求和反思的永恒性话题。启蒙以来,理性凸显了它的主体性原则。随着上帝所赋予的非理性成分的淡化和实证主义约定的科学理性的一路高歌,一方面,衍生出了根植于人的目的性诉求的工具理性和技术理性;另一方面,也注定了主观理性和客观理性、人文理性和技术理性、价值理性与工具理性的矛盾与分裂。严格地讲,技术理性不同于工具理性,我们可以从对工具理性的分析中领悟技术理性的蕴涵。工具理性满足于人的目的性的工具效用,工具的价值不在它们自身,而是与它们能够用来实现主体的某种目的的功能有关。技术理性与工具理性成了现代社会的一对孪生兄弟。

在现代性条件下,科学技术获得了空前的解放,日益成为以人为中心的主体去撬起世界的杠杆,从而体现出了满足主体性需求的目的性价值。技术发展与主体性哲学的不谋而合缔造了现代性理想、现代性制度和现代性文化样式。现代性与主体性哲学的共生以及它们所构成的巨大合力又极大地助长了技术理性的张狂,使技术理性取代了上帝在人们心目中的位置,理性作为启蒙的核心价值,反倒是违背了理性的初衷,正如霍克海默所认为的那样,理性已经堕落为工具理性。现代性作为现代社会的基本性质和特征,从根本上来说是与反映"传统社会"即前工业社会的"传统性"相对立的。现代性是现代化概念中包含着的价值预设,它规定了现代化的目的和价值指向。现代化社会和社会的现代化,体现出了现代性的基本特征,蕴含着技术理性的灵魂,因为这些特征的价值必须是依仗着技术来实现,而且其价值指向也是技术理性化的。相应地,现代性的理性也表现为许多理性的特征,比如,现代性的技术理性、经济理性(市场理性)、效率理性、计算理性、控制理性、多元的文化理性等特征。这些理性特征隐含着技术理性的内在逻辑。

当今的媒介文化也正经历着现代性的裂变。技术理性推动着文化不断向前发展,互联网技术的突飞猛进,带来媒介文化生产方式、内容与形式、营销与消费方式等的变化。机构化的文化生产已被个体文化生产所取代,审美趣味被娱乐、休闲趣味所取代,传统广告营销被大数据、算法营销所取代。网络文学相对传统文学,已发生了本质的变化,短视频相对于传统电影,其使用人群已发生变化,抖音、快手等网络文化形式已呈横扫一切的态势。网络传播技术使各种文化样式都有可以尝试的机会,然而,技术支撑的网络直播形式等媒介文化样式,并没有把媒介文化的现代性带向高级阶段,日益感性化的媒介文化样式,培植了大众低俗化的口味。作为网络文化重要形式的游戏,是建立在软件编程技术基础上的文化样式,编程技术的复杂性,造就了文化趣味的复杂性。大众传播时代,媒介文化生产的工具理性模式是迎合市场需求,迎合大众口味,不断生产大量的同质化的大众文化产品,机械复制成为工具理性的直接表现。那么,在当今的网络时代,内容生产商则是以培植用户兴趣为第一原则,让用户上瘾成为开发商孜孜以求的目标。玩游戏上瘾就是工具理性的后果。一个名叫阮东因的越南游戏开发工程师,曾经设计了一款游戏叫 Flappy Bird,就是操控意志小鸟飞跃各种障碍,因为太难了,玩的人并不多。但是,到了 2014 年 1 月,这款游戏成了苹果应用商店里下载次数最多的免费应用程序,阮东因的工作室靠这款游戏每天收获 5 万美金。但是问题随之而来,很多用户抱怨这款游戏太费时间,但就是喜欢玩而完全停不下来。阮东因迫于良心压力,将该游戏从苹果应用商店下架。在现实中无数的游戏开发商都在梦想成为阮东因,让用户上瘾就是他们研究的主要课题,所以当用户沉迷于网络游戏,网游作为信息技术产物的新型媒介文化形式,标志着文化现代性走向了绝路。哈贝马斯认为,如果说现代性已经失败,这是因为放任生活的总体性破碎成由专家狭隘的专业知识照管的独立专业,而具体的个人并不把"失去升华的意义"和"失去结构的形式"体验为解放,而是体验为波德莱尔在一个多世纪前描述的那种巨大厌倦。①

　　大众文化的异化，突出地表现为其向多元共生的网络文化转型。在网络文化系统之内，个体的价值观超越一切，因此网络文化也在一定程度上成为个体文化的代名词。所以，网络传播侧重的是个体化、娱乐化，而娱乐的核心便是媚俗、趣味、游戏。也就是说，网络媒体空间不是一个能让人深思冥想之地，而是一个喧哗与躁动的空间，自然也就成为各式各样文化汇聚的自由"飞地"。在这里，随处可见戏谑、游戏的内容，甚至更多的是世俗品位的展演，一些涉及色情、私密的内容也招摇过市博得了大量注意力。用"藏污纳垢"来形容网络媒体的生态环境绝不为过。这种游戏化、甚至低俗化的信息传播无疑堵塞了传统文化通向价值乃至终极意义的通道，消磨了文化本应具备的阳光、大气、厚重、深邃。在这里，所谓文化变成了一种吸引注意力的"眼球经济"，一种浅薄的时尚。

　　生活的异化在网络时代更多地表现为生活的物化加强了。在网络时代，随着大数据、算法技术的广泛使用，用户——人就变成可以被计算的，被衡量的，人被剥离原有的主观而客观存在着，有的时候甚至仅仅作为一个数字符号而存在着。"在互联网上，没人知道你是一条狗"这句来自《纽约客》漫画的一句话，它正是社会"物化"现象的一个隐喻。仅仅是一个小小的符号，一个人背后的所有脉络都在这种体系下被无情吞没。社交网络时代，技术带来的便利让自由言说成为可能，这种宽松的网络环境，给自我放纵创造了便利，于是，网络直播、抖音、快手迅速崛起，然而，当点击率、流量、粉丝数等成为追逐的目标，人就开始"物化"了。网络空间的青年男女为金钱所诱惑，为了获取最大化的经济效益，将获取金钱作为终极目标，面对镜头搔首弄姿，甚至放弃做人基本底线。这就产生了现代意义上的与世界与自我的疏离。

　　媒介文化的异化最直接的表现为游戏对一代人的影响。美国学者亚当·奥尔特（Adam Alter）在他的《欲罢不能》一书中，用具体的事实演示了网络文化内容改造人的过程。他们是从六个方面来让人上瘾的：设定诱人的目标、提供不可抗拒的积极反馈、让你毫不费力就感觉到进步、给予逐渐升级的挑战、营造未完成带来的紧张感、增加令人痴迷的社会互动。设定诱人目标的意思，就是给你一个梦想从而激励你去挑战。比如游戏一定要通关，朋友圈走路的步数一定要

_____

① ［法］利奥塔：《后现代性与公正游戏》，谈瀛洲译，上海：上海人民出版社，1997年版，第128页。

排第一,必须要看完所有最新的视频等等。人类追逐目标的本能,导致很多人仅仅是为了走路的步数,而忽略了自身的身体条件。太关注于游戏的成绩,而忽略了当初只是放松一下的初衷。要戳掉手机上所有的红点通知,而忘记了真正要处理的事情。要给所有抖音的新视频点完赞,而不知道看视频的意义在哪里。提供不可抗拒的积极反馈,比如朋友圈的点赞功能,点赞本身所代表的含义就是我看到了你发的信息,我很有兴趣。这种被众人瞩目的感觉让人得到了积极正向的反馈,就会促使他接二连三地发出信息。所以你就不难理解几乎所有的社交平台都会提供点赞功能,因为你正在被世界关注,所以你需要在这方面做得更好。一个人只要被连续点赞,他什么事都干得出来。让人毫不费力就感觉到进步,比如在吃鸡游戏中会有很多电脑人陪你玩,你可以轻而易举地杀死他们,在那一刻你会产生一种自己是天生吃鸡人的错觉。当下主流的互联网文化产品就是要把人变得愚蠢,因此拍摄视频也不再需要复杂的编辑功能,抖音就可以提供现成的模板给你,你只需要按照动作对对口型就可以完成一个作品,再加上前面讲的积极反馈,你就会觉得自己是一个被耽搁了的好莱坞巨星。给予逐渐升级的挑战,最早应用这个心理来做生意的是各种会员卡,比如你坐飞机有银卡,有金卡,有白金卡,有终身白金卡之类,这种分级会让你不断去挑战更高的级别。后来在各种游戏中,都会有各种勋章或级别给你激励,也是刺激你去尝试更高的挑战。如果你只对你的客户设置一个级别,那完了,你的客户接下来马上要跑了。未完成的紧张感,是源自于人类大脑连线需要"闭合"的渴望,这种渴望在心理学里叫"蔡格尼克效应"。这个效应的要点是,当一个人着手一件事情的时候,会产生出一套倾向于实现的紧张系统,完成任务就意味着解决紧张系统,而如果任务没有完成,紧张状态将持续保持。比如你吃鸡的时候,你吃鸡成功是很有乐趣,但远不及没有吃到鸡来的更能刺激你。人是社会动物,每个人都渴望知道他人对我们的看法。如果看法是正向的,你就会更投入,因为你要继续赢得更多正向的看法。如果看法是负面的,你也会更投入,因为你要证明他们的看法是错的。这就是当下社交网络政治发生的异化现象。

2. 审美活动日常化及其困境

现代性是对传统的反叛,它力求打破一切陈腐过时的规范的约束,并借机建立新的规范。现代性虽然热衷于自我描述,特别是在时间上凸显自身,但它表现自己的独特性不是通过反复地回头求助于自己过去的方式来获得对自己时代性质的确认。相反,现代性是通过与过去的断裂才造就了自身的独特品质,它关心的是不断创造出不同于过去的事物,也就是说,现代性要标新立异,它要填写新的指认内容,来标示自己是一个前所未有的社会形式。

匈牙利学者阿格尼丝·赫勒(Agnes Heller)认为,现代性不会去拒绝破坏性的否定力量,恰恰相反,它正是依靠这种否定力量来得维持生命力和不断进行更新的。没有否定力量的存在,现代世界将会走入死胡同。① 现代世界不是被其自身的冲突毁灭,而是在它的激励下逐步进化。因此,在现代社会格局取代旧格局的巨变中,现代性的建设性作用表露无遗。现代性不是被否定摧毁,而是通过它生长繁茂。这就是现代性身上体现出来的积极、进步的一面。时尚正是在否定旧形式、创造新形式的过程中认可自身的,这构成了它的现代性在正面意义的一个向度。"现代性主义包含了两个基本层面,一个层面是社会的现代化,它体现出启蒙现代性的理性主要对生活的广泛渗透和制约;另一层面则是以艺术等文化运动为代表的审美现代性,它常常呈现为对前一种现代性的反思、质疑和否定。历史地看,两者之间存在着一系列的紧张关系。"②现代性是多重构成的,其中就存在着一种审美现代性,"从卢梭、康德、施勒格尔、席勒等启蒙后时代的思想家,经尼采、波德莱尔和本雅明到当代的阿多诺、福柯,审美主义论述已成为现代性问题中的一个坚核"③。作为文化领域的艺术,在现代性的冲突中承负起审美救赎功能,它抵抗和否定现代性中的负面效应。艺术以"个性化""独创性"以及"反制度化"成为对抗经济和政治的审美救赎。韦伯将审美现代性的重要特征描述为:"在生活的理智化和理性化的发展的状况下,艺术变成了一个越来越自觉拥有独立价值的世界,这些价值本身就是存在的。不论作如何解释,艺术都承担了一种世俗救赎功能。它提供了一种从日常生活的千篇一律中解脱出来的救赎,尤其是从理论的和实践的理性主义那不断增长的压力中解脱出来的救赎。"④

---

① [匈]阿格尼丝·赫勒著:《现代性理论》,李瑞华译,商务印书馆,2005年版,第63页。
② 周宪:《审美现代性批判》,北京:商务印书馆,2005年版,第57页。
③ 刘小枫:《现代性社会理论绪论》,上海:上海三联书店,1998年版,第299页。
④ H. H. Gerth, C. W. Mills. *Form Max Weber*:*Essays in Sociology*. New York:Oxford University Press,1946,p.342.

　　随着消费社会的崛起,社会大众在消费过程中因消费而形成的自主意识正在不断提升,大众日常生活的合法化得到逐步确认。在这一过程中,我们看到了媒体的力量、教育观念的转变在其中起到了重要的作用。媒介变革也带来了审美活动在当代社会的转型,这种转型最突出的是走向日常生活化。基于对消费社会文化传播本质的认知,英国社会学学者费瑟斯通(M. Fetherstone)提出了"日常生活审美化"的理论。在《消费文化与后现代主义》一书中,费氏从考察后现代主义概念入手,分析日常生活审美化社会趋势的形成。在他看来,假如我们考察后现代主义的种种定义,那么就不难发现,这些定义的一个侧重点,是在于艺术与日常生活、高雅艺术与大众文化之间的边界不复存在,五花八门大杂烩式的文字游戏、符号游戏泛滥成灾。他认为这是后现代主义大行其道的结果,而后现代主义的特征,即是鼓吹平等、破除学科等级、笼统拒绝文化分类,并且反对存在任何基本信念。而此种后现代经验,毋宁说就是波德莱尔笔下的"现代性"。因为波德莱尔使用"现代性"(modernité)这个术语,描述的正是 19 世纪巴黎这类现代都市里的人们,同传统社交形式决裂之后,那种惊诧、迷惘和栩栩如生的感觉印象。换句话说,作为日常生活审美化理论边缘的后现代主义,在费瑟斯通看来,早在波德莱尔时代就已经初见端倪了。它的背景是巴黎,这个纸醉金迷的时尚之都,日后成为一切时尚范式追慕者向往不已的都市原型。[①] 消费文化改变了人们的思想观念和生活方式,同时也美化了人们的日常生活。正像德国后现代哲学家沃尔夫冈·韦尔施(Wolfgang Welsch)所说的"毫无疑问,当前我们正经历着一场美学的勃兴。它从个人风格、都市规划和经济一直延伸到理论。现实中,越来越多的要素正在披上美学的外衣,现实作为一个整体,也愈益被我们视为一种美学的建构。"[②]审美的普遍化成为当代社会的一个现象。

　　费氏最初提出所谓日常生活审美化理论,其本意是针对现代主义以来审美活动日渐与日常生活分离,即艺术走向精英化、唯美化的倾向,强调艺术与生活重新融合,以审美点亮生活。这种理论内涵是一个双向运动过程,一方面是生活的艺术化,也就是说日常生活审美化,实现人的诗意栖居;另一方面则是艺术的生活化,即还原艺术与生活的关系,走出传统精英艺术,以唯美主义为标榜的经

---

① Mike Featherstone, Consumer Culture and Postmodernism, London: Sage Publications, 1991, p. 67
② [德]沃尔夫冈·韦尔施:《重构美学》陆扬、张岩冰译,上海:上海译文出版社,2006 版,第3—4 页。

典美学理论故步自封的狭隘圈子,逐渐走向日常生活,以实现审美日常生活化。显然这个理论隐含着为大众文化合法化辩护的话语语境,也迎合了文化范式由后现代转型的内在逻辑。审美日常化理论,对艺术与生活的关系进行了重新界定,这可以说是文化立场和审美观念的重大调整,也是在美学领域发生了一次重大变革。

对这种以跨越边界填平鸿沟为依规的新型审美文化,美国学者杰姆逊从后现代文化转型的视角做了精彩的表述:"在 19 世纪,文化还被理解为只是听高雅的音乐、欣赏绘画或是看歌剧,文化仍然是逃避现实的一种方法。而到了后现代主义阶段,文化已经完全大众化了,高雅文化和通俗文化,纯文学与通俗文学的距离正在消失,商品化进入文化意味着艺术作品正成为商品……总之,后现代主义文化已经从过去那种特定的'文化圈层'中扩张开来进入了人们的日常生活,成为消费品。"①杰姆逊在这里对艺术审美如何进入大众日常生活未加解释,但他把文化的大众化归结到资本主义商品化的逻辑体系中,的确是相当深刻的。

然而,随着社交媒体的崛起,日常生活的审美泛化开始走向另一个极端,完全游离出了费瑟斯通意义上的"日常生活审美化"内涵。

随着审美现代性的式微,审美泛化现象开始泛滥,审美泛化绝不是从 20 世纪才开始的,它从贵族统治结束、民主时代开始的同时就启动了。它之所以在 20 世纪才成为一个理论问题,显然与信息技术的发展密切相关。至少在 19 世纪末期就已经有人在理论上注意到了这一现象。因此,围绕审美泛化现象,以往的多数论者只注意到了它的表征形态,即所谓衣食住行的审美代替了文艺作品的审美,视听快感代替了精神世界的反省,并把它归因于现代科技的推助和商业意图的诱导,而没有洞察这种审美泛化是破除阶级限制、消解贵族(或精英)精神、淡化意识形态冲突的必然结果,它曲折地揭示了制度变革和社会、文化转型的内在过程。从这个意义上说,当下的审美泛化更具有典型性,社会经济发展、技术变革以及社会风尚的变迁,都加速了审美泛化的进程。在媒介文化领域审美泛化表现为以下三个方面:一是审美主体的泛化,无论受教育程度的高低,都接受和参与媒介文化的生产和消费,并且共同营造趣味,形成不同阶层人的趣味共同体;二是审美内容的泛化,在媒介文化实践中,那些表面看起来是审美行为,

① [美]弗·杰姆逊:《后现代主义与文化理论》,西安:陕西师范大学出版社,1986 年版,第 147 页。

其实都是一种形式"包装",表面的热闹背后是一种文化浅薄。形式大于内容成为一种时代趋势;三是审美效果功利化,审美是一种个体自主行为,通常体现为"无目的的合目的性"(康德美学概念),在当下的媒介文化中,审美效果的考量往往都用实用效果尺度,点击率、流量、粉丝等成为衡量媒介文化价值的通用标准,审美尺度已经淡化并消失。正如齐泽克指出的那样,在当代社会,日常生活的审美主要不是受政治和文化意识形态的制约,而是本身就变成了一种意识形态。这种意识形态是以社会交往的形式实现的,即审美泛化更多地涉及到人与人之间的交往关系;诱惑、模仿、攀比、歧视……就其基本层面而言,它不是掩饰事物的真实状态的幻觉,而是构建我们的社会现实的(无意识)幻象。[①] 随着审美泛化走向极致,必将是庸俗趣味的盛行。

3. 媒介社会与媒介依赖症

消费社会的崛起所带来的消费异化现象在网络时代不仅没有减轻,相反变得更加严重了。从 PC 互联网时代进入移动互联网时代,一个最大的变化是,人们对媒介的依赖日益加深。

"媒介依赖说"源于美国著名传播学家桑德拉·鲍尔-洛基奇(S. Ball-Rokeach)和梅尔文·德弗勒(M. L. Defleur)1976 年发表的论文《大众传播媒介效果的依赖模式》。媒介依赖理论的最大特点,是从"受众、媒介、社会"三者互动的角度考察媒介传播效果、探讨媒介传播的影响力及其产生途径,从而使该理论成为全面透视媒介与整个社会结构中和各个其他组成部分的关系,并适用于不同层次的分析之理论视角。[②] 从理论上讲,媒介与个人之间的依赖关系具有双向性,但在现实中,却更多地表现为个人对媒介的单向性依赖。所谓媒介依赖,起源于 20 世纪受众对电视媒体依赖的一种休闲方式,最直接的表现为"沙发土豆"现象,因而早期一些专家将媒体依赖的受众命名为"电视人""容器人"。真正形成媒介依赖的是本世纪移动互联网的兴起,智能手机、社交媒体是促成媒介依赖的物质基础。其具体表现是:(1)过度沉溺于社交网络中的内容不能自拔;

---

① [斯]齐泽克:《意识形态的崇高客体》,季广茂译,北京:中央编译出版社 2002 年版,第 45 页。
② [美]桑德拉·鲍尔-洛基奇、梅尔文·德弗勒:《大众传播媒介效果的依赖模式》,见斯坦利·巴兰、丹尼斯·戴维斯编:《大众传播理论:基础、争鸣与未来》,曹书乐译,北京:清华大学出版社 2004 年版。

(2)价值观和行为选择必须以虚拟空间的流行的标准为基础;(3)满足与媒体的虚拟社会互动,避免真实的社会互动;(4)孤独。在新媒体阶段,沉迷于某项社交媒体依赖,一般被称为"控""微博控""手机控"等。事实上,新媒体强大的人际交往功能是"媒体依赖"生成的根源。微信、微博、QQ 使得现代人回归家庭,于是"宅"成为一种常态化状态,最终成为一种生活方式。当下流行的"御宅族"和"微博控"就是其典型群体,他们的生活几乎都建立在社交网络平台上,新媒介已不仅仅是获取信息知识和娱乐的渠道,更是在饮食起居甚至恋爱方面的"百宝箱"。通过社交网络工作、交友、体闲娱乐,通过网络购物、订餐等。比起现实世界,他们更倾向于沉浸在网络虚拟世界的体验中。

由此可知,最容易产生媒体依赖的是青少年群体。以 90 后、00 后为代表的新生代群体,他们从一出生就接触到互联网,因此是互联网的原住民,他们喜欢在虚拟空间寻找自己的精神寄托,很容易产生"媒介依赖症"。具体表现为过度沉湎于网络游戏、网络追星、聊天、购物等不能自拔,情感、价值观和行为举止往往都按照虚拟世界的标准建构。他们适应媒介所建构的虚拟世界的互动而回避现实的社会互动。青少年热衷于在网络空间建构属于自己圈层的流行风尚,例如,可以为一位网红明星杨超越痴迷,可以为杨超越举行编程大赛,至于为什么会这样膜拜"网红明星",用"自己的地盘自己做主"也许可以解释这一现象。

社交媒体依赖的类型和强度因客户端网络应用程序的类型、媒介内容形态和风格而异。一种社交媒体可能可以满足一种以上的基本需求,而不同的用户也可以从一个特定的媒介中获得不同的需求的满足。用户对社交媒体的依赖程度会影响媒介信息对用户的影响程度。如果受众对某个社交媒体存在依赖,他就会有选择地接触该媒介的内容,更多地使用该媒介的信息来满足其需求,那么这个媒介的信息最终被用户接受,并产生作用的可能性便会相应增加。[①] 微信平台的最大吸引力在于交流感,也正是由于这种互动机制,使得用户组成多个交流分享的小圈子——朋友圈、微信群,人际传播在这一空间代替了面对面交流,而传统的群体传播功能在这里被弱化。微信很大程度上成为网民进行社交活动的平台,成为人际传播和群体传播的高效的传播平台。网民用户每天都与各自归属的社交媒体保持亲密接触,并且会将社交媒体中的语言和行为方式带到日

---

① [美]M. 德弗勒、E. 丹尼斯:《大众传播通论》,颜建军译,北京:华夏出版社 1989 年版。

常生活中。这种行为证明了网民在生存于现实社会的同时,又与媒介共处于一种由新媒介制造的拟态环境之中。新媒介创造的新的信息方式和交流方式,也带来了休闲方式和情感交流方式的变化,久而久之,网民形成了对社交媒体的依赖,这种媒介文化接受现象颇为耐人寻味。短视频、手机游戏、各种娱乐爆款帖、各种养生知识、天文地理各种知识都可以在朋友圈、微信群分享。从媒介文化角度讲,这种媒介依赖症状态下的媒介文化接受,对人的知识体系和文化观念的形成影响很大。真伪莫变的信息和知识、碎片化的思想,都会造成人们思维方式的偏颇。

三、媒介文化研究的多维视野与多元阐释

文化研究最早源自人类学,几个世纪以来,如何开展文化研究,一直是学术界关注的问题。媒介文化研究也同样需要拓展视野,寻求角度和方法创新。合理吸收西方学术精华,推动媒介文化走向深入,打开通向世界的窗口,会发现媒介文化研究的天地十分广阔。

二次世界大战以来,西方的社会科学研究出现了一些偏向,西方马克思主义学者如卢卡奇、葛兰西、阿尔都塞等均是在意识形态领域探讨文化的意义。以帕森斯(T. Parsons)为代表的结构功能学派将文化视为自主行动系统,其研究获得的社会反响不大。以米德(G. H. Mead)等为代表的符号互动论学派表面上关注象征与意义,但主要仍是从微观的角度了解个人认知,而非放在较大的文化架构上进行探究。其他社会心理学角度的文化研究,虽然涉及心像、态度、动机等文化现象,却只是为了了解个人精神面貌,而非奠定文化研究的基础。社会运动研究流派逐渐转向探讨集体行为的缘起,而不再重视反对团体的目标、挫败或正当性象征。这种研究选取的是边缘化的研究,可以弥补核心研究的不足。正式组织研究流派也已从规范、目标研究取向,转向讨论市场与环境的选择性理性。地位获取的研究,虽是社会科学中较普遍的题材,则几乎都在研究代际及同代内传承的模式,职业声望本应是文化分析的好题材,其文化研究面向也往往被忽视。社会网络研究几乎全集中在人际联系与交换上。及时重视"文化与性格"关系的社会心理学仍主要集中在研究生活事件、发展阶段、支持网络与社会角色,而非文化的影响。总体而言,近30年来西方社会科学对文化的研究缺乏足

够的重视。

为什么西方的文化研究没有进步？社会科学家发现文化研究在人类事务上并没有太大的差别，因而也就未作深入研究，盖因文化研究的价值空间有限。他们从态度、情感等变化无常的层面转向研究社会生活中较稳定的主题面向：收入不平等、失业、团体动态、犯罪等。也有人坦承情绪、情感、信念、价值等文化要素虽很重要，但如果没有遍尝艰辛、耗费巨资是很难有重大进展的。这些现象很难操作与测量，这些现象丰富而又灵光乍现的描述，虽然是文化领域最引人入胜之处，但无法与提出精确统计数据及验证假设的社会科学家相比，上述文化研究的问题主要是研究假设过于狭隘。

这种狭隘的研究假设主要有两种：一是认为，文化主要包括思想、情绪、情感、信念及价值。这是当代一般社会科学的看法。文化是人类行为所有可观察的形式去除后剩余的部分。这部分包括人类内在看不到的思想活动，以个人或无从想象的集体观念呈现，如"集体目的""共同价值观"等。至于人真正在做什么、怎么做、人所建构出来的制度、金钱与权力的物质性交换则不算文化。这显然是古典社会学理论的产物，它源于柏拉图的身心对立的二元论，但现代社会理论架构更将其复杂化。二是认为，文化包含思想、情感，文化研究应重点关注主观认知与客观环境间的关系，研究人的态度与行为、阶级意识、异化与不平等现象等这类研究焦点不在研究文化，本质上反而是在去除文化的解释。研究中把文化化约为某种社会结构，这种化约论的便利之处如同把复杂的人类行为简化为化学作用，往往忽略了文化本身很多价值，因而研究不免失之偏颇。文化研究被框限于个人思想与情感量大取向，研究领域受限且只集中于有限的问题上。经验研究传统在西方国家很受重视，但对文化研究而言，这类实证研究所获得的价值，往往是形而下层面的多，而形而上层面的较少。在中国传播学研究领域中，一方面，实证研究始终是追捧的主流，数字说话成为一种不成文的规矩；另一方面，媒介文化质化研究也不十分地道。这一切都决定了媒介文化的研究需要范式变革和方法论突围。

文化研究常见的方法路径（approaches）是批判理论，主要是法兰克福学派对文化工业的批判，基本上是以阿多诺、霍克海默、马尔库塞、本雅明等的思想观点为主的探讨。相关研究已经汗牛充栋，无须赘述。

这里，笔者重点介绍新结构主义、批判理论、文化社会学理论、文化人类学、文化现象学研究路径,探讨一下福柯(M. Foucault)、哈贝马斯(J. Habermas)、玛丽·道格拉斯(M. Douglas)、布尔迪厄(P. Bourdieu)等人的学术观点。选取这几位西方大家的原因是他们代表了不同的学术背景和理论传统。通过阐述他们的观点,笔者试图归纳出文化研究新取向的共同假设基础,希冀从中帮助读者获得拓宽媒介文化研究视野的某些灵感。

1. 福柯与新结构主义文化理论

福柯的观点很多是来自法国文化分析的结构主义传统,该传统一般是以索绪尔的语言学、列维-斯特劳斯的人类学以及涂尔干的社会学为基础。福柯的结构主义倾向也使他与其他文化学者有很大的区别,只是很少人提及他们彼此之间的差异。福柯本人并不承认他的研究与结构主义传统有任何关联,然而明眼人都能清晰看出彼此之间的承继脉络,因而学术界称之为新结构主义者。他与结构主义类似的地方是他特别强调话语元素间的形态与关系,以由此推之生存规则以及通则(uniformities)。不过,结构主义只是影响福柯的学术传统之一,早先他投身马克思主义研究,后来转而热衷于阐释权力观点。尽管如此,福柯在学术领域内与批判理论走向并行不悖。

福柯的所有著作都在努力探讨核心概念"权力"。不过重点并非针对集中化于制度性的权力表达形式。而是探讨不平等与压迫的权力关系。如何经由细致的与分散的方式,藉由一些表面看似人道与自由的社会实践而被持续创造与维持。简单地说,福柯认为,许多现代的启蒙实践无不日益限制个体的自由,并深化不平等与压迫的社会关系,他也借此去质疑现代社会的理性。

首先是探讨知识与权力的关系。福柯著作的重心在讨论话语。从讨论不同话语之间的关系、理论与实践间的关联、求知欲与从知识"获利"间的关系,让他创作出别具一格的研究方法。福柯亲自搜寻历史记录证实相关结论,避免接受已视为理所当然的真理,因此发现先前未查证或被忽视的信念以及继而产生的实质影响。这种深度怀疑的探究方式与按照经验主义为本的社会科学调查大相径庭。福柯自创的体系本质上必须保持开放性,不能用来证实或否定,因而福柯与实证经验论的社会学家少有共同之处。

在早期的《疯狂与文明》一书中,通过对"疯狂"的研究,他证明一些心理学、精神医学、心理分析的治疗实践,其实是以一种负面语言来说明心理失常而剥夺精神病患者的话语,精神病患者并不被倾听,所以与自己产生异化。现代临床医学借助一些特殊术语和概念,掩盖了病患个案的特殊性。福柯接下来试图重新说明这种负面概念的压制性权力,探讨存在于各种社会关系中的冲突、不稳定与赋权的因素。在他的考古学研究阶段,他想要揭露影响思想形成与发展的深层次规则,而不是去直接处理权利议题,由于福柯视话语为一种相对自主的现象,因而已呈现超越之前的一元性权力观,他强调话语不能被一种单一、化约的社会控制逻辑所涵盖。从 20 世纪 70 年代中期开始,权利被重新定义为一种本质上属于积极的现象。在这种观点中权力是所有社会关系的基础,基本上是一种促进的力量。① 福柯指出,为了进一步了解权力,有必要分析多样的、特殊的表述方式,而不是只注意最集中的形式。这种探讨权力关系的底层和日常面向,福柯称之为一种权力的微观物理学,也就是借助追溯权力关系,在社会各个层面的渗透与蔓延情况,凸显出权力关系如同毛细血管一样密布于日常生活的各种活动及话语中。并且这种话语及其实践经常被视为惯常的和正确的,如同霸权一样成为一种控制力量。

对福柯而言,权力是"知识/权力"体系中的关键要素。他主张知识是被应用的权力,知识是由权力关系所产生,以便更有效地扩散与传播。福柯坚持认为,没有权力就根本不会产生所谓"真理",所以,并非知识产生权力,而是权力生产关于主体性的科学,以便服务生产主体。凡是各种现代科学知识如心理学、哲学等无不生产它们的应用知识,换句话说,这些学科创造它们所需要的知识,以便能够塑造功能正常的个体。

其次是规训的力量。福柯认为现代权力的价值意义之一就是以最少的付出得到最大的回报,而这一目标的实现途径就是规训,并分别从两大方向进行,其一是人类身体的解剖-政治学:强调一种被规训的、有用的身体,即柔顺的身体。身体被变成一个"政治领域",被刻画着权力,并由权力构成。其二,人口的生物-政治学:国家政府将重点指向身体的再生产能力、健康、生育、死亡等。所谓人口的生物-政治学就是生命-权力,这是一种全新的人口控制方式,从过去着重禁止、压制与司法权威,转变成重视出生率、教育、纪律、健康及人口寿命,即转向一种"常态化社会"。福柯主张探讨权力运作的最直接方式是研究身体政治经济

---

① L. McNay. *Foucault*: *A critical introduction*. Cambridge: Polity Press. 1994,p. 4.

学,因为身体直接涉入政治领域,权力关系对身体产生直接影响,包括注意身体、标记身体、折磨身体、强迫身体执行工作,强迫身体参与仪式、展示符号,因而身体的风度行为、训练方式、由此衍生的知识,均是福柯研究的主题,他从历史画面探讨身体在特定历史时期被影响的情形,其中主要面向有四个:一是对游荡的、未受利用的身体进行社会组织;二是创造与监督"驯服的"身体;三是对身体进行医疗与医药的管理;四是管理身体中有关性的表达。这四个方面均将身体视为权力技术施展的对象。

福柯并不谈论文化本身或是文化变迁,反而检视已经发生了变迁,希望从中看出发生变迁的端倪、变迁如何影响每个阶层的个人生活,以及特定的个人如何取得或失去权力。他注意从古典文化转换至现代文化的生产与知识形成的关联性。或者是与经济、政治、历史等亚文化出现的关联情形。这些都是福柯关心社会变迁的证据。事实上,福柯由他所观察到的历史潮流预测我们"人的时代"即将终结。这一潮流从《疯狂与文明》到《诊所的诞生》以及《规训与惩罚》日渐明显。这里,福柯独创一格的方法再度令人印象深刻。他强调文化的动态过程,具体地说,这一过程涉及这种动态的流变与认知的关系、个人观点如何反映出社会变迁以及所有改变如何与主流知识相连接,等等。福柯关注已变成事实的意义结构。他的看法是,意义来自主观性的相互作用,是与制度、科技以及社会需求的改变之间的关系。这种理论看似不允许套用"现成的"自我理论,因为任何归之于"自我"的重要性都与这种理论假设相冲突,也与福柯的理论相违背。福柯认为,作者不过是其著作时代与本身才华间互动的外显罢了。可见,福柯的学术渊源可以上溯到马克思的"伪意识"以及涂尔干的"失范"概念。

福柯虽未直接讨论媒介的性质及其对现代社会的影响,但他在《规训与惩罚》和其他著作中,发展出一种独特的关于权力和可见度(visibility)的观点。[1]文化研究学者汤普森认为,如果福柯更仔细地探讨传播媒介的角色,他应该会看到媒介在权力与可见度之间建立了一种全景监狱模式的关系。全景监视是少数人监视多数人,借助让后者处于曝光的状态对其行使权力。但是媒介的发展却提供了一种手段让多数人能收集有关少数人的信息。在现代媒介社会,情况被

---

[1] J. B. Thompson. *The media and modernity: A social theory of the media*. Cambridge: Polity Press, 1995, pp. 132 - 134.

颠倒过来,少数人被媒介曝光于公众眼前,他们往往是行使权力的人。这也是一种社会公开性与社会可见度。这种媒介的可见度明显不同于福柯知识考古学所看到的古代社会政权所出现的那种情形。因此,全景监狱模式已不适合描述当代传媒生态以及受众作为主体的现状。

再次,媒介的规训功能。在《疯狂与文明》一书中,福柯探讨了知识的建构过程,对精神病病患的医治过程,就是一个规训过程。医生对疾病的描述界定了某种常态化过程,一般来说,正常是经由指涉异常而被定义。现代媒介经由一些情况的问题化,从而提供许多常态化的事例与定义。例如,报道青少年犯罪时,刻意强调其不属于核心家庭的背景,藉此将非核心家庭定义成"问题家庭",进而建构一种"正常与健康的"核心家庭形态。一些报刊名人绯闻报道多与私人生活的规范性刺探有关,也就是窥视他人的生活是否正常。固然有一些为这种情形辩护的说法,比如公众人物必须接受媒体监督等。但凡是公开性侵害受害人与罪犯家属的身份等,都可关联到权力规范化形式,而未必与民主社会的意见流通有关。

从知识与信息角度看媒介权力固然重要,但有可能较为有限与粗糙。福柯的理论对了解媒介权力已日益具有影响力,从这一观点来看,媒介权力是通过偏袒特定话语与建构特殊的真实形式而运作。亦即认为媒介如同在行使话语权力,这种观点是假定人们的行动方式,受其思想制约,而人们的思想又受到媒介传递的世界观的影响。这种权力或许并非直接转换成特定行为,但媒介再现特殊观念与意象,他们能够塑造人们的思想与行动,因此媒介被认为具有施展话语和意识形态的力量,这种探讨媒介权力的取向,指的是传播研究者必须详细分析媒介文本的内容,揭示其中隐含的特定的世界观。这种强调媒介以意识形态方式而运作,使权力观念超出信息领域,亦即媒介权力并不限于新闻与时事等信息的正式来源,它还包括电视娱乐节目、电影,它们也为个别与集体的行动创造了一种"常识"。因此人们必须注意新闻与娱乐内容如何支撑特定的真实观、世界观。媒介如何协助建构人们的认同与兴趣,以及和真实的关系。概括地说,人们并不能够真正地自由选择,所谓选择认同与兴趣,就如同在超市里选购商品一样,超市的设计、货架的摆放、走道的安排与规划等,均是在试图激发消费者的购买行为。人们在超市中消费行为通常受限于他们的资源。同样,当人们面对媒介时也会受到媒体提供的信息资源影响。福柯的规训权力观让人们注意到必须进一步审视媒介的效果以及对受众的可能影响。

马克·波斯特(Mark Poster)认为 20 世纪以来,文化的特性表现在两个方面:其一,语言具有优先性;其二,语言结构出现巨大的变化,并产生所谓新的信息方式。波斯特认为信息方式是指新的语言经验渗透到日常生活中,这种语言经验便是电子中介的语言经验。这里个体被建构而以一种崭新的方式构成自我。电子中介的语言影响自我构成这一现象具有双重含义:其一,个体必须构成自己为一个消费者,在这里信息方式虽然强化了霸权力量,但个体亦必然玩弄这种自我构成的过程。以此观之,信息方式破坏了支配结构的文化基础,但把自我建构成为消费者。因为个体将不断依据产品和喜好的商品的形象来测试自己的价值。其二,受众收看电视的行为被数字化的数据库所挖掘、监测。此外,凡是参与电话会议、使用电脑、上网,所有经验都是一种话语实践,他们都可能破坏完整与明确的主体,进而动摇自我的一致性与稳定性。这也是网络聊天的匿名性引发多种自我认同的游戏。马克·波斯特认为,这种新模式与福柯的自我构成之间具有密切联系。电子媒介语言构成一个新的社会领域,它既迥异于又重叠于资本主义经济、福利国家和核心家庭,它在结构方面不同于面对面互动和印刷媒介传播:它不只发展成科技先进社会,也打破了公共领域与私人领域的界限。未来所有人都必须面对这种情形,信息方式以一种新的方式界定个体的自我,例如,数据库将显示出个体相关的信息,包括信用风险、政治颠覆企图、犯罪、客户代理人、朋友、父母、家庭等;另外,广告也将个体塑造成客户和商品。由于主体是在信息方式中构成他们的自我,所以必须说明这种话语效果对主体的影响。① 换句话说,信息方式将成为一种新的话语形式和规训力量,并将大幅度地影响人们的思想观念和行为,因为大部分人都将在这种信息方式中进行自我建构。

2. 哈贝马斯与文化批判理论

哈贝马斯的思想来源于马克思的学说和韦伯的学说。在理论本质上,韦伯

---

① M. Poster. Foucault and the problem of self-condition. In John Caputo, Mark Young (Eds.), *Foucault and the critique of institutions*. University Park, Pennsylvania: The Pennsylvania State University Press, 1993, pp. 79 – 80.

是哈贝马斯的宗师；在方法论上，哈贝马斯大致属于韦伯学派。他认定社会科学生产的知识有其时代限制，而且社会科学必须注意人类生活的主观层面，然后他仍然反对韦伯学术的两个主要前提。韦伯假定人们会理性地选择行动过程，以便有效实现自己的目标。他对世界各大宗教的比较分析深受这一假设的影响：先界定一些不同的救赎论，然后利用这些不同的救赎信仰预测个人可能会追寻特定的行动类型。他用一个比喻，说明宗教系统的功能就好像铁路的扳道工，引导人类朝着不同轨道行走。哈贝马斯过于强调分化的个人单位，成了一个原子论者：他不能启发我们认识价值选择的集体过程，反而聚焦在孤立的个人身上，过度强调个人之间会达成因个人目标而发生的资源竞争，另外人与人互动可能会促进合作与共识，而韦伯也无法指出这种关系的重要性。

哈贝马斯希望建立一种理论观点，把人类相互间达成价值共识的沟通过程考虑进来。他同时期盼将规范价值带回社会科学的研究。只不过我们不再把价值当成各种用绝对真理来判断的目标。而应该是为了找出这些价值，来检视人类的沟通调和过程。和韦伯一样，哈贝马斯同意人们之间确实存在主体间性，这对于人们的互动十分重要。对韦伯而言，因为有这些相互了解和默契，社会科学家与其观察的人们之间才会有所谓移情的领悟。哈贝马斯指出，韦伯并未将主体间性的领域充分拉进理论架构，韦伯的领悟概念，仅把这个主体间性领域放在直觉和纯粹主体性的层次上。相对的，哈贝马斯所要做的是将人们之间隐含的同意拉到意识的层面煎熬，能够加以解释和批评。因此他一向主动探讨沟通过程，为人们之间隐含的同意与了解，加以行为上的解释。

哈贝马斯试图将交往行动所得到的体会，提升到意识层面，在这方面，他继承了弗洛伊德学说的余绪。弗洛伊德学说原本就是以现实、解放为依归的，这对哈贝马斯颇有启发。另外，弗洛伊德宣称自己发展出有经验根据的理论，目的是要创造一套科学法则，解释人类内在、主体领域的本质。哈贝马斯并不是因为相信能够通过心理分析找到这种科学法则，才被弗洛伊德吸引。对于哈贝马斯而言，精神分析的魅力，毋宁说是可以当做沟通过程发展自我意识的机制。精神分析的意义在于发现线索，进行沟通，促使人们追求共识。

哈贝马斯的关于文化的主要观点主要表现在以下几个方面：

首先是意义与语言的功能。在《文化科学的自我反省》一文中，哈贝马斯提出文化科学的任务是：推论在某种特定历史情境下，众人赋予事物的意义。他继承韦伯学派和现象学派的传统,将文化界定为个人有关他们自己以及周遭世界主观意义的组合。为了推知这些意义,文化分析者必须重建特定情境中人们的主观感知,并且找出这些人所共享并且视为理所当然的普遍共识。这些任务不仅棘手,而且因为情境各不相同,根本上是无法累积的。哈贝马斯认为,随着情境的推移,意义与意义建构的规则也会改变,因此,建立某种普遍不移的法则来描述意义的建构,这根本上是行不通的。对于哈贝马斯来说,意义建构的普遍规则不同于语言建构的规则,前者是找不着的。文化意义的研究与语言学的研究不同。但即使如此,他这时对语言已经有特殊的理论兴趣,他指出语言提供了文化分析的一把钥匙,即使个人赋予事物独特的主观意义,他仍需要语言才能将之传达给别人。

哈贝马斯承认语言会将种种限制加在意义之上。我们无法用语言充分掌握或者表达不同情境中的内涵与理解,因此,文化分析者依赖语言用作意义证据的来源以及表达结论的媒介时,势必要再做诠释。哈贝马斯之所以要将重心放在语言上,原因在于他一心想要延展人类的理性认知知识,而他对文化科学的兴趣正是出自这股热情。他是以一个观察者、诠释者的身份来贴近文化的。对观察者来说,唯一可以用来得知该情境,并且将所获信息传递到其他情境上的媒介就是语言。不像其他研究文化的人,哈贝马斯的目的并非要丰富众人对意义的感受。萦绕在他脑海的目标,不如说是找出人们之间针对普通利益与问题进行沟通所必须的机制。

建立沟通与文化的整合模式是一个复杂的过程。模式的提出、应用和评估,必须在交往互动的脉络中反复试验,这个过程是渐进的。本质上它与自然科学并无二致。只有当语言用来解释各种情境时,我们对文化成品的领会才能有所长进。

其次是文化的内在化过程。哈贝马斯如何看文化的内在化?虽然哈贝马斯认为文化是一个外在于个人的客观现象,但他仍然相信,文化注入个人心灵的过程同样重要。只有通过文化的主观内在化,个人才能成长为社会的一员。这个内化过程又是怎样发生的?哈贝马斯认为学习是在一连串不能逆转不可避免,不能不连续使用日益复杂的发展阶段进行的,每个阶段会为个人提供必要的理性心态,好让他进入下一个阶段。当个人到达较高的发展阶段时,他会变得更为自主、独立、有能力解决问题,会用不同的观点来看外在世界,而且更加感受到个人心智的完整性以及心理上的一致性。同时个人还会将文化环境中更加复杂抽象的层面,内化进主观意识内,其中包括了用来整理与操纵文化环境的种种规则。结果是个人成为有能力的说话者和社会行动者。

与现象学派学者不同的是,哈贝马斯对提升理性自觉的反省十分感兴趣。他并没有现象社会学家那么确信日常生活的客观真实具有强迫力。现象学家认为日常真实足以维持与涵盖大多数时候大多数人对于外在世界与自我存在的肯定。哈贝马斯努力探讨这个日常"生活世界"一旦破灭会发生什么情况。他指出现代国家以及现代经济入侵生活世界使后者正变得愈来愈不确定,生活世界殖民化是系统入侵生活世界,导致生活世界秩序紊乱,陷入混乱与冲突状态之中,造成各种异化普遍的滋生和蔓延,也造成人的价值和生命意义的失落。因此,显示人们在生活世界中进行理性沟通的能力就成为十分急迫的事。他认为,"生活世界"是人的一种存在境遇,人的"此在"的状态,它是非命题的却是可以讨论的,它是非先验的却是可以经验的,而且是主体之间可以"共享"的语言游戏和文化系统。正如他所说:"生活世界是由诸多背景观念构成的,这些背景观念或多或少存在着不同,但永远不会存在什么存疑。这样一种生活世界背景是明确参与者设定其处境的源泉。通过解释,交往共同体的成员把客观世界及其主体间共有的社会世界与个人以及其他集体的主观世界区分开来。世界概念以及相关的有效性要求构成了形式因素,交往行为者可以用它们把各种需要整合的语境与他们自身所处的明确的生活世界协调起来"。①

再次是文化与社会结构。在哈贝马斯的著作中,文化与社会结构的关系被多次提及。哈贝马斯花了很多精力来研究这个关系。他发现,一方面,西方社会学者主张文化形态依据社会的配置来形塑并在其中产生;另一方面这种做法又被指责为"化约论"。只把文化形态的源头归结到社会配置上,而不是从他们本身推论出其内在构造,这一做法无疑是粗糙的。哈贝马斯的文化理论多少带有西方马克思主义阵营的化约论观点。在这个阵营里文化要素多半被视为是世界上其他更重要特征的反映。据此,在他就发达资本主义天生危机趋势所作的讨论中,似乎就把那些与文化牵连最深的危机视为其他基本危机的低度再现。所谓基本危机,只是在经济与政治层面上,因为垄断资本的发达及其日益依赖国家

---

① [德]尤金·哈贝马斯:《交往行动理论》,曹卫东译,上海:上海人民出版社,2004 年版,第 69 页。

而产生的。这种看法在他专论正当性的著作中也很明显。他论及文化原本就出自对正当化本质的兴趣。在这方面文化与国家密切相关,而且它之所以成为问题焦点,主要是因为国家在发达资本主义社会中执行的功能。换句话说,作为有趣现象的文化本身并非哈贝马斯关注的重点,他更关心的是作为文化产物的正当化作用。

哈贝马斯看待文化的方式不同于那些从马克思主义观点贴近同一课题的学者。他提出一个架构,防止上述简单化的做法。这个架构在他的《普通语用学》一文中说得最明白。他提出了一个"沟通有效性"概念,影响沟通有效性的条件在他看来有四个:一是外在自然世界;二是社会的世界;三是沟通者个人的内在世界;四是语言媒介。[①] 哈贝马斯提出的这四个条件,在社会结构与文化形态之间搭起了桥梁。

要想深究哈贝马斯学术思想的理论谱系并不容易,这是因为他的研究充满了折中作风,它善于汲取百家之长,融合成自己的观点。哈贝马斯关于文化本质的看法与关怀,有一些是来源于康德与黑格尔的学说;在对文化整体观察上又明显可以看到他受海德格尔和胡塞尔现象学的影响;而他和伽达默尔之间的论战,似乎又与阐释学方法有关;在文化的讨论上,他借用了米德与戈夫曼的社会心理学、帕森斯的社会学与皮亚杰的发生学等。他也曾广泛引用伯格的著作,指出结构主义的限制,也曾评论福柯的观点,采纳他喜欢的神学角度,并且大量运用经验研究方法来论证经济政治与社会状况。

哈贝马斯的批判理论对媒介文化研究的启示,正在于方法论的思维创新。

3. 玛丽·道格拉斯与文化人类学研究

文化人类学研究传统是由马林诺夫斯基创立的,由爱德华·伊文思-普里查(E. Evans-Prichard)和李奇(Edmund Leach)发扬光大。与其前辈学者一样,玛丽·道格拉斯关注的重点领域也是社会秩序问题。她的学术观点受涂尔干社会学和结构主义的影响很大,而她对文化的关注则开始于1950年在刚果的雷利所做的田野调查。从研究雷利的宗教仪式、环境保护意识、卫生保健观念等,先后出版了《纯洁与危险》《自然的象征》《文化偏见》《商品的世界》《危险与文化》等著

---

① J. Habermas. *Communication and the Evolution of Society*. Boston: Beacon, 1979, pp. 1 – 68.

作,形成了她的学术思想。

在文化研究方面值得关注的有这样一些代表性观点:

(1)语言如同仪式与仪式如同语言。道格拉斯以探讨脏乱与洁净的缘起开始,以泛论边界与脏乱具有仪式一样重新界定社会的功能为最终结论,仪式是道格拉斯整个研究架构的关键词,是下层社会与上层文化间的中介因素。仪式究竟是什么? 道格拉斯首先用社会学家一般的定义来解答这一问题,即仪式是一种对所表达的价值不具个人承诺的行动。但是,"若说仪式这个词代表空的顺从象征,那就没有什么词汇代表真的顺从,如此宗教社会学就无法发挥功能。"①道格拉斯解释仪式是一种共同的沟通工具,而且"如果我们视仪式形式为言语形式,为传递文化的工具,那仪式就有助于我们了解宗教行为。"②对她来说,仪式是最佳的沟通形式,一种能传递社会信息的语言,能重新唤起对社会的集体认同感,因此仪式应视同语言,如同语言能传递文化,而且也自社会关系延伸而来。道格拉斯发展仪式概念套用英国社会语言学家伯恩斯坦(R. Bernstein)的"精致"(elaborated)和"限制"(restricted)的语言符码概念。

限制的符码使用很少的词汇,句法既简单又严谨;精密符码的词汇较广且句法复杂。限制的符码限制个人以非常明确的意义沟通,说出很普通寻常的话,而且是团体文化的一部分。道格拉斯与伯恩斯坦多遵循沙皮尔(E. Sapir)与米德的社会语言学理论认为社会主要是通过内化的语言来沟通互动,以一种更直接的方式作用。无需对使用符码者的心理事实起作用,当个人以限制的符码说话时,无异于在执行一项语言仪式,如此无需强调其社会身份就可以重建共同的情感。限制的符码因其限制性强大,迫使人们用共同的团体假设去解读所见所闻,如此反过来也将这些假设带进生活,再次肯定团体。如果团体由个人间的共同假设构成以及共同的文化,那么文化所起作用时,也就是团体发生功效时,值得一提的是,这一过程是不带任何目的的。把语言与仪式做类比是她的一个创见。仪式与语言一样,承载或传递集体信息。同样的,语言作用的方式与仪式一样,且语言的结构即符码也是社会定期肯定社会秩序的部分仪式。说话也就是执行

① Mary Douglas. *Natural Symbols*:*Explorations in Cosmology*,New York:Pantheon books. 1970,p. 3.
② Ibid,p. 21.

仪式,不管是否有意也参与肯定并再创造基本社会关系与共同分享的价值。

在道格拉斯看来,反仪式运动会像钟摆一样来回摆动。这样一种视角暗含了一种观念,即任何强烈地对于仪式的冲动最后必定遭遇另一相反方向上的冲动。对反仪式主义定期更新的一个通常的解释就是,对已有宗教等级体系的抗议来自于那些被剥夺了继承权的人。但失调、补偿、剥夺理论并不能解决仪式难题。她指出了远离仪式主义的三个阶段。第一,存在对于外在仪式形式的鄙视;第二,存在宗教经验个体化、内化的过程;第三,存在通向人类博爱的运动。当第三个阶段开始时,精神的象征性生命就结束了。因为每一阶段中,社会决定因素都能够被识别出来。①

(2)格栅/群体:文化研究图式。道格拉斯在对社会/文化现象进行分类研究时,提出了著名的"格栅/群体"图式(grid/group scheme)理论。回顾社会学的历史,我们不难发现,从经典时期到现代再到当代的许多学者都"迷恋"于对社会/文化进行分类。毕竟,现实世界异常复杂,如不加以分类,各种现象看起来就会混乱无序,难以理解。同样,作为涂尔干学派的"忠实信徒"的道格拉斯,也热衷于对社会/文化进行分类。她所凭借的就是"格栅/群体"图式。1970年,道格拉斯首次在《自然的象征》一书中提出这一图式,把它作为一种对文化进行分类的认知方式。1978年发表的《文化偏见》一书中,道格拉斯把它提升为一种分析社会问题的方法来看待。1982年《认知社会学理论》的出版标志着该图式向理论发展的过渡。随后,尤其是1990年以来,在道格拉斯等学者的努力下,它逐渐被界定为一种"文化理论"。

何为"格栅"? 何为"群体"? 人如何被社会控制这是道格拉斯关注的重点,为此,继伯恩斯坦之后,她提出两种不同的概念:群体和格栅。"群体指人们在自己与外在世界间建立起来的外围。格栅则是指要来规范人们彼此间如何互动的所有其他社会区隔与权威代表。"②道格拉斯认为首先需要去做一个控制体系的比较,即在没有被固定原则结构化的、完全个人式的关系形式,与等同于他的地位家庭的体系之间做比较。可以关注在两种社会向度内个体的相互作用。一

① 陈锐钢:《意义的寻求——解读玛丽·道格拉斯的"格/群"文化理论》,中国社科院研究生院博士论文,第40页。
② Mary Douglas. *In the Voice*. London:Routledge & Kegan Paul,1982,p. 138.

个是秩序、分类、象征体系;另一个是压力,那种只能去迎合他人压倒式的要求而无可选择的经验。

首先来考虑秩序。社会关系要求类别被划分出来,目标被指明。秩序是沟通的基本要求。根据类别惯常使用的定义的清晰度来比较象征体系的可能性是能够令人信服的。当区分首次出现时,它们是碎片式的和不稳定的;只有渐渐地,导致分类的经验元素的稳定界线才出现。但是这并不是用在这里的分类体系的比较基础。整个体系内不同类别间联结的清晰度不存在变化是不证自明的,或者说,即使它确实在有些地方模糊,另一些地方严格,但这种区别也不是要去考虑的。相反,应该去比较类别的全部联结,这种联结构成了一种世界观。在道格拉斯看来,一种分类体系可以因一小部分经验而被一致地组织起来,对于余下的经验,分类体系会听任不相干的项目在无秩序中乱撞。或者对经验整体来说,分类体系在其所提供的秩序中具有高度的一致性,但个体可以使用它的同时,还可能有其他与其竞争的不同体系可供选择,那些体系本身同样具有一致性,从所有这些分类体系中,个体随意地在各处折衷地选择片段,而不用担心缺乏整体一致性。那么对这些人来说,将会存在冲突、对立,和不协调的分类领域。事实上,缺乏一致性导致了分类体系整体范围的缩小。所以我们可以"将某种分类体系的范围和一致联结视为一个社会向度,在这个向度里,个体必须实现自我。我称该向度为格栅。"①

在《文化偏见》中对于格栅和群体的界定,暗含着一种既微妙又显著的转向。它代表了道格拉斯的一种企图,即把格栅/群体坐标予以具体化,并解决其早期论述中一些方法论上的问题。格栅和群体的含义不再具有与文化的显著相关性,从而也暗示着道格拉斯的社会学转向。道格拉斯将群体-格栅架构与整体的宇宙论相连,以解释自然与文化的对照,空间、园艺、烹饪、医药与时间等问题,对年轻人与老人的态度,人性、疾病与死亡,个人异常与残障,人际关系,惩处以及分配正义的定义。道格拉斯试图这一层面捕捉整个社会系统,而不只限于研究个别的污染信念、仪式的语言基础或者对商品的取向。最普遍的是"当社会团体以共有的契约掌控成员时,宗教充满仪式色彩;当这种掌控放松时,仪式也随之

---

① Mary Douglas. *Natural Symbols*: *Explorations in Cosmology*. London: Routledge, 1996, p. 59.

减少。这种形式上的转变也会使信念教条发生改变。"①道格拉斯的群体与格栅代表能掌控社会成员的两种不同方式。通过把群体与格栅做交叉,道格拉斯发展出了她的四个表格。道格拉斯把格栅和群体视为两种维度、两种控制类型。一种控制是由群体施加的,是成员之间所施加的个人控制;另一种是丰富的匿名控制变量,不是直接来自于群体,也不是为了支持群体,这些变量共同对支持制度网络的环境、技术、工作等作出反应。道格拉斯仍按照群体为横轴、格栅为纵轴相互交叉的方式分成了四个象限,每一种组织对应一个象限。道格拉斯认为,为了使这种图式能够进行经验研究,必须选择一个专门的"世界",在这个世界中,其他条件基本上是平等的。它必须是明确界定的,并且也要是稳定的。核心假设是一种组织类型有一套特殊的、与之相符合的价值来维系,反之亦然。社会形式和文化互相维系。文化和社会之间的契合带来制度的稳定性。因此,与四种组织相对应的就是四种文化。②

道格拉斯的格栅和群体理论图式对于理解当今社会的制度体系和意识形态内涵具有很强的启发意义。例如,道格拉斯用由此衍生出的"巫术宇宙论"解释了许多重大历史事件,如 20 世纪 30 年代苏联斯大林公开审讯事件、50 年代兴起的美国麦卡锡主义等都令人耳目一新。

3. 布尔迪厄与文化社会学

早期布尔迪厄因《阿尔及利亚社会学》《背井离乡》等著作的出版而奠定了他作为人类学家的地位。布尔迪厄擅长博采众家之长,形成自己的学术风格,因此,马克思、胡塞尔、韦伯等的理论观点都曾对他产生影响,而结构主义对他的影响比较深。布尔迪厄试图以索绪尔为基点发展一种"普遍的文化理论"。在他批判性地重新思考了索绪尔的理论命题之后,尤其是思考了作为实践和言语对立面的文化和语言之后,他放弃了这一计划,并开始探索一种有关文化实践的理论,并得出这样的结论:只有当分析超越了传统的对立关系及二分法,超越了由此造成的视野的局限性之后,理论的发展才会成为可能。布尔迪厄觉得只有从

---

① Mary Douglas. *Natural Symbols*:*Explorations in Cosmology*, New York:Pantheon books. 1970,p. 8.

② 鲍磊:《格栅/群体分析:玛丽·道格拉斯的文化研究图式》,《青海民族研究》2008 年第 3 期。

这一立场出发,才能建立一种对古典社会理论的批判。

布尔迪厄的实践理论,反映在他对现实世界问题进行研究时,主要关注不平等的阶级关系如何被某种话语生产出来,这些话语又如何被正当化,以至于这种话语再生产的过程能够在某种程度上免于社会冲突而顺利进行。布尔迪厄认为,外在客观条件会内化为行动者的内心,也就是个体的再现其实是受到社会结构的制约,不过并非决定性的影响。这种情形他用"习性"和"场域"概念来说明这种情形,因此,可以说,布尔迪厄文化社会学就建立在这两个关键词基础之上。

(1)习性

布氏实践理论是由许多概念构成的理论体系,其中"习性"(habitus)(是布尔迪厄用来把握社会世界——同时也是具有积累性的历史世界——的重要理论工具)布尔迪厄认为,习性是一种持久的但能够改变的气质体系,它是实践与再现的生产和结构原则。换句话说,人类的实践与认识活动都呈现某种规律性,而造成这种规律性的原因便是个体所具有的习性使然。习性产生了实践,而实践往往再生产出习性客观条件的规则,也就是实践具有一种再生产作用,它强化了特定习性的不断形成,因为它将习性之社会条件中的规律性予以反复再生产。习性既是一种认知结构,也是一种动机结构。从某种意义上说,习性和气质是客观结构的内化。它们之间的因果关系是,习性本身如同一切历史产物,但习性也生产了个体与集体的实践,因而也生产了历史。习性与结构彼此生产对方同时气质与社会位置之间具有相互调和与辩证的关系。习性客观地适应于它被构成的特定条件。换句话说,习性产生了个体所有的思想、知觉与行动,并与那些特定条件维持一致性。1970年在《再生产》一书中,布尔迪厄再次采用并作了更加正式的界定。布氏提到"循环关系系统统一了结构和实践;客观结构倾向于生产形成行动的被建构的主观性情倾向系统,反之,行动再生产客观结构。""习性是结构的产品、实践的生产者及结构的再生产者,习性把结构和实践联系起来"。[①]"习性"不仅与身体外在的状态相关,而且内在于客观结构所建构的主观性情倾向;不仅如此,习性还可以对客观结构施加反作用,实现结构的再生产。通过习性,布尔迪厄重新领回被结构主义视为社会结构附带物的行为人,只不过这个行

---

① [法]布尔迪厄、帕斯隆:《再生产》,邢克超译,北京:商务印书馆2012年版,第218页。

为人不是主体哲学的基础性主体,而是由历史和社会因素共同构建的产物。[①]简言之,习性是一种心理基模和认知结构,个体由此而去面对外在环境。也就是人们被赋予一系列内化的架构,进而得以认识、了解、欣赏与评价现实世界。并且人们还通过这些架构而产生实践,也同时形成自身实践的认识与评价。就辩证的角度来看,习性是个体将社会结构内化的产物,他们反映出阶级结构的客观区隔。一种习性的形成是由于长期占有社会某种位置的结果,所以习性会因个人社会位置的性质变化而变化。虽然不是每个人都有相同习性,但那些占有相同位置的人,容易发展出相似的习性。[②]习性让人们得以理解现实世界,但由于存在各不相同的习性,也意味着社会结构并非对所有的人产生一致性的影响。

不难发现,习性是连接个体与社会的关系性概念。当行为人被社会结构影响时,也就是被社会结构化时,才会形成自己的倾向和习性。习性因此不单单是个人的一种能力,还是集体的一种成就,是无所不在的"集体灌输"结果。在此基础上,我们主要讨论习性被灌输的过程,亦即社会结构如何被归并于个体之上。从习性构成而言,社会结构归并是习性被动性的一面,受到社会结构不可抗力的作用。因此习性的灌输在社会空间中发生,并与具体的结构化操作问题结合在一起。

布尔迪厄认为习性所依据的实践逻辑是无意识的,但也由于无法被清楚地意识与明白地察觉,所以它必然是一种频发的逻辑,又必须具有弹性,如此方能应用于各种不同的情境。这种实践逻辑的运作多数采取简单的二分法:高/低、远/近、男/女等,这些分类与区别的原则主要源自儿童的生活环境与经验,但随着年龄的增长也能被应用到许多不同场域与情境。因此,一般人的多数思想行为,经常可以在不假思索的情形下迅速产生及反应,却又总是维持着某种一致性与规则性,这是由于人们的行动大多受到无意识的习性的管理。习性的功能在于凸显结构与能动之间的关系,对这一关系的探讨,需要放到一个特定的空间来进行思考,这就是布尔迪厄所说的场域。

(2)场域

布尔迪厄认为,社会科学的目标不是为了建构阶级,他主张使用社会空间概

---

① 张意:《文化与符号权力》,北京:中国社会科学出版社 2005 年版,第 68 页。

② G. Ritzer. *Sociological theory* (3rd ed.). New York: McGraw-Hill, 1992, pp. 578-579.

念,用意不是为了解决阶级存在与否的问题,而是要显现出社会差异。他强调指出,"社会科学……应建构于找出社会分化的原则,这种原则让人们得以重新看到理论与实证观察的社会空间。……所有的社会都呈现为社会空间,也就是差异的结构,对此的了解唯有通过建构出造成差异的客观基础原则。这种原则就是权力形式或资本种类的分配结构……这种结构并非无法改变,当我描述整个社会空间是一个场域时,我是指它既是力量的场域,它的必然性会影响参与其中的能动者,也是抗争场域,在此能动者彼此对峙,他们依据在力量场域中的位置,而具有不同的手段与目的,并因而促成或改变场域结构。"[①]对于场域(field)这一概念,不能理解为被一定边界物包围的领地,也不等同于一般的领域,而是在其中有内含力量的、有生气的、有潜力的存在。布尔迪厄研究了许多场域,如新闻场域、法律场域、宗教场域、政治场域、文化场域、教育场域,每个场域都以一个市场为纽带,将场域中象征性商品的生产者和消费者联结起来。例如,艺术这个场域包括画家、艺术品购买商、批评家、博物馆的管理者等等。布尔迪厄强调空间观念本身包含了将现实世界看作是一种"关系"结构的无形空间,也就是认为各种位置都处于彼此之外,亦即不管是个体还是群体,都必然通过"差异"而存在,换句话说,这是一种由许多相对性位置所构成的关系空间,这种关系空间虽然无法直接观察到,也难用具体方式显现出来,但布尔迪厄认为它才是最真的"真实",并且是个体和群体行动的真正原则。

　　在布尔迪厄看来,场域是由社会成员按照特定的逻辑要求共同建设的,是社会个体参与社会活动的主要场所,是集中的符号竞争和个人策略的场所,这种竞争和策略的目的是生产有价值的符号商品,而符号商品的价值依赖于有关的消费者社会对它的分类,符号竞争的胜利意味着一种符号商品被判定为比其竞争对象拥有更多的价值,并可将之强加于社会,布尔迪厄称之为"符号暴力"。人们在这里运用与布置各种资本,包括经济资本、文化资本、社会资本、符号资本。布尔迪厄指出,在社会中,"并非只有一种利益,而是有许多利益,它们因时空而异,所以几乎是无限的,因此有多少种利益就有多少种场域,它们是历史构成的活动场域,具有各自特殊的制度和独特的运作法则。这种专门化的与相对自主的场域和特殊利益之间具有相关性:通过某种习性的能动者所产生密不可分的经济

---

① P. Bourdieu. *Practical reason*: *On the theory of action*. Cambridge: Polity Press, 1998, p. 32.

投资与心理投资,场域及其利益,产生了时间、金钱和工作等方面的投资……换句话说,利益就是一个场域得以运作的条件……它是'促使人们前行'的动力,也是促使人们聚集、竞争与斗争的原因,也是该场域运作的一个产物。"①随着社会的发展,社会不只是分化出许多不同的专门领域,他们其实代表不同的利益,因此各领域的成员会为了利益而相争。对布尔迪厄而言,所有的社会无不出现不同团体和阶级之间的抗争,目的都是扩大自己的利益,以便确保自己的再生产。在这些场域中行动者从事特定的抗争,以扩大自己对场域特定社会资源的控制。社会行动者的位置处于彼此相对的关系,也就是说,位置的转变是受到场域特有之全部场力线所决定,这些场域是在一个结构中被层级式地组织而成,而这个结构又被那些与生产和分配物质资源相关的阶级抗争场域所决定,场域中的每一个次场域也都会在它自己的结构逻辑中去再生产阶级抗争场域的逻辑。② 也就是说,场域之内与场域之间都存在着竞争与抗争的现象,并受到结构性力量的影响,也同时复制出场域的结果逻辑。

所以,场域可被视为不定项选择的空间,它为其中的社会成员标出了待选项目,但没有给定最终项,个人可进行竞争策略的多种搭配选择,不同的人会出现不同的结果,在这些结果中,一方面可以体现出选择者的意志,即个体的创造性,另一方面可体现出选题的框架要求和限制。场域对机构组织有制约,对个人也有制约,根据布尔迪厄的场域理论,我们就可以理解媒介场域如何制约着新闻内容的生产,如何影响着媒介文化的内容品质。

(3) 文化资本与符号权力

与场域理论关系密切,"文化资本"是布尔迪厄重点论述的一个理论概念。布尔迪厄注意到,一些看似自由选择的行为,例如,对古典音乐或摇滚乐的偏好,其实和社会空间的位置具有强烈相关性。此外,某些语言上的个性化表现,比如某种流行腔调或文法,也往往影响人们的社会流动。布尔迪厄重视现实社会中的阶级再生产,他特别关注精英阶层,他之所以在法国拥有较高的知名度,与他对法国教育体系的批判有很大的关系。他的《继承人》一书指出法国教育体系对

---

① P. Bourdieu. *Practical reason*: *On the theory of action*. Cambridge: Polity Press, 1998, p. 88.

② Garnham & R. Wiliams. Pierre Bourdieu and the sociology of culture: An introduction. *Media*, *Culture and Society* 2, 1980: 207.

社会差异的再生产,高等教育再生产了知识分子,而知识分子往往忽略了自身优越生活背后的社会特权。

在《区隔》一书中,布尔迪厄指出艺术与文化消费如何被用来正当化社会差异。一般而言,人们的日常生活是被生存需要所支配,那么文化品位会倾向于追求世俗化的物质享乐。相反,布尔乔亚的唯美主义,其风格化形成反映出一种小众化、具有排斥功能的面向的高冷趣味。他以传家宝为例,描述传家宝的价值不仅在它们的物质层面,更在其精神层面,而精神层面的价值有助于家族精神的再生产。随着日复一日接触古物,这些物件也传达了一种精致典雅与条理井然的审美趣味和世界的归属感,这个唯美境界由于完美和谐而被正当化。这种本能的品位偏好主要促使特定阶级出现一种无意识的自我净化、统辖、提升,而并不是为了产生清楚明细的观点与意见。

人们会在知识传授过程中被客体化,即在所谓富贵与贫穷、高尚与粗鄙、美丽与丑陋等的二元对立话语关系中被客体化,虽然这些关系是通过具体经验而展现的,但这些具体经验可能是无意识的。[①] 一种气质深植于个体中,无疑是在经验中养成的,但个体却没有注意到其社会起源,事实上它们是社会客观结构的产物。人们往往注意到个体生活形态之间的差异,而忽略了它们在阶级结构中的位置。其实这些不同文化品位是特定阶级习性使然,因为多数人均是依据与生存需要而发展习性。社会中支配阶级宣称其生活形态具有精致、独特的愉悦性,并且是"高尚品位"的标记,所以其他人都应当心向往之。经过一系列诸如价值、美德、技艺、能力等的假象包装,将阶级差异予以正当化。布尔迪厄试图揭开支配结构再生产的面纱,他重视社会秩序被正当化的方式,认为它并非一种刻意宣传所造成的后果,而是行动者将知觉与认识的结构应用于世界的客观结构。由此可见,布尔迪厄的研究与传统马克思主义有相同的见解,特别是意识形态在形塑与强化阶级支配时所扮演的角色。相同情形亦出现在布尔迪厄分析一些自主性场域的发展以及行动者在其中扮演的角色等问题。

在布尔迪厄看来,这种支配结构需要经过国家制度和行动者再生产形式而被强化,他看到某种制度在社会中的主要角色就是保存历史文化传统与既有的

---

① P. Bourdieu. *Distinction*: *A social critique of the judgment of taste*. (Richard Nice, Trans. from Franch). Cambridge, Mass.: Harvard University Press, 1984, p. 77.

社会等级,这个制度之所以能够实现保存与再生产的目的,还是通过行动者的共谋而达成,然而,这些行动者如学生参与的教育制度,却假装自己不是一个维护既有社会秩序的工具。他注意到,权力关系能够通过非压制的手段而被维持,这种过程重点在于,经济关系能被乔装打扮成其他东西而被正当化。这种操作手法就是将经济资本转换成符号资本,财富是权力的最终基础,但他若要长治久安唯有仰赖符号资本的装饰。在这个过程中真正支配的经济基础被伪装成其他东西,同时是支配与被支配的依赖关系,表述成是源自天分、品位、教育、能力等的差异所造成的后果。布尔迪厄指出,符号暴力是一种在不知不觉间让他人服从的暴力。不过并非通过蛮横的武力,其运作方式是培植"集体的期望"和宣扬某种社会信念。符号暴力理论与信念理论有着千丝万缕的联系,或更精确地说,符号暴力是通过传播渠道,生产一些必要的信念,并使之社会化。这样才能产生具有特定认识与判断能力的行动者,进而使之能够了解和服从某个情境或话语所内含的命令。① 不同的场域有不同的资源,可以形成不同的支配结构。在经济场域,人们追逐金钱形式的资本;在教育场域,人们追逐学术资格形式的文化资本;在政治场域,人们追逐参政经验形式的文化资本。一旦这些文凭形式的文化资本被承认,权力与支配关系就不再直接存在于个体之间,它们变成客观机制,这种社会制度能够再生产支配关系,而无需支配团体的直接干预,因此,支配者发展出来的支配策略会变得愈来愈间接和隐而不彰。

(4) 新闻场域与符号权力

在《关于电视》这本小册子中,布尔迪厄专门讨论了"电视场""新闻场"的问题。他没有直接使用"媒介场域"一词,而是提出了"电视场""新闻场"的设想:"这一概念虽然有点太专,但我还是不得不提出来。"他指出:"新闻界是一个独立的小世界,有着自身的法则,但同时又为它在整个世界所处的位置所限制,受到其他小世界的牵制与推动。说新闻界是独立的,具有自身的法则,那是指人们不可能直接从外部因素去了解新闻界内部发生的一切。"②电视场和新闻场都是媒介场域的一部分,对于这两个场域的讨论均可视为媒介场域的先导性研究。

在布尔迪厄看来,新闻可视为一个独立场域,因为长久以来总是出现大众报

---

① P. Bourdieu. *Practical reason*: *On the theory of action*. Cambridge: Polity Press, 1998, p. 103.
② [法]布尔迪厄:《关于电视》,许钧译,沈阳:辽宁教育出版社 2000 年版,第 46 页。

纸与精英报纸的对立,因而形成两种模式对立的场域,每种模式各自有其正当性原则,并且那些最能够内化该场域所重视的价值与原作的人都会得到社会大众的肯定。这个场域最终以读报率、收视率和利润来分析运营结果。整体看,新闻场域依据自律原则而去描述、正当化、评价自身对社区的影响与价值。这些原则通常以一种专业的伦理规范表达出来,并包含一些对真理、正确性、知情权、公正报道、客观独立等的职业伦理原则。理论上,这些伦理原则应会直接影响记者工作的方方面面。① 新闻场域的从业人员,表现出追求这个场域的原则及资本应有其必要性。不过,布尔迪厄指出,新闻与艺术、学术等其他领域不同,不同在于它比其他文化生产领域更仰赖外在因素,即新闻直接且极度的依赖市场需求,因为它必须屈从于市场与民意的压力。因为报纸、电视和其他的媒介是按照企业方式运营的,所以新闻生产的任何文化文本,均是市场导向的,经济目标是第一位的。在现代资本主义社会,由于新闻场域日夜受到经济因素的影响,所以已逐渐弱化了其独立性和自主性。② 在布尔迪厄看来,新闻场域受市场支配不只是转变这个场域的性质,更重要的是对整个文化生产场域造成重大影响。一旦新闻场域日益同质化,经济决定论将统辖整个新闻场域,文化生产场域被市场力量殖民化,并且通过新闻场域而进一步强化。这种情形会造成政治后果,因为新闻媒体所影响的舆论能够影响司法、行政,最终成为权力场域的工具,统辖整个社会并加以同质化。

由于新闻场域具有赋予地位的功能,其他场域的文化生产也日益受到媒介逻辑的影响。例如,新闻场域与政治场域的密切关系已转变了政治的定义,政治场域已日益隔离与外部的影响与冲突。借助一种循环的逻辑,记者与政治人物通常"回应"一种大部分被建构出来的所谓民意。这种循环逻辑也限制了新闻在社会上应当发挥的作用。③

布尔迪厄是如何看待新闻媒体的? 通读《关于电视》,不难发现,他给予新闻媒体尤其是电视的基本都是负面的评价,因此,也有学者说,布尔迪厄对电视与新闻场域的研究似乎过于悲观。在布尔迪厄看来,电视等新闻媒体拥有"符号资

---

① J. Webb, T. Schirato & G. Danaher. *Understanding Bourdieu*. London: Sage, 2002, p. 183.
② J. Webb, T. Schirato & G. Danaher. *Understanding Bourdieu*. London: Sage, 2002, pp. 183 - 184.
③ N. Couldry. *Media, symbolic power and the limits of Bourdieu's field theory*. 2003, p. 9. http://www.lse.ac.uk/collections/media@lse

本",这是一种"国家控制资本",能对不同场域进行全力施压。国家的目标在设定规则,以便管理不同的场域,特别是关于再生产的规则。[①] 如此看来,媒介权力应被视为一种"元资本"(meta-capital),因为它能使媒介权力凌驾于其他权力之上。媒介的"符号权力"已经凌驾于其他权力之上,其负面影响已经渗透到社会各个领域,因为媒介权力的盛行,其他领域的获得均已偏离了它们应有的轨迹。

纵观布尔迪厄的理论,不难发现,"习性""场域""文化资本""符号权力"概念,对于研究媒介文化确实新人耳目,富有启发性。布尔迪厄对媒介权力的影响力的担忧不无道理,他理论话语中表现出的悲观色彩,则是哲人所特有的,但21世纪以来的媒介生态的巨大变革则是他闻所未闻的格局,只不过,布尔迪厄所处的时代的媒介现实,只能让他作如此理解。

四、媒介文化研究的新领域——新媒介文化

新媒介仍然属于媒介范畴,之所以要专门讨论新媒介文化,不是因为讨论的范畴变了,而是因为新媒介文化的特殊性。什么是新媒介?学术界众说纷纭、莫衷一是,但有一些基本要素必须具备,即必须是依据网络平台建立起来的传播形态,这其中包括微信、微博,也包括媒介融合后的数字电视、手机报纸、手机电视等,其总体呈现动态性,具体说,它具有以下一些特性:交互性、即时性、海量性、共享性、多媒体与超文本、个性化、社群化等。

我们这里要讨论的不是新媒介的特性,也不是新媒介所承载的文化,而是它的使用方式以及对人的影响。这与以往的媒介文化有很大的不同。以网络为平台形成的新媒介传播构建了当代传播新格局,而新媒介文化的兴起,已经成为这个时代最引人注目的社会景观。与传统媒介相比,新媒介的特点决定了一个去中心化的信息广场时代正在到来。在传统网络社会中,人们在不同的网络文化模式中具有相互平等的地位和特征。就网络这个空间来看,它属于公共领域与私人领域的交集。对于网络"人人出入自由"这一无限开放的特性而言,它是公

---

① P. Bourdieu, L. J. D. Wacquant. *An invitation to reflexive sociology*. Chicago: The University of Chicago Press, 1992, pp. 111 – 115.

共领域,对于它隐匿了网民的真实身份这一虚拟特性而言,它又可划归私人领域。比如在木子美发表性爱日记的微信网中,任何微信所发表的内容都是个人化的,但是当它被发表出来时就具有了最公众化的形式。所以微信既从属于公共空间,同时,任何一个微信或是网络公众都可以用建立个人网页的方式将它划归在自己的私人领地里。只不过这个私人领地对于任何网络准入者来说都是开放的,这一开放性当然是在获得个体同意的情况下才存在的。今天,网络社区的"水军"炒作可以形成一个网络事件,一条微博也能掀起舆论大潮,新媒介革命改变了我们的信息方式,甚至影响了政治发展趋势。然而,我们需要关心的是这些新媒介变革给文化带来了什么。

1. 虚拟世界与符号化生存

在新媒介时代,意义生存比以往任何时候都重要,符号化生存也因此成为现实,这是新媒介平台所赋予大众的一种生存形式。网络率先推动了这一文化实践,在新媒介中,传统的文化生存与传播的"白纸黑字"方式被"E 媒体"(electronic media)方式所取代,具体说,伴随着现代微电子技术、信息技术和现代通讯技术的飞速发展和相互渗透,无纸存贮已成为活生生的现实。依托于这一载体,传统文化的传播拥有了新的平台和新的渠道,甚至呈现出一种立体化的传播方式,从而大大拓展了传播视域,使更多的人领略到丰富多彩的文明积淀。也即是说,文化载体的革命必然带来内容的革命。

然而,新媒介并非仅仅解决一个简单的书写问题,还带给人们一种新型的生存方式。信息传播的多中心化隐含着一个前提,即允许用户匿名登录。这就为公众的自由言说提供了一种安全保障。在网络世界里,IP 地址是用户独一无二的代号,用户的真实姓名和确切身份在此毫无意义。比尔·盖茨的戏言以某种极端形式揭示了早期网络的这种虚拟特性:"互联网上没有人知道你是一条狗。"例如,在网吧中每一台电脑的 IP 地址是固定不变的,坐在电脑面前的人却时时变换。人们随时可以以不同的用户名登录网站,自由言说,而注册资料的真实与否取决于个人的自由。隐藏在 IP 地址之后,现实生活中的种种顾忌被抛在脑后,人们的言说往往表现出异乎寻常的大胆和激烈。

虚拟从网络交流的空间到情感形式对这个时代的人们来说都是新鲜的,虚拟的本质就是对真实的虚假替代。然而,值得反思的是,这些新媒介的虚拟,却让很多人产生了精神依赖。很多新媒介的使用者即使很清楚虚拟情境、虚拟情感、虚拟事件等的性质,仍然不妨碍他们将这种文化实践纳入自己日常生活,作为其中一个重要组成部分。

从传播角度看,传统文化金字塔式的等级结构在赋予自身神圣性的同时,也极大地抑制了其向多维空间的伸展与开拓。与之相反,新媒介文化自兴起伊始便表现出异常的开放性和包容性。它兼收并蓄,打破了文化之间的森严壁垒,使各式各样的文化在此交流、汇聚,实现了最大程度的开放;它追求平权,呼唤民主、参与,使文化创作主体能够超越现实社会对个体身份和角色的限定;童叟无欺,突破意识形态以及现实生活中各种清规戒律的束缚,从而实现了自我和个性的张扬。弥尔顿所倡导的"观点的自由市场"在新媒介文化中变成了现实,其中有"阳春白雪"和科学精神,同时也充斥着"下里巴人"甚至不乏鬼神膜拜,这些在传统观念中无法并存的多元文化类型在新媒介世界里却共存共生,不能不说是新媒介文化的一道奇观。虚拟世界的生活体验成为新媒介文化的一个重要特征。

毋庸置疑,新媒介突出价值在于其工具性、实用性。正源于此,新媒介产业的发展异常惊人,短短数年间已渐成气候,俨然一派新经济先锋的气象。但在新媒介消费潮流驱动下而形成的新媒介文化,自然无法摆脱消费社会快餐文化的特质。由于把关人的淡化,新媒介适应了后现代语境下自由表达的诉求,同时由于超乎寻常的自由,所以也带来了随意化、浅薄化的弊病。应当看到,新媒介虚拟的文化实践代替了传统现实文化实践,其造成的文化异化也将是新的社会问题。

2. 互动性与文化生产全民参与

在人类传播发展史上,每一种新的传播技术和传播方式的兴起都毫无例外地要引起文化上的变革,也可以说,文化发展的每一个阶段都会受到这一阶段的媒介形式支配。我们可以看到,随着传媒技术的迅猛发展,社会文化范式也在发生一系列变化。德国未来学家拉比·塔尔斯基(Rabbi Tarski)甚至这样认为:"面对新媒介时代,一切都在被异化着,所有原生态的文化都被新技术方式赋予新的解释。"[①]从积极层面看,首先是新媒介为传统文化的承载与传播提供了新

---

① 转引自朱步冲、尚进、陈赛:《从 WAP 到 P2P:两场新时代电影节》,《三联生活周刊》2005 年第 10 期。

的平台,从而为传统文化的生存带来根本性变革。新媒介的功能从传播、告知延伸到了释放、表达的功能,阐释个性和表达个性成为突出特性。

早在20世纪60年代,麦克卢汉就曾有过精辟的论断,他认为,"媒介即讯息"(The medium is messege)①。媒介本身就是一种信息,一种文化。麦克卢汉打破了内容与载体的界限,给人们提供了一种新的思维方式。随着Web 2.0时代的到来,新媒介文化对人们生活正在发生深层次的革命。"媒介即讯息"从某种意义上也可以表述为"媒介即文化"。新媒介的文化与历史上任何一个时期的媒介文化相比,最突出的便是它的互动性,新媒介与用户群体的互动过程是一个相互作用、相互影响、相互调整、相互认同的复杂过程。这种突出互动性的文化会给我们社会带来什么样的影响呢?

利用网络的互动性特点,社会成员的个体经验得到了更为广泛的交流。网络的交叉、共振的传播方式,与其他媒介辐射式的、自上而下的传播方式相比有个明显的优势,即受众能够在网络中进行自由的交流。这种互动性,使得个人与公众的生活世界可以直接交流,甚至交换。新媒介文化具有非常鲜明的个性化品质,新媒介陈述表现为一种"个人真理"式的话语表达。另一方面,新媒介的出现,促使了传播行为和生活模式出现异化,外在的传播行为走向生活,而个人的生活公众化。网络的特征一方面使得集体意识、群体意识淡化,另一方面,新媒介的互动性又将使用者凝聚起来,形成新的群体,他们会依据共同的观点、立场、态度、兴趣、爱好等走到一起,根据意见市场而不断进行新的组合。

3. 个体化与传播秩序困境

任何一种有前途、有生命力的文化必然具有兼容并包的开放性,新媒介文化之所以能得到快速发展的一个重要原因,也在于其极大的开放性。由于网络提供了近似无限的空间、充足的通道,而且平等的网络节点替代了中心和权威,所以为每个人提供了平等的地位和机会,从而为多元文化提供了展示的舞台。无论是科学精神还是鬼神崇拜,无论是西方文化还是本土文化,无论是"阳春白雪"还是"下里巴人",无论是严肃的文学创作还是网络社区的胡说八道……任何文化形态、文化内容都被赋予了平等地位,都可以通过新媒介平台展现在世人面

---

① [加]麦克卢汉:《理解媒介——论人的延伸》,北京:商务印书馆2000年版,第136—137页。

前。它的政治学意义更加深远,它消除文化中的话语权威,每个人都有机会成为权威,无论尊卑,在网络中都拥有平等的话语权,都可以通过搜索引擎在网络中寻觅到自己的兴趣所在,都可以成为网络文化内容的创作者,从而实现传递信息、表达情感的诉求。在这个与现实世界分离的空间中,任何个体都可以自由地表达、尽情地"狂欢"!

由于网络传播的匿名性提供了一片几乎没有限制的天地,所以这种与现实分离的虚拟空间无疑构筑了类似狂欢广场式的自由语境。但在这种语境中,民主社会所崇尚的自由却走了样,变了质。例如,网络空间被许多人称作言论自由的阵地,是一种个人表达意见、传播思想的网络出版方式,之所以流行,是因为它具有个人自由表达与出版、知识过滤与积累、深度交流与沟通的功能。网络赋予人们的虚拟身份使得人们在网络空间能够"畅所欲言",而对国家、集体、他人的权益与感受可以全然不顾。因此,侵权事件屡见不鲜。微信、微博提升了公众的话语权,公众的个人态度可以通过网络进行传播,优质的新媒介传播成为社会舆论监督的利器,是发现真理、促进民主的良好方式,但不幸的是在很多情况下,诸如揭丑、诽谤、煽动、挑衅、仇恨、威胁等传播内容又不断发生。

新媒介文化传播的主体是青少年,这就使得青年亚文化成为新媒介文化中一种常见的形态。这一形态的文化,把个体性张扬到极致。例如,"恶搞"可谓网络亚文化的典型代表。"恶搞"通过夸张、讽刺、搞笑的叙事来反映现实问题,引起社会关注。通常情况下,网民们常通过对经典文本的解构而达成调侃的使命,一部荒诞可笑的"恶搞"作品往往暗含了强烈的现实批判性。然而,这种"恶搞"却又往往导致对崇高的解构、权威的戏谑和社会正统的反叛。反叛、戏谑,都是通过解构在抵制痛苦中制造快乐,宣泄情感,将自我从现实的正常秩序中解脱出来。也就是说,狂欢与解构、与反叛性、与对现实秩序的破坏是密切相关的。不难看到,自由狂欢与侵权、乱世,无疑构成了一种难以协调的悖论。诚如马尔库塞所说:"技术的解放力量转而成为了自由的枷锁。"①恶搞作为一种新媒介文化形式,正是文化个体化的表现。

新媒介自出现以来便在众多层面满足了民众欲求,这种欲求暗含了一个基本的规律,那就是新媒介传播是一个以"个体"为中心的文化系统,许多时候人们

---

① [美]马尔库塞:《单向度的人》,张峰译,重庆:重庆出版社1988年版,第135页。

只是为了抒发一己情绪才聚集于此。在该系统之内，个体的价值观超越一切，因此新媒介文化也便一定程度上成为个体文化的代名词。

任何一种文化都是一把双刃剑，新媒介文化在创造了自由的言说空间的同时也制造了另外一些负面问题，诸如，虚假信息对社会认知的危害、文化内容的品质问题、对私人领域的侵害等。然而，对这些文化形式的规范却十分的困难。新媒介传播侧重的是个体化、娱乐化，而娱乐的核心便是尽情狂欢、尽情游戏。新媒介空间包容了各种可能的文化形式，甚至很多是世俗品位的、色情的、私密的内容也博得了大量注意力。新媒介文化可谓泥沙俱下，如何防范其侵权、乱世等负面作用的发生，都是我们需要面对的社会问题。

第一章　新媒介与媒介文化发展新趋势

一、新媒介与新型文化工业

1. 大众媒介与文化工业理论的诞生与发展

"文化工业"是法兰克福学派在 20 世纪 40 年代用来解释新兴商业大众传媒的术语,他们将文化工业描绘成一个半法西斯式的灌输机器,选择文化产品,并基于模糊的经济价值决定使其流行。意大利学者 Abruzzese 和 Borrelli 通过两个词的词源强调了二者矛盾的性质,"工业"这个词的构建强调了机械的原始社会和反社会特性,"文化"一词源于欧洲,它的词根指的是"旋转""环绕"。研究者认为,这两个概念的结合揭示了伴随文化的工业化和技术化发展而来的偏见和恐惧:首先,工业作为一种直接回应个人利益的机制,在某种意义上殖民了文化,使其脱离了社会主体的真正需求;第二,随着表达和交流形式的发展,技术窒息和驱散了与文化有关的意识形态和象征方面的作用。法国学者埃德加·莫林(Edgar Morin)在他的著作《时间的精神》①中朝着完善这个术语迈出了重要的一步。这部作品的意大利译本被命名为"文化工业"(L'industria culture)并非巧合。对于这位法国作家来说,文化工业不仅是一种意识形态工具,更是一个巨大的实验室,在这里,集体的欲望和期望被锻造出来。这些学者的观察结果很好地说明了"文化工业"概念意义与理论基础的隐含矩阵。

在纳粹之前的德国,坚持这一学派的知识分子已经开始对现代性的文化后

---

① Morin, E. (1962). *L'esprit du temps. Essai sur la culture de masse*. Paris: Grasset; trans. Sp. (1966). El espíritu del tiempo. Barcelona: Taurus.

果进行深刻反思。特别是本雅明,在他一生的工作中都致力于反思摄影,强调了工业化的机械复制对艺术呈现的影响。当民族社会主义进入德国后,阿多诺、霍克海默以及马尔库塞逃到了美国,在那里他们接触到了先进的大众文化生产形式,即报纸、广播、电影、音乐(特别是爵士乐)。在最初的惊讶之后,他们提出了一个激进的批判,其中工业的概念本身就带有负面的内涵,与大众化、神秘化和低文化素质的概念重叠。霍克海默和阿多诺关注的是资本主义意识形态的模糊性和复杂性,这种模糊性压抑了文化与社会的辩证关系,将文化圈同化为社会宿命。法兰克福学派的方法在马尔库塞的著作《单向度的人:发达工业社会意识形态研究》①中充分表达出来,广泛影响了美国左派知识界,产生了深远的影响。按照法兰克福学者们最初的思路,第一个问题与资本主义大生产主体公司的性质有关。毫无疑问,至少在19世纪初的工业印刷革命之后,在欧洲和美国,大规模生产的需求要求发展工业的三个经典要素,即资本投资、机械化以及创意、生产力和分配的组织。这场文化工业革命,首先涉及印刷工业(书籍和报纸),然后是电影,最后是电子媒体(广播和电视)。

　　另一方面,19世纪发展起来的不同的版权法规象征性地反映了不同国家不同的工业文化。例如,欧洲的立法倾向于主要保护创意发明者的权利,而美国的立法则倾向于保护垄断行业的大公司的权利。法兰克福学派学者提出的批判还聚焦在文化工业产品的性质、水平和质量上。根据阿多诺和霍克海默以及马尔库塞的观点,这些产品不可避免地看起来质量很低,正是因为它们是工业化生产的,这些产品受到工人异化的影响。在更广泛的意义上,它们失去了艺术产品本身的特殊性和独特性。美国学者麦克唐纳认为,大众社会的发展和文化的工业化是倒退的。在传统的高雅文化和通俗文化的对比之后,麦克唐纳(D. MacDonald)认识到另外两种文化形式"masscult"和"midcult"。从本质上讲,第一种是流行文化,它通过媒体的大量传播来表达自己,这种文化并不是真正的文化,而是一种仪式性的结果。大众文化是对高雅文化的拙劣模仿,为中产阶级创造了模拟艺术,由于文化的局限,中产阶级渴望超越审美维度,诸如复制集合或多个复制的现象就是一个典型的例子。这种观点自然受到马克思主义意识形态

---

① 〔法〕赫伯特·马尔库塞:《单向度的人:发达工业社会意识形态研究》,刘继译,上海:上海译文出版社,2008年版。

批判的影响,马克思认为这是经济结构中权力关系的一种附带现象。

进入 1970 年代,法兰克福学派的观点以其不同的变化和衍生,在关于大众媒介的辩论中发挥了非常重要的作用。新的变化标志是斯图尔特·霍尔(Stuart Hall)发起的伯明翰学派文化研究范式的出现和兴起。这条思路巧妙地融合了符号学、解构主义哲学、民族志和定性研究领域的贡献,强调了文化身份(与种族、阶级、地域和其他方面相关)对抗主流文化工业产品的能力。这些身份形成了独立的解释,独立于生产的原始意图,同时产生了另类亚文化(例如比朋克更加制度化的摇滚音乐的出现)。在所有这些观点的理论参考中,值得一提的是法国哲学家米歇尔·德·赛托(Michel de Certeau)在他的著作《日常生活的实践》①中的研究,此外,法国结构主义大师米歇尔·福柯(Michel Foucault)、雅克·德里达(Jacques Derrida)的作品也可以作为重要的来源。从本质上讲,文化研究的各种论述、民族志研究的相关理论强调信息接受者的角色,例如电影、电视明星的粉丝群体构成了交流网络,在这种网络中,作品所预见的标准意义可以被创造性地重新设计。粉丝圈甚至可以影响制作(比如即将完结的电视剧应该如何继续拍下去),或者抵制与该群体价值观冲突的角色或产品。与其说这些理论对法兰克福文化工业观的某些理论提出质疑,不如说其推动了文化工业理论的修正。

2. 新媒介与新型文化工业

从 21 世纪第一个 10 年开始,对文化工业的研究一直在应对另一个挑战:数字革命。从音乐到电影,从电视到书籍,文化生产的各个领域都实现了完全数字化。事实上,谷歌、Facebook 等平台的出现,以及亚马逊和苹果等大公司的出现,似乎从一开始就为法兰克福学派的解释提供了新的可能性。例如,在 2004 年,研究者布斯塔曼特(Enrique Bustamante)在《媒体、社会与文化》杂志上发表了一篇题为《数字时代的文化工业》的文章。② 一方面,作者强调了新场景的新奇性("Web 2.0"的定义是在第二年提出的),另一方面,它们与传统文化工业具

---

① [法]米歇尔·德·赛托:《日常生活实践 1:实践的艺术》,方琳琳、黄春柳译,南京:南京大学出版社 2015 年版。

② E. Bustamante. Cultural industries in the Digital Age: some provisional conclusions. *Media*, *Culture and Society*, 2004,26(6), pp. 803 – 820.

有连续性。布斯塔曼特着重指出，即使面临新的竞争，公共广播和电视服务仍有可能保持其作用。然而几年后，新的挑战明显更加激烈。一方面，互联网公司的新规模史无前例；另一方面，它们的性质是基于用户的经济优势，例如，用户可以通过谷歌或 Facebook 免费访问信息或娱乐内容。这些特点使得这些公司可以在没有国家法律的情况下，对需求行使垄断权力。在这种情况下，大型互联网平台的增长不利于新闻、唱片和电视行业的持续发展，并预示着不可预测的情景。有研究者从两个方面展示了这种情况的风险：一方面，专业工作越来越被贬低，就像记者的工作被一些大型平台上用户生成的内容所取代一样；另一方面，产品的质量，尤其是在信息领域，似乎越来越容易贬值（如众所周知的"假新闻"）。[①]此外，应该指出的是，平台上流通的"免费产品"其实是由消费者通过不断增长关于他们自身习惯、价值观、喜好等他们在社交网络的数据痕迹转移来支付的。这是众所周知的数据监控案例，它是一种全新的控制形式。在大型平台诞生之前，企业通过自身的把关来控制内容，而新媒体时代缺失把关人，对内容的访问看起来是相当自由的，但用户身份是由算法系统地监控和塑造的。

以社交媒体为代表的新媒介一个至关重要的特性是融合，它为各种各样的内容（如文学、音乐和视频等产品）提供了一个大平台，使它们在计算机和移动设备上都可用，从而成倍地增加了文化在各个层次的传播。因此，大公司除了是全球性的主题外，也是完全多媒体的主题。大众传播时代，长期以来，文化工业的产品只是在一定的时间才进入市场，并经历了一个可变的生命周期。黑格尔在他的年代已经注意到早晨看报纸构成文明的仪式祈祷，而电影有更长的生命周期，后来，广播和电视的出现带来了节目供应的结构，这样，听众或观众没有立即抓住的东西就丢失了。唯一的例外是一系列针对设备的产品，比如磁盘上的音乐或者书籍，它们的货架期可能更长。对于大多数这些产品来说，他们能保持的内存对制造公司来说不是问题，但无论如何对公共部门来说都是问题，公共部门必须在图书馆、报纸档案馆、媒体图书馆等方面作出选择。如今，互联网平台尤其是大数据应用已经取代了电影、电视和广播节目的内容逻辑，数据形式保存的产品可以在网络上永久使用，实际上构成了一个巨大的内存，这个内存并不完全

---

① J. Taplin. *Move Fast and Break Things．How Facebook，Google and Amazon Have Cornered Culture and What it Means for All of Us．* London：MacMillan，2017，p. 155.

公开,而是需要某种形式的付费。至于供给本身又是另一个重要的转变,新媒介环境下的文化工业生产—分配—消费周期的加速,已逐渐减少了传统文化生产的僵化体系,社交媒体也让观众变得更加活跃,给予他们评论、分享,甚至经常制作与文化工业产品成果相关的原创内容的机会。另一方面,我们注意到,集成受众的出现可能是文化工业转型中最明显之处,由于其聚合性和可获得性,使平台更容易接触到集成受众。它们不仅通过广告和产品销售,而且最重要的是通过增加流量和销售用户数据来获得利益。显然,对用户产生的巨大信息流的管理是由平台使用算法来完成的,这些算法能够预测和促进特定的、个性化的消费选择。从这一事实衍生出通过平台享受文化内容的另一个特征,即需求与供给之间、个人选择与内容提供者的提议之间持续而动态的循环。

相比于大众媒体,当代社交媒体普遍获得的观点是它更加民主,它实现了大众传媒时代被动受众所无法实现的广泛参与。社交媒体似乎消除了单向度传播的瓶颈,让每个人都有自由选择、充分表达的机会,并拥有成名的欲望。然而社交媒体实质上早已演变成一个精心设计的系统,它同样会选择社会产品,并基于模糊的经济价值决定使它们流行起来。社交媒体平台过滤、审查、控制等会在用户不知情的情况下进行,算法技术的进步使得基于个体差异和行动而非相同和被动的社交媒体文化工业成为可能,不同的是,人们机械性的选择已经被社会性的选择所取代。

当谷歌创始人拉里·佩奇(Larry Page)和谢尔盖·布林(Sergey Brin)首次描述谷歌搜索引擎背后的 PageRank 技术时,他们写道:"这是民主的。"[1]理论上,互联网上的任何网页都可以作为谷歌搜索的结果返回。在谷歌的 PageRank 算法下,推荐给用户的网页首先上升到顶部,其他相关网页也与之链接,这是一个分散的决策过程。在大众媒介体系中,媒介逻辑会使用一套机制和规则代表受众做出决策,社交媒体则呈现为推进民主的戏剧性扩张。在社交媒体发展的早期,这是激动人心的,互联网使在大众媒介时代人类不可能的对话机会成为可能,平台型媒介把个人的情感、礼俗、社会对话和法理社会混合,生成文化工业的新方法。由于任何人都可以为社交媒体内容的流动做出贡献,似乎任何人都可

---

① L. Page, S. Brin, R. Motwani, T. Winograd. *The PageRank citation ranking: Bringing order to the web* (*Technical Report*). Stanford, CA: Stanford University InfoLab, 1999, p. 11.

以成为名人，或者至少比在大众媒介时代得到更多关注。媒体体系的"社会化"重塑使流行文化基因可能是每一个普通的用户，显现出文化工业自上而下发展的瓶颈已经消失。

然而这一切并没有颠覆文化工业，而是对其进行了新媒介改造。社交媒体不是大众媒介的对立面，而是它的延伸。我们不过是从文化产品的工业化走向了个人对话和隐私的工业化。在社交媒体平台上，算法机制和规则代表你做出决策。社交媒体的受欢迎程度并不保证受欢迎的社交媒体对象具有任何内在价值，而且，一旦某样东西在社交媒体上变得流行起来，它有时仅凭熟悉程度就能保持流行。文化的流行度并不能保证流行对象具有内在价值，像知乎和豆瓣这样的社交媒体网站拥有数百万独特的用户，他们上传数十亿项内容，而大多数访问者只看到那些已经被大量推荐的内容。尽管这些平台想要奖励有趣的原创内容，但相同的上传内容在系统中反复循环，导致受欢迎的原创帖子往往来自其他用户，原创的社交媒体内容往往变成文化工业生产的媒体产品的摘录。

我们对社交媒体知晓得越多，就越清楚地认识到，网络空间所谓民主其实是一个错误的隐喻。当"投票"这个词在计算机科学家编写的算法描述中被用作隐喻时，其实与正常投票完全不同。应用于社交媒体时，投票的常识表述可能是任何人都可以贡献内容（主动投票），任何人都可以投票，但所有的投票必须平等加权（平等投票）。这并没有捕获算法内容选择的过程，即使在谷歌最早版本的PageRank中，"投票"也是由网页而不是人来进行的，许多被剥夺了优先推荐的网页被认为不值得统计。在社交媒体中，似乎获得最多支持的内容会占上风，但我们看到的实际上是一个关乎其相关性的大数据筛选过程，算法最终决定显示哪些东西。在最近的一项研究中，大多数社交媒体用户甚至没有意识到过滤正在发生。Facebook透露，它会根据状态更新中包含的快乐或悲伤的单词数量来隐藏状态更新，其目的是淡化用户对Facebook过滤信息的注意力。

在创造"文化工业"这个概念数年之后，阿多诺认为"大众"一词可能会给读者一种错误的印象，因为文化工业包含着"某种类似于自发地从大众自身产生的文化"。[①] 在文化工业中，虽然观众可以选择节目、买票或换频道，但在这过程中，每个人都扮演着"被计算对象"的角色。文化工业是一种虚假的民主，为了商

---

① T. Adorno. Culture industry reconsidered. *New German Critique*，1975(6)，pp. 12 - 19.

业目的而征求意见,文化工业产生受众,但它并不受受众的支配。与"大众"一词类似,"社交"一词可能是研究社交媒体的人面临的最大挑战。霍克海默和阿多诺对文化工业的恐惧有很多原因,但其中一个原因是文化工业产生的同一性和被动性。现在,人类的聪明才智似乎已经解决了这一缺陷,社会化媒介环境中的文化产业从表面上看是围绕着差异和行动组织起来的。"社会化"(social)一词本意是表示主体性、互动性和参与性。当然,在社交媒体的用户行为中,存在着一种真正的人类社会性,但围绕着它建立起来的却是一套复杂得令人眼花缭乱的算法机制。对于社交媒体用户来说,最紧迫的工作不是假装"投票",而是把真正的社会性、民主从吞噬它的不断扩散的工业机器中拯救出来。对于法兰克福学派来说,文化工业是危险的,它传达的是意识形态,它用某种人造的文化取代了自发的文化。到目前为止,社交媒体也在沿着类似的轨迹发展,而把社会性交给文化产业的危险在于,我们可能很难看到已经失去和正在失去的东西。

我们以视觉文化工业为例,分析社交媒体是如何促进新型文化工业的崛起的。2014 年 5 月 30 日,一曲《江南 style》(以下简称 GS)在 YouTube 上的点击量达到 20 亿。这首歌让韩国艺人 PSY(鸟叔)成为了社交媒体的传奇,因为他在 YouTube 上的视频成为了第一个点击量达到这个数字的视频。当这首歌达到顶峰时,学生们在学校里到处跳 PSY 的马舞,大学生们也制作了他们自己的模仿版本。GS 音乐视频的流行扩展到世界各地不同年龄、种族、社会阶层和政治观点的人那里。在 YouTube 上搜索"江南 Style",可以发现许多公司和非营利组织发布了自己的模仿版本,包括名人、流行文化人物、团体的衍生版本,甚至还有不同民族风格的例子。通过 Facebook、Twitter 和 YouTube,粉丝的参与和联系非常广泛。许多模仿 GS 的作品被制作成促销广告,以增强产品的吸引力,有些甚至被改编成政治竞选活动:例如,奥巴马风格或罗姆尼风格。美国曾在 ABC 电视台的《早安美国》《与星共舞》《周六夜现场》和《艾伦·德杰尼勒斯秀》等电视节目中介绍过 GS。甚至连哲学家、公民活动家、现代语言学之父诺姆·乔姆斯基(Noam Chomsky)也出现在麻省理工学院学生的 GS 音乐视频恶搞中,演唱了 Oppan Chomsky style。

GS 舞蹈作为社交媒体时代文化工业中的一种标志性形式,其影响力和广泛的吸引力是如此的普遍,以至于它在欧洲、非洲、拉丁美洲和整个亚洲成为了一种社会模因(memes)。这首歌很快就成为其他国家众多音乐排行榜上的热门歌曲。《华尔街日报》曾报道了一段广为流传的视频,视频中巴勒斯坦人与以色列士兵在希伯伦跳舞,而希伯伦通常是阿拉伯人和犹太人彼此怀有极端仇恨的地方。这表明,流行的视觉文化可以在释放政治和宗教紧张局势方面发挥暂时的作用。政治和宗教紧张局势推动全球冲突,但新媒体环境下的文化工业以一种意想不到的方式将艺术和音乐的和解和调解力量置于之中。GS 作为全球文化工业转型的一个标志性符号,与其他在过去受到更有限接受或分散发行的文化产品,如世界音乐、电视,甚至好莱坞电影相比有了巨大改变。传统的全球性文化产品虽然被认为是全球性的,但通常只吸引了某些地区的人们的兴趣,或者是当地的产品出口到其他国家,研究者称之为"全球本土化"。如今,随着全球网络和社交媒体的广泛普及,世界文化消费的无缝连接,我们可能会看到西方流行文化传统单向传播的终结,我们正在进入一个不可预测的、巨大的真正全球流行文化传播和消费领域。①

如果没有社交媒体,新型文化工业就不会完全形成。谷歌董事长埃里克·施密特(Eric Emerson Schmidt)在访问韩国期间,在 YouTube 上评论说,在使 GS 成为全球大热的过程中,YouTube 发挥了重要作用。社交媒体分享的能力开启了一个新时代,任何文化产品都可以成为全球主流。这是 YouTube 在全球视觉文化中扮演的重要角色。社交媒体网站的助力使可以观看 GS 视频的国家已经超过了联合国成员国的数量,从小学生到关塔那摩集中营的囚犯,PSY 已经拥有了庞大的粉丝群体,其代表的韩国流行文化族群被认为是社交媒体及全球新型文化工业生产的首批受益者之一。技术景观(Technoscape)是研究者 Appadurai 为了描述全球化的一个特征而创造的,它是描述技术力量的一个概念。技术景观的核心是支持全球即时联络的社交媒体和网络。社交媒体和新媒体创作激增,使文化工业生产不再是由传统媒体和企业集团创造和分销的格局。任何人都可能"制作、过滤、编辑和传播数字文化,创造具有系统和宏观效应的微观组织世界"。② 随着新的数字媒体的出现和流行文化全球化的冲击,我们不仅

---

① M. Meskimmon. *Contemporary art and the cosmopolitan imagination*. New York, NY: Routledge, 2010.

② N. Prior. The rise of the new amateurs: Popular music, digital technology, and the fate of cultural production. In J. R. Hall, L. Grindstaff, & M. Lo (Eds.), *Handbook of cultural sociology*, New York, NY: Routledge, 2010, pp. 398 – 407.

沉浸在全球媒体结构中,而且参与到全球文化工业的生产中。

　　除了滑稽有趣的舞蹈风格,PSY 的音乐视频还像病毒一样传播开来,因为它为任何有创意的人提供了灵感。随着新媒体和社交网络技术的出现,流行文化的流动已经从以消费者为基础转向参与性和用户生成的景观。对于这种新型文化工业的现象,研究者们提出了参与性文化的概念。参与性文化是一种新兴的文化,它吸收并回应了新媒体技术的爆炸式发展,使普通消费者能够以强有力的新方式对媒体内容进行存档、注释和再循环。参与式文化是对文化表达规则的重新构建,参与式文化中的消费者和受众已经从被动接受媒体信息的人转变为能够生产、贡献和参与媒体生产的创造性个人或群体,挑战了传统的 20 世纪文化工业的单向传播模式。例如,与 GS 相关的回应和创作从 YouTube 或其他社交网站上的简单评论,到混音、模仿、cosplay 和 flash mobs,以及他们自己的创意编排和设置,甚至各种政治团体和组织也利用这段音乐视频的流行来宣传他们的政治理念,包括东欧江南风格、沙特江南风格和耶路撒冷江南风格。如果没有积极的和创造性的用户的贡献,参与性文化就不存在。在线社区里的成员将流行内容不断地再创造,并添加 DIY 媒体和工具,与人们共享新的文化复制和衍生。例如在 YouTube 上,每个月有超过 60 亿小时的视频被观看,每分钟有300 小时的视频被添加。只要在 YouTube 上搜索任何一个流行文化的关键词,就能得到超过 500 万条回复,这些回复来自不同的组织、政治团体、种族团体、艺术家和不同年龄层的活动人士,充分表明新型文化工业中的参与性已成为社交媒体时代文化景观的一部分。

　　随着 GS 被数十亿不同民族和群体所共享和观看,流行文化的跨民族主义也变得尤为突出,这标志着文化生产和消费出现了由单向向多向、由边缘向中心的新的多元化流动。预计这一趋势将促进更多的本土文化产品进入全球市场。它摒弃了西方流行文化全球化的单极化思想,表现出文化的杂糅性,打破了现代主义西方中心的一系列边界。随着社交媒体在全球和跨国空间中促进文化的不断交流,我们看到了大量相互交叉、相互影响的文化和信仰体系。过去,我们见证了西方企业对世界的影响,他们销售食品、服装、音乐、电影等文化产品,将西方文化信息和形象传播到世界各地。然而,现在的世界已经成为一个更加跨国的公共空间,促成了跨国文化工业的生产。"日常语境的'互联网模因'是些高适应性(fitness)的模因,它们不仅能在同一文化下、同质网络中传播,有时甚至能跨越语言、人种、文化背景而走红,成为全球共享的文化体验。"①《新美国媒体》(New America Media)编辑 Andrew Lam 指出,江南 Style 是一种世界媒介现象,文化融合成为规范,艺术同时走向全球和本土。在跨国流行文化中,文化是混合的、共享的和相互联系的,是社会和文化内容的意外流动,参与者成为跨国社会结构和群体的一部分。② 全球文化产业的多向流动和参与性带来了流行文化和娱乐领域的世界主义。通过在全球舞台上欣赏和参与艺术和视觉文化,参与性观众跨越了地方边界、国家边界和文化边界。他们通过社交网络享受各种文化信息和互动。研究者认为,世界主义开启了"流行文化的新型文化工业流动形式,激发新的全球意识和文化能力的方式"。

二、新媒介生态与新媒介文化

媒介生态学家尼尔·波兹曼(Neil Postman)曾经说过:"媒介是一种技术,文化在其中成长。也就是说,它形成了一种文化的政治、社会组织和惯常的思维方式。"③那么当前的"新媒介"(社交媒体、移动媒体等)在多大程度上创造了一个共同的全球化媒体环境和文化呢? 如果一个人在日常生活中思考媒体,就会发现一些模式验证了波兹曼的假设——新媒介技术不仅为文化增添了色彩,而且彻底改变了文化。纵观人类历史,人类一直在寻求通过语言、艺术和建筑、写作和印刷以及各种交通工具来征服时间和空间。19 世纪,西方世界获得了即时通信技术电报——有史以来第一个电子通信方法。接下来的进化和扩展包括电话、传真机、广播、电视和更发达的技术创新,如铜和光纤电缆和卫星通信,等等,这些技术革命是形成媒介文化不可分割的一部分。在 20 世纪 80 年代末,个人电脑变得更加便宜,随后电信与这项新技术结合了起来。从这个分水岭开始,就如法国哲学家和社会学家雅克·尤伊所说,媒体和通信技术在计算机上的融合已经实现,在社会中建立与传统结构无关的网络。计算机带来了一个完整的系统,该技术系统已成为强有力的集成方式,并渗透到地球上几乎所有人的生活

---

① 周翔、程晓璇:《参与无界:互联网模因的适应性与跨文化传播》,《学术研究》2016 年第 9 期。
② M. Meskimmon. *Contemporary art and the cosmopolitan imagination*. New York: Routledge, 2010.
③ 〔美〕尼尔·波兹曼:《技术垄断:文明向技术投降》,蔡金栋等译,北京:机械工业出版社 2013 年版。

中,将他们组织成一个相互关联的人类社区,在这个社区中,视觉和声音在一定程度上是全球性的。加拿大媒体学者马歇尔·麦克卢汉(Marshall McLuhan)把这个社区称为"地球村",这个地球村推动人类进入一个新的信息时代。如果确实存在着一种全球化的文化,这些新媒介每天甚至每时每刻都在塑造着这种文化。本节试图解释使用传播媒介生态学作为一种分析框架,探讨技术是否对媒介文化有一种新改变。

1967年,麦克卢汉被邀请到纽约福特汉姆大学做访问教授,在福特汉姆工作期间,麦克卢汉结识了纽约大学研究员尼尔·波兹曼(Neil Postman),并与他建立了非常密切的学术对话。纽约大学在尼尔·波兹曼的倡导下,对媒介生态学进行了深入的研究和开发,在麦克卢汉和波兹曼之前的学者哈罗德·英尼斯(Harold Adams Innis)是将社会历史与传播融合在一起的先驱。同样,波兹曼是一位坚持理解媒体生态的学者。尼尔·波兹曼在传媒生态学博士学位研究的最初几年,构建了美国传媒系统的生态、批判和伦理视野。波兹曼认为,技术变革不是附加的、根本性的,而是生态的、自然的,将媒体和社会融合在一起,构成了所谓的"媒介社会"。

在第一批研究者之后,生态隐喻被应用到媒体中,带来了两种基本的解释:媒体即环境和媒体即讯息。在这种多样性的解读中,波兹曼把他的媒介研究定位为环境,麦克卢汉把他的媒介研究定位为人体的延伸。根据波兹曼的观点,媒体生态作为环境被综合在一个基本概念中:技术,其产生的环境影响着使用它们的人的日常生活。对波兹曼来说,生态这个词意味着对环境的研究,即对环境的结构、内容和对人的影响的观察。波兹曼将他的观察定位于媒体作为环境的领域,而麦克卢汉则将媒体作为一种物种进行了辩护。受英尼斯、麦克卢汉及其追随者的影响,相关研究形成一种综合的观点,将传播过程的演变与社会经济过程结合起来来观察技术所产生的结果。1964年,麦克卢汉在《理解媒介:论人的延伸》一书中指出:"媒体之间存在互动,广播改变了新闻的形式,就像有声电影改变了图像一样,电视使广播节目等发生了变化。"[①]八年后,波兹曼从媒体生态学博士研究人员的研究成果中首次总结提炼出对这一主题的统一定义:媒介生态学是对人类环境的研究。他们关心的是了解通信技术和技术如何控制信息的

---

① [加]麦克卢汉:《理解媒介:论人的延伸》,何道宽译,北京:商务印书馆2000年版,第78页。

形式、数量、速度、分布和方向，以及这些信息的配置或偏好如何影响人们的看法、价值观和态度。

了解新媒介生态，我们不能回避麦克卢汉的理论贡献，他被人们奉为理解沟通未来的梦想家。麦克卢汉奠定了当前媒介传播研究的支柱，并由此产生了后来的媒介生态学研究。这一理论明确了媒体与内容必须共同研究。对麦克卢汉来说，技术媒体是人类能力的延伸或身体的延伸。麦克卢汉独立分析了技术媒体的影响，并概述了我们与新媒介中的新技术之间的关系。如前所述，麦克卢汉在 1964 年就预测由于通信进化的速度，人类社会将开始变化，所有的地球上的居民将开始以瞬时和直接的方式彼此了解、相互沟通，他把这种现象称为"地球村"。现在我们完全可以看到他的理论体现在新技术中，Facebook、Twitter 和 Instagram 等社交媒体的兴起使人类因科技而联系在一起，今天由于信息和通信技术的发展，世界实际上已经没有了边界，整个世界处于互联互通和知识全球化的时代。他还建立了三个媒体时代：第一个阶段是"前读写时代或部落时代"，口头语言和听觉是唯一必要的工具。第二阶段是"古腾堡时代"，古腾堡活字印刷的发明使人类以一种线性的、均匀的、连续的方式进行理解。书写的书页、边框、边距、一行行定义的文字，带来了一种新的思维空间形式，它随着时间的推移而留存下来，并可被后人所习得。第三个阶段是"电子时代"，即多媒体互动时代。麦克卢汉推测了电子时代的潜力，而全球互联网用户数量在 2010 年就已经超过 20 亿人，2018 年突破 33 亿移动互联网用户，这些都为麦克卢汉猜想提供了最好的佐证。当下，我们正在进入内爆时代，同时性的新媒介场域使每个人都是相互联系的，所有的个体、欲望和满足也都是共同存在的。当所有的数据都被纳入一个可替代的整体时，我们人类也成为数据库中的一个项目。

正如麦克卢汉所定义的那样，媒介生态学是对"传播媒介如何影响人类感知、理解、情感和价值问题"①的一种探索，以及我们与媒体的互动如何促进或阻碍我们生存的机会。生态学这个词意味着对环境的研究，包括环境的结构、内容和对人的影响。从本质上说，媒介生态学可以被称为传播学和媒介技术及其对人类事务影响的学术研究。正如福特汉姆大学传播学和媒体研究教授兰斯·斯

---

① M. McLuhan. *Understanding Me*：*Lectures and Interviews*（ed. S. McLuhan, and D. Staines）. Boston：MIT Press, 2004, p. 271.

特雷特(Lance A. Strate)建议说:"我们需要研究我们现在传播的新方式。如果我们想要了解现在,我们需要把它放到历史的背景中。"媒体生态学是一个独特的学术和分析领域,也是跨学科和反思性的。媒体生态理论并非简单的媒介批评,它视野更开阔,关注媒体技术及其在塑造社会中的地位。它把媒体看作是一种文化,并影响着整个全球文化,其中"文化生产"很像法国社会学家皮埃尔·布迪厄(Pierre Bourdieu)的场域理论。布迪厄倾向于写的主要是经济和政治领域,以及两者的结合,他称之为"权力领域",包括教育领域、知识领域,以及文学领域、艺术领域、科学领域和宗教领域等。这些领域都是由资本(无论是创造性的还是货币性的)联系在一起的,资本提供了所创造内容的价值、传播和影响。虽然布迪厄的场域理论有助于理解媒体内容的来源和原因,但在解释媒体既是一种文化,又是一种文化生产实体时,就显得力不从心了。

这些构建全球文化的新媒介是什么呢?作为流行语的新媒介是一个更高层次的抽象概念,它通过网络承载图像、音频、视频和文本,以及作为媒介的实时电信。所有这些都汇聚在一起,相互重叠,一种文本可以通过万维网上的超链接连接到另一种文本,其中还可以嵌入视频内容,几乎任何人都可以制作视频内容,理论上网络上所有的人也可以看到这些内容。这些文本不再受生产者/消费者划分的限制——它们在不断变化,是相互作用的,本质上也是不固定的。正如麦克卢汉和菲奥里所说的那样,所有的媒体对我们的影响都是彻底的,它们在个人、政治、经济、美学、心理、道德、伦理和社会等方面的影响是如此之大,以至于我们的任何一部分都受到它们的影响。如果我们以新媒介为渠道,那么它作为一种文化和组织力量在全球范围内导致整体结构向"网络社会"迈进。

"新媒介"通常包含大量与数字计算创新的通信技术,它强烈地暗示新的媒介使用的技术与旧的媒介使用的技术形成鲜明对比。虽然这种二分法可能无法详细说明这些新媒介与其前身之间的异同,学者们仍然在尝试强调新媒介对经典传播理论和方法的挑战。美国学者大卫·马歇尔(R David Marshall)就对新媒介文化的定义进行了这样的尝试,这是他在牛津大学出版社出版的《实践中的文化研究》(Cultural Studies in Practice)系列的最新成果中提出的。他认为,新媒介文化旨在探索新媒介引发的文化实践的结构性转变,并探讨它们如何编织不同的身份形成和集体模式,转变产业实践,转变受众的概念化。他强调应注重研究新媒介用户的活跃生产而不仅仅是消费,适用于交互性的概念和数据技术设备的新媒介文化包括视频游戏和数字技术对影视的影响。

在过去的几年中,当代社会与转型的媒介过程共存,这一过程不仅涉及技术,还涉及社会主体之间地位的变化过程,毫无疑问,技术变革加剧了这一变化过程。学者认为,要理解传播,就必须把它预设为一个现象或事实的一系列连续阶段,即一个过程。当下来看传播,其并不完全依赖于所使用的媒体,尤其是新闻业。在传统的传播过程中,环境信息通过大众传媒组织进行过滤,对信息进行解码、解释和编码,然后通过一个适当的渠道传递给接受者,这是一个线性的传播过程;但在互联网上,受众不仅是信息的被动接受者,他们还在上述过程中采取行动,以个人提供内容的方式进行传播。特别是移动互联网空间的传播是即时的,不会以一种同质化的方式到达每一个接收者,而且接收者通过超文本选择新闻和接收方式。

大众传播媒介指的是由发送方发出,由多个接收方以相同的方式接收,从而拥有大量受众的传播媒介,但在数字化时代,传统媒体正以新的数据和信息传播路线为基础。而新媒介则是允许信息在多个方向实时传递,无论是双边的还是多边的。我们使用更现代的技术来最大限度地利用信息的接收和发送(智能手机、移动互联网、卫星电视等)。在新媒体的可能性中,思想和图像的交流具有最高的相关性,它不仅扩大了交流的视野,而且也扩大了政治、艺术、文化和社会的视野。研究者也认为,技术、文化和社会是密切相关的,我们不能只把新媒介视为一种技术工具。在互联网出现之前,大众传播是一群在组织环境中扮演特定角色的活动,是一个多人努力的最终产物。例如,电视新闻的报道需要记者在摄影师和技术人员的配合下报道具体事实,接下来,在新闻总监、编辑、主持人和其他专业人士的严格指导下,完成报道的撰写、评论、编辑,最后是特定栏目的新闻播出。而基于互联网的新媒介传播的到来改变了这种情况,一个人也可以成为一个大规模的传播者。新媒介的潜力在于它促使我们的社会、政治和经济转型的深度融合。当然,随着新媒介传播的不断演变,它们的定义也在变化之中。

实际上,媒介生态系统是动态的,这是一个与媒介文化变迁相关的转型场景,从这个意义上说,我们可以得出结论,不仅新媒介生态,而且新媒介文化也都在动态发展中。然而,波兹曼和麦克卢汉在1979年提出的媒介生态学概念,仍然是理解当代媒介社会的观察线,它告诉我们当代新媒介生态系统需要新的隐喻。媒介的发展从根本上是为了跨越文化的局限,口头文化时期,到印刷文化时代,再到电子文化时代,媒介的进步使人们能够即时和远距离传播信息。到了互联网时代,这些形式已经融合成一种文化生产形式,以及一种新型的用户生成内容(UGC)的方式。全球信息通信技术(ICT)可以被比作一种同时进行书写、发布和读取的设备;一种可从中捕捉、编辑和显示音频和视频的管道;以及一种终端,所有这些元件都可以从该终端通过现有的电子通信网络或无线网络传输到其他终端。

网络空间的特征是由公共协议创造的一个假想的互动场所,虽然网络空间概念被认为起源于美国,但它是一个隐喻性的景观,它涵盖了整个世界,甚至超越了我们的大气层,因为卫星被用来促进这种"空间"和"时间"。这使媒介不仅是无处不在的,而且是全球化的,或者更简单地说,媒体即文化。全球化是我们生活中不可避免的一部分,我们不能阻止它,正如我们不能阻止海浪冲击海岸一样。全球化的产生是由于个人渴望开辟新的市场和方法来处理信息和信息的远距离流动。全球化作为一个抽象的概念,创造了一个新的符号和语义环境,这种环境在很大程度上是由媒体和跨国公司组织起来的,并在全球范围内传播开来。

1991年互联网还处于起步阶段,但在20世纪下半叶和21世纪初,互联网已经通过智能手机的使用,开始作为产生新媒体文化的重要场所,甚至成为新媒介文化本体。起初,电子邮件和基于文本的超链接网页是最突出的在线内容形式,后来扩展到图像、音频、视频和交互游戏的嵌入。2005年,Web 2.0 出现了,不同于旧的"静态"Web 1.0 版本,新形式的社交媒体向所有能联系到它们的人开放,它具有生产/消费用户自制内容和基于 MC 的社交网络的双重功能。与传统媒体不同的是,它没有物理空间,它可以分段或不按顺序读取,随着5G技术的到来,通过智能手机的移动算法成为一种新的媒体形式,它能够瞬间处理移动人体和互联网虚拟空间、人机互动的封闭空间和日常生活的开放空间之间的生态相互关系。那么,作为文化手段的这些新媒介技术,在形成新的全球媒介文化的过程中,对全球化产生了哪些可衡量的影响呢?可以说在很大程度上,它从根本上改变了全球文化,使之成为一种参与性文化,这种文化认为互联网不是一个新的"蒸汽机",而是成为全球范围内人类组织方面更具革命性的"机械钟"。

参与性文化由媒体学者哈利·詹金斯(Harry Jenkins)所定义,与过去被动接受媒体灌输的观念形成了鲜明对比的是,它不再把媒体生产者和消费者看作是各自扮演不同角色的人,而是把他们看作是按照一套我们都不完全理解的新规则进行互动的参与者。例如 Facebook 本身拥有超过 5 亿的用户,约占世界总人口的 1/12,尽管这并不能解释参与式文化是否引发了全球文化的新方法或新思维,但它可以被视为一个扩展的"公共领域",将人们重新部落化(retribalized)为较小的子集社会或亚文化网络,而新的参与式文化可以被比作"机械钟"。我们知道,计算机是建立在计时功能上的,通过创造戏剧性的、虚构的或象征性的时间,以及对过去、现在和未来的感觉来调节信息的处理。计算机和时钟一样,是自动运转的机器,不生产实物产品,它们是面向生产而不是分销的,它们建立人与信息之间的经济有效联系,如规范社会、经济、政治活动的开始和结束时间;为文化产品的媒体所有者提供最后期限的强制执行……现在,计算机也早从奢侈品变成了现代商业、政府、个人生活的必需品。计算机测量的数字时间不仅是一种定量的测量方法,而且是一个概念——以数字序列表示数字信息。这种概念上的"网络空间"也产生了"网络时间",它标志着征服空间的社会的终结,征服时间的信息社会的开始。"网络时间"是一种多时性的时间,它包括许多同时发生的事情——麦克卢汉认为这样的时间有"许多非西方文化的特征,而且越来越多地是电子文化的特征"。从这一点出发,社会学家曼纽曼尔·卡斯特(Manuel Castells)的信息社会理论几乎直接源自计算机时代的文化隐喻,认为其创造了一个由网络连接的全球社会。①

波兹曼曾在他的代表作《娱乐至死》中写道,看透一种文化最简单的方法是"注意它的谈话工具"。② 目前,我们所有的对话,在某种程度上都是"全球化对话"的一部分。但是,对话的语言本质是什么? 对话的"驱动力"是什么? 萨丕尔-沃尔夫(Sapir Wolfe)假说认为,语言的形成"不仅是表达思想的再现工具,而且是思想的塑造者。"③新媒介不仅产生了新的交流平台,事实上还塑造一种新的组织方式和规范。例如,政客们拥抱社交媒体是为了吸引更年轻的受众。因为随着新媒介的发展,文化正在转向基于 CMC、ICT 和社交媒体的"地球村"形态,如果媒介是讯息,而这些媒介随着时间而变化,那么文化的变化也是有形的和物质的。毫无疑问,这种全球传播文化对我们的政治、经济、文化生产和文化

---

① [美]曼纽尔·卡斯特:《传播力》,汤景泰、星辰译,北京:社会科学文献出版社,2018 年版。
② [美]尼尔·波兹曼:《娱乐至死》,章艳译,北京:中信出版社 2015 年版,第 9 页。
③ S. J. Bois. *The Art of Awareness: A textbook on General Semantics and Epistemics*, W. C. Brown Co.: USA, 1973, p. 157.

接受都产生了物质上的影响。它给予我们的和拿走我们的一样多。

三、媒介文化的新媒介化与质性变化

网络媒介技术的日常应用,尤其是社交媒体已经彻底改变了传统的自上而下的传播模式,从中我们看到了一种新兴的干预性媒介文化的轮廓,在这种文化中,非层级和非系统的监视实践是日常生活的一部分,与此同时,主流社交媒体的产业逻辑与已经在个性化社会中发挥作用的社会力量产生共鸣。如今,几乎任何一种生活方式的实践都可以使用移动应用程序,通过这些应用程序可以对文化实践进行管理、存储和共享。对自己和他人的生活进行干预的频率越来越高,这实际就是媒介文化发生了质性变化,它遵循了社交媒体行业的技术支持和商业驱动的逻辑,而这种逻辑的出现和意义可追溯到更广泛的结构转变,首先是个体化的社会力量增强。这里我们要阐述的关键思想是,我们(即生活在以数字媒体为标志的社会中的人)普遍沉浸在一种干涉性的媒介文化中。这提供了一种视角,当代媒介文化干预人和社会的过程通常是由商业力量主导,这也是一种呈现当代媒介化新特点的方式,即主流社交媒体的商业逻辑通常与日常社会特征相契合,在这个过程中,社会领域的方方面面在组织和日常生活中变得越来越适应和依赖于媒体技术和机构。

这种媒介文化的质性变化是对高度个性化社会所特有的反映。干预性媒介文化整合并强化了媒介化的总体模糊性,通过这种模糊性,个人和群体实现日益增长的自由和自治的机会,这与媒体的限制和依赖是并行的。干预构成了一个切入点,以了解新媒介依赖是如何取代与大众媒体时代相联系的预先建立的模式。同时,干预性媒介文化也为我们提供了一个分析工具,来批判性地分析媒介化是如何在日常生活的层面上发挥社会建构的作用的。通过干预的概念,阐明个性化在调节媒体变化中的作用,其目的是强调媒体的不断竞争和社会塑造的性质。此外,对媒介文化的辩证理解,也为将媒介化作为一种内在批判的研究方案进行重新思考铺平了道路。因此,媒体文化的视角需要超越主流社会建构主义和制度主义框架,并在两者之间架起桥梁。

当代媒介生态与一二十年前相比的一个显著区别在于媒介的社会位置的变化。原来媒介技术除了传统上处于人与各种组织实体包括媒介机构之间的位置之外,还具有大众媒介景观的特征,而现在在很大程度上处于人与人之间。① 这并不是说人际媒介都是新的,电话和邮件在今天依然起着至关重要的作用;这也不是说今天的网络媒介已经取代了大众媒介,相反,这些形式以不同的方式融合与互动,导致了日益复杂的媒介景观。如果我们要理解媒介化层面的社会生活的后果,也就是说各种生活方式如何依赖和适应特定的技术和中介机构,我们必须引入新的媒介逻辑的识别框架——社交媒介逻辑(social media logic)。研究者范·迪克(van Dijck)和普尔(Poel)引进四个元素建构了"社交媒介逻辑",分别是可编程性、流行度、连通性和数据化。② 在采用社交媒介逻辑的概念时,不应认为媒介化遵循任何明确的社会逻辑,而是应该考察某些行业机制遵循计算顺序(尤其是算法),以实现利润最大化。这些机制响应并强化了媒介用户的社交行为,可以定位于数字媒介景观的特定区域,也可以称为优势社交媒介。这类媒介采取网站或移动应用程序的形式,例如社交网站(如 Facebook、LinkedIn)、视频分享网站(如 YouTube)、微信和微博(如 Twitter),以及各种生活方式应用程序的社交媒介展示。他们的共同点是把平台社会性转化为经济价值进行开发并实现了商业逻辑。

　　社交媒体逻辑四个要素中的流行度和连通性,对于描述商业逻辑如何在进行媒介文化的重新定位中发挥尤为重要的作用,这也将使我们进一步探讨互动问题。首先,迪克和普尔强调,虽然流行度构成了已经存在于大众媒介环境中的经济驱动因素,但如今的不同之处在于,个人媒介用户也可能参与到这场人气竞争中来,例如,自动生成 Facebook 上的好友统计数据和 Twitter 上的关注者数量,就变成了一种表达社交融合成功的方式。同时,媒介用户被转变为无偿的媒介内容的生产者。其次,社交媒体平台媒介化的社会实践实际上并不像人们认为的那样自由和开放,而是通过技术经济架构的算法进行治理的。在日常生活中,社会关系在一定程度上是通过自动的连接模式预先调节和模拟的,社交媒介的商业逻辑促使消费者把自己看作是自我生活方式表演的观众。通过这种方式,主流社交媒介正在逐步规范新的自反性形式和与世界联系的新方式。然而

---

① S. Hjarvard. *The mediatization of culture and society*. London: Routledge, 2013, pp. 23 - 27.
② T. J. van Dijck & T. Poell. Understanding social media logic. *Media and Communication*, 2013, Vol. 1, No. 1, pp. 2 - 14.

正如我们将看到的,干预性媒介文化是这些变化的重要组成部分。大众媒介机构长期以来一直在进行各种受众研究以提高媒介产品的受欢迎程度,并向广告商出售受众群体,数字媒介平台使数据通信和自动化(或交互式)监视成为可能。而数据通信意味着媒介行业和其他社会行为体能够检索市场概况,并通过即时分析用户生成的数据流自动定位其广告。因此,数字跨媒介技术革新了自上而下监视的经典模型,被重新定义为对信息进行系统的整理和分析。此外,一些研究人员指出,干预已经扩展到行政边界之外,并以各种方式渗透到社会生活中。通过这个过程,个人和群体用户开始越来越多地被视为可管理的象征实体,或者是数据。

对技术和商业驱动的社会变革的这些诊断肯定会使人们对媒介化提出批评。然而,当将"干预"一词应用于分析和理解更多的信息收集和披露的过程时,人们可能会错误地简化充满社会和文化矛盾的社会生活的各个方面。例如最基本的观点是,网络新技术的日益普及也改变了一种社会文化氛围,在这种文化氛围中,人们为了避免风险,不得不去关注他人,然而很难区分这种改变在多大程度上以及在哪些特定情况下属于干预的最初定义。人们的这类"干预"往往远非系统性的,而是由情感、好奇心,甚至是对知识的渴望驱动。有研究者提出了参与式干预的概念来分析类似的行为,甚至把这看作是普通人群中社会赋权的一个潜在来源。① 同样还有研究者对提出的社会干预理论中与干预相关的权力概念进行了进一步阐释,认为社会干预指的是"密切关注他人创造的内容,并通过他人的视角来审视自己的内容"的社交媒介实践,导致社会媒介用户通过监视的"内化"进行自我管理。② 米歇尔·福柯在 1977 年提出了毛细血管状的权力机制的概念,③与上述研究者关于社会干预如何与日常权力关系纠缠在一起的观点不谋而合。首先,学者们通过大量实证研究发现,所谓的实践类型往往不是系统性地进行的,而是发生在或多或少的日常惯例范围内。当自我干预行为升级为改善个人声誉或深思熟虑的策略时,人们可能会提到系统化的程序,从而在更

---

① A. Albrechtslund. Online social networking as participatory surveillance. *First Monday*, 2008, Vol. 13, No. 3.

② A. E. Marwick, (2012). The public domain: Social surveillance in everyday life. *Surveillance & Society*, Vol. 9, No. 4, pp. 378 – 393.

③ [法]米歇尔·福柯:《规训与惩罚》,刘北成、杨远婴译,北京:生活·读书·新知三联书店 2013 年版。

严格的意义上实现干预。但这些群体构成了相当特殊的案例，因此与研究者将社会干预描述为与社交媒介普遍相关的一种现象相矛盾。其次，当谈到被监视目光的"内化"时，研究者勾勒出的主要是一个技术驱动的培养过程，类似于关于新监视工具的传播如何在普通民众中灌输新行为形式的思想。此外，如果我们同意主流社交媒介所支持的干预行为被视为一种特殊的干预，我们就应该谨慎对待将所有社交媒介使用置于同一标题下的做法。而商业逻辑的社会媒介更可能维持与开放式的社会化网络形式结合。

因此，我们需要澄清"干预"这个概念，允许对与中介监视和控制相关的社会过程进行复杂分析。"干预"指的是越来越多的社会主体通过自动生成联系人和商品（连通性）的推荐，以及对社会地位（流行程度）的量化模拟，并以此来理解和定义自己与他人之间的关系。因此，干预实践与社会干预过程是不可分割的，其中最重要的是基于算法的商业干预数据通信，但它们本身并不是系统的和分层的。相反，它们是由基本的社会需求驱动的，通过这些需求，用户身份得以重新创建和显现。在某种程度上，干涉行为成为日常生活的一部分，这意味着如果我们想要抓住干预作为一个更广泛的文化和社会复杂的转换，就必须结合社交媒介逻辑的特点，从而更全面地说明媒介化是一个辩证的过程，它将干涉性媒介文化作为一个关键特征和日益突出的社会力量结合在一起，而干涉是当前媒介文化发生质性变化的重要依据。

传统的大众传播系统既是社会领域的地图，又是社会领域的指南，是一种建立和处理人际识别模式演变代码的系统，这也把大众媒介化的过程本身变成一种象征性的力量。正如研究者所指出的，从广义的制度意义上看，媒介的象征力量建立在一个占主导地位的神话之上，这个神话将媒介构建为一个传播具有特殊社会、文化、经济或政治意义的象征机构。这种神话作为一种稳定因素，与通过有组织的自我实现所表达的社会焦虑有关，并将人们对大众传媒的仪式化依赖作为一种预先介导的认知结构加以具体化。而今天，我们必须重新考虑这些关系。近年来，社交媒介、移动设备和跨媒介应用的广泛使用，对大众媒介的社交功能产生了挑战，同时也带来了拓展。越来越多的媒介用户，尤其是年轻群体，将他们的媒介习惯转向互动平台，如 Facebook 和 YouTube，这些平台不仅传播大众媒介的内容，还传播用户生成的信息流。正如研究者所说所说，这些平台已经成为"公共话语的管理者"。它们既能够也需要持续的监测和更新，从而准确地满足那些以他人为导向为特征的社会心理需求和欲望,同时扩展了预先建立的以灌输式媒介化为标志的社会文化地位的神话。① 因此,主流社交媒介的成功建立在承诺为识别缺陷提供解决方案的基础上,同时也通过模拟识别形式的循环促进了干预式媒介文化的强化。

但这并不是说,通过占主导地位的社交媒介发生的所有形式的互动,都具有意识形态性质。社交媒介的体系结构和内部互动的界面支撑着开放式的模拟过程,例如,算法系统会根据数据痕迹确定用户的意向性和实践相关性,并尝试建立他们信任的象征性行为。相反,社交媒介关系的典型特征是不确定,不知道数字界面背后可能隐藏着什么信息和参与程度,也就是实际发生了什么。这种间接的社会不确定性,可以在政治行动(如微博)和亲密关系(如微信)等不同的社交媒体中发现,正是这种不确定性塑造并强化了干预式媒介文化的特征。在本节中,我们也尝试解释社会化媒介商业逻辑的扩展如何与个性化社会的社会转型相互作用。最重要的一点,是社交媒介对模拟认知形式的正常化做出了重要贡献,它将互动确立为日常生活中仪式化的一部分。然而与此同时,我们应该接受这样一个事实,即干涉性媒介文化的总体后果是模糊的,并且在不同的上下文中呈现出不同的(通常是矛盾的)外观。因此,我们应该超越对媒介力量的简单看法,而是应该考虑社会和文化批判类型是内在的,而内在批判的目的正是要把据社会转型在个体层面所特有的矛盾和模糊性,并探讨这些层面之间的相互关系。因此,只有当我们考虑到社会化媒介的商业逻辑如何与已经在个性化社会中发挥作用的社会力量产生共鸣,我们才能充分理解这种媒介逻辑。这也是我们发现驱动主流社交媒介的商业机制的基本能量所在,而这些媒介反过来又在规范部分定义社会关系和用户自我感觉的方面发挥着越来越重要的作用。因此,透过社会和科技经济力量的相互作用,媒介、社会、用户之间产生了互相影响的文化。

干预性媒介文化整合并强化了媒介化的辩证法。"媒介化"一词指的不仅仅是在社会生活的更多领域中普遍发展和使用的媒介,也包括了"研究媒介、媒介变革与社会、文化变迁之间的关系"②,媒介元素又是媒介化过程背后的至关重

---

① T. Gillespie. The politics of "platforms". *New Media & Society*, 2010, Vol. 12, No. 3, 347-364.
② 侯东阳、高佳:《媒介化理论及研究路径、适用性》,《新闻与传播研究》2018 年第 5 期。

要的一部分。正如研究者指出的那样,一旦我们能够发现实质性的社会和文化转换与新媒介技术的建立作为文化形式,我们就能估计媒介化的真正力量。①就像大众传播时代的广播和电视一样,媒介是不可或缺的,如果没有它们,人的社会生活将变得难以管理,甚至难以想象。在 20 世纪的很长一段时间里,甚至直到今天,现代生活在时间和空间上都与这些大众媒介的物质和文化属性有关。正如上文所讨论的,广播作为一个机构,使新的社会扩展形式成为可能,并作为中介发挥作用,但它也建立了或多或少与环境有关的对某些信息流和某些技术的依赖。与此类似,干预式媒介文化包括一套新的日常媒介惯例的正常化,以及某些媒介组合(如智能手机、平板电脑、Wi-Fi 网络和社交媒介账户)的日常化。正如我们所看到的,它们与各种网络活动(新闻、购物、游戏、社交等)交织在一起,共同作为不可或缺的内容对媒介的社会建构做出贡献。各种实证研究也表明,移动媒介设备和各种社交媒介应用程序的应用会或多或少使人们上瘾,会随时密切关注各种信息流动和更新,会对事物的反应迅速,而在网上活动频繁也加剧了人们媒介化的特质。②

而人对媒介的依赖关系也可能具有更正式的模式。正如我们已经看到的,社交媒介在基本水平面上的干涉过程与垂直的自动商业监视过程相结合,这意味着在线服务的每个用户都必须接受允许服务提供商聚合、存储和分析数据流的条款和条件,以方便其为有针对性的在线广告构建消费者模型。从某种意义上说,用户对这些个性化服务和宣传提供的认可源于社交媒体文化的熏陶,它们有助于主导媒介体系本身的合法化,而不是真正实现个人自治。这意味着许多社交媒介网站虽然明确承诺遵守隐私限制,但并不必承诺违约后果,而且这些限制的性质和含义往往让用户感到模糊或难以操作。大多数媒介用户对这种系统性干预的焦虑程度远远低于对干预行为本身的焦虑程度。因此,看似属于社交认知的网络空间实际上变成了交易依赖和"无限债务"的空间,而相对于各种技术系统和基础设施的依赖,导致用户还产生了功能依赖。因此,媒介化是一种复

① S. Hjarvard & L. Nybro Petersen. Mediatization and cultural change. *MedieKultur*, 2013, Vol. 54, pp. 1 - 7.

② S. Bengtsson. *An ethics of ambiguity in a culture of connectivity*? Paper presented at the International Research Workshop Mediatisation of Culture and Everyday Life, 23 - 24, April, 2015, Stockholm, Sweden.

杂的质性变革力量,它结合了解放的潜力、更大自治的前景和通过媒介获得社会承认的新途径,同时又以更隐蔽的方式限制民主前景的新形式。二者之间的辩证关系随着时间的推移而变化,并取决于社会文化以及必须通过经验来确定的特定于媒介的因素。

本章通过对干预性媒介文化的分析,重点阐释媒介化辩证法是日益突出的表现之一。我们甚至可以说,这代表了媒介化的新面貌或者新阶段。我们尝试强调了这样一个事实,即媒介化进程的特点是商业逻辑和更持久的社会变革之间复杂的相互作用关系。如果我们要制定一个媒介文化的内在批判逻辑,例如为什么新媒介逻辑会使得人们的生活和身份与日益复杂的技术和商业结构监测相互纠缠,我们就应该重视这种相互作用,也必须建立一个能够超越制度和社会建构主义之间鸿沟的新媒介化视角。

第二章　媒介真实建构与再现危机

一、媒介文化与现实关系的复杂性

　　媒介真实历来是学术界争议比较大的问题。美国学者阿多尼（H. Adoni）和曼恩（S. Mane）在总结前人研究结论的基础上，试图跨越辩证与实证两个领域，对媒介建构社会现实这一课题的相关结论加以整合，提出了客观真实（objective reality）、符号真实（symbolic reality）和主观真实（subjective reality）的分析概念。所谓客观真实，是指不容置疑的真理，不需验证，也验证不来；所谓符号真实是指，以符号来描述的真实。例如以文学、艺术或藉由媒介来表达所呈现的真实。这是站在传播者立场来看待的真实。所谓主观真实，是指个人对真实的了解与信仰。多半得自社会情境及媒介的建构，而形成个人的"脑中图画"，这是从受众角度来看待的真实。

　　阿多尼与曼恩的主要观点，主要体现为以下几个方面：（一）符号真实与客观真实的关系表现为：1. 媒介所呈现的议题影响了文化的形成。例如，流行歌曲的流行、种族偏见等。2. 新马克思主义者更批判媒介扭曲了客观真实。种族及阶级偏见由此而生。3. 符号真实研究的另一个重点是媒介内部的互动形态。由于媒介的守门过程，而使得真实更为模糊。4. 符号真实侧重"远"的研究，例如，组织规范、价值系统、意识形态、权力结构、财富分配等。（二）符号真实与主观真实的关系表现为：1. 符号真实影响了个人对真实的了解与信仰。2. "政治社会化""议题设定"是影响主观真实的两个主要效果指标。3. 由于财富分配不均，文化水平不同的人，有"知识沟"（knowledge gap）的问题出现，影响了个人不同的主观真实，也影响了国家的发展。4. 个人对远离自己的宏观事项的理解与判断，容易受媒介影响，这支持了媒介依赖假说，也证实了远（remote）、近（close）

概念的重要意义,由于媒介呈现的只是不十分真实的"准环境",所以,人们对越远的事件的认知,越不真实。[①] 在现实世界由于亲身实践的机会越来越少,人们只能借助于媒介来获得对外部世界的认知。而在接近认知对象的过程中也存在很大差异。人们对接近自己的事件往往很容易判断真伪,而对远离自己的事件往往很难判断真伪,因而容易倾向于相信媒介。我们常常看到,《魔鬼终结者》《ET》《侏罗纪公园》《未来水世界》等好莱坞电影在视听效果上给人以十分逼真的感觉,影像符号的真实与现实的界限不是十分明显。随着特技在现代传媒中的大量使用,影像变得似真似幻,更具有吸引力。

传媒以符号真实影响受众,使受众误将符号真实当作客观真实,其典型案例是 1938 年发生在美国的广播剧"火星人进攻地球"事件,当时的听众误将由威尔斯的科幻小说改编的广播剧当作了新闻。这也让人们认识到,逼真的虚拟媒介内容可以吸引受众的注意力。那么,传媒文化的生产为何总是以打着真实的旗号面世呢? 这是因为,真实感能够容易赢得受众的认同,容易引起受众的共鸣。

对媒体内容真实性的理解历来有三种代表性的模式,即:照相论、建构论和拟像论。

照相论是一种比较古老的媒介真实观。它把社会真实当作一种客观、自给自足存在的实体,认为媒介可以像镜子一样,经由准确的表达方式将它忠实地再现出来。20 世纪初电子传播媒介的兴起,无疑为照相论提供了技术支撑。相对于书写符号,影像是一个更善于呈现真实的符号体系。摄像机不仅将"真实"展示于一个前所未有的境界中,纤毫毕现。同时,摄像机正在破坏与印刷文明相互协调的一系列界限。从哲学角度说,"真实"的背后隐藏着深不可测的思辨区域,影像如何为观众制造出"真实感"。技术主义强化了"眼见为实"的观点,人们对影像技术的信赖表现在认为摄像机、照相机是客观、中性的,它摒弃了人为的主观判断而忠于世界呈现的真相。事实早已证明,人们这种对电子媒介的信任是过于天真了。照相论,强调本原真实,但是,对媒体来说,本原真实是难以把握的。

建构论不再把社会真实当作可被媒体忠实反映出来的客观实体,相对地,他们认为客观真实不可知,媒体并非被动地反映社会现实,而是从无数纷杂零碎的

---

① 翁秀琪:《大众传播理论与实证》,台北:三民书局 1998 年第 3 版,第 114—117 页。

社会事件中主动地挑选、重组、编排信息。媒介建构论认为,"形象""身份"和"知识"三者在媒介建构现实中具有十分重要的作用。形象是我们理解媒介建构现实的对象或内容;身份是我们理解媒介建构现实的个体立场;知识是我们理解媒介建构现实的文化背景,三者相互作用,共同构成了建构与阐释虚拟现实的基本路线。建构论者强调各种社会组织对真实有不同的诠释角度,并且互相争取对社会意义建构的独占性。在建构论者看来,媒介是信息的提供者也是媒介内容的生产者,事件真实与否,甚至有没有都不重要,关键是能为一部分人提供精神消费的内容。例如,媒体的娱乐记者对某明星的"私生子"事件非常关注,这一事件到底真实不真实不重要,重要的是媒体提供了独家的报道,让一部分受众获得了好奇心的满足。媒体可以说是新闻事件的制造者,因为有了媒体的八卦报道,才有了受众的茶余饭后的谈资,谁也不会计较媒体的报道到底真实不真实。

　　拟像论则认为,媒介真实就是客观真实,媒介真实甚至比客观真实还要真,一味追问社会本原真实在现代社会意义不大。这一派观点,显然是受到鲍德里亚思想的影响。鲍氏最极端的观点甚至认为,海湾战争根本没有发生。拟像论立足于后现代文化背景,强调所谓"真实"不过是鲍氏所说的"客体/符号系统"中的一个部分。鲍德里亚认为,由新的媒介技术所开辟的各种可能性,支持了这样一种观点,即文化不再复制真品,而是生产真品。真品是电视、电脑屏幕、虚拟特技和立体声音效所致,这种对真实的模拟,产生了超现实。[①] 受众对真实的偏好,源于对信息内容的现实认同,拟像以高度逼真的"超现实"内容满足受众的这一认同需要。实际上,真实性已经不重要了,重要的是看起来真实。这样,高度逼真的符号内容,就具有消费的使用价值。

二、媒介再现与"真实建构"

　　媒体的再现真实问题,并不仅限于媒体研究,在索绪尔的符号理论中早就有"再现世界"和"真实世界"的二元划分。在这种二元关系下,索绪尔将符号和参照物(referent)加以区分,同时也相应需要指出,前者次于后者、受到后者的控制。符号世界只能指称既有的真实;媒体只能反映已经存在的事物。符号存在

---

① 〔英〕尼克・史蒂文森:《认识媒介文化》,北京:商务印书馆 2001 年版,第 249—252 页。

于它所映照的真实之下，符号世界"驾驭"于"真实"之上。就像一种附着于真实之上的稀薄物质；这种物质好像从反映的层面衍生出来。①

在西方有这样一种观点，认为媒体是"社会真实的定义者"，也就是说，对于新闻事件的真相，媒体是怎样说的，在社会舆论中起着至关重要的作用。哪些事件被报道了，是如何报道的，与我们感知世界的方式有直接的关系。媒体在报道某个事件时，事先有一个解释事件的架构，这个架构基本与受众心目中的架构契合。然而，受众心目中的架构是哪里来的？是媒体长期所培养的。媒体的解释架构久而久之形塑了我们的意识，因而，媒体与社会真实并没有分离开，也不是被动反映世界，媒体就是社会真实的一部分，媒体通过与社会各种话语的关联，形塑我们的感知习惯，也就是习惯媒体真实，同时由于媒体的报道，影响了这个社会真实的发展方向。

新闻报道过程中，意识形态的作用成为人们关注的焦点。什么是意识形态？按照文化研究学者雷蒙·威廉斯的说法，意识形态主要有三层含义：1. 某一特定阶级或族群的信仰体系；2. 虚假的信仰体系——假意见或假意识——可能与科学知识相违背；3. 意义与思想产制的一般过程。② 意识形态对新闻报道的作用与影响，首先就是将原初事实"符号化"，在这一"符号化"的过程中，意识形态是一种架构，这一架构在人们不注意的情况下，具有自然化的效果，这种自然化的效果对某些政治权力集团有利。按照班乃特（T. Bennet）的解释，"这一概念暗含一些有关表意系统的社会决定性因素。"同时，这个概念"含有曲解的意味"③，因此，在大众传媒时代，新闻事实值得人们作深刻反思。

首先，在新闻报道中，意识形态充当了新闻架构。托德·吉特林认为，媒介架构是媒体工作者在认知、解释及表现上所呈现的长期持续的模式，这些模式帮助记者选择、找出重点或排除非重点。符号处理者必须例行地使用这些模式，以组织其语言或非语言的话语。实际上，对新闻价值的确定，也往往是某一时期的意识形态决定的。例如，美国对中国的政策很大程度上对其媒体涉华报道有直

---

① ［澳］托尼·班乃特：《媒体、"真实"、意义指陈》，见迈克·古里维奇等编《文化、社会与媒体：批判性观点》，台北：远流图书出版公司 1994 年版，第 414 页。
② ［美］约翰·费斯克：《传播符号学理论》，台北：远流图书出版公司 1997 年第 3 版，第 218 页。
③ ［澳］托尼·班乃特：《媒体理论与社会理论》，见迈克·古里维奇等编《文化、社会与媒体：批判性观点》，台北：远流图书出版公司 1994 年版，第 60 页。

接的影响。美国有线电视新闻网 CNN 近年来在报道中国政治、经济相关议题时总有"中国威胁论"的影子,负面报道涉及人权、环境保护、军事、资源消耗等诸多方面,为什么 CNN 涉华新闻报道的新闻价值取向竟然大多是以负面的为主呢? 这就是意识形态的新闻架构在起作用的原因。斯图亚特·霍尔引用列维-斯特劳斯和语言学家乔姆斯基等人的理论指出,意识形态是指一组结构或一套将事实符码化的系统或语言规则,它不是具体的意念或观念本身,而是组织意见、分类问题的结构法则。霍尔发现,在英国的媒体上,英国每一次的劳资纠纷,都被当作是对现行经济及工业秩序的威胁,却鲜以劳工生活受到威胁为主要解释架构。

伊拉克战争爆发以前,美国受到了阿尔凯达恐怖组织的袭击,著名的"9·11"事件使得美国民众的爱国热情空前高涨。美国政府利用民众的爱国热情发动了对伊拉克的战争,后来的事实证明伊拉克与阿尔凯达恐怖组织没有多少关联。但是,在那样的氛围下,虽然也有一些媒体质疑白宫的行为,但是赞成与反对意见的双方都框限在美国安全受到恐怖势力的威胁的架构中,差不多都对战争进程及前景显示出极大的热情。至于其他观点、议题如伊拉克人民在战争中正遭受生灵涂炭、民不聊生,中东和平受到重创等则鲜被提及。有些媒体明知美国发动这场战争有其战略上的险恶用心,但往往也缄默不言。因为意识形态的框架决定了媒体的议题选择。

一般讨论意识形态时常视其为一套"价值、信仰或意见体系",而且,诚如威廉斯所言,这套意见体系知识服务于某一阶级利益,相对于社会的"真实"或"科学知识"而言,是错误的"假意识",这套"错误的意识"在新闻学的研究中,也称为"偏见",是一种"意识"的价值偏颇。在不同的社会时空下,这种偏颇是不可避免的。霍尔建议将意识形态看作是"一套将现实按照特定方式重新制码的系统而非一套已被决定的符码化完成的讯息的组合"[1],这一定义与以往不同,首先它预示了语言的"多向指涉性"(multi-referential),语言并不专属于特定的阶级,用结构主义者的话说,能指并不能也不最终地指向某个"终结"的存在。对于具体的媒介内容,不同阶级、年龄、种族、学历等的使用者,理解也不完全相同,因此,

---

[1] [英]霍尔:《意识形态的再发现:媒体研究中被压抑者的重返》,见迈克·古里维奇等编《文化、社会与媒体:批判性观点》,台北:远流图书出版公司 1992 年版,第 108 页。

语言的使用不可能平等。其次，这一定义，也预示了编码的"创造性"，每一次编码，编码人员都会运用不同的言语，叙述事件的最新发展，因此都会表达新的意识形态内涵。文本无疑是意识形态激烈争霸的重要场域。对霍尔等人来说，重要的不是已成为意识形态的成品的文本，而是这一成品的生产过程。他们特别关心的是：文本如何整合不同的声音？在他们眼中，文本一定混杂了不同阶级的对话、谈判和争论，已经完成了的文本只可能是这些声音所暂时取得的一个"不稳定的平衡"。

霍尔还发现，意识形态具有使新闻框架自然化的功能。特别对新闻从业人员来说，在受到某些框架限制时却浑然不觉，并视其为理所当然，或将事实的呈现当作原先自然的事实，这就是霍尔所说的"自然化"效果。一般读者或新闻从业人员也许会认为，只要能遵守新闻客观性的原则，新闻报道自然就客观了；只要能呈现双面的观点，引述新闻来源，采取平衡而中立的角度，甚至有图片画面作为"眼见为实"的证据，所报道的就是绝对的"真实"了。霍尔十分尖锐地指出，这并不是"自然"的真实，而是被"自然化"的真实。事实上，越是逼真的呈现，越需要精密的设计和编排，而影像的摄取、剪辑同样需要观点的选择及意义的解释。费斯克则从写实主义的观点来解释媒体再现事实的技巧如何将符号真实自然化，使受众"容易理解"，并觉得"有意义"。例如，写实主义注重细节和叙述的方法，当叙述手段都完美使用后，就会给人以真实的感觉。某些因果关系，例如"社会共识"，由于人们可能视其为理所当然，于是便成为其他事件的架构。表面上看，"社会共识"天经地义，新闻也朝这些社会共识方向发展，但是，当人们视这些为天经地义时，就忽略了框架的存在，将部分的真实当作是全部的真实，拒绝其他观点，封闭个人的认知。从受众角度讲，意识形态的自然化渗透，完全与新闻专业主义有关，在十分逼真、貌似公正的情形下，受众更愿意相信媒体的言论，而在对媒体信息的依赖中交出了自己的判断能力，也就接受了意识形态。其实，受众的意识形态的形成是社会化的过程，但是，媒体的作用最大，因为新闻真实具有迷惑性。

三、"后真相时代"媒介再现的危机

媒体究竟能不能客观、中立地报道社会真实。这是媒介文化研究始终需要面对的课题。21世纪以来,随着虚拟仿真技术、大数据算法技术在传媒领域的兴起,所谓客观、中立的原则开始遭遇挑战,传统媒体时代,作为相对单一的公共信息来源,大众传媒垄断了传播权和影响力。这种垄断的合法性、合理性正是建立在大众传播提供给公众真实、客观的真相为依凭之上。权力和义务的要求对大众传媒业形成了社会责任约束,大众传媒也通过这种约束获得自身的独特行业地位。这种潜在的对于真相需求的默契认同构建了公众和媒体之间契约平衡,也是新闻媒体公信力最重要的来源。但在社交媒体时代,这种平衡被打破了。在许多突发性事件的传播过程中,无论新闻媒体提供了怎样的信息,有依据或没依据,都会被怀疑是否为真,是否利益勾结,是否客观公正。在失去了对新闻媒体的信任后产生的真空地带,虚假新闻的生产理所当然就有了生存的土壤。而新闻媒体的公信力就在这种"后真相"的狂欢中被逐步瓦解了。在网络时代,传统媒体垄断传播话语权的模式逐渐消失了,取而代之的是新型的大数据算法控制。大数据分析可以了解用户的信息取向、兴趣、爱好,算法设计可以精准投送信息,针对特定人群精准投送特定信息,这是传统大众传播所不能企及的。这预示着"后真相"传播时代的到来。

虽然"后真相"传播时代的传播秩序被打破了,但其内容作用于意识形态的方式没有变。客观地报道社会真实是可能的,这不仅是专业伦理上应然面的信守,实然面上的实践也是可以做到的。因而在针对媒体内容的研究上,这种立场经常会追问媒体的符号真实有没有正确无误地反映社会真实。显然相对于媒体的符号世界这个立场设定了一个随时随地检查媒体是否客观、真实地反映社会现实。然而,随着研究范式的变迁,这种立场越来越受到质疑,媒体不再被视为客观、中立的反映现实,而根本就是"建构真实",即定义、组合、生产社会真实,这个范式转移的背后,其实就是针对语言与真实间有关"再现观"的改变,也就是"镜像的再现观"到"建构的再现观"的转变。[1]

依据意识形态的理论谱系,我们可以看到,在欧洲文化研究学者那里,文化是被作为意识形态来分析的,其核心概念就是"再现"。阿尔都塞(L. Althusser)把意识形态界定为"一种观念和再现的体系"(a system of representation)。[2] 20世纪末

---

① 倪炎元:《再现的政治》,台北:韦伯文化国际出版有限公司2005年版,第10页。
② 〔法〕阿尔都塞:《列宁与哲学论文集》,杜章智译,台北:远流图书出版公司1990年版,176—177页。

以来,由于后结构主义的推波助澜,"再现"问题受到普遍的关注。解构主义学者德里达认为,在当代"再现是一个最重要,最富于生产性的问题"。以德里达为代表的欧洲学者来说,再现不仅是可能的,而且是唯一可能性,是意识的唯一形式。因为绝对的"在场"是不可能的,在这个意义上,"文本之外一无所有",再现就是我们所拥有的一切。① 德里达认为,我们很难区分正确的再现与错误的再现,区分真理与谬误、区分现实与虚构,事实上,再现总是伴随着不可避免的虚构与错误。因为再现宣称它指代的事物是不存在的,在这一点上福柯的意见与德里达相近。福柯排斥意识形态概念,一个重要原因就是这个概念与"真理"概念相对峙的,所谓真理只是一种"真理效果",这种"真理效果"是由话语生产的,而话语无所谓真实与谬误。在西方马克思主义内部,"再现"问题却因其他原因被凸显出来,被后结构主义和了稀泥的正确再现和错误再现问题并未失去其意义。根据葛兰西的文化霸权理论,文化是一处斗争的场所,各个阶级和社会集团为取得文化领导权进行着持续不断的谈判、斗争和调停,这些谈判和斗争不仅不同程度地牵涉到真理与谬误、正确再现和错误再现的问题,而且暗示给我们,在一定的历史条件下,某些阶级、社会集团和个人可能作出比另一些阶级、社会集团和个人更正确、更公正、更直接的再现。从文化与权力关系角度看,再现行为本身就是文化内部权力关系的一种体现,那些能够再现自身和他人的人握有权力,而那些不能再现自身和他人的人则处于无权的地位,只能听凭他人再现自己,于是我们常常看到这样的再现,"工人阶级是粗鲁的""妇女天生就是做家务的""少数民族是愚昧无知的"等等。② 可见,再现涉及到权力关系,如何被再现,关系到被再现对象的社会形象、事件性质。那些处于社会边缘的受排斥、受支配的社会群体反对文化霸权的斗争,集中到一点,就是用一种对于自身与他者关系的更加真实、更加正确的再现来取代宰制话语、主流文化对自身的错误和歪曲的再现。

传统的再现观点,是将语言隐喻为一种镜子,认为语言可以如镜子一般透明描述、反映世界。当然,镜子也可能凹凸不平,也可能磨损,发生折射,正如语言可能含混不清,但语言可以如实地再现世界是确定的。③ 这一主张预设了一个

① 罗钢、刘象愚编:《文化研究读本》,北京:中国社会科学出版社 2000 年版,第 20 页。
② 罗钢、刘象愚编:《文化研究读本》,北京:中国社会科学出版社 2000 年版,第 21 页。
③ Jonathan Potter. *Representing Reality*:*Discourse*,*Rhetoric and Social Constructive*. London:Pitman,1996,p.96.

本体论的立场,即在先验论上划分了两个截然不同的世界。一个是符号世界,或称语言世界、能指世界;另一个则是真实世界、物理世界或所指意义等非语言、非符号的世界,这两个世界都可以化约成不同单元或元素,而其中一个世界的各种元素或单元可以联系到另一个世界的元素或单元,即一个世界可以"再现"另一个世界。① 这种再现观点并不拘泥语言与世界之间,而是扮演着不同的功能。美国学者罗森瑙(Pauline M. Rosennau)就将再现的功能归纳为"代表"(delegation)、临摹(resemblance)、复制(replication)、复写(repetition)、替代(substitution)、复印(duplication)。她认为,"再现以不同形式成为社会科学每一个领域的核心。"②总体来看,传统的再现观就是将语言视为对世界万事万物的一种再现,这种再现观不仅预示了语言世界与真实世界的二元区隔,也预设了两个世界间的支配关系及语言世界、符号世界是受真实世界所控制,符号世界只能指称它所对应的真实,只能反映已经存在的事物。符号存在于它所映照的真实之下,只是肤浅、昏暗的存在状态,就像附着于真实之上的稀薄物质。③ 换句话说,语言世界只是真实世界表意的工具,是从属于真实世界的客观。唯有真实世界能够证明和检测语言世界是否能够如实的反映真实世界。

　　20 世纪 60 年代以后,思想家开始对再现背后的语言产生兴趣。认为在所有有关世界万事万物的理论阐述之前,都必须先弄清楚语言符号。部分学者将这种思潮的变化称之为语言学的转向(the linguistic turn)。当关注的焦点转移到语言之上,传统的再现观点开始遭到质疑,也可能作为世界或某些观念的表征或模仿。语言学转向使得文化研究成功实现了"向内转"的知识范式转换。这里需要对索绪尔语言学理论进行一个简单的回顾。传统语言学研究往往从纵向的角度即从历时性研究语音与文字的历史演变和发展,探索语言在历史流变中的规律性。然而索绪尔一改常态,认为这种考察语义历史发展的研究对象无非是一些个别的、变动的、具体的甚至是孤立的现象。因此,他首先主张找出语言背

---

① John Stewart. The Symbol Model vs. Language as Constructive Articulate Contract. In J. Stewart (eds.), *Beyond the Symbol Model: reflections on representational Nature of Language*. Alany, New York: State University of New York. 1996, pp. 15 – 19.

② Pauline M. Rosennau. *Post-modernism and the Social Science: Insights, Inroads, and Intrusions*. Princeton University, 1992. P. 92.

③ Tony Bennt. *Media "Reality", Signification*. In M. Gurevitch, T Bennet ect. (eds) Culture, Society and the Media. London: Methuen, 1982, p. 287.

后所存在的"共时性"深层结构，而不是穿越事件并发生变化的历时性演化；其次，它主张找出潜在于语言共同体意识中，作为彼此相互了解、相互沟通时所必须遵循的规则，这些规则称之为语言系统，它包括一套系统性的语法、句法和词汇；再次，语言系统的基本分析单元是语言符号，它是由能指和所指共同组成的，它们之间的关系是无端而任意的，没有固定关系，只有随机的文化指定；第四，符号的差异取决于其余其他符号间的关系。而符号间的关系，则包括语句中各语言元素间链接与组合关系的句段系列，以及不同语句间个别语言元素的选择与替换的语范式。

索绪尔主张从横向的角度即从共时性出发，探究语言的共时结构，并指出语言学的研究对象不应该仅仅是具体的语言事实，而应该是静态的语言系统和语言结构，以此来替代历时的语义追溯。于是，索绪尔提出了一组重要的二元对立概念即语言/言语，并藉此演绎出高一级的语言符码系统和低一级的语言行为应用两个不同的层面，这一方面颠覆了传统语言学的历史学方法，重新凸显了被传统语言学忽略的领域，并且尤为重要的是，他将语言系统的静态结构研究从具体的语言行为实践和具体应用中提取出来，构成了一个相对独立的研究空间，切断了语言与现实世界和社会语境的联系，语言就成了一个封闭的、静态的、独立的研究对象；另一方面将语言与言语进行区分，就非常鲜明地凸显出言语主体在语言系统面前的被动性和弱势地位，说话、陈述、表达等等言语行为作为语言的具体应用实践，不再是随意的、能动的、意志性的，而是受到了更高一层的语言系统的规定、制约，言语主体唯有进入到语言系统，了解和掌握这个系统内的语言符码，根据这个语言符码系统的规则和约定，才能以给定的语言符码系统为载体进行言语表达。了解和掌握这个系统内的语言符码，根据这个语言符码系统的规则和约定，才能以给定的语言符码系统为载体进行言语表达。索绪尔语言学将语言和言语进行区分的意义十分重大，它让人们清晰地看到语言和言语的本质差异。索绪尔还提出了能指和所指概念，语言符号的表意功能是非常强大的，语言是对世界的表征或模仿，却也可能是对世界或观念的扭曲。在多数情况下，语言很可能并未或从未忠实地反映它所面对的事物。于是，人们对语言能否"再现"表示怀疑，语言到底能否充当人与世界的中介？通过语言对世界进行把握是否只是一个"幻象"？传统形而上学视语言为反映世界的一面镜子，而"语言学转向"的最基本、也是最重要的结果，就是使这面镜子不可恢复地破碎了，换句话说，就是人们对作为外部世界"再现"的语言，永远地失去了信任。

　　语言记录并建构世界，这种建构的再现观反对"语言世界"与"真实世界"的截然对立，也不接受"真实世界"先于并独立于语言而存在，而是认为真实世界本身就是语言建构的产物。换句话说，在进行言说和书写之前，并不存在一个秩序井然、意义清晰的现实世界，所谓秩序、意义、价值、逻辑、关系、结构与条理，都是语言的产物。① 建构的再现观并不否认在感官世界之外还存在一个真实世界，但所有有关这个"真实世界"的记述，都是经过观察者用语言表述出来的，而观察者的能力、文化背景、个人立场等会直接影响到这个所谓的"真实世界"怎样被建构，也就是说，网民所感知的世界，都是经过语言加工过的、符号化的世界，都是某种语言与社会的建构，讨论世界的种种课题根本不可能与表述它的语言分离，包括我们自身在内，亦即我们建构对象的同时也建构我们自身，我们影响周遭世界的同时，也受到我们已建构的世界影响。② 于是，再现的危机就出现了，索绪尔、福柯等人都认识到语言再现现实存在的问题。"真实世界"的再现，既然是一种语言与社会的建构，建构本身有相对于特定个人与文化的框架。那么也就没有任何一个关于世界的再现，可以宣称其是可以代表真实的唯一版本。特定的再现具有意义是基于特定的文化传统或者是共同道德的约定等。用部分后现代学者的话说，再现必须在某种"元叙事"下才有意义，而所谓"元叙事"是指那些企图串联其所有事物的所有宏观故事。如资本主义、社会主义、女性主义、科学主义、实证主义、存在主义等等。不同的再现会产生冲突，更多是基于背后的元叙事。福柯更强调了权力所起的作用，它将再现视为是有条件的，由各种势力碰撞、争执之后所形成的话语。这就形成我们认为符合某种真实的知识。换句话说，任何真实的再现其实是各种力量较量后的话语。这种再现观点明显透露了背后的政治意义。如果特定再现是相对于背后的特定的元叙事，那么只要摆脱这个元叙事的捆绑，再现就如同被解构，同样的再现，既然涉及话语与知识的权力交锋，它就不仅包含了主控的力量，也包含了解放的力量，亦即蕴含了支配话语可能被对立话语转移甚至取代的可能性。③

① 周华山：《意义：诠释学的启迪》，台北：商务印书馆 1993 年版，第 184 页。
② Joseph Natoli. *A Primer to Postmodernity*. Malden，Massachusetts：Blackwell，1997，pp. 119 - 126.
③ 倪炎元：《再现的政治》，台北：韦伯文化国际出版有限公司 2005 年版，第 15 页。

从古希腊时期的柏拉图到近代以来的笛卡尔主义,通过语言的再现我们人类主体能够认识真理、获得真相、把握真知,这已经成为了一个恒定的定理和常识,似乎无需再做进一步的阐释和说明。因为在他们看来,语言与世界是同一的、统一的、一体的,透过语言我们就能看到事物,了解世界。语言本身是"透明"的。语言能够使客观世界的事物重新在场。语言与事物之间是一种直接的、对等的关系,语言只是对事物起到一种命名的作用,发挥着承载语言意义的载体和容器的功能,而语言自身并不是我们需要引起特别注意的对象。

四、修辞术博弈:"后真相时代"的传播症候

2016 年的美国大选,吸引了全球的目光,在极度反常的政治环境中,最令人震惊的是"后真相"世界的兴起——几乎所有权威的信息来源都遭到质疑,并受到可疑的、来路不明的事实的挑战。特朗普上台前后各种真信息、假新闻混杂在一起,所有政客都为自己的利益而编造谎言,歪曲事实,轮番上演着现实版的《罗生门》。"后真相时代"的到来,使一切不可能都成为可能。"Twitter 治国"渐渐被鼓吹成一种世界政治潮流。社会正义、法律秩序、媒介公信力等似乎变得不再重要了。社交网络成为代表"人民"的媒体,并在反对"政治正确"中具有了天然权威。"代表民意"的特朗普,在 Twitter 上用"另类事实(alternative facts)"鼓动民众情绪,引发情感认同。此时,"来路不明的事实"已成为一种政治武器,"这本身就糟糕透顶"①,社交媒体容易高点击率、高存在感,但公信力却频遭质疑,"黑天鹅事件"不断出现,各种"真相""事实"迷乱人眼。于是,说谎成了"后真相时代"的一门艺术,"包装事实"在无把关人的社交媒体空间泛滥,个个都竭力抢占舆论先机,目的是争夺话语权。

在民粹化风潮中,人们似乎忽视了一个重要的问题,即公信力丧失对社会的危害,这正是社交网络中潜藏的风险。"包装事实"本质上是一种古典修辞策略,然而在当下却成为一种政治症候。纷乱的修辞竞争,正是利用了社交网络表达的意见自由市场体制,混淆了真相和假象,最终实现浑水摸鱼的效果。修辞术博弈成为"后真相时代"的常态,这在中国的社交网络空间也客观存在着,既有与欧

---

① [美]弗朗西斯·福山:《"后事实"世界的兴起》,《中国新闻周刊》2017 年 2 月 13 日。

美相似的表现形式,也有自身的个性特点,对这一问题的研究迫在眉睫。

我们身处在一个信息来源多元化的时代,也是一个信息爆炸的时代。新媒体释放了无限潜能,各个网站、自媒体竭尽全力只为吸引人们的眼球,所以同一个事件会有不同的表述,因不同的情感趋向吸引不同的受众。然而遗憾的是,我们似乎都让情感战胜了理智,我们更趋向于获取和我们情感追求的新闻消息。我们开始不在意谎言,而更多地去关心某种主张所包含的情感因素,以及这种主张对个人的价值。后真相到底是一种什么样的"真相"?毫无疑问,所谓"后真相"本质上就是超越"真相",或者说是"真相"之外的事实。除《牛津词典》外,《纽约时报》将"后真相"定义为"情感及个人信念较客观事实更能影响舆论的客观情况"。英国《经济学人》杂志发表了一篇名为《谎言的艺术》的文章,该文章认为"后真相社会"下真相没有被篡改,也没有被质疑,只是变得次要了。由此观之,将情感和立场置于事实和真相之前是"后真相"最显著的特征。

媒体空间流传的"事实"很多,"真相"却越来越复杂。在《知识的边界》一书中,戴维·温伯格(David Weinberger)根据事实的基本形式将事实分为三个阶段,指明我们已然进入了第三个阶段即网络化事实阶段。其一大特点就是"大到不可知"。首先,可用事实的数量大增,使得公众随手获得的事实变多,以至于他们失去得出结论的能力,因为总是有其他事实支持其他的说法。其次,网络更加强化了公众本来的立场,使得人们更愿意确认他们已有意见的"事实",并驳回那些做不到这一点的"事实"。[1] "事实"不能让真相出场,这正是这个时代颇为吊诡的事。比尔·科瓦奇认为,新闻所追求的真实是一种操作性的或实用的真实,这种真实不是绝对的或哲学意义上的真实。如今,越来越多的媒体充分利用了新闻真实的可操作性和实用性特征,在事实未经查验的情况下,为吸引受众的眼球,建构生产出各种"伪真相",与客观真实背道而驰。[2] 新闻专业主义所倡导的把事实的原生态展现在读者面前的价值观念被解构,为煽动公众情绪,一些媒体不惜以牺牲"新闻真相"为代价。首先,"伪真相"的建构突出表现在一系列情节虚构的假新闻上。从网络谣言的传播机理来看,强大的伪证据链,序列化、关联

① [美]戴维·温伯格:《知识的边界》,胡泳、高美译,太原:山西人民出版社 2014 年版,第 45 页。
② [美]比尔·科瓦奇·汤姆·罗森斯蒂尔:《新闻的十大基本原则:新闻从业者须知和公众的期待》,刘海龙、连晓东译,北京:北京大学出版社 2014 年版,第 42 页。

化、联想叠加明显的网络议题,媒介动员、大 V 助推等因素都推动着"伪真相"的建构。其次,当今社会所呈现的"后真相"表征也反映出"新闻真相"的复杂化趋势,真实是一个复杂的,甚至有时相互矛盾的现象,反转新闻即是真相复杂化的显著表现。媒体"真相观"的转变潜移默化地影响着受众关于新闻真相的认识。如今,受众不再等待着媒体呈现真相,而是主动参与到真相的建构过程中,推动着新闻真相的发展。与后真相时代共生的是反转新闻。反转新闻一个很重要的特征是公众的舆论会随着事件的发展而变化。随着事件细节的挖掘,真相开始浮出水面,剧情开始发生逆转,而公众的舆论立马倒戈,其中还夹杂着些被欺骗的愤怒。被同情的受害者瞬间成为被唾弃者,被攻击的作恶者立刻成为被同情者。从罗尔事件到榆林孕妇坠楼事件,反转新闻层出不穷,网上的舆论翻天覆地,反转的事件真相又令人瞠目结舌。

在数字化传播时代,大数据、算法建构了传播的新秩序。算法塑造的传播具有高度的逼真性。近年来算法技术在新闻推送、广告营销等领域广泛应用,培植了人们的信息接收习惯。精准投放、投其所好,形成了用户的"口味认同",一些网民对新闻事实不加辨别,以"也许是""大概是"的态度来接收新闻信息,一些所谓的事实巩固了网民固有的认知和刻板印象。这给新闻竞争提供了很好的机会。

1. "后真相时代"修辞术博弈实质是话语竞争

社交媒体技术提升了信息传播的自由度,带来了海量的信息,带来了表达和交流的自由,任何人理论上都可以在社交网络表达自己的意见。表现在政治传播中,其优势明显体现出来。新媒体政治传播与传统媒体时代有着质的不同,这种不同体现在,传统媒体竞争基本是媒体内容或通过发挥媒体的议程设置功能为公众设定议题,但传统媒体有一个道德底线,那就是不能发表虚假新闻,这是新闻专业主义的约定俗成,虽然也有偶发虚假新闻个案,但总体是有"把关人(gate keeper)"存在,核查事实真相是不可或缺的环节。然而,社交媒体时代,"把关人"这一重要角色没有了,一个"把关人"缺席的媒体,其功能已经转型为一种平台,类似于转盘式的餐桌,谁都可以往上放东西。走过早期互联网阶段,社交媒体的政治潜能被挖掘出来,既然网络可以实现对观点的自由表述,公民与公共机构之间的反馈将会非常便利和迅速,那么从此他们就可以更少地依赖新闻机构、利益集团、专家、官员和精英,所有的意见将产生于他们自身。

　　古典修辞学所强调的修饰文辞以达到最佳演讲效果的理念,在社交网络时代有了很大的用武之地。古典修辞学将影响受众作为终极目标,其手段仅仅限于修饰文辞。而在今天的互联网社会,修辞术的核心要义是看能否争取广大网民。在当下,无论古典修辞学还是新修辞学均将假新闻作为争取受众的"修辞术",其危害难以想象。美国苹果公司 CEO 提姆·库克在接受英国《每日电讯报》采访时表示,"假新闻正在杀死人们的思想",可以说是揭示了问题的本质。另一方面,在"吸粉"成为竞争性工作的背景下,民粹主义很自然地成为修辞术运用的道具。在这里,民粹主义把个人看作是缺乏联系的原子化个体,而社会不过是有着地理边界的这种原子化个体的集合,仿佛网络新媒体的出现将社会普度到一个境界,个人价值从此得到高度的凸显。因此,网络空间在他们看来就是真正民主运动的场域,而网络传播就是典型的政治实践。[1]

　　中国社交网络空间的政治传播实践,从本质上说就是话语竞争。然而,有别于传统媒体时代信源真实的有序竞争,社交网络时代的竞争更多的是无序竞争,其最大的特点是用虚假信息参与话语竞争,话语修辞的出发点通常服务于各种政治势力和各种政治诉求。各种标题党、各种耸人听闻的帖子、"真相"图片,远不是"假新闻"的危害那么简单。可以说,新媒体空间的修辞术说到底就是江湖术士的"骗术",各种刷存在感、刷屏竞争,目的是获得话语的主动权。"真相"有没有变得不重要了,各种伪装"真相"最容易蒙骗不了解情况的普通民众。按照美国学者科瓦奇和罗森斯蒂尔的描述,一件危及所有人生命的核事故发生了,各种渠道关于这一事件的新闻即刻潮水般涌来:"传统新闻网站关于此事的新闻报道呈现碎片状,而且常常自相矛盾。各类消息混杂一起,很难区分。在不同的网站得到的讯息完全不同,甚至如果在不同的时间访问同一网站,也会得出完全不同的印象。"[2]用虚假信息参与话语竞争,这种传播的修辞策略服务于参与政治角力的势力,越来越成为社交网络时代政治竞争的常见手段

　　2. 后真相时代修辞术博弈是劝服传播的堕落

　　"后真相时代"或者"后真相政治"一词,是美国传媒学者兼畅销书作家拉尔

---

① 陈龙、陈伟球:《网络民粹主义传播的政治潜能》,《山西大学学报》2012 年第 3 期。

② 〔美〕比尔·科瓦奇、汤姆·罗森斯蒂尔:《真相:信息超载时代如何知道该信什么》,北京:中国人民大学出版社 2014 年版,第 3 页。

夫·凯斯(Ralph Keyes)最早提出的,凯斯敏锐地发现美国政治环境的变化以及选举政治的新动向,这种变化就是通过网络舆论操控或影响民意。梳理一下互联网发展历程便可知,起初,人们认为互联网是上帝的"恩赐",它带来的是民主政治的愿景,它给人们带来海量信息,也让人们无限接近事实真相。告知传播、自由言说是这种媒体的突出优点。然而让人们始料不及的是,仅仅用了不到20年时间,这种愿景就被无情地打破了,很快网络传播便实现了由告知传播向劝服传播的转型,转型的结果更多的类似于二战期间的宣传(propaganda)——不择手段地诉诸情感认同。

　　二战时期,宣传是劝服传播的一种极致,意味着为达到影响受众的目标而不择手段。当信息转化为一种武器时,修辞就成为必要手段了,如何增加话题的影响力和传播力,这需要将所谓"真相"纳入某种框架进行叙事。一个戏码,多种脚本。在欧美国家,这种戏码无一例外都是民粹主义式的,各种脚本都包装成底层大众的话语,批评现有体制、精英和"政治正确"。在中国的网络空间,这种戏码的叙事表现为"三仇",即仇官、仇富、仇专家。① 诉诸情感而不是诉诸事实,这在中国网络空间司空见惯。选择民粹主义的议题进行渲染,正是玩弄修辞术的表现。劝服传播肇始于第一次世界大战期间,盛行于第二次世界大战期间。1927年拉斯韦尔出版了他的博士论文《世界大战中的宣传技巧》,在政界和学界都引起了不小的反响,有人认为这是一部带有教唆性质的著作,建议"马上销毁它"。这反映了当时人的普遍心态:对"宣传"的功效充满恐惧,有明显的厌恶感。20世纪30年代经济危机后,劝服传播广泛应用于广告领域,其通常的方式是借助于艺术化的手段,将广告商的产品、服务推销给社会大众。劝服传播关注的是效果,即传播内容是否打动了受众。当下劝服传播的特殊性,在于修辞策略进入话语场角力、竞争,其结果导致谎言成为艺术。这样,江湖骗子有了参与政治竞争的机会,并且有很高的获胜几率。② 作为劝服传播的手段,修辞策略可以有多种常见表现形式,散布假消息、贴标签、巧妙"借用"、省略、渲染、权威发布、标题党,等等。谎言可以借助技术的包装,具有很强的影响力,特别是在当下"算法崇拜"

---

① 陶文昭:《中国民粹主义的"三仇""两求"与"两过"》,《人民论坛》2015年第5期。
② Paolo Davoli, Letizia Rustichelli & Francesco Tacchini. *The Birth of Digital Populism:Crowd, Power and Post-Democracy in the Twenty-first Century*. Obsolete Capitalism online,2014,Preface (XI).

"大数据崇拜"的背景下,某些特殊事件节点的"发布"就带有很强的修辞意味。社交媒体、大数据天生携带着民主化媒体的神圣光环,决定了民众对它们的信任度。然而,种种基于社会大众心理,使用修辞策略包装出来的民意最终将导致何种结果,西方学者所描述的"法西斯的抒情诗"不无道理。[①] 劝服传播堕落后形成的舆论流程发人深思,无论是夸大、歪曲还是有意忽略某些重要的事实,都会助长愤怒、恐惧和憎恶的情绪。社交网络空间中的假新闻,在反转过程中逐步形成了"二波制"信息传播格局:第一波,某个信息发布,往往先抢占道德话语制高点,受众激情澎湃为某个人物或事件悲悯、同情、欢呼、痛恨……第二波信息对前一信息进行辟谣、反转,新的信息推翻了前述事实,证明所有的一切都不过是彻头彻尾的狗血剧。这些都是劝服传播竞争的习惯性模式。

3. "网红"式政治是后真相时代政治传播的异化

既然社交媒体具有天然正义,人们认为真相存在与否不重要了,情感的感染力、思想的说服力才是最重要的。例如美国大选,除了少数传统媒体还延续传统路线,查证信息的真伪,监督竞选人的言辞是有理有据还是随意编造,更多的媒体和观察者热衷于鉴赏"金句",看是否一句话就能把对方打趴下。所有这些,都表明人们在观看一场辩论戏剧,而不是事关国家前途的政治头脑风暴。这渐渐成为"后真相时代"的西方政治风景。西方选举政治的新趋势,与传统的大选看点不一样,竞选的方式和内容都相应发生了变化,与传统的"真相时代"形成反差对比。以往人们参与大选或者全民公决,主要看参选人说的是不是事实,说话有没有依据,所提出的政策主张是否合乎情理。而在"后真相时代",参选人追求的是吸引眼球,设法用雷人雷语等方式,靠拉近选民的感情来获胜,打的是"感情牌"。至于说话是否有理有据,政策是否可行,都成了第二位的。

这样,政治选举蜕变成网络红人式的选秀,选民演变成粉丝,他们更多关注的就是候选人的"表演",即便是丑闻也可能聚集众多粉丝,能否吸引媒体关注和热议远比解决国家面对实际难题要显得重要。于是,胜败的主要因素不是政治

---

① Paolo Davoli, Letizia Rustichelli & Francesco Tacchini. *The Birth of Digital Populism: Crowd, Power and Post-Democracy in the Twenty-first Century*. Obsolete Capitalism online, 2014, Preface (XI).

家的品德和远见,竞选的核心不是谁的政见高明,谁能惠及国家和民众,而是看你能不能抓住多数选民的感情,哪怕罔顾事实,哪怕信口开河,把对方抹黑把自己描红,只要能"吸粉"就是成功。欧美国家的选举风情表明,选举的结果离选民的初衷相去甚远,一个善于表演、善于发布雷人雷语的"网红"替代了人们心目中的政治家。新媒体将政治的潘多拉盒子打开了,对传播效果的追求,导致修辞术泛滥,传统的政治传播模式发生了异化。

新媒体技术在本世纪的诞生,带来了对传统社会规则的改写,毫无疑问,新闻传播的规则也被改写了。这种变革可以说是革命性的,人们普遍获得了信息的采集与发布权。然而,在自由发言过程中却没有建构起其应有的秩序和规范,尤其是对于恶意宣传式的新媒体传播内容缺乏治理对策,最终导致网络空间修辞泛滥、各种欺骗手段盛行,产生了极大的社会破坏性。它颠覆了传统媒体时代的舆论秩序和规则,由于在民众心目中具有传统媒体不具有的"天然正义性"和"天然权威",对底层社会往往蛊惑能力更强,更具有迷惑力。可见,"网红"式政治对社会的危害,正是政治传播异化的表现。

后真相时代修辞术或江湖骗术在政治传播领域的泛滥,渐渐成为常态。在社交网络空间,各种"抹黑""扣帽子"行为很明显都是谋求对事件性质的定义权,而这种定义霸权是典型的专制性修辞术,其终极目标是争夺话语权。后真相时代修辞术盛行是一种社会症候,其病态根源应当从社会的内部寻找,这应成为社会治理亟待研究的重要议题。

第三章　现代性进程中的媒介文化

一、媒介文化与现代性

现代性是个颇有争议的概念。美国学者马泰·卡林内斯库在《现代性的五副面孔》一书中指出,"现代性"一词在 17 世纪的英国就已经出现了,而它在法国的出现则在 19 世纪中期。关于现代性之所指,一般认为它是一个时间概念:"通常的看法认为,现代是指中世纪结束、文艺复兴以来的西方历史。"作为一个历史概念,"则更多地是指 17 到 18 世纪启蒙运动以来的成熟的资产阶级政治和文化。"①随着后现代主义在哲学、政治、社会和文化等领域对现代性的批判,现代性概念也就有了哲学、社会学、政治学、文化和审美等不同层面的意义。由此,"'现代性'一词的使用越来越出格,这不但涉及历史、美学、文学批评领域,而且还涉及经济、政治和广告领域,从而使它变成了一个集最相矛盾的词义于一体的十足的杂音异符混合体。"②哈贝马斯把现代性看作一种新的社会知识和时代,这种新的知识和时代产生了不同于中世纪的新的模式和标准,它的特征和贡献在于个人自由。福柯则将现代性理解为"一种态度",而不是指一个时间概念。他认为现代性主要是指和现实相联系的思想态度和行为方式。后现代主义理论家利奥塔则从批判的立场来理解现代性,在他看来,现代性就是一种以元叙事为基础和标志的宏大叙事。吉登斯认为,所谓现代性,即是各种"社会生活或组织模式"的总和。"现代性指社会生活或组织模式,大约 17 世纪出现于欧洲,并且

---

① 周宪:《现代性的张力》,北京:首都师范大学出版社 2001 年版,第 5 页。
② [法]伊夫·瓦岱:《文学与现代性》,北京:北京大学出版社 2001 年版,第 13 页。

在后来的岁月里,程度不同地在世界范围内产生着影响。"①概而言之,关于现代性,在社会学、哲学、美学等层面上的理解各有不同。刘小枫认为,"作为历史时间的现代概念与作为问题的'现代性'概念是不同的,历史学、哲学和社会理论对'现代性'的理解亦有差异。"但尽管如此,他认为,现代现象的涵义还是可以作出这样的界定:"一种普世性的转换每一个体、每一民族、每种传统社会制度和理念形态之处身位置的现实性(社会化的和知识化的)力量,导致个体和社会的生活形态及品质发生持续性的不稳定的转变。""现代现象是人类有'史'以来在社会的政治——经济制度、知识理念体系和个体——群体心理结构及其相应的文化制度方面发生全方位制度转型。"②

文化研究学者将现代性分为社会形式和经验形式,他们认为,现代性的起因来源于视听活动,也就是一种视听体验的结果。本雅明对欧洲城市研究的有关论述,特别是本雅明关于19世纪巴黎社会和文化生活的讨论。巴黎在它代表和浓缩了现代性的主要发展的意义上,经常被视为"19世纪的首府",商店拱廊和闲逛者就是在这里产生。马歇尔·鲍曼(Marshall Berman)在他的著作《一切固定的东西都烟消云散:现代性体验》(All That Is Solid Melts Into Air: The Experience of Modernity)一书里生动记录了像巴黎这样的城市在现代生活形式与媒介文化的发展中的关键作用。

鲍曼使用了三个核心概念:现代性、现代化、现代主义。现代性指的是社会经验的一种形式;现代化指的是一种社会进程;现代主义,是一种视野和价值观。鲍曼关注的根本问题是现代化和现代主义的关系,即作为现代性经验的这二者之间的关系。鲍曼把现代性分为三个时期:第一阶段,从16世纪初到18世纪末,这时"仅仅是人们经验现代生活的开始;他们几乎不知道他们所面对的是什么。他们失望而又半盲目地搜寻适当的词汇;在他们的尝试和希望中,很少或者几乎没有能够被共享的关于现代公众或现代交往的意识。"③鲍曼将关于空间和时间、关于自我和他人、关于生活的可能性和危险性的体验,当作是至关重要的体验方式,他将这种体验称作现代性。"要成为现代的,就是要在这样一种环境

---

① [英]安东尼·吉登斯:《现代性的后果》,南京:译林出版社2000年版,第1页。
② 刘小枫:《现代性社会理论》,上海:上海三联书店1998年版,第2、3页。
③ Marshall Berman, All That Is Solid Melts Into Air: The Experience of Modernity, London: Verso, 1983, pp. 16 - 17.

中发现我们自己，这种环境和体验穿越了地理和族性、阶级和国家、宗教和意识形态的所有界限：在这个意义上，可以说现代性联合了全体人类。"①

第二阶段，18 世纪 80 年代至 90 年代，法国大革命后，现代国家建立起来了，现代性给人们一种全新的感觉，但与此同时，与现代性相关的奇遇感、失落感和不安全感也伴随着产生了。政治领域的变革也体现在媒介文化领域。例如，城市景观往往包含许多政治内涵，如巴黎林荫大道是与警察镇压示威群众联系在一起的，宽敞的马路是便于军队快速移动而设计的，因此，这对当时人来说，虽然是现代的，但却是危险的，这种体验是恐怖的。

第三阶段，20 世纪的现代性体现的范围更加宽泛了，而最突出的是在文化领域。与 19 世纪的现代体验不同，20 世纪的现代性体验虽然也是在现代与传统的抉择方面面临困惑，但所忧虑的内容发生了变化。19 世纪末，城市建筑风格转向了适宜休闲的领域，改变了传统的文化、宗教、艺术等的风格，更加向人的感性需求靠拢。文化形式更趋多元，但以机械复制为物质和技术保障，解决了艺术大众化、文化大众化的问题，文化休闲超越了 18、19 世纪贵族、中产阶级意义上的休闲活动，变成大众狂欢。这是当今社会现代性突出的特点。人们依旧怀念传统。人们一方面习惯了大众文化形式，以及由大众文化引导的生活方式，另一方面又对传统文化表示怀疑。人们在不知不觉中转变着文化的休闲方式。看电影、听广播、看电视，这些是 19 世纪所没有的。此时的现代性体验，开始转向对人本身进行思考，因为充斥人们视野的都是机械复制的文化形式，是无"灵韵"的文化。20 世纪 30 年代，法兰克福的学者，就开始对这一文化形式进行辩论，总体是否定的，以电影为代表的现代文化工业，导致了人的异化，人们在对这些新的文化形式接受过程中逐渐认同，最终强化了认同的向度，而反抗的向度逐步丧失，最终成为"单向度的人"。

现代性角度看媒介文化与媒介文化变迁中折射出的现代性是不一样的。理性是现代性的一个核心特征，人们对理性本身的认识开启了现代性的大门，这个工作是由笛卡尔完成的。理性的外在表征便是人类独有的语言文字，所以媒介文化以前的印刷文化是一种以语言逻各斯为中心的理性形态的文化，媒介文化

---

① Marshall Berman，All That Is Solid Melts Into Air：The Experience of Modernity，London：Verso，1983，p. 15.

则是一种以影像为中心的感性文化形态。"以视觉为中心符号传播系统正向传统的语言文化符号传播系统提出挑战，并使之日益成为我们生存环境的更为重要的部分。显然，现代文化正在脱离以语言为中心的理性主义形态，在现代传播科技的作用下，日益转向以视觉为中心，特别是以影像为中心的感性主义形态。"①媒介文化的感性化是与消费主义的盛行密切相关的，消费主义甚嚣尘上带动文化形态走向感性化，走向内容的空洞、肤浅。

二、旧形态的遗存：现代性与媒介生产秩序

20 世纪 70 年代提出的一种有关当代社会的理论认为，所谓发达的或高度发达的民主国家的经济变化，体现为一种以服务和知识生产为基础的后工业秩序的出现并取代了制造业。这种观点认为工人阶级在工业化国家正走向衰落，而新中产阶级出现了。他们生活的空间需要有不断扩大的各种服务业和从业人员填充。其中包括社会福利、金融、旅游、计算机软件、餐饮和其他非工业的经济部门。这些变化细节在上世纪引起了热烈的讨论。今天我们已习以为常，这种发生在身边、不易察觉的转型已经出现。现代化带来的最大变化，是人们的社会意识、观念和生活方式的巨变。由于工业化进程加快，农业人口开始向城市迁移，都市的扩张带来了人们生活环境和空间概念的根本改变。动力、速度、快节奏、直播、互动等等，消弭了时间的长度，我们所有的体会只驻留在瞬间。更为重要的影响是，人们实际生活环境的变化，已经更改了传统社会的文明范式；人们的工作方式、交往形式、生活场景等都在发生转型。

看起来像后现代社会景观的现代化场景，是否真的反映了社会秩序的深刻变迁？对后工业社会理论直接的反思来自于美国学者克里斯安·库玛（K. Kumar）。他认为若对生成后工业社会已出现的观点进行仔细的考察，却会发现一定的变化，但这种变化与工业社会的变化具有同样的特征。库玛认为，后工业社会的问题议程明显与工业社会的类似。在后工业的虚假表面之下，遗留的旧问题仍在抬头：服务业工作场合的异化与控制；私人组织和公共组织科层制度中的检查与监督，尤其这种检查和监督逐渐与技术和科学专业知识相结合。造

---

① 孟建：《视觉文化传播：对一种文化形态和传播理念的诠释》，《现代传播》2002 年第 3 期。

成所有这些情况的是当代工业社会占主流地位的制约和模塑的力量：私人企业和民族国家之间为利润和权力进行竞争，并且竞争所处的环境使其有扩张主义的和全球化的趋势。[①]　不满的批评建立在众多社会学著作的基础上。这些著作可以上溯到马克斯·韦伯和涂尔干对功能分化和专业化的描述。美国社会学家彼得·伯格、布里吉特·伯格夫妇和汉斯弗莱德·凯尔纳在其著作《无家可归的灵魂》(homeless mind)中的分析提供了一种类似于库玛的批评，但他们的著作更直接关注文化，具体的说就是现代化的文化。这部著作中最明显的是，伯格与他的同事发现，晚近许多著作认为的后现代主义特征已嵌入在现代化的进程中。具体说来，他们论述了两种长期的、世俗化的现代化趋势的文化后果，这两种趋势是：以技术为基础的生产的兴起和不断发展的组织活动的科层化。他们认为这两种趋势对意识的特征具有特殊的意义：我们对世界的经验方式受到技术和科层组织的介入。伯格夫妇所阐述的关于现代化的重要观点是，技术对意识的影响已超出了生产的范围，因为当今社会人们与技术之间的关系更为密切，如网络技术。同样，科层制不仅在工作中影响我们的意识，而且还通过科层化的服务经济，渗入日常生活，越来越深地介入到人们对闲暇生活的体验中。现代化的社会力量通过这些方式继续构造着现代化的形式。

　　个人的主体性和自我意识的生成和走向自觉是现代性的质的规定性内涵之一，是全部现代文化精神的基础和载体。换句话说，主体性诉求是社会向现代转型的必然内涵。在前现代的经验文化模式下，绝大多数个体是按照经验、常识、习俗、惯例而自发的生存。只有当个体超越纯粹的自由自在的日常生活的阈限，同科学、技术、理性的自觉的精神再生产和自觉的类本质对象化发生实质性的关系时，现代社会和传统社会的断裂才实质性的发生。现代意义上的人才真正产生。在这种意义上，福柯关于人和主体的论述才有一定的现实意义，即"人"是现代时期推论出来的产物，是一个理性构造。人作为个体从自在自为的生存状态进入到自由自觉的生存状态，这是人类社会历史进程中的重大事件，它成为现代社会运行的支撑性因素，是现代社会创新能力内在活力和驱动力的源泉。特别重要的是，这种个体的自觉状态不是少数社会精英的特殊状态，而是现代社会公

① K. Kumar. *Prophecy and progress*: *the sociology of industrial and post-industrial society*. New York: Penguin. 1978, pp. 230－231.

民的普遍的生存状态。正是在这种意义上,很多学者强调与文艺复兴在现代性生存方面的重要启蒙作用,比观念变革在平民层面的启蒙作用更为重要。道格拉斯·凯尔纳在解释康德的启蒙概念时指出:"启蒙就是人类脱离自己所加之于自己的不成熟状态。"他所谓"不成熟状态"就是"不经别人引导就对运用自己的理智无能为力"①。

文化现代化进程在当下社会中并没有如人们想象的那样进入到一个高级形态,虽然媒介技术进入到互联网 Web2.0 时代,信息的流通已显现出高度发达的形式,但旧传播形态下的某些文化特征依然存在,现代性驱使下的工业主义文明特征依然明显。工业主义时代工具理性文化的影子处处可见,与工业化时代的机器大生产的相似之处在于,文化工业转移到以互联网为主要的生产空间,为什么生产,生产什么样的文化产品,目标逐渐迷失,以市场价值作为重要指标的媒介与文化工业,虽然崛起得轰轰烈烈,从游戏到直播,从微博到抖音,"异化"仍然不可避免。在点击率、流量、互联网 IP 等的市场争夺中,人的主体性和自我意识已经丧失。库玛、伯格等人所批判的以技术为基础的生产的兴起和不断发展的组织活动的科层化,在互联网空间依然存在,大数据、算法技术为文化市场营销打开了一扇窗,以此为基础进行的文化组织生产虽有所谓模式的创新,但本质上没有离开工业主义生产的轨迹,换句话说,它看上去像是后现代的景观,本质上走的仍是靠资本运作、靠市场运作等传统套路。

三、文化危机与审美现代性批判

"危机话语"一直是一个多世纪以来现代性议题中经久不息的话题。美国学者莱因哈特·科赛莱克(Reinhart Koselleck)在其著作《批判与危机:启蒙运动与现代社会的病态》一书中,将现代性视为一种充满危机的话语,同时他也不认同阿多诺、霍克海默利用辩证法建构真实世界的思想,他不认为批判具有救赎的力量。科赛莱克的悲观论调在 20 世纪具有代表性。文化危机论自 20 世纪初开始出现,进入 20 世纪 80 年代后,这种文化危机、现代性终结论愈演愈烈。在《意

---

① [美]道格拉斯·凯尔纳等:《后现代理论——批判性的质疑》,北京:中央编译出版社 2001 年版,第333 页。

识形态的终结》一书中,丹尼尔·贝尔指出发端于 19 世纪人道主义传统的普遍性意识形态已经走向衰落,新的地区性意识形态正在兴起,20 世纪末东西方政治实践历史也证实了贝尔的说法。而一些思想家则把矛头直接对准了现代性自身的叙事方式。利奥塔指出现代性赖以存在的"元叙事"已经不再可信了,其合法性受到了极大挑战。在他看来,后工业时期人的主要任务不再是提高整个社会的物质水平,而应更多关注碎片、差异和边缘这些曾被忽略的有价值东西。德里达把颠覆之手放在"逻各斯中心主义"和"言语中心主义"身上,认为由于它们假定了各种各样的二元对立,从而把整个世界和文明都固定于这种僵硬对立之上。阿多诺揭露了同一性的危害,他认为同一性导致人的异化、文化工业化、艺术意识形态化等。文化工业的标准化是大量消费的一种必然选择,标准化为大量生产的文化赋予了一种自由选择的假象。巴赫金也敏锐地看到"独白型"的一元权威强化了等级制,确立了权威和规则,但扼杀了人的创造潜力,窒息了人的蓬勃生机,从而导致了人性和社会的单一化、简单化和僵硬化,所以他主张众声喧哗的狂欢文化。

从主体性、叙事方式等现代性的精神层面,我们看到现代性危机逐渐加深,现代性的信任危机不断加重。现代性终结论、危机论的观点持有者,他们的负面观感主要来源于现代文化,放在当下语境来看,似乎有一定的合理性,因为社会文化尤其是媒介文化与一个世纪前相比已不可同日而语。阿多诺和霍克海默等人早就看到了大众传媒对现代性的负面影响。"基本上,他们将'现代性'视为 18 世纪'启蒙时代'之'文化方案'之最后实现;而'现代文明'则是这个'文化方案'之最后实现"①。《启蒙辩证法:哲学断片》无疑是他们众多反思声音中最为重要的作品。他们指出,"启蒙的根本目标就是要使人们摆脱恐惧,树立自主。但是,被彻底启蒙的世界却笼罩在一片因胜利而招致的灾难之中"②,而以大众传媒为代表的文化工业正是造成社会"再度封闭"与人"再度禁锢"的罪魁祸首之一。他们发现,虽然大众传媒可以让信息广为流通,引导人们朝向"自由、自主、开放"的方向迈进,成为"人的解放""社会的进步"的一种力量,但是其本身也可

---

① [德]霍克海默,阿道尔诺:《启蒙辩证法:哲学断片》,渠敬东、曹卫东译,上海:上海人民出版社 2003 年版,第 64 页。

② [法]阿芒·马特拉:《世界传播与文化霸权》,陈卫星译,北京:中央编译出版社 2001 年版,第 1 页。

能成为一种掌控人的工具,即统治阶级进行社会控制的方式。"是故,'大众传媒',它是否必然具备正面的价值与意义,是否能符合'现代性'所揭橥的文化理想,这仍然是有疑义的。"①阿多诺和霍克海默之所以对文化工业持悲观态度,很大程度上正是因为他们发现,以文化为表征的现代性的发展在现代社会出现了始料不及的问题。现代社会的种种症候让人担心人类社会又会堕入"因胜利而招致的灾难之中",而大众传媒也会轻易地从一股解放的力量蜕变为一种新的控制力量。阿多诺和霍克海默对文化工业的批判,无疑为我们重新看待媒介文化与现代性的关系提供了一个新的视角。他们不断地提醒我们,媒介文化并不因社会发展的现代化节奏,而必然走向现代文化,在现代性的发生和发展过程中,媒介文化也会随着波动,出现前进或倒退的现象。在很多情况下媒介文化作为现代性的征兆已经比较明显。

尼尔·波兹曼指出,"有两种方法可以让文化精神枯萎,一种是奥威尔式的——文化成为一个监狱,另一种是赫胥黎式的——文化成为一场滑稽戏。"②以大量生产的方式来迎合消费者需求的现代性文化,它给社会提供的正是一种消遣性的"原始魔术",它通过对受众无意识欲望的调用,为受众制造一个快乐原则的狂欢节。在这里,一切公众话语都日渐以娱乐的方式出现,并成为一种文化精神。我们的政治、宗教、新闻、教育和商业都心甘情愿地成为娱乐的附庸,毫无怨言,甚至无声无息,其结果是我们成了一个娱乐至死的物种。

从全社会总体文化氛围看,工具理性甚嚣尘上是文化颓败的根本原因。

1. 技术理性导向的媒介文化

技术决定论认为,媒介文化是技术进步的产物。技术决定论是由被称为"英国文化研究的祖师"的雷蒙·威廉斯提出的。广义的技术决定论出现在社会学研究领域,讨论集中在技术进步与社会变迁关系,是美国学者凡伯伦(T. Veblen)于 1929 年在其著作《工程师与价格体系》(The Engineers and the Price System)中首次提出来的,该理论建立在两个重要原则基础之上:一是技术是自

---

① [德]霍克海默,阿道尔诺:《启蒙辩证法:哲学断片》,渠敬东、曹卫东译,上海:上海人民出版社 2003 年版,第 70 页。
② [美]尼尔·波兹曼:《娱乐至死》,章艳译,桂林:广西师范大学出版社 2004 年版,第 201 页。

主的;二是技术变迁导致社会变迁。其理论分为两大类:强技术决定论和弱技术决定论。强技术决定论是一个极端的技术决定论,认为技术是决定社会发展的唯一因素,否认或低估社会对技术发展的制约因素,其代表是奥格本学派。弱技术决定论认为技术产生于社会,又反作用于社会,即技术与社会之间是相互作用和影响的,所以也被称为社会制约的技术决定论。在传播学领域,长期以来,有许多学者关注这一理论。马歇尔·麦克卢汉在传播学研究中论述的主题就是传播新形式对空间、时间和人类感知等有根本性的影响,他在《媒介即讯息》《理解媒介——论人的延伸》等著作中以未来学的观点阐发了新的媒介技术为人类传播带来的深刻变化,将媒介技术置于人类文明发展史的大背景之下进行考察,为传播学开创了新的研究传统、开拓了新的研究领域。麦克卢汉的老师英尼斯也是一位技术决定论者,在他的《帝国与传播》《传播的偏向》等著作中,强调媒介技术的形态决定了媒介影响是偏向空间还是偏向时间。20世纪以来媒介变革速度的加快,强化了人们关于媒介技术决定媒介文化的观点。一个多世纪以来,从打字机、电报,到广播、电视,再到互联网,信息方式的变迁也带来人们社会角色的变迁。打字机、电报时代的女秘书、女报务员、女接线员等的社会角色设定在Web2.0时代是不可想象的,虽然女报务员、女接线员的社会角色消失了,但网红直播却兴起了,这或许是媒介技术带来的新的社会角色设定。这种看得出的变化,之所以在我们的社会被视为具有合理性,都归功于技术的赋能。于是,人们投入大量的精力去开发技术,因为人们相信,技术可以带来新的事物、新的财富。

从PC互联网到移动互联网,媒介技术带来的便捷、互动自由都改变了人们对传播技术的认知,媒介化的文化开始登上了历史舞台。好用、方便、有趣等工具理性层面的目标逐渐变成现实,媒介技术带来的新型文化形态已经足够打发人们的休闲时光,并且衍生出了新的商业模式。人们也许有更高的目标,但这些更高的目标,绝不是价值理性层面关于人性、人道等的自我提升,而是技术层面向更高级形态的升级。技术理性膨胀的恶果之一便是导致社会价值体系单一性,正如韦伯所言:"由理性科学与技术的思维方式及功用关注而成的工具理性越来越成为生活的依据,这种过程伴随着世界的除魅、道德信仰的沦丧;在社会组织的层面上,如机器般精确、固定的科层制权力体系牢固建立;所有个人的整体价值、人技术变革的真正动力是与工具和过程的密切联系均已消失,代之以单一方面的价值和深度的孤独感。"①从游戏沉迷、宅男、迷族这些由媒介文化消费导致的新型人的存在状态,就可以看出技术理性催生的后果。当大数据、算法技术、人工智能技术进入媒介生产、传播领域、精准把握、靶向投送、数理逻辑代替了人文思维,由此告别了对象化、监督化。广义线性思维下,媒介内容可以专门定制,可以直逼个体的心性结构,作为社会中的人很快被"召唤"成为媒介机构所需要的文化实验对象,人的退化、低智化也自然不可避免。

媒介技术理性将会不断向纵深发展,媒介文化的疆域也会越来越宽,但是媒介技术所带来的社会意义和文化意义已经超越了媒介技术本身,技术催生的工具理性,让人们沉浸在技术创新的喜悦中,所有的媒介文化生产都被纳入经过精确计算的流水线产品,因而文化工业的诸种特征依然存在。

法兰克福学派较早关注工具理性的媒介文化生产。阿多诺通过比较流行音乐与严肃音乐之间的差异后指出,流行音乐的基本特性就是标准化,即使一些试图摆脱标准化的做法也还是标准化的。② 马尔库塞敏锐地看到发达资本主义社会出现的新问题,他指出,目前的"社会控制形式是技术",即社会采取了不同于以往的新的控制形式——科学技术,而科学技术已经侵犯和削弱了私人的地盘。技术始终是人成为单向度的人的根本原因。③ 在互联网时代,技术已经可以不断自我改进,消除一些笨拙的表现形式,改为贴近民众的方式,从而包装出大众喜闻乐见的华丽、精美产品。它最具创新的一面是找到一些新概念、新玩法、新模式。能引起用户兴趣的就是好的文化产品,于是,从工具理性角度看,点击率、点赞率、下载数、"日活用户"等成为考核文化产品价值的指标。另一方面,大数据、算法等生产模式颠覆了原有的生产模式,在这种情况下无数的消费者被媒介机构的目标用户,在"信息茧房"效应下进入自我循环认同,异化为"容器人"。

2. 经济导向的媒介文化

媒介经济本身就是一种工具理性的产物,媒介文化的经济价值在大众传播

① 李公明:《奴役与抗争——科学与艺术的对话》,南京:江苏人民出版社 2001 年版,第 92 页。
② Adorno. On popular music. In Theodor W. Adorno & D. Richard Leppert. *Essays on music*: *Theodor W. Adorno* (Susan H. Gillespie Trans.) Berkeley, California: University of California Press, 2002, pp. 437 - 469.
③ 邹铁军主编:《20 世纪哲学名著导读》,西安:陕西人民出版社,2011 年版,第 229—239 页。

时代被挖掘出来,成了文化工业,日渐增加的个体主体的货币财富是推动社会前进和发展的动力,而这恰恰是经济理性主义盛行的必然结果。在马克斯·韦伯看来,经济工具理性形成后,发展成了一种典型的"社会精神气质"。它包含艰苦劳动精神、积极进取开拓精神、时间观念、创业理念等等内容。在经济理性主义的推动下,市场经济得到了迅猛的发展,创造了丰富的物质文明和财富,并推动了民族-国家的形成和发展。

我国传媒领域的经济理性具体表现为媒介产业化,媒介文化生产被作为一种重要的文化产业来经营,国家推崇的创新、创业计划中媒介内容与模式创新也是一个重要领域。媒介产业化是20世纪90年代以来媒体改革的主题,其实质就是在媒介管理中的经济理性。在传播媒介的运作方式上,我国对以前的宏观管理模式进行改革,实行政企分开、企业化管理的形式。政府机构与事业组织的分开把传播媒介推向了商业化领域,国家财政除了一些必要的拨款,其余开支完全由媒介组织自己承担。这种改革举措,使传播媒介在承担意识形态引导责任的同时,也将自己的角色转变为市场经营者,媒介机构的经营营收与考核效益挂钩,进一步适应市场竞争。当互联网媒体兴起后,尤其是社交网络崛起成为主要信息渠道后,传统媒体遭遇到的竞争压力越来越大,尤其表现在经济层面的竞争。于是,传统媒体改革开始走融媒体、全媒体路线,试图适应媒介市场环境。

收视率、收听率、点击率是衡量传统媒体经济实力的指标。收视率、收听率、点击率的大小是衡量媒体市场交换价值的依据。在当今西方发达国家,媒体广告业正是通过出让广告时段、广告版面来获得商业利益的。收视率、收听率越高,意味着媒介内容受欢迎程度越高。这恰恰是经济理性主义最直接的现实存在。市场原则和市场理性一旦进入媒介文化的生产和传播机制中,媒介文化的生产与消费就会遵循商业逻辑来组织运行。其结果是,媒介文化成为典型的商品或准商品。美国著名的传媒政治经济学学者赫伯特·席勒(H. I. Schiller)曾经评价美国传媒机构的运营机制:"工业经济依赖于媒体广告所拉动的消费力。为了维持现有利润并使其不断增加,美国的制造商不断地、迫切地要求逐年提高生产水平,这刺激了不断地把电子(或其他)传播媒介包装在商业化外壳下的行业"。① 广告

---

① Herbert I. Schiller, *Mass Communications and American Empire*, Boulder, Colorado: Westview Press, 1992, p. 95.

投放量、广告营收是衡量一个传媒机构经营状况的一个重要指标，为了实现传媒业的经济效益，我国的传播媒介也将目光转向了广告领域，受商业影响的媒介对文化的发展产生了负面的影响。

投资额度、投资信心是衡量新媒体市场价值的另一个重要指标。给传统媒体带来冲击的是互联网媒体的崛起，互联网媒体打破了传统媒体的经营模式，将经济理性演绎到一个新的高度。网络社交媒体平台、自媒体机构的蓬勃发展，得益于轻装上阵的先天优势，特别是资本运作，使得其在媒介内容产业市场占据有利地形。资本运作的目标无疑是经济效益，这就使媒介文化的生产进入了经济理性统辖的状态，点击率、VC、A 轮、B 轮、C 轮融资、市值等这些媒介产业出现较高的术语，标示着经济理性对新型媒介文化产业的控制。资本经营商对新媒体的兴趣，反映在其对新媒体的投资额度和投资信心上。投资人对"今日头条""喜马拉雅""秒拍"的投资正是看中其内容生产成为"爆款"的模式和实力。可以说，社交媒体时代，资本投资商对那些拥有很大流量和固定粉丝的自媒体充满兴趣，经济理性考虑的是投入产出效应，互联网空间的一种流行方式产生，就会有很多资本投资者青睐。资本导向的媒介文化生产，其给社会带来的影响无疑让人担忧，迎合消费者是传统媒体时代的做法，到了新媒体时代，这种"迎合"更加无微不至，因为大数据算法技术可以提供精准服务。

正如法兰克福学派批评家们所担心的那样，当这些标准化、娱乐化的文化工业产品完全占据了人们的视野时，人们就会失去反思和否定的思想意识，完全受控于这种被动的接受状态，无法踏上发现真理的道路。人们无法察觉这种表面上光明、公道，其实背地里却只是处心积虑的算计着如何让大家从腰包里掏钱。可见，纵然背景环境不同，但对文化工业批判理论的研究仍然能够帮助我们发现、分析我国传播媒介发展中遇到的问题。

哈贝马斯的交往行动理论认为，通过主体间的调解能使合理性趋向有序发展。但实际上，在资本主义的影响下，权力和财富的合理追求超越了交往合理性，侵占了生活世界的领域。资本等外在力量是媒介内容生产的重要催化剂，"媒体制作者将更多的资金投入他们相信可以吸引大量受众的产品。"① 使得资本等外在力量有

---

① Anita Elberse. *Blockbusters：hit-making，risk-taking，and the big business of entertainment*. New York：Henry Holt and Company，2013，p. 163.

了更多进入媒介内容生产的可能。即使是一篇知识含量高或具有启迪性的文章，也可能夹杂某些广告性质的内容，即使是带有正义性和爱心的文章，也可能是一种为了注意力和流量的平台营销。伪正义、伪公正、伪中立正成为新媒体平台的一种总体特征。对此，媒介内容的接受者对"合理性"偏向的判断愈加困难。

针对媒介文化工具理性问题的症结，审美现代性在当下存在的价值主要表现为以下几个方面：

首先，在现代性动力方面，长期以来，媒介文化受技术、经济因素掣肘，丧失了其自身发展的应有动力，也丧失了其自身应有的活力。审美现代性批判"同一性"，提倡"非同一性"、个性化。在揭露出技术和货币已经神化后，审美现代性提出了对它们祛魅。祛魅的关键就是以"非同一性"打破同一性的禁锢，还原技术、货币和人的真实面貌。为此，阿多诺强调无限制的、毫不妥协的否定，甚至排斥"否定之否定"这种不彻底的批判。在持续的否定中，所谓的"技术万能主义"和"经济至上主义"被掀去了华丽的外衣，技术和货币恢复了其工具的原貌，文化的生产者则恢复了主体身份，消费者也不再被"召唤"，他们有自己清醒的头脑。还原了本色的技术和货币将有效地发挥其动力作用，推动着现代性进一步前进，而人将重新施展其现代性主体的魄力，来更完善地规划和建构文化的现代性。审美现代性的恢复，就是努力让全社会认识到文化的价值，而不应让文化沦为经济的殖民地。让全社会认识到金钱、技术在文化中存在的巨大风险是导致文化成为商品，而丧失文化自身的价值。

当然，此时虽然主体、技术和货币都各归其位、各司其职，但主体需要做的工作，是在提防技术和货币再次主导媒介文化生产、消费的同时，更应反省自身对技术和货币的滥用，还应警惕自身对它们的敌视和误解。因为这种滥用、敌视和误解其实又是另一种"同一性"，它可能会压制技术和货币的潜力，会延缓现代性进程。因此，我们在批判技术和货币的缺点的同时，更要尽力地发挥其创造性和流通性，使它们充分展现出现代性动力的能量。这就是说，人与技术和货币之间应该始终保持一种"非同一性"关系，应遵循一种既相互依赖、又彼此独立的张力关系。这样，技术和货币既能发挥其应有的功能，来促进现代性向深广方面发展，也不至于僭越为人的主宰者，使现代性重陷不均衡的窠臼之中。

其次，在现代性主体意识上，审美现代性可以帮助人们认识"非人"的异化现象，提供建构"完整的人"的文化框架体系。审美现代性揭露了异化已经充斥在现代性的每个角落,从审美现代性视角网民可以观察到现代社会中的主体正在扭曲甚至消失,包括人与工作、人与社会文化、人与国家、人与周围人等关系之中。阿多诺和霍克海默认为,现代沟通与传播媒介具有一种孤立效果,包括社会孤立和身体孤立。例如,沟通工具使人们很少再去进行社会互动。这种沟通与传播都是通过孤立人们而在人群之间建立一致性。^① 阿多诺认为,这种孤立现象也会发生在流行音乐领域。由于文化工业造成大众失去反思功能,或者文化工业为大众提供思想,因而形成大众的"分心效果"和"依赖效果",最终使他们成为顺从和无力的文化消费者。

如何拯救已经处于危机的人呢? 早在20世纪初,西方哲学界就已经对现代主义文化中暴露出来的人的异化现象进行过批判,强调重新恢复人的感性与理性、肯定与否定的统一体。现代社会,文化的大量生产,均是围绕着商业目标进行的,因此媒介文化在消费社会转化为文化商品,长期接触"标准化"的文化产品,尤其是在现代大数据算法技术下的文化定制和精准投送,人就容易丧失批判性思维,沦为"单向度的人"。在文化的生产和接受过程中,审美现代性帮助人们看清了文化生产的本质,那种靠炒作、包装、虚构出来的所谓文化,都是一种基于虚假需求的文化。马尔库塞认为应该区别人的真实需求与虚假需求。所谓真实需求即出自人的本性的自主的需求,而非社会强加给与的。虚假需求"是指那些在个人的压抑中由特殊的社会利益强加给个人的需求",如广告、娱乐、消费等等。这些所谓的需求似乎满足了个人的需要,但隐藏在背后的是他受控于统治阶级。^② 在虚假需求的引导之下,消费者亦步亦趋,误把这种营造出来的、非功能性、非实用性的文化产品当作"流行时尚"。鲍德里亚把日常生活领域中所出现的时尚称为"轻巧的"符号,媒介文化所包装的时尚文化不会局限在日常生活领域,而会扩大到社会生活的一切领域,在政治、道德、科学、文化、经济等一切领域都会出现时尚化。^③ 随着社会经济的发展,随着人们空闲时间的增加,这种由媒介包装、渲染出来的文化就越来越会受到追捧。于是,文化时尚的规训功能就会自然释放出来,人们无法解决"自我的需求"与媒介文化供给之间同频共振中

---

① [德]霍克海默、阿道尔诺:《启蒙辩证法:哲学断片》,渠敬东、曹卫东译,上海:上海人民出版社2003年版,第165—172页。
② 邹铁军主编:《20世纪哲学名著导读》,西安:陕西人民出版社2011年版,第229—239页。
③ [法]鲍德里亚:《象征交换与死亡》,车槿山译,南京:译林出版社2012年版,第115页。

的这种规训,适应是唯一选择,适应就是向时尚文化妥协。在这种情况下,主体的迷失就不可避免了。审美现代性的观察,最重要的工作就是防范主体在当代文化传播和消费过程中的异化。

再次,强调审美现代性有助于防范媒介内容的变质。媒介文化领域因为大规模生产而出现同质化倾向,而这是与生产的标准化有很大的关系,标准化的一个必要对应项就是虚假的个人化,也就是在标准化的基础上,为大量生产的文化赋予一种自由选择或开放市场的假象。虚假的个性化旨在预防受众抗拒标准化,阿多诺、霍克海默指出,“虚假的个性就是流行”①。因此,在现代性进程中,文化工业所生产的大量产品,会有所谓“原创”,但这不过是标准化生产过程中局部的形式差异而已。标准化的生产能为社会大众带来什么呢? 美国学者埃伦·迪萨纳亚克(Ellen Dissanayake)认为,现代性带来了很多新的“商品”,但也有种种相关的“弊病”。现代性带来了个人主义和从习俗与权威的统治中的解放,但也有和自身的工作以及他人的疏远;带来了思维和体验的新的可能性,但也有对人在这个世界中的位置的确定性和安全性的空前丧失;带来了新的舒适和方便,但也有逐渐的规格化、束缚于钟表和迁离自然世界;理性使客观和公正成为可能,但却伴随着在非逻辑的然而情绪上使人满足的传统活动中得到表现的创作神话的和幻想的思维方式的贬值。②

现代性氛围中的媒介文化生产为了保证商业效益,其基本的市场对策就是迎合受众需求,“媚俗”在迎合过程中不可避免。美国学者马泰·卡林内斯库(Matei Calinescu)不仅把“媚俗”视为“现代人的五副面孔”之一,而且认为,“媚俗艺术是对现代日常生活单调乏味的一种快乐逃避”,“构成媚俗艺术本质的也许是它的无限不确定性,它的模糊的‘致幻’力量,它的虚无缥缈的梦境,以及它的轻松‘净化’的承诺”。③ 这一切与消费时代一般受众的需求——轻松、愉悦与净化或者说“休闲”极其吻合。亚伯拉罕·莫莱斯(Abraham Moles)则依据其“通向‘好趣味’的最简单、最自然的途径要经过‘坏趣味’”的著名论断,指出:“媚俗艺术的教育功能被普遍地忽略了,这是因为该词具有的无数坏含义,也是因为

---

① [德]霍克海默、阿道尔诺:《启蒙辩证法:哲学断片》,渠敬东、曹卫东译,上海:上海人民出版社 2003 年版,第 172 页。
② [美]埃伦·迪萨纳亚克:《审美的人》,户晓辉译,北京:商务印书馆 2004 年版,第 48 页。
③ [美]卡林内斯库:《现代性的五副面孔》,顾爱彬译,北京:商务印书馆 2002 年版,第 245—246 页。

论述这一主题的作者们过高地估计自己审美判断力的本能倾向。在一个资产阶级社会中,以及更一般地说在一个贵族社会中,穿越媚俗艺术的通道是达到真正艺术的正常通道……媚俗艺术对于大众社会的成员来说是令人愉快的,而通过愉快,它允许他们达到有较高要求的层次,并经由多愁善感到达感觉。艺术与媚俗艺术之间的关系因而特别含混……媚俗艺术本质上是一个大众交流的美学系统。"①马林内斯库认为,媚俗文化的"审美幼稚病"尽管存在,但是它毕竟为人们提供了另外一种认识的可能、教育的可能、休闲的可能、猎奇的可能及搞笑的可能。他援引法国学者托克维尔的名著《美国的民主》中的话说:人们"偏爱那些容易到手、读得快且无须研究学问就能理解的书。他们寻求那些自动呈献的、可以轻松地欣赏到的美;顶顶重要的是,它们必得有新的、出乎意料的东西。习惯了斗争、烦恼和实际生活的单调,他们需要急遽的情感,惊人的情节",因此,"作者们将瞄准迅疾的效果,更甚于细节的完美。小册子将比大部头更常见……作者们的目标将是耸人听闻而非使人悦乐,是搅动情感而非魅惑趣味"②。如果清醒而谨慎的文化乐观论是值得赞赏的,那么富有远见的文化忧患意识和具有穿透性的文化反省则更让人敬佩。

虽然风格迥异的文化观的有效性存在可以使当下的媒介文化保有某些审美特性,某种情形下还有产生走向文化品质多样性的可能,但是,"媚俗"文化的受宠加剧了多元现代性的内在紧张,凸显了文化亟需扩大视野的时代诉求;同时,它也许契合了特定人群在特定时段、特定情境下的文化心理,譬如无厘头文化和青年亚文化,但是这种文化本身的时空局限性和对个体世界观的影响之微是显而易见的。随着经济全球化的发展,以消费主义为标志的后现代文化思潮对中国当代社会的全方位浸染已是在所难免,以情感制作与"快适伦理"为表征的"后情感主义"审美趋向也日渐明朗;文化研究的视觉转向使媒介文化常常呈现为高品质、虚拟性甚至以数字虚拟技术之"真"淘汰生活之"真"的影像文化,传统以文字中介为核心的想象方式被视觉想象和技术想象所替代。然而,媒介文化商品化承诺给人们的欢乐神话与身体解放,却往往陷入娱乐透支后的身心疲乏和性感聚焦后的精神空幻;商品欲望满足取代了文化的意义追索,消费时代媒介文化

---

① 〔美〕卡林内斯库:《现代性的五副面孔》,顾爱彬译,北京:商务印书馆 2002 年版,第 278 页。
② 〔美〕卡林内斯库:《现代性的五副面孔》,顾爱彬译,北京:商务印书馆 2002 年版,第 256 页。

的趣味化内蕴着莫大的吊诡，尤其是以所谓的"审美疲劳"为表象的欲望亢奋，以及由娱乐化导致的思考衰竭与是非泯灭等问题，值得特别关注。在工具理性架构下，一切似乎都是剧本中原先设计好的。

鲍德里亚在《消费社会》中对商品欲望逻辑有精彩的论述。在他看来，现代社会是通过消费及对其揭示来建立平衡的。无论在符号逻辑里还是在象征逻辑里，物品都彻底地与某种明确的需求或功能失去了联系。[①] 确切地说这是因为它们对应的是另一种完全不同的东西，社会逻辑或欲望逻辑，正是这些逻辑把这些物品变成既无意识且变幻莫测的涵义范畴。当前各种流行的电视"真人秀"节目正是消费社会和消费文化的产物，消费文化的滥觞和在全球范围内的迅速蔓延，为消费文化样式之一的真人秀的风行提供了土壤。作为一种精神消费品，媒介文化是建立在鲍德里亚的"消费社会"基础之上的，对应的是欲望逻辑或者说是商品逻辑。它对隐私和性的张扬、对人性阴暗面的袒露和对奖金的大量投入分别迎合了观众的性欲、暴力欲和物欲，在许多国家的电视台播出以后都赢得了商业上的巨大成功和受到了广泛的争议。

综上所述，从审美现代性视角观照在现代性语境中的媒介文化特征，我们清楚地看到，当下媒介内容的品质岌岌可危。

从认识论角度说，审美现代性对日常生活及其意识形态的否定，体现出对日常经验的怀疑，甚至是对科学理论的认识的深刻质疑，渴望一种接近真理的新途径，对感性的审美经验的礼赞；从伦理学角度说，审美现代性对日常生活及其意识形态的否定，反映出对道德-实践理性的不信任和疏离，强调艺术与道德的分治，对日常生活意识形态压抑性质的反叛和抵抗，向往一种理想的更高境界的生活。韦伯明确提出，艺术在当代生活中扮演着把人们从理论-工具理性和道德-实践理性的压制和刻板性中救赎出来的重要功能。海德格尔极力强调"诗意栖居"的本体论涵义，主张以此来对抗常人流俗闲谈式的半庸生活。所有这些都表明，审美现代性对日常经验的否定的确具有积极意义。

但是，就现代性自身的矛盾来看，这种积极作用的背后也隐含着某些值得思考的负面因素。首先，审美现代性在批判日常生活意识形态的工具理性和惰性时，往往夸大了其负面功能，甚至是不加区分地反对一切非艺术的生存方式和理

---

① ［法］让·鲍德里亚：《消费社会》，刘成富、全志钢译，南京：南京大学出版社2001年版，第67页。

性功能。于是,不可避免地造成了极端化,良莠不分地统统加以拒绝。正是在这一意义上,我们不难发现审美现代性自身的极端性和激进色彩。其次,在颠覆和否定日常经验和生活的同时,审美现代性割裂了艺术与日常现实和普通民众的传统联系。虽然艺术不再是日常现实的模仿,不再是熟悉生活的升华,乌托邦阻止了人们对现实生活的认同,但问题的另一面也就暴露出来。艺术与现实的联系显得十分脆弱,艺术与公众的纽带被割断了。所以,我们可以清晰地看到现代主义艺术的那种"文化精英主义"色彩。奥尔特加在分析先锋派艺术和大众文化的现代二元对立时深刻地指出,现代社会造就了大众的同时,也造就了与之对立的"选择的少数"。因此,先锋派艺术注定是不流行的,因为它塑造了能够理解自己的"选择的少数",而作为多数的大众必然远离先锋派艺术而转向大众文化。退一步说,即使我们承认现代主义艺术所主张的审美现代性确有批判颠覆启蒙现代性之工具理性的功能,但由于远离普通公众,远离日常社会生活,这种批判和颠覆的作用充其量不过是小圈子里的游戏而已。实际上现代主义艺术正是带有这样的局限性。最后,否定、批判和颠覆多于建设,这恐怕是审美现代性的另一局限。启蒙理性尽管有问题,但必须承认,没有这种启蒙,社会文化就不可能获得巨大的进步,甚至连审美的现代性也不可能。正是从这个角度说,审美现代性是受惠于并发源于启蒙现代性的。它作为后者的对立面,尽管暴露了工具理性的压抑性质,但在如何改变这种状况,建设性地去除糟粕保留精华,却显得无能为力。这一点到了后现代主义者那里显得尤为突出。审美现代性的批判如此激进和彻底,它不但割裂与传统的历史联系,而且打碎了与现代日常生活的关联,甚至挖掉了自己赖以生存的立锥之地。

四、现代性视域的媒介文化快感模式及其批判

法兰克福学派的学者都没有看到文化工业问题的实质,更没有看到文化工业在当代社会政治运动中的价值。根本问题在于他们的研究路线是自上而下的精英主义。费斯克的高明在于他看到了文化生产的关键,他的路线是自下而上的平民主义,他对大众的文化消费作了深入的研究之后发现,大众是感性的,大众文化只要能够产生简单的精神愉悦,就能够得到大众的拥护和欢迎,于是他提出了一个快感理论,他认为,"大众的快感"与"快感的政治"之间具有直接的相关

性。崇拜大众,满足或迎合大众的需求,根据这一民粹主义理念,媒介文化的生产,深入一步说,就是注重媒介文化中"大众"的快感满足,对这一作为民粹主义政治核心策略与方法的使用,可以看出右派与左派政治的优劣、高低。①

按照社会学的观点来看,媒介生产就是受众的生产,现代社会与传统社会的区别在于,广场狂欢形式被大众传媒取代。那么,传媒延续了广场的狂欢娱乐形式。现代传媒能产生广场效应的莫过于对"快感"的生产。传媒地位和价值的大小,取决于其广场性营造的规模和影响的大小程度。费斯克将传媒大众快感的形式分为"冒犯的快感"和"生产的快感"。那么这两种快感的生产如何体现民粹化呢? 这首先需要了解两种快感的特点。

1. 冒犯式的快感

冒犯的对象是人的"身体"。身体及其快感一直是权力与规避、规训与解放相互斗争的场所。人的身体不是一个简单生物性存在,他是身体政治的物质形态。围绕身体的意义与快感的控制权所展开的争斗,是非常重要的,因为身体既是社会层面被表述为个人层面最可靠的场所,也是政治将自身伪装为人性的最佳平台。

毫无疑问,"身体"范畴以及快感、欲望、力比多、无意识均包含了对于理性主义的反叛,解除理性主义的压抑无疑是许多理论家的战略目标。在费斯克等理论家看来,工业文明、机械、商品社会并没有为身体制造真正的快乐;数额巨大的物质财富和发达的社会体系仿佛与身体日益脱节了。身体必须为一些遥不可及的渺茫远景从事种种苦役,社会生产似乎在某种神秘的逻辑支配之下自行运转。19 世纪初的工业化与城市化所造成的后果,是阶级差异的出现,这种差异的客观存在,引发了资产阶级的恐慌,威胁着他们统治整个社会的能力。他们想方设法改变这种状况,其结果就是将传统的规训能量转移到那些被统治阶级的休闲层面,因为休闲与工作相对立,休闲成为人们渴望的事情。于是,控制休闲层面,从而实现有效规训成为统治阶层所要考虑的事,这样就有了两种规训策略选择:一是立法;二是私自挪用。大众的某些快感要么被逐渐压抑,要么被转化成更体面的娱乐消遣形式。

---

① [英]约翰·费斯克:《理解大众文化》,北京:中央编译出版社 2001 年版,第 190—194 页。

可以看出,规训身体的策略,使得生物意义上的人(高级动物)被有效管理起来了,身体进入了秩序化的环境中。

许多时候,人们无法发现二者之间的必然联系。如果没有一些陈陈相因的复杂推理,如同不少人察觉到的那样,现代社会是"非身体"的。卡夫卡小说之中冷漠的城堡意象可以视为这种社会的象征。这个意义上,重提身体是对于异化的理论抵抗。当然,一些左翼理论家还进一步将身体想象为一座小型的活火山。在他们眼里,现代社会的专制体系——不论是源于极权政治还是源于资本和消费主义的强大控制——日益完善,大规模的革命并没有如期而至。经济领域的不平等似乎无法掀起撼动这个体制的风暴。这时,理论家的目光收缩到身体内部——他们发现,无意识领域沸腾不已的力比多似乎积聚了无尽的能量。对于发达工业社会的意识形态,只有身体内部不驯的欲望才是一个致命的威胁。身体不仅是一个由骨骼、肌肉、内脏和五官组成的实体——身体不仅是医学或者生物学的对象;无意识领域发现之后,身体再度被赋予特殊的理论分量。

巴赫金在研究拉伯雷的作品时,提出了自己的狂欢理论,用以解释规训式的社会秩序所倡导的生活与下层社会被压抑的快感这二者之间的差异。拉伯雷笔下世界肉体的放纵,以及这种放纵对既定秩序的冒犯,都关注身体的快感,以对抗道德、规训和社会控制。"按照巴赫金的说法,狂欢节的特征是笑声,是过度(特别是身体与身体机能的过度),是低级趣味与冒犯,也是堕落。"费斯克引用巴赫金的话说,"狂欢节弹冠相庆是暂时的解放,即从占统治地位的真理与既定的秩序脱身的解放,它标志着对所有的等级地位、一切特权、规范以及禁律的悬置。"①例如,电视节目中的摔跤比赛是一种典型性的冒犯式文本,在这个节目中,代表制度、道德规训与控制的力量,与代表无秩序的大众的快感所产生的力量之间发生冲突,冒犯式的力量给受众提供了一种长期压抑后释放的快感。一些障碍赛游戏节目中绝大多数参赛者都很难完成任务,通常在途中落水,这些落入水中处境尴尬的参赛者就成了被看的对象,在这种刺激的比赛中,观众与参赛者体验到了那种与肾上腺素有关的狂热和激动。近些年来,这类节目日益增多,那些教化类的节目越来越少,而娱乐类的节目越来越多,受众的休闲时间渐渐被这些节目填满,并真正从中获得快感。

---

① [英]约翰·费斯克:《理解大众文化》,北京:中央编译出版社2001年版,第99页。

费斯克指出,狂欢关注的是身体,但不是个人的身体,而是"身体原则",即把一切个性的、等级的、精神性的以及抽象的东西转移到社会的基础和前提下——强调生活的物质性。① 我们经常可以从电视中看到种种调侃明星的节目内容,这体现了在物质性天平上一切平等的原则,明星不再是高高在上神话般的人物,而是和广大观众一样的普通人。面对种种窘境,明星也只能一笑了之,观众因此被逗乐,他们成了平等的发出笑声的人。还有一些身体惩罚、恶搞、整蛊的内容,比如让嘉宾参与游戏、竞技或是回答问题,如果失败了就要受到惩罚,会有一袋面粉或者一桶水从天而降,砸中嘉宾,弄得嘉宾面目全非,狼狈不堪;类似过河落水、攀爬摔倒等让参与者出尽洋相的内容在《智勇大冲关》《勇往直前》等户外游戏娱乐节目中更是屡见不鲜。狂欢的不登大雅之堂实际上是把所有人都"降格"到平等的身体原则上来,产生一种身体层面的冒犯式的快感。

窥视是一种最常见的冒犯形式,它使用的是一种隐藏/揭秘的二元对立,即引起人们快感的东西往往是被隐藏的,是具有排他性的秘密。一方面,人们有解开秘密的好奇心,因而揭秘必会带来满足好奇心的快感;另一方面,这种揭秘行为往往是以偷偷摸摸的方式进行的,要避开超我,甚至自我的监视。只有采取窥视而不是公然挑战的方式,隐藏秘密和揭露秘密之间的对立所形成的张力才不会被打破,揭秘以后的快感也就由此而生。越是不允许看的,越是被隐藏而难以看到的,人们越是要去看它,而在这个看的过程中,能够获得巨大的快感。这就是人们在不同程度上都有某种窥视癖的原因。电视满足人们的窥视快感,是通过揭示日常生活中被隐藏、被遮蔽的隐私,暴露个人生活、心理、行为乃至身体来实现的。

首先是对日常生活隐私的窥视。电视访谈节目中涉及隐私的敏感话题是最能引起观众兴趣的,这方面的代表节目是台湾的《康熙来了》。主持人小 S 经常会大胆辛辣地追问嘉宾的私生活,甚至会为挖掘嘉宾隐私而不顾自身形象。虽然嘉宾多数时候会选择回避、拒绝回答窥探隐私的问题,但是问题的提出本身就有刺激性,嘉宾尴尬应对的表情或举动也会给观众带来快感。普通人的情感倾诉类节目如《人间》《心灵花园》等,则通过主持人的诱导,直接向观众讲述或贩卖自身的隐私。在这些节目中,恋爱婚姻、情感纠葛、家庭矛盾等等原本私密的生

① ［英］约翰·费斯克:《电视文化》,北京:商务印书馆 2005 年版,第 351 页。

活内容通过电视得以从"后台"直接移到"前台",暴露在众目睽睽之下,有一些节目的内容甚至直接指向人的生理隐秘。人们通过观看别人的秘密,尤其是那些反映人性弱点的秘密,反观自己没有那种弱点,就会滋生出一种心理上的优越感。家庭题材的电视剧则是直接呈现平时在大庭广众之下难得一见的私密场景、情感和生活,大部分故事都发生在客厅、卧室等相对私密的生活空间,观众会在了解和观看他人日常生活的过程中获得某种想象性满足。一些国外的真人秀节目,比如《生存者》《阁楼故事》,通常用摄像机镜头把参与节目的所有人的表现一点一滴都记录下来,能够很好地满足人们的窥视欲望。被记录下来的是参加者的原汁原味的生活片断,观众可以透过电视看到他们的一举一动,窥视到人性中最隐秘和真实的一面。这类节目的噱头就是运用画面和声音给观众讲述真实发生的故事,使观众在看的时候体会到现场感和刺激性。这类真人秀节目进行的事件一般都很漫长,即使是参加者有意掩饰自己,也很难在无处不在的摄像机镜头面前做得天衣无缝。在若干个月的时间里,观众可以全面地了解参加者的情况,对他们作随时的窥视。

其次是对人的内心特别是人性阴暗面的展示。目前的益智类游戏节目、户外竞技闯关节目、选秀节目,要么以巨额的奖金、丰厚的奖品为回报,要么以一夜成名的可能为诱惑,促使选手在竞争中将人性中不为人知的一面展露出来,比如得失之间内心的权衡较量、选手相互间的怀疑猜忌、勾心斗角、尔虞我诈等等。观众在窥视他人心理的同时会对自己产生某种优越感,他们会下意识地把自己压抑的欲望、憎恨或期待投射到电视中的人物身上,通过窥视他人,依靠自己的想象,在意念上发泄自己的性欲和攻击欲,在心理上得到报复性或胜利的满足。

再次是对身体的窥视。视觉文化时代,大众的快感通过身体来运作,并经由身体被体验或被表达。在电视中,人们能看到的身体意向和种类要大大多于在现实生活中所看到的。电视广告和选美节目中充斥着大量年轻貌美的女性身体及对身体各部位充满诱惑的特写画面。电视广告中的女性常以性感客体、奖品和男性的支持性目标的形象出现,香车美女、洋房靓女等符号化为成功男士的标志;美容、瘦身甚至包括酒类广告中女主角也多处于被男性审视和把玩的语境中。按照心理学原理,能在瞬间吸引注意的事物往往是那些能够刺激人的本能欲望和产生生理反应的事物。广告刻意强调女性的外在美,强调女性的年轻漂亮、性感迷人等外在特征依据的正是这一原理。让女性成为被动的审美客体,是给人带来视觉冲击力的一种快感符号,满足男权社会的偷窥欲望。视觉影像恢复了身体的核心位置,解除了现实生活中的视觉禁忌。现实之中潜在的视觉压抑揭去了,直视影像之中的身体——不少时候甚至是身体的隐私——不再遭受礼仪的非议。[①] 在视觉禁忌被解除的情况下,人们可以肆无忌惮地在视像化媒体所呈现的身体界面上扫描、浏览和观看,获得独特的身体体验和心理快感。

2. 生产的快感

从微观政治学角度讲,文化所产生的快感是生产出意义的快感,这些意义既是相互关联的,又是功能性的。相关性要求是与传播者、受众的日常生活意义相关联;功能性则要求文化的意义对日常生活是有用的,生产性、相关性、功能性的混合就产生了有快感的意义。美国学者迈克尔斯用电影《第一滴血》为这个过程提供了形象化的解释。迈克尔斯发现,《第一滴血》是生活在澳大利亚中部沙漠部落原住民最爱看的电影之一,他们从电影文本中创造出他们自己的意义,因为他们所理解的主要冲突,存在于兰博与白人官方阶层之间的一系列意义。显然和他们对白人、后殖民父权主义的体验有关,而且帮助他们抵抗式地理解种族关系时发挥着作用。放到广泛的社会意义上来理解,可以是强调自由的西部与不自由的东部集团彼此之间的矛盾。但是澳大利亚土著原住民所读出的冲突,是更为切身相关的意义。因此,《第一滴血》相对澳大利亚原住民的意义是有快感可言的,因为他们是切身相关的、功能性的意义,是从文本中,而不是由文本生产出来的。体验性是文化消费快感产生的必由之路,换句话说,文化能不能引发快感,关键看这个文化样式是不是"他们自己的"。

罗兰·巴特指出,在阅读的过程中,读者会从中创造快感,这就像一个人在玩游戏一样:读者/玩家自愿接受文本/游戏的规则,以期参与由这些规则限制才能有趣的活动,读者/玩家在阅读/游戏的过程中能体验到自由和控制的双重快感。观众观看电视的过程如同玩家在游戏世界里的积极、主动、创造性地应对游戏规则一样,无论是参与游戏的过程还是游戏结束后所获得的奖赏(获得积分、获得装备、等级提高等等),都会给玩家带来快感;观众以类似的方式从电视那里获得快感:无论是解读电视的过程还是在解读之后产生属于自身的意义和

---

① 南帆:《身体的叙事》,《天涯》2000 年第 6 期。

身份,都会给观众带来快感。

从电视节目的内容来说,电视的典型快感也是游戏性的,因为游戏是娱乐节目的一个重要形式,更重要的是,它是大众长期以来形成的娱乐体验形式,容易引发认同。大量的游戏娱乐节目占据着电视荧屏,游戏节目本身也能给观众带来快感。从广义上讲,凡是包含有游戏规则,带有互动性,能够让嘉宾和现场观众参与的以娱乐消遣为主的电视节目,都可以归入电视游戏节目的类别。根据具体的节目形态,又可以大致划分为以嘉宾表演为主,间或穿插一些小游戏的综艺类游戏节目(比如《快乐大本营》),这类节目游戏的比重不高,规则比较随意,节目氛围更加轻松搞笑;以知识问答为主的益智类游戏节目(比如《幸运52》《一站到底》等),有比较严格的游戏规则,主要考察选手的知识水平,外加一些运气,游戏获胜者会有一定的物质奖励;以户外闯关、挑战或探险为主的竞技类游戏节目(比如《挑战不可能》等),这类节目是体育比赛的戏仿;各类真人秀节目也可以看作广义上的游戏节目,比如《奔跑吧,兄弟》《我爱记歌词》《中国达人秀》以及相亲节目《非诚勿扰》等等,这些节目可以说是人类游戏本能和电视游戏冲动的大释放。参加者包括观众都需要遵守节目定下的或严密或松散的游戏规则(比赛规则、投票规则等),节目都会产生某种意义上的胜负关系,这些胜负关系预先并不明确,会随着节目的进程逐步确立。

电视游戏节目采用现在性的叙事方式和游戏本身的悬念性来增强观众的收视快感。在收看此类节目的时候,观众与游戏中的各方被置于同等的地位上,游戏的结果对于观众和参与者来说都还是个谜。也就是说,观众会因为想知道谁将会是游戏的胜利者而更加投入地观看节目,更加注意观察选手的表现,因此能更好地进入游戏设置的情境,发现和体会游戏的魅力。因此,游戏环节的巧妙设置会增加游戏结果的不确定性,这种悬念会增强观众的收视快感。除此以外,电视还可以调动更多的表现手段在视听上强化游戏的快感,比如在需要突出游戏的喜剧色彩或悬念感时,可以运用有趣的字幕、舞台或演播室的灯光效果、音效、电脑特技来加强;游戏中滑稽的动作场面可用回放镜头或多视窗画面来突出表现,引发"笑果";当游戏的结果即将揭晓时,可用乐队的现场伴奏来渲染紧张气氛。

与审美意义上的游戏不同,电视游戏节目包含有一定的功利性。绝大多数电视游戏节目都设有数额不同的奖金或奖品,过关越多奖励越多,奖励越多选手报名参加游戏节目的积极性越高,场外观众参与节目也会有机会获得一定的物质奖励。物质奖励刺激的是人类最感性的欲望。这样的游戏娱乐不是人的一种纯粹主观,绝对自由的感性愉悦活动①,而是成为了生产欲望,迎合人性中最低层次需要的手段。因此,电视娱乐节目大多追求的是当下快感的发泄,追求感性欲望的满足,这类游戏的快感是短暂的、转瞬即逝的。

在分析了两者快感形式后,我们知道,大众的文化需要的是能够让大众产生快感,需要从中得到精神释放。反叛的意义、解放的意义都带有民粹化的特征,没有冒犯的快感、生产的快感,媒介文化就不可能产生广场效应,这也就是《非诚勿扰》《中国好声音》能够成功的关键,因为这些节目形式,完全理解"快感"有无的重要性。窥视、冒犯也许有低俗化的倾向,但是,从文化民主化的角度看,它确实是大众渴望的、感兴趣的。

20世纪80年代以来,文化民粹主义的兴起,适逢传媒科技的突飞猛进。互联网空间的人人平等,以及使用的便捷使得其主张有了合适的市场。传媒界的积极响应显然是与其追逐受众最大化即利润最大化有关,20世纪末以来媒介技术层出不穷的更新也培养了一批忠实的用户,他们不会重走文化老路,认同传统的文化观念,只会接受全新的文化理念。媒介易得性与商业利润最大化的合力激荡了大众文化领域,催生了文化消费领域的民粹主义:受众是上帝,凡是受众所需要的就应当满足。

这种文化的生产不同于一般商品的生产,它具有与生俱来的惯性,这个惯性是靠什么支撑的呢?是"力比多"。力比多(libido),从精神分析学角度说,它泛指一切身体器官的快感。弗洛伊德认为,力比多是一种本能,是一种力量,是人的心理现象发生的驱动力。荣格则把力比多延伸为是一种普遍的生命力,表现于生长和生殖,也表现于其他活动,在身体一切活动中需要寻找出路。大众文化正是力比多这种驱力驱动下不断发展的。按照精神分析学的观点,力比多是造成艺术、科学等社会活动的动力。但是在当下的文化生产中,这种本能驱力,造成文化艺术瞄准了人的本能需求,媒介文化的生产往往都与身体冒犯、娱乐经验有关。从传播市场竞争的角度看,感性化的快感文化,最容易寻找到最多的受众,激发受众文化消费的快感"力比多"有助于实现市场的最大化。视觉化的信

---

① 朱光潜:《西方美学史》(下卷),北京:人民文学出版社1964年版,第384页。

息传达,是最感性化的也是最具有市场前景的。当前已经进入了快速阅读的时代,而图像是适应这种转变的最好元素,图像的真实及其瞬间的优势都是文字所无法企及的。当今传媒已由"传者本位"转变为"受者本位",并进一步转向"用户"本位,一方面可以说是传媒培养了受众(用户),另一方面也可以说,是受众(用户)造就了传媒。视觉化信息传达,自然而然也就培养了受众(用户)的浅阅读习惯。

民粹化的媒介文化生产,就是要最大限度地满足受众的快感需求,媒介将这种快感需求引导向消费领域。一切都在不知不觉中变得十分合理。文化消费领域的民粹主义在当下有两个突出的表现:一是在传统媒体的传播领域,怂恿和鼓动人们去消费,把"到人民中去"的原始口号转化为"到消费中去",强调消费就是生活的一切——"我消费故我在",甚至造成全社会都沉浸在消费的狂欢活动中的假象;二是在新媒体领域,由 Web2.0 技术带来的网络"微信""微博""播客""晒客"等具有及时互动特性的"全民写作""山寨文化",以及网络"恶搞""人肉搜索"等所谓的"草根传播",甚至连青少年对网络游戏的"成瘾"等能成为社会合理要求。作为民粹主义势力,前者来源于商品生产者、流通领域的经营者以及为赚取广告利润的媒体,后者则主要来源于草根阶层;前者的商业动机昭然若揭,后者则蕴藏着当下复杂的社会环境下产生的大众抵抗情绪。无论是媒体竞争的场域还是受众的抵抗情绪,都成为文化民粹主义生存的土壤。

文化民粹主义与传媒经济的合谋,激发了社会"看"的方式向受众心理需求的"最大公约数"靠拢。按照马斯洛"需求层次论"的说法,传媒文化消费中的"最大公约数"是"生理需求",在文化消费领域转化为窥视欲、好奇心、感官刺激的满足,暴力、色情内容的渲染,这种"最大公约数"说到底就是一种"快感文化",那么,为什么这些快感文化都集中地通过视觉化内容来实现呢?这是因为人类80%的信息认知来源于视觉,视觉化信息具有直观、简单等特点,文化消费快感绝大部分来自视觉。这就在某种程度上促成了当代文化的视觉化转向。于是,看什么、怎么看在当下都发生了变化,我们看到,电视的所谓谈话节目、"真人秀"核心的内容变成隐私的展示。在网络上具有视觉冲击力的色情和准色情内容泛滥成灾。久而久之受众就拥有了阿尔都塞所说的"召唤主体性",看什么、怎么看均不由受众自己主导。

这里,有必要专门讨论一下力比多驱力在文化生产中的表现。发泄、狂放、个性化都体现本能驱力呈现出的观感。在电子媒介高科技发达的今天,声光电效果造就了感官刺激的文化样式,媒介文化生产正走向一种特殊形态:制造"肾上腺素"的文化。那种不计后果、瞬间疯狂的文化样式,体现了原始的广场效应。它就如同鸦片,需要的是片刻间血脉贲张的效果,所以《江南 style》《小苹果》一类 MV,以及网红直播的流行,符合这种特征。

文化民粹主义不是一种意识形态,也不是一种思潮,而是消费社会的一种生活状态,一切文化消费的放纵状态都是以"人民"的名义创造出来的,以"人民"的名义相号召,才容易形成广场效应,"人民"如何创造他们的文化形式? 文化是如何为"人民"创造出来的,这对他们意味着什么? 当下社会普遍的浅阅读风潮,与其说是媒体技术、信息过量的产物,不如说是放纵的结果。"人民"的感官满足、低俗满足归根结底是力比多的发泄与满足。

巴赫金认为,随着现代化的到来,"狂欢节精神及其指向未来的、自由的、乌托邦的特色逐渐蜕变为一种纯粹的节日情绪。"[①]进入所谓消费社会以后,大众传媒中的娱乐化现象即变成力比多驱使的狂欢,"杨丽娟事件"具有明显的泛娱乐化倾向,这是在当前我国社会的消费文化中成长起来的一种传媒民粹化倾向,在一定程度上消解了受众的主体性地位,不利于我国传媒公共领域的形成,是一种值得反思和加以抵制的不良倾向。

在民粹主义推动下,信息方式的变革是否意味着它"必定"带来崭新的主体和完全的自由呢? 波斯特认为,新的信息方式和电子媒介交流"能够从根本上瓦解理性自律个体的形象","人们从此可以将自我视为多重的、可变的、碎片化的",某种完全崭新的"整体的"或"真实的""后现代"自我正在构建之中[②]。随着"读图时代"的来临和"浅阅读"现象的日益普遍,由民粹主义主宰的"奇观社会"逐步形成,那些"热闹""好看"的媒介内容,越来越成为消费的主体,好"看"成为一种最普通的表述,成为接受信息尤其是文化信息消费的一般规则,而人们在阅读时代形成的思考习惯被无尽的消费所代替,人们不会思考也不需要思考,需要的是听觉和视觉感官的满足。文化民粹主义一方面宣扬大众文化的存在合理性和存在价值,动员人们尽情消费,将信息活动中的主体地位交给媒体;另一方面,

---

① 转引自吉姆·麦克盖根:《文化民粹主义》,南京:南京大学出版社 2001 年版,第 19 页。
② [美]马克·波斯特:《信息方式》,北京:商务印书馆 2000 年版,第 85—106 页。

竭力鼓吹受众需求的合理性,只要是大众需要的就应当满足。受众的使用与满足是衡量文化的价值所在。当受众将自己的主体性交给媒体后,媒体就成为"看"的代言工具,那么,在这种情况下,人的发展趋向,距离人的自由王国不是近了而是越来越远了。

五、媒介文化的后现代性趋势

现代性的话语所要回答的是对与错的问题,而后现代性话语是对话与妥协。然而,后现代主义往往以话语竞争替代真理的追求,因此,正如道格拉斯·凯尔纳所说,它是无原则的学说。我们可以依据现代社会文化的一些特点,判断出当代媒介文化所具有的后现代的特征。这主要体现在:首先,当下的媒介文化的特征要求对文化的把握,主要靠视听器官的感知而无须大脑的深入思考。如果想通过电视或者各种图像的文化形式去思考社会、人的本体哲学等问题,那就大错特错了。因为后现代主义在消除了现象和本质的区别之后,拒绝挖掘任何所谓的深层的意义,甚至抛弃结构主义所谓的表层结构、深层结构的划分,拒绝将视听表征做真实和非真实界定,并试图从非真实里寻找真实、在真实里面寻找非真实,模糊了能指和所指之间的区别并随意的建立它们之间的联系从而从实质上取消了两者之间的区别。这也就是凯尔纳所说的"有限的真实再现"向"无限的不真实再现"的转变。① 这实际上是一种不稳定的文化,它是复制、混杂、狂欢、解构的结果,是一种可能性而不是必然性。后现代文化张扬非理性,而它所依赖的整个根基由此滑向本能感官。

其次,当下的媒介文化表现为一种政治症候,就视听的观看行为而言,传统的那种体现权力关系的、带有政治性的观看行为可以追溯到福柯的"全景监狱"(Panopticon)概念,这一概念的字面意思是"全看到",意指一种权力形式。在福柯所谓的"规训系统"(disciplinary system)里,少数人处在网络的一端窥视、观察、监视其他大多数人,当然,在这个庞大的网络中,每个人都有这相似的命运,与政权强加权力于个人不同,规训机制将一种规范强加到一群人身上,通过"看"

---

① [美]凯尔纳:《媒体文化——介于现代与后现代之间的文化研究、认同性与政治》,北京:商务印书馆2004年版,"导言"。

的形式,使这群人在实践和态度上接受权力规训。全球化的信息控制不允许有没有信息反馈的地方,不允许有不被了解、理解和控制的地方,不允许有不透明、不受监视和无法监视的空间,哪怕是私人空间。现在,全球信息技术的发展不仅改变了监狱的机制(监狱构建出观看者和被观看者),同时改变了监狱的意义(监狱不再是强迫,而是诱导)。托马斯·马蒂森对福柯做了补充:新的权力技术的发展(主要是指大众传媒)使多数人观看少数人。① 这就是说,大众传播所创造的视听传播形式,也以"看"的方式实现了对大众的规训。虽然实际上对大多数人而言,纯粹的观看就是他们的命运,但这一点是千万不能点破的。福柯的监视是被监视者向监视者的臣服,结果终究是观看者与被观看者都被纳入了充满权力关系的网络。

第三,媒介文化在当下的接受主体其个体认同性发生了变化,主体的稳定性出现了动摇。笛卡尔从"我思故我在"开始既构建了"自我"也构建了"外在世界",自我被认为是权威和确定性的持有者,外在世界经由自我来判断,自我直接而透明地认识自我,并且通过指称来了解外在世界。在媒介文化构建的社会情境里,人们的兴趣、爱好在绚丽的视听景观中飘忽不定,消费活动助长了新的炫目的媒介文化不断涌现,人们在追逐消费主导的媒介文化形式过程中,认同性出现紊乱。马克·波斯特认为,就像生产方式对主体自律身份和工具理性的促成或构建那样,信息方式构建了多重的、不稳定的和分散的主体,在他看来,信息方式促成了语言的彻底重构,这种重构把主体构件在理性自律个体的模式之外。这种人所熟知的现代主体被信息方式置换成一个多重的、撒播的和去中心化的主体,并被不断地质询为一种不稳定的身份。在文化层面上,这种不稳定性既带来危险又提出挑战,如果它们成为政治运动的一部分,或者与女权主义、少数种族/人种群体以及同性恋立场的政治相联系的话,它们可能会引发对现代社会制度和结构的根本挑战。②

第四,媒介文化形式具有后现代的特征,拼贴的痕迹越来越突出,去中心化的图像文化使得叙述变得没有太大的价值。费斯克、凯尔纳都曾以肥皂剧《迈阿密的罪行》为例,讲述叙述在这部连续剧中如何成为第二性的东西,而更多的则

---

① 米金升:《屏性媒介和图像时代》,见"文化中国网"2004年12月13日。
② [美]马克·波斯特:《信息方式——后结构主义与社会语境》,北京:商务印书馆2000年版,第20—27页。

是炫目的风景画面,人物形象塑造让位给美貌、英俊的男女明星展示。英国学者格罗斯伯格甚至认为,对意义、意识形态和政治等的"无动于衷"正是《迈阿密的罪行》以及其他后现代文本的主要特征。他觉得,这一作品比较接近于那种眼睛一扫就知道其所通知的文化圈消息的布告栏,而不是那种用来阅读和提问题的文本。在《ET》《X 档案》《终结者》《黑客帝国》等影视作品中,故事往往一眼就能看透,而那些电脑技术处理的精彩画面成为最吸引人的东西。这些影片从经典和流行文化文本中寻找素材,许多情节、场景都似曾相识。后现代的杂糅,使得作品趣味盎然。按照杰姆逊的说法,后现代的图像文化表明了"一种新的平面性或无深度性,一种最字面意义的表层的出现。"人物自我缺乏现代主义和现代自我所特有的那种表现的能量和个性。[①] 叙述中心地位的淡化、时空的压缩削平、意义的碎片和自我拼凑,同时一个游走不定的主体成为终极实现者,或者说一个人的战争,或者说一种适合新境遇的主体至少是部分的被建构。虚拟一切可能,于是,仿像成为图像文化的主体。

那么,后现代媒介文化特别是影像文化有一些什么特点呢?

1. 后现代主义与仿像

后现代社会文化的一个显著特征是仿像(simulacra)。仿像式的叙事充斥在我们的视野中,这表明传统意义上的艺术审美能动性在减弱,视听艺术不再以高昂的姿态去对待现实,而是变得更加平实和客观。一个时代的精神活动,只能在历史给定的范围内展开实践,任何能动性的创造都是自不量力的主观愿望,而是说精神活动的方式取决于既定的历史前提。"仿像"的艺术叙事也只能是一种被历史给予的精神活动,因为现实已经率先仿像化了。那种建立在自给自足自然经济基础上的现实已不复存在,商品化社会中的现实已经很难在传统的理性秩序范围内加以把握,现实已被高度地符号化了,因此,对现实的表现,既不是传统意义上的模仿,也不再现,甚至也不是能动地虚构现实。现实不存在,也可以借助对生活的虚拟,制造可供认同的事物。叙事活动变成了现实的仿真物;更重要的在于,现实本身变成了现实的仿真物,视听艺术其实是现实仿像的一部分。

---

① 〔美〕凯尔纳:《媒体文化——介于现代与后现代之间的文化研究、认同性与政治》,北京:商务印书馆2004 年版,第 400 页。

由于现实本身的符号化，没有一个物质形态存在的、脱离了符号体系存在的纯客体的现实世界，现实本身是以符号的方式存在。这样，叙事与现实其实存在于同一平面上，它们都是这个符号化世界的一部分。

仿像这一概念来自鲍德里亚的相关论述。鲍德里亚认为，从文艺复兴到工业革命的"古典"时代的显著特征是"仿造"（counterfeit）；工业化时代的特征是"生产"（production）；而在现时代的符号生产阶段的显著特征可以称之为"仿像（simulation）。① "仿像"时代是符号急剧扩张的时代，过去被理解为物质实在性的"现实"，现在已然为符号的加速传播所遮蔽，我们现在所理解的现实，被各种符号也就是被各种话语、各种叙事、各种指称所代替。消费时代把一切都变成商品，又把一切商品都变成符号，一切商品只有变成文化才能被消费。但实际上，生活的各个领域，现实的各个存在物、事件和事物，各项实践——政治的、经济的、文化和科学技术的，都无一不被一个超级的符号化体系所表现，离开了符号化体系，我们无法感知我们面对的事实。在事物和我们知觉以及理解力之间，横亘着一个庞大的符号系统。过去，我们把符号系统看成透明的，看成一种载体，得意而忘言，符号不过是认识实在世界的工具。然而，现在，符号的背后并没有确定的、绝对存在的实在现实，不如说符号背后还是符号。现实实在也已并且也只能以符号的方式存在。

正如杰姆逊所说的那样，"一个文化自律领域的瓦解应该被设想为一次爆炸，即文化在整个社会领域中的大规模扩张，以至我们社会生活中的一切——从经济价值、国家权力到实践乃至心理结构本身——在某种、迄今仍未得到理论化的意义上，可以说都成为'文化的'了。"②杰姆逊的这个说法，实际上正是来自鲍德里亚的"仿像"理论，即把现时代理解为一个符号化的，崇尚形象或幻象，把真实改造为许多想象的事件的社会诊断是如出一辙的。鲍氏认为，超级现实主义必须以颠倒的方式来理解：今天现实本身就是超现实主义的。超现实的秘密就在于大部分的日常现实能够成为超现实，但仅仅只在那些特许的时刻，在这些时刻，艺术与想象力也相形见绌。鲍氏认为，日常生活、政治的、社会的、历史的、经

---

① Jean Baudrillard. *Symbolic Exchange and Death*, London: Methuen, 1993, pp. 50 - 74.
② ［美］詹明信：《晚期资本主义的文化逻辑》，见王岳川编：《后现代主义与美学》，北京：北京大学出版社1992年版，第82页。

济的等等现实已经合并入仿像超级现实向度,以至于我们现在完全生活在现实幻象中。"现实比虚构更陌生"的老生常谈与现阶段的审美幻象如出一辙,只不过后者变本加厉而已。虚构已经被生活所征服,再也没有任何虚构能够与生活本身相提并论。人们根本的不满在于,热烈的幻想时代已经为冷漠的控制论时代所取代。

鲍氏基于他的后现代主义立场,对以高新科技产业为主导的后工业化社会展开激烈的批判。这种立场其实并不独特,事实上,大多数后现代主义者都持这种立场,例如,查尔斯·纽曼早在1985年对后现代主义下的积极定义就指出:"'后现代主义'蕴涵一种对经过电子技术的渗透而在战后美国达到顶峰的原子化的、麻木冷淡的大众文化的理性抨击。"①这一时期,承袭了法兰克福学派阿多诺和本雅明等人观点的"西马"学者,对当代高科技迅猛发展所带来的社会现实进行了激烈的批判,在他们看来,后现代主义不过是在英雄消遁的前提下发起的一场对盲目革新的信息社会的非历史主义的反叛。大批的人文学者从保守主义的立场看待这场变革,对信息技术的革命抱一种怀疑态度。然而,读图时代迅速到来,以及日益加深的人们对影像信息的依赖,表明高科技大大改善了人们的信息接受方式,某种意义上说,大众文化就是视听化的文化。鲍德里亚把高新技术作为仿真化的主导因素,对照当下高新技术影响下的现实生活,他的观点应当说是恰如其分的。

媒介文化是仿像的最大表征所在。所有关于欲望的修辞都是建立在仿像基础上的。

2. 消费活动促成叙述向奇观转化

后现代主义肯定了意识已变成现实的一部分(或者反过来说,现实也有媒介幻象的性质)。鲍德里亚的后现代理论,说明了影像和现实并没有本质的分别,两者是可以互相取代的。在现代主义那里,符号代表现实中的某些东西,而意识形态则扭曲了其代表性。但是在"仿真"的后现代,符号并不代表什么,它们就是现实本身,背后不必依靠现实撑腰,所以根本谈不上意识形态如何扭曲现实。鲍

---

① 〔美〕查尔斯·纽曼:《后现代氛围——通货膨胀时代的虚构行为》,西安:西北大学出版社1985年版,第6页。

氏宣称根本没有意识形态问题,有的只是真实影像或影像真实。影像脱离了现实及意识形态的束缚,媒介文本及现实经验分裂了,在电视为载体的媒介文化中,再也没有影像及现实的一致性,也没有抽象的意识形态,而只会有破碎又不完全的叙述、不平衡又互相颠覆的段落以及混乱而无规则的流行影像。

按照鲍氏的观点,城市现在不再是政治-工业中心,而是符号的领地,是媒介和代码的领地。城市的特征因为消费活动而变得强化,要说现今城市特征,幻象化是第一位的。光怪陆离的高楼大厦、大型现代化超市、无处不在的广告、灯红酒绿的休闲场所、琳琅满目的报刊杂志、全天候的电视节目、体育赛事、时装秀等等,构成了城市幻象的视听奇观。过去不过体现实用性的物理空间,现在被建筑设计活动重新编码,完全适应大众消费与审美口味,成为流行文化的一部分,所以如同时装秀一样,城市的建筑也在竞相展示自己的魅力。这些流光溢彩的钢筋水泥设计,与那些低矮的平民住宅、破旧的阁楼等相得益彰。使得相互间都失去了实在的真实性。那些凝聚着财富和想象的城市符码改变着人们的生活方式和生活习惯,城市社会图像、信息和节奏也日益改变着人们的感觉方式和思维方式。你需要什么就会生产出什么,而且保证惟妙惟肖、栩栩如生。这真是神奇的时代,文化奇观就是建立视听和听觉感知上的,极大限度地满足大众虚幻的关于现实时空的想象。

凯尔纳指出:"图像频频地优先于叙述,看的感受就变得第一位了,故事线索和叙述的意义常常被转化成了背景。"[①]广告在当今社会几乎可以说渗透到了社会的各个角落,广告几乎都是以视听形式出现,因为要在瞬间抓住受众的眼球,所以,详细叙述就显得多余了,看的感觉是非常重要的,瞬间的注意到注意的饱和转化为记忆,这完全取决于广告设计的效果。为了争夺受众眼球,必须在广告的炫目程度上下功夫。

消费活动是促成叙述向视听奇观转化的重要动力来源。消费活动使得广告越来越吸引人的眼球,"好看"是广告竞争中的关键词。密集的广告五彩斑斓,成为地道的媒体奇观。而电影、电视在讲述人的各种情感哲理后,已不再具有吸引力,后现代的媒体影像,借助现代媒体技术,将影像画面做得极为精彩、炫目,让

---

① [美]凯尔纳:《媒体文化——介于现代与后现代之间的文化研究、认同性与政治》,北京:商务印书馆2004年版,第405页。

人流连忘返、爱不释手。然而,不断的追逐,使得媒体影像画面蔚为大观。各种电视节目都注重形式包装,形成被媒体包围的社会奇观。鲍德里亚甚至认为"海湾战争"根本没有发生,因为那些战争奇观完全是可以被媒体制作出来的。他还认为,总统选举的投票人根本没有投票,因为电视在政治选举中起了关键作用。

3. 数字传播技术与仿真体验

人们重建了一个庞大的光鲜的符号化现实——人们实际屈从了符号化的审美霸权。当代社会文化表征的视听性就体现在符号化现实上,也就是仿像的现实。现实只有变成符号才能被理解和把握,人们只有抓住符号才能抓住现实,现实已经没有本质可言,现实由各种各样的似是而非的幻象构成,现实就"超现实",现实就变成虚构的镜象,真正应了所谓假作真时真亦假的说法。当代社会的一个后现代进展,是数字技术的广泛使用。亦真亦幻的根源在于数字技术超越了他们原来的影像技术,所制造、生产出新的超现实社会情境,也更为逼真。与原先的模拟化摄影机、暗房以及线形剪辑技术相比,大众传播媒介的静态影像和活动影像正在变得更多地与计算机技术相关。拥有了自由度的数字技术,引发了媒介文化表征的变化,在表征模式和立场上的转变。后现代的仿像在数字化的推波助澜下,更加另人叹为观止,从好莱坞的制作中我们可以看到,数字化的仿像渐渐也成为我们文化的一部分。AR、VR、数字影像合成技术等现代数字科技,正在改写人们的视觉体验。20年前,人们被好莱坞特效电影《ET》《终结者》《侏罗纪公园》《未来水世界》等震撼,认为它们创造了比现实的景观更令人称奇的画面;20年后,新型数字化技术已广泛使用在影视作品中,从《阿凡达》到我国的《流浪地球》,人景物、声光色都完全不同于过去传统的概念和流程。数字化可以促进图像表征新形式的出现,例如,通俗性的就具体例证了异质性与碎片化等关键的后现代主题。数字化为人们的认知发生、想象方式甚至思维方式预设了路线,对人们的世界观、价值观、审美观都会产生深远的影响。AR、VR、数字合成技术的广泛使用。

数字化放弃了对于记录式现实主义——作为显而易见的意识形态的要求,除了数字化程序之外,它摧毁了作为任何事物证据的摄影图像。如果这能够使我们把注意力从摄影表征的所谓的突出特征,转向这些图像的接受和阐释,那么,这或许就是朝着正确的方向迈出了一步。

第四章　社交媒体时代媒介文化生产的新模式

随着媒介技术变革的加速,传播范式也在发生巨变。早在 1983 年,美国马萨诸塞州理工大学的索拉·普尔(Sola Pool)提出了"传播形态融合"(the convergence of modes)概念。之后,对媒介融合的研究逐步深入,许多大学的新闻学院成立了"媒介融合系""融合新闻系"等新的学科架构,投入专门的研究和教学。西北大学教授里奇·高登(Rich Gordon)归纳了媒介融合的五种类型,即所有权融合、策略性融合、结构性融合、信息采集融合以及新闻表达的融合。媒介传播模式的融合变革带来了媒介内容生产模式的变革。社交媒体时代媒介文化生产呈现两种走势:一是社交媒体技术背景下,新型文化生产模式促使媒介文化向文化产业方向发展;二是 Web2.0 技术背景下,新的媒介生态推动了新型舆论生成和表达特殊模式的产生。

一、幂律分布的节点传播与去中心化传播生态的形成

早在互联网 Web1.0 时代,信源节点传播影响周围人群成为总体趋势,信源节点通常扮演意见领袖的角色。这一网络传播格局构造的是一张"核心-边缘"的节点传播网络。然而在 Web2.0 时代,随着移动互联网的兴起,信息传播的环境变得开放、多元,传播进入了一个人人皆有麦克风、人人皆有发言权的时代,仅有一个核心节点的传播模式已经不适应实际需要。节点传播呈现出幂律分布状态,节点传播的幂律分布表明在整个传播生态当中,各信源之间是平等的,点对面的传播逐渐消失了,节点之间相互作用成为新的传播模式。如果把这些以单个信源为中心的节点传播网络整合起来,最终呈现的是"处处皆中心"的分布式网络传播结构。每个节点都具有高度自治的特征。节点之间彼此可以自由连接,形成新的连接单元。任何一个节点都可能成为阶段性的中心,但不具备强制

性的中心控制功能。节点与节点之间的影响,会通过网络而形成非线性因果关系。这种开放式、扁平化、平等性的系统现象或结构,被称之为去中心化。由高度集中控制向分布集中控制转变。在 Web2.0 时代,个体中心论取代了威权中心论,文化的发展不再是一个受到少数精英所把持的、有限的、定向的过程。通过 Web2.0 技术提供的支持,分散的网民联成一体,主导着文化的发展方向。如果说在 Web1.0 时代,网民不知道发言的是谁,那么在 Web2.0 时代,网民不再在意发言的是谁,更为关注所传递出的信息。网民自发充当着动态的文化主体角色,形成了一种"我的地盘我做主"的自主文化。Web2.0 技术使得媒体的重心从组织层面转向个人以及个人媒体层面。威权式的文化中心化主体意志被淡化,少数的精英威权者被分散的普通网民所代替,平等自由的主体间的交往成为主流,构成"去中心化"的文化关系,形成了不同于传统大众传播时代的文化传-受关系。

另一个需要关注的方面是算法技术建构的特殊拟态环境对媒介文化的影响。算法传播建立在大数据建模分析基础之上,对用户个体、用户群体的行为画像较为精确,因而对于数据操控者来说,用户的习惯、兴趣、爱好一切尽在掌握中。算法传播所要进行的是深层次操作,为用户营造一个特殊的政治拟态环境。早在 20 世纪 20 年代,美国著名政论家沃尔特·李普曼(Walter Lippmann)就在其所著的《公众舆论》一书中,论及拟态环境问题,并首次使用"Pseudo-environment"一词来进行表述。拟态环境有如下特点:一方面,拟态环境不是现实环境"镜子式"的摹写,不是"真"的客观环境,或多或少与现实环境存在偏离;另一方面,拟态环境并非与现实环境完全割裂,而是以现实环境为原始蓝本建构的符号化环境。李普曼认为,"在社会生活的层面,所谓人对他的环境的调整不过是通过虚拟的媒介进行的","只要我们认定了图景是真实的,我们就会把它当成环境本身"。"虚构的范围无所不至,从彻底的幻觉到科学家彻底自觉地使用图标模型,或者他为了解决特定问题而决心使计算结果精确到无关紧要的(小数点后)10 位数以上。一部著作也许有着几乎无懈可击的精确度,而只要重视这种精确度,虚构就不会造成误导"。[1] 人们的"主观现实"是在他们对客观现实的认识的基础上形成的,而这种认识在很大程度上需要经过媒体搭建的"象征

---

[1] [美]沃尔特·李普曼:《公众舆论》,阎克文、江红译,上海:上海人民出版社 2002 年版,第 13 页。

性现实"的中介。经过这种中介后形成的"主观现实",已经不可能是对客观现实真实反映,而是产生了一定的偏移,成了一种"拟态"的现实。从本体论来看,事实真相并不能直接向我们敞开,我们总是在一定的关系中来理解我们与真相的关系,而并非真相直接出现。人们从媒体上接受的所谓真相,永远是经过一定的结构程序处理过的再现事实,大众传播时代,职业传播者会依据传播伦理规则和专业主义精神进行加工,"加工"后的真相某种程度上与现实保持密切的关系。

然而,传播伦理提醒我们,即使"有图有真相",这种再现真实仍然与客观真实存在距离。大数据的出现,对传统真相概念形成了冲击,让人产生错觉,在数据与客观之间似乎可以等同。在传统实证研究那里,数字具有权威性,可以帮助人们穿越表象抵达真相。而随着统计与数字建模被广泛认知,人们发现,在各国政治生活中所谓的"民调",常常运用数字的客观性来粉饰各派的立场,成为一种装饰物。算法不同,数据结果不同,数据呈现的结论也不同。显然,大数据和算法技术所建构的拟态环境,与大众传播时代的拟态环境迥然不同,它是一种特殊的"拟态环境",具有超强劝服能力,大数据挖掘、分析、可视化,定制式精准投放、个性化推送等等,构成了一个全新的"楚门的世界"。算法营造的政治拟态环境远超"楚门的世界"。

首先,算法膜拜易导致算法迷思(myth)。当下社会大众对传统的新闻信息传播模式存在"抵抗式"阅读倾向,一是因为传播内容贴近性存在局限,二是因为传播个性化内容缺乏。算法传播满足了受众对个性化内容的需求,受众主体因个性化信息满足转而对算法传播膜拜,久而久之在受众心目中形成算法传播迷思。这也是网民对算法政治信息"深信不疑"的心理基础。

其次,算法传播精确塑造"认同"。算法的运作包括了排序、搜索、图处理和字符串处理。这些精细化的工作为政治传播提供了目标"锁定"和"武器"准备。它涵盖了目标受众的形貌分析和个性化信息设计。受众在网络空间,会"惊喜"地接触到自己喜欢的信息,由此佐证、强化网民自己的见解,巩固自己对事件的看法并形成认同。对于从众和缺乏反思精神的网民来说,塑造"认同"尤其有效。算法为个体营造了一个封闭的信息环境,在这一拟态环境中个体会产生错觉,认为满世界都持和他相同的观点。

再次,算法塑造网民政治偏执型人格。兼听则明偏信则暗,以政治为目的的算法传播,通常提供的都是同一类信息,支持什么、反对什么泾渭分明。多元化信息在算法设计过程中被筛除了。偏听偏信就容易导致偏执型人格,顽固地认同某种观念。例如,美国"铁锈区"蓝领工人固执地认同特朗普关于外来移民抢走美国人饭碗的说法,这跟社交媒体大量精准推送相关言论有很大的关系。算法政治中的这种高度精密的微目标操作通常通过大数据和机器学习来影响人们的情绪。针对不同选民根据他们对不同论点的敏感性的预测而收到不同的信息。比方说,受害妄想症收到的广告充斥着恐惧情绪;有保守倾向的人收到的是基于传统和社群立场的广告。

算法营造了一种高度可信任的逼真环境,因为算法操作所依据的数据本身就是最具说服力的资源,高度拟人化、仿真信息也构筑了各个信任环节,在不经意间看到"正是我需要的""跟我观点一致"的信息,用户黏性就这样形成了。对传统媒体的不信任、对社交媒体的高度信任,这一切的基础是选民的实时数据,包括他们在社交媒体上的行为、他们的消费模式,以及相互之间的关系。他们的互联网足迹被用来建立个人专属的行为和心理特征档案。

二、社交网络时代的媒介内容生产模式

1. UGC:用户生成内容模式

用户自生成内容(UGC,user-generated content),又称用户创造内容(UCC,user-created content),是互联网信息盈余下产生的内容生产方式,它特指用户通过网络在线平台发布的任何形式的内容,例如图片、视频、文本、音频等。UGC 时代的到来表明媒介机构从自己生产内容向用户提供内容发布工具的转变,用户可以通过媒介机构在线发布个人制作的内容。[①] 2009 年由欧洲电信产业和视听研究院(IDATE),荷兰国家应用科学研究所(Netherlands organization for Applied Science Research,TNO)和阿姆斯特丹大学信息法研究院(Institute for information Law,university of Amsterdam)共同完成的欧盟信息社会项目《用户创造内容:支持多人参与的信息社会》最终报告中,对 UGC

---

① P. Berthon, J. P. Kietzmann. et al. CGIP: Managing Consumer-Generated Intellectual Property. *California Management Review*, 2015,57(4).

模式的主体客体作出了具体的定义，其中用户：指任何能够创造、修改、集成和发布内容的个体；生成：生成的方式包括修改、集成、原创和发布；内容：包括视频、图片、音频、文本、游戏、虚拟物品等一切可被创造的客体。

　　用户生成内容的产生取决于两个方面：首先，内容生成能够从用户中来，新传播技术赋予用户以作者的身份，作品出现了用户生成内容模式。其次，内容生成需要从用户中来，UGC具备强大的变现能力。从第一方面看，用户具有表达欲，不满足于单向的信息接收，希望能够自我展示。在互联网上以节点形式存在的每一个用户，都具备与网络链接的资源，有机会发表意见，生成内容。读者不再是信息接收器，转变为用户与生产消费者（prosumer），不仅下载内容，更上传内容。内容生产方式被大大释放了，不再局限于专业群体。从第二方面看，与有限的专业作品生产相比，大众生产才是亟待多元化开发的蓝海。UGC能够依靠自身社群变现，商业价值十分鲜明。具备作者身份潜能的用户多数是KOL（Key Opinion Leader，关键意见领袖），在社交媒体上拥有自己的粉丝团，自带群体规模的消费者。对用户生产的内容进行编辑和再加工，可以降低营销风险，节约营销成本。

　　总体而言，用户生成内容，是相对于专业制作内容而言的一个概念，通常又称为消费者生成媒体（CGM，consumer-generated media）、业余数字内容（ADC，amateur digital content）。巴黎的经合组织（OECD）认为用户生成内容是由业余人士通过非专业渠道制作的、包含一定的创造性劳动并在网络上公开可用的内容。① 用户生成媒体是指一些网络口碑，包括但不局限于消费者之间的邮件、网络论坛上的帖子、用户点评网络或者论坛、微信、社会化网络及个人网站。② 有学者认为用户生成内容是由数字环境下的普通大众而不是网站人员提交的任何内容，这些内容由用户原创或者由用户从其他来源拷贝而来③。也有学者认为UGC至少应具备两个特征，首先它由业余者制作，并包含一定的创新内容，

---

① Graham Vickery，Sacha Wunsch-Vincent. *Participative Web and User-Created Content*：*Web 2. 0*，*Wikis and Social Networking*. Paris：Organization for Economic Cooperation and Development (OECD) Paris，2007.

② Consumer-Generated Media (CGM) 101：Word-of-Mouth in the Age of the Web-Fortified Consumer [EB/OL]. [2012 - 12 - 28]. http：//www. nielsenbuzzmetrics. com/whitepapers.

③ S. Shim，B. Lee. Internet Portals' Strategic Utilization of UCC and Web 2. 0 Ecology. *Decision Support Systems*，2009(47)，pp. 415 - 423.

或者是对已有内容的修改和编辑;其次,它能通过网络或个人日志的方式与他人共享。①

关于 UGC 的分类,依据活动中参与人数的多少,UGC 分为团体协作产生的内容(维基、论坛、多玩家的在线游戏、虚拟社区)和个体用户创造的内容(专家微信、消费者评论、消费者创造内容)。参照虚拟社区的分类,UGC 分为娱乐型、社交型、商业型、兴趣型和舆论型。根据用户贡献程度的不同,UGC 分为用户原创的内容、用户添加的内容和用户行为产生的内容三种。按照媒体形式的不同,UGC 分为文本型(微博)、图片型(照片)、音频型(播客)、视频型。

社交媒体时代,UGC 短视频的制作、发布变得更加便利,较低的制作门槛促使大量的用户使用短视频应用拍摄、上传短视频内容,并将其分享至其他社交平台与朋友进行互动,UGC 用户作为短视频内容的主要提供者,其产出的数量庞大的 UGC 作品占据着短视频内容市场的半壁江山。网络用户在内容选题上更加随意,他们不刻意地追求专业水准,以编排短小精悍的喜剧片段和奇闻趣事为主;另一种则在内容的策划和选择上,更多的是以生活化的记录为主。快手定位为接地气的移动短视频社区,来自二三线城市和农村地区的普通用户为快手积累了大量的内容提供者,快手官网数据显示全球超过 6 亿用户在使用快手,作为 UGC 内容来源的典型平台,每天视频生产量达到数百万,视频内容多为身边的趣事和搞笑段子,多元化的内容为平台带来巨大的用户流量。有"互联网女皇"之称的玛丽·米克尔(Mary Meeker)发布了 2019 年的互联网趋势报告。报告指出,在移动互联网行业整体增速放缓的大背景下,短视频行业异军突起,成为"行业黑洞"抢夺用户时间,从 2017 年 4 月到 2019 年 4 月,中国短视频 APP 日均使用时长从不到 1 亿小时,增长到了 6 亿小时,其中抖音、快手、好看视频,占据短视频前三,引领用户数量和时长增长。②

互联网的发展是一次技术革命,更是一次技术赋权革命,尤其是 Web 2.0 时代以来,受众的角色发生巨大改变,主动性逐渐增强,媒介接触的便利和互联网的畅通更是激活了个体用户内容生产与传播的潜能,大家主动并乐于使用多

---

① Johan Ostman. Information, Expression, Participation: How Involvement in User-Generated Content Relates to Democratic Engagement among Young People. *New Media & Society*. 2012(6), pp. 1004 - 1021.

② http://tech.123.com.cn/show/2554-10417967.html.

种媒介平台来参与互动和表达自我,用户强大的生产能力和传播能力促进了UGC模式的发展。UGC是指用户生产内容。学者赵翔宇认为用户生产内容是基于Web2.0环境下的一种新的内容生产和组织模式,用户通过多种形式将原创的文字、图片、视频等内容发布于微博、微信或视频网站上供大家交流互动。

随着受众阅读习惯的碎片化和媒介使用体验的提高,越来越多的移动短视频平台开始出现,UGC模式在满足用户个性化需求和保证平台内容持续供应等方面表现出独特的优势,大多短视频应用平台将UGC模式作为其内容生产的首选方式。短视频相比文字和图片,其内容呈现形式更加丰富和生动,移动短视频应用以其简单易用的特点吸引了众多用户的使用,用户通过使用手机或应用平台即可将视频上传分享到网络中,移动短视频应用的滤镜、动态表情、特效等丰富的功能更是满足了用户个性化的需求,激发了用户的创作欲望。庞大的用户群体将五花八门的视频上传至平台,为应用平台提供了海量的视频内容。作为长尾部分的UGC内容不仅为移动短视频应用带来丰富的内容资源同时带来巨大的流量资源。快手、火山小视频、抖音、小咖秀、美拍等平台均是采用UGC内容生产模式。快手作为UGC模式的代表平台,现如今已成为国内最大的移动短视频应用平台,快手官方数据显示,快手从2011年诞生到2012年转型为移动短视频社区,再到2019年总用户量超过7亿,七年时间的沉淀与发展把快手推向了短视频应用的第一把交椅。将近一半的国民曾经或现在使用过快手,月活跃用户高达2亿人,他们每天贡献1000万条UGC原创短视频,快手已然成为最成功的移动短视频应用平台。快手以用户思维为出发点,坚持去中心化的运营理念,把产品做到简单极致。"记录生活记录你",从产品定位可以看出快手更加注重用户的使用需求,快手平台更多的是一种记录性的使用方式,为普通用户提供了一个展现自我的平台,让普通用户通过平台可以随时记录和分享生活中有意思的瞬间,同时用户上传的五花八门的短视频为平台带来丰富的内容资源。快手始终坚持UGC的内容生产方式,其内容生产上呈现出以下两个特点,一是定位清晰,专注UGC;二是简单极致的产品思维。这正是快手内容生产的制胜法宝。

在扩大用户市场方面,利用明星增加粉丝是一种常见的策略。明星、网红、行业精英等具有影响力的用户拥有庞大的粉丝群体,他们利用其自身影响力为短视频应用带来了大量的粉丝流量。这一做法效果明显。例如,小咖秀通过与微博合作引入大量明星资源,贾乃亮、王珞丹、蒋欣等明星的入驻使小咖秀平台迅速走红,明星用户的表演拉近了明星与粉丝之间的距离,为平台带来大量用户资源。

2. PGC:专业内容提供模式

网络内容生产与营销模式中比较常见的还有专业内容提供商。PGC(professionally-produced content)是指专业生产内容,与 UGC 大多非专业人士参与生产不同,PGC 的内容生产更加专业,多为专业的个人或制作团队,内容制作上更加精良,所耗费的人力、物力、财力更多。我国互联网专业内容提供商以 Papi 酱、二更视频、陈翔六点半等为代表,其提供的 PGC 内容已经形成独特的内容生产模式,其清晰的定位、专业的策划、精致的内容,形成了较高的关注度。以 Papi 酱为例,从 2015 年开始,Papi 酱每周更新一期短视频,并发布在秒拍、美拍、微博等多个平台,其内容选题多为社会热点问题,Papi 酱依靠个人专业的表演技巧和大胆吐槽的风格引起广泛的共鸣。但要想保持高质量和持续的内容产出并不是那么容易,于是 Papi 酱衍生出 papitude 栏目,通过广泛征集社会投稿来保证内容的持续输出。如果说 UGC 内容大多靠原创内容取胜,那么 PGC 则靠优质的内容赢得用户的青睐,在 UGC 内容日益饱和的形势下,众多头部短视频应用平台开始逐渐培养和吸引 PGC 用户的入驻。2017 年 3 月秒拍在成都成立视频创作基地,积极培养短视频创作团队,为其提供源源不断的优质内容。除此之外,现如今很多短视频平台也在积极扶持短视频达人用户,促进普通 UGC 用户向 PGC 用户转变。

社交网络时代,媒体融合趋势不断加速,专业的媒体机构纷纷利用新媒体进行信息传播。互联网的出现冲破了传统媒体的渠道垄断和内容控制,形成平等使用、多元产出、自由分享的传播格局,特别是随着移动设备的普及和智能化的发展,受众呈规模化的向新媒体迁移,造成了传统媒体受众的大量流失。但传统媒体并没有坐以待毙,而是布局短视频领域,积极寻求新的生存之道。移动短视频与传统媒体的融合发展,将有利于传统媒体的转型,移动短视频的发展为传统媒体转型开辟了一条新的传播路径。一方面,移动短视频的移动性和“短平快”等特点,正符合新闻追求时效性的传播要求,传统媒体开始利用移动短视频应用这一传播媒介,转变内容生产方式。传统媒体以自身的内容生产优势,直接作为内容生产方,利用优势短视频应用平台,聚集垂直领域受众,以内容生产者的身份打造品牌影响力,服务目标用户群。2012 年,美国就推出了一款专门制作短视频新闻的 NOW THIS,它将新闻内容分发到 Instagram、Snapchat 等平台,并根据平台的用户特征,有针对性的推送新闻内容,随着用户阅读习惯的改变而适时作出调整。

另一方面,为了迎合用户的碎片化阅读需求,传统媒体通过短视频应用进行内容的分发,例如河北卫视利用秒拍对节目进行宣传,并将视频内容分享到微博、微信等平台,多元化的渠道分发提高了内容的传播效果。对于移动短视频平台来说,传统媒体积累了大量的受众资源,传统媒体的强势入驻,将会为平台带来大批的优质用户,依靠传统媒体专业的生产能力,定期的发布短视频内容,可增加用户的使用黏度和活跃度,为移动短视频平台节省大量运营成本,这是一个优势互补、互利共赢的合作。

3. PUGC：个人 + 专业共同生产内容模式

PUGC 是经过几轮市场运营探索之后形成的又一种网络内容生产模式,顾名思义为个人与专业团队共同生产内容的模式。这种模式主要有两种:一种为 PGC + UGC 模式,即专业生产内容与个人生产内容模式的直接融合,个人和专业在平台上共同生产内容;另一种为 P + UGC 模式,通过 UGC 获取大量视频素材及创意,再通过 PGC 即专业的视频剪辑团队,对于视频二次加工,最终呈现在平台上的形式。后者主要适用于新闻短视频的制作,以信息类移动短视频平台"梨视频"为代表,以原创内容为核心,其"专业编辑 + 全球拍客网络"的核心框架形塑了全新的短视频内容协作形式。

一般来说,互联网内容生产的 PGC + UGC 的 PUGC 模式,相比于 PGC 模式产能较小,且制作成本较高,UGC 模式生产成本较低,大多是为了更好的展现"自我"而进行内容创作。UGC 模式主要是从自身出发,更加考虑"我"的感受,UGC 模式下短视频创作具有较强的社交属性,容易引起用户共鸣,增加用户对于平台的忠诚度,提升用户粘度,保证平台内容生产的基础,决定了平台内容的基数和持久性。单靠 UGC 已经无法满足用户对于短视频平台的视频内容及时间的双重需求,PGC 模式作为 UGC 模式的升级,从栏目样式出发,生产精品化内容,在内容上是对 UGC 模式的补充和完善,在很大程度上提升了平台的内容质量,吸引用户观看,两者缺一不可,在平台实现相互依存的关系。而第二种 P ＋UGC 模式下的短视频生产,通过用户拍摄,专业编辑进行二次加工形成成片,主要用于新闻报道。移动短视频因其即时性和真实性,成为新闻内容传播的"新宠儿",尤其适用于突发事件的报道中,作为新的传播形态,使得内容在表达形式上更为多样且真实。其承载了文字、视频、音频、图像多种信息形态,在内容创造的过程,提供了更广泛的表意空间,相比于文字和图片而言具有更强的现场感和直观性,可以一定程度上避免谣言的产生和散布。它跳出了单一的 PGC 模式或 UGC 模式,形成了多领域的用户生产视频,集中化的视频处理,从而建立有效的信息短视频协作模式。[①]

　　总而言之,平台的用户群体体量庞大,具有相当的广泛性和复杂性,随着手机设备的升级及视频制作技术的加持,UGC 模式使得内容更加多元化和专业化,PGC 和 UGC 的界限越来越模糊。PUGC 模式综合考虑的 UGC 模式下满足用户个性表达和 PGC 模式下内容专业化精品化,使得用户愿意观看,将两者进行巧妙的融合,满足大多数平台的受众需求,形成良性的短视频生态。

　　4. MCN:整合内容生产者资源模式

　　MCN(Multi-Channel Network,多频道网络)这一模式肇始于美国的 YouTube,主要被用于短视频领域,原指广告商和 YouTube 频道之间的营销中介者,实际将内容生产者联合起来,在资本的有力支持下,保障内容的持续输出,从而最终实现商业的稳定变现。[②] 2014 年,迪士尼以 5 亿美元的估值买下了 YouTube 上最大内容制作商之一、拥有约 4 亿订阅用户的 MakerStudio,此举在业界被认为是 MCN 内容制造商模式的巨大成功。在国内,聚焦实现整个网红产业链共赢的 MCN 孵化器模式同样被寄予厚望。[③]

　　MCN 提供的价值大致分为两大类:信息价值和效率价值。[④] 有投资价值的

① 邓子薇:《移动互联网时代下短视频 MCN 模式研究》,西南交通大学 2018 年学位论文。
② Neil Davidson. Can a Multi-Channel Network Boost Your YouTube Marketing Success? *Marketing*, March, 8, 2013.
③ 屈丽丽:《又一个风口:网红平台化　从拼"颜值"到拼"内容"》,《中国经营报》2016 年 10 月 8 日。
④ 华映资本:《内容创业火了,MCN 是下一个风口?》,界面[2017 - 03 - 02], https://baike.baidu.com/reference/3551331/94d0AJzwoYTYF67jtyY9-DC7TrBv04342ePaZE2XP7A1JDZc6iIk9zesxpnjkn2rWZl2vfaITNO9WTl7HtiK-E2Zcexxg-0b。

MCN 项目,他们有着:较强的内容判断及制作能力;最好有自己的模板化、工业化的生产机制;同时有很强的流量采购能力,对流量有着水龙头一样的控制力,能够从内容生产和消费两端实现调控,形成匹配。同时,公司对红人的服务能力也很重要,要让红人们甘心刀枪入库、马放南山,做个纯粹的内容生产者,从而产生对红人的控制能力,这需要非常细致而体系化的服务。

MCN 的垂直行业选择也有其特点。在视频市场发展到今天这个程度的时候,对于 MCN 而言,最现实也最被资本市场认可的模式一定是在一个垂直领域做深,然后把成功的经验扩展到更多的细分市场。比如老牌的 MCN Awesomeness TV 从青少年切入,最近风头正劲的 Taste made 从美食切入。从进入的难度而言,选择一些冷门的领域会保证对红人较强的谈判能力和流量的快速扩展,但是相应也带来一个问题:冷门的领域,流量的价值很低,广告和电商的变现会遇到非常多的阻碍。①

MCN 机构通过将大量的 PGC 或优质的 UGC 集合起来为内容生产者提供内容营销运营、日常运营、粉丝管理等专业化的服务,为其解决日常运营推广、内容变现等难题,MCN 机构从中获取广告或销售分成。移动短视频应用平台通过与 MCN 机构合作可以运用较低的运营成本提升内容质量和运营效率。

传统短视频 MCN 机构提供中介服务,帮助短视频内容制作者进行内容运营和管理,最终实现商业化。MCN 机构能够让内容制作方专注于内容,保障出品质量,同时能降低内容制作方、平台方以及品牌方的沟通成本,缩短变现周期,提升商业化效率。目前 MCN 机构主要有四大类型,以媒介为主的营销型 MCN 机构,专注于垂直细分领域的内容型 MCN 机构,以游戏娱乐为主的泛娱乐型 MCN 机构和知识型 MCN 机构。在头部的 MCN 机构中,营销型 MCN 机构发展最快,影响力也较大。众多中小 MCN 机构依赖平台补贴,而当平台资源抢夺战进入下半场,补贴力度逐渐缩减,MCN 机构变现困难的问题会越发凸显,生存压力进一步加大。MCN 机构与短视频平台以及内容制作者之间存在着对立统一的关系。在加速实现商业化的目标方面,三者诉求一致,相互依赖,相互促

---

① 华映资本:《内容创业火了,MCN 是下一个风口?》,界面[2017 - 03 - 02],https://baike.baidu.com/reference/3551331/94d0AJzwoYTYF67jtyY9-DC7TrBv04342ePaZE2XP7A1JDZc6iIk9zesxpnjkn2rWZl2vfaITNO9WTl7HtiK-E2Zcexxg-0b。

进,然而在追求利益最大化方面,三者又呈现出对立的关系。尤其在行业发展初期,商业化模式并不明朗的情况下,三者的对立关系更为明显。当行业进入稳定发展期,各方对 MCN 机构的要求更高,缺乏优质内容资源、运营管理能力较差,以及少数以骗取平台补贴为目的的 MCN 机构逐渐被淘汰出局,未来 MCN 市场发展将呈现强马太效应。2018 年中国短视频 MCN 机构数量超过 3000 家,预计到 2020 年将出现超过 5000 家 MCN 机构。MCN 机构模式在内容制作以及运营管理方面的突出表现获得了多方认可,持续的热度和巨大的发展前景让短视频行业成为资本的新宠,推动 MCN 机构持续增长,加深行业规模存在继续上升的空间。[①]

无论是 UGC 还是 MCN,林林总总的新型媒介内容生产模式,极大地激发了社会大众参与媒介文化生产的热情,将社会大众的文化创造个性释放出来了。然而,事物总是一体两面,应当看到,由于社交媒体平台相对自由的氛围有助于释放了人的天性,但这种所谓的文化创造本质是一种个体自我释放后的狂欢,因而,难免会鱼龙混杂、泥沙俱下,而社交媒体平台上的文化品质是难以保证的,这正是未来需要解决的难题。

三、社交网络时代媒介内容生产机制与策略

社交网络时代的内容生产与传播和传统大众传播时代的在机制上迥然不同。大众传播时代,媒介机构的内容制作与生产主要参考对象是广告效益,也就是说,媒介内容的好坏关系到广告效益的好坏。然而,传播平台在内容上很少有可选择性,媒介内容的传播效果带有一定的偶然性。最重要一点是,媒介机构并不知道具体的受众在哪以及有多少。因此,是一种模糊的传播。社交媒体的内容生产采用的是数字精准传播,通过大数据算法建模,分析用户的媒介使用习惯,再进行靶向投送,其效果远超大众传播。"今日头条"堪称这一方面的代表,解剖这一"麻雀"有助于我们了解社交网络中媒介内容生产机制与基本流程。我们不妨从内容定位、内容生产者和内容消费者三方面来分析其生产策略。[②]

---

① 《2019 中国短视频行业发展现状及未来发展趋势解读》,艾美网[2019 - 05 - 21], https://www. iimedia. cn/c1020/64432. html.

② www. woshipm. com.

首先是内容定位 内容定位,可以从产品的切入点、产品的差异化和解决用户需求三个方面来阐述。

1. 产品的切入点。"今日头条"充分利用技术优势,基于数据挖掘,分析用户行为,为每个用户建立个人阅读、观看行为的数据库,结合优秀的算法,来为每个用户推荐他所感兴趣的新闻信息内容,解决当今社会信息过载的问题。

2. 产品的差异化。与其他咨询类平台不同的是,"今日头条"利用各种算法,给用户所推荐的信息内容都是个性化的、用户自己想看的内容。

3. 解决用户需求。信息过剩的时代,"今日头条"帮用户节省了时间、满足了用户阅读自己感兴趣信息的需求。

其次是连接内容生产者 连接内容生产者亦即解决"内容怎么有"和"内容如何持续有"的两个问题。

内容从哪儿来? 一是利用机器爬虫,抓取内容。最初阶段,"今日头条"的内容来自于其他门户新闻的汇总。不管什么引擎,它的首要工作都是要通过爬虫,积累足够多的数据样本。头条对门户加推荐引擎的模式,用户点击新闻标题后,会跳转到新闻门户的原网页。但是出于用户体验的考虑,也为了方便移动设备用户的阅读,"今日头条"会对被访问的其他网站网页进行技术的再处理,去除原网页上的广告,只显示内容。不过这涉及到版权问题,"今日头条"为此投入了上亿的资金。二是自己经营自媒体平台。在这个阶段头条通过大量投入(千人万元、百群万元等计划)培育出了国内最大的自媒体作者平台。建立头条号之后,媒体可以在平台上自己上传内容,这就相当于授权头条进行内容分发。从此之后,不再是头条主动找媒体,媒体也可以更便捷地主动来找头条。到了现在,头条号的总量更是超过了 30 万,企业头条号超过 3.3 万,73% 的内容都是由头条号贡献的。三是短视频。"今日头条"自己宣布已经成为国内最大的短视频分发平台,并建立"金秒奖"及更多的资金来支持短视频的创作。四是设置"问答"和"微头条"。"问答"与"知乎"等媒体平台的设置一样,"微头条"就跟微博和朋友圈一样。

再次是激励生产者 早在 2015 年的"今日头条"技术开发者大会上,该平台就出台了一个千人万元的补贴计划,它将确保至少有 1000 个头条号创作者,单月至少获得 1 万元的保底收入,还开设了内容创投基金,在内容领域投资 2 亿,投资超过了 300 家早期内容创业团队,对早期项目的投资金额在人民币 30 万至100 万元的范围内。不仅如此,头条号还做了一个创作空间,在北京建了个头条号自媒体孵化空间,提供了高质低价的 200 个工位和自媒体大咖导师,以及融资渠道,从空间、服务、课程、投资等多重方位去提供孵化服务,不仅会有内容的投资资金,还有流量的扶持计划。

"今日头条"媒体平台还开设了一个媒体实验室,为创作者提供一个创作工具,通过大数据为内容生产者提供内容线索。比如热词排行、热词趋势、报告热点事件需要的背景资料,都可以在这个平台上呈现出来。对于自媒体人去撰写报告的时候,也会有参考作用。在 2016 年的头条号大会上,头条宣布了一个非常重大的消息,它会对短视频的头条号进行 10 亿补贴。不仅如此,头条还为头条号的自媒体人考虑了盈利模式,它首先选取了一批能生产优质内容的自媒体账号进行内测,在自媒体的文章内容页面提供固定的广告位,并提供对广告的分成计划。

第四是连接内容消费者　连接内容消费者,也就是让用户愉快地留在平台上,首先要保证用户看到的是满意的,所以需要把内容生产者提供的内容进行预处理,并将处理过的内容以好的方式展现出来。

如何拉到优质用户(内容预处理)。要想找到优质的用户,最根本的是要把内容和体验做好,要不然就算用户来了也会流失掉的。(1)审核机制。"今日头条"的审核机制相当严格。图文信息采用人工 + 机器的方式进行审核,而视频内容则全部为人工的审核方式,人工审核团队已有 300 多人。(2)消重处理。消重能够优化用户体验,对于每一位用户,同类主题文章看一篇就够了。(3)信息流推送。每次下拉或者点击首页按钮,"今日头条"推荐引擎便会更新几条新闻,而且要更新很多次之后,才会出现"暂无更新,休息一会儿"的字样,相比于几年前,信息数量有了很大的提升。而且信息流中显示了标题、来源、评论数以及刷新时间和图片,还可以设置是否在列表显示摘要,在信息流页面呈现的内容已经足够丰富,并且主次分明,并不会让人感到不适。

第五展现优质的内容　(1)给他想看的。推荐引擎,不需要输入关键字,就显示搜索内容的搜索引擎就是推荐引擎。推荐引擎涉及到用户研究、文本挖掘、推荐算法、分布计算,以及大数据流的实时计算等多种角度。当你进入头条那一刻起,头条就已经开始收集你进入 App 的时间,以及你主动选择的信息主题,还有你点开查看的文章类型,以及你在每一篇文章页面停留的时间。这些信息都会被头条收集起来,它细致到你刷到哪里,刷了几屏,在每一屏里停留的时间等所有的行为,都会被头条记录。(2)信息负反馈。在信息流页面设置了一个小叉,在详情内容末尾也设置了一个不喜欢按钮,点击之后会咨询用户不感兴趣的理由,显然这种方法能够精确获得负反馈的缘由,以便更精准的推荐信息。(3)发布门槛。"今日头条"有严格的发布门槛,对文章的标题、正文等都有明确的标准,任何有违反的都不可成功发布。[①]

从"今日头条"的具体个案可以看出在数字化媒体平台内容生产与传播的特别之处,当然,这些媒体平台存在的场景化、碎片化的内容分发模式给社会中的个体带来怎样的影响,应当怎样去应对? 内容算法推送形成的"茧房效应"对个体的影响如何解决? 这都是社会学、传播学需要研究的课题。

四、直播、网红作为新型媒介文化产品

互联网进入 Web2.0 时代后,网络自生产内容出现了以自主直播为特点的新形式。所谓网络视频,是指由网络视频服务商提供的、以流媒体为播放格式的、可以在线直播或点播的声像文件。根据播放类型,可大致分为网络直播视频和网络点播视频。从 2005 年国内诞生第一家视频网站后,网络视频行业在国内从盗版到规范,从井喷发展到行业整合,目前仅有十余家相对稳定的视频网站。随着科技的不断进步和人们精神文化需求的提升,网民对于网络信息的接收方式也经历了"文字-图片-视频"的转变。根据中国互联网络信息中心(CNNIC)发布的第 44 次《中国互联网络发展状况统计报告》,截至 2019 年 6 月,我国网络视频用户规模达 7.59 亿,较 2018 年底增长 3391 万,占网民整体的 88.8%。其中,长视频用户规模为 6.39 亿,占网民整体的 74.7%;短视频用户规模为 6.48 亿,占网民整体的 75.8%。[②] 网络视频已成为中国网络市场的中坚力量,而网络直播正是这股力量中冉冉升起的新星。

网络直播的历史可以追溯到 2008 年的播客,当时 PC 端这种用视频传递信息的方式迅速走红却又因发展方向模糊而未能形成市场。相较于微信崛起后网络点播视频迅速扩张的市场规模,网络直播视频整体发展格局还不够大。一开

---

① 《今日头条案例分析》https://baijiahao.baidu.com/s?id=1601948563092002691。
② 光明网[2019-08-30],http://politics.gmw.cn/2019-08/30/content_33123367.htm。

始,网络直播只是作为视频网站的一个板块,进行一些晚会或新闻发布会的直播,用流量换取广告盈收。随着网络直播技术的发展和直播行业的崛起,网络直播内容和直播平台类型不断扩展。根据网络直播内容的不同,网络直播可划分为游戏直播、生活直播和秀场直播。游戏直播主要指针对网络游戏、单机游戏等比赛或项目进行直播并加入解说,是目前网络直播最重要的组成部分,也是推动网络直播迅速发展的重要因素。根据艾瑞咨询《2019 年中国游戏直播市场研究报告》数据显示,2019 年游戏直播行业发展进入成熟期,平台间的竞争与离场给市场带来新活力;头部平台收入的迅速增长有效带动整体游戏直播市场规模增长;行业更加规范,整体行业向着良性竞争方向发展,而为拓展更大的市场,头部游戏直播平台纷纷出海。同时,新兴技术的出现带动服务新形态的出现,预计未来游戏直播平台将拓展云游戏业务,以进一步提升平台内容服务的竞争力。[1]根据网络直播平台类型的不同,网络直播可划分为专门式网络直播平台、捆绑式网络直播平台和附属式网络直播板块三类。专门式是指该平台只做网络直播,如斗鱼 TV、战旗 TV 等网站;捆绑式是指直播平台捆绑于某个社交平台之上,并以社交分享为主要目的,其内容大部分是生活直播和秀场直播,形式多为移动端直播 APP,如秒拍、美拍等;附属式是指直播平台附属于某一综合类视频网站,如爱奇艺网站的直播板块等。但无论是何种类型的网络直播平台,都在全面扩充直播内容,加快产业链各个环节的要素争夺。

在社交媒体时代,场景的作用被大大强化,移动传播的本质就是基于场景的服务,即信息在不同场景的适配。因此,场景本身就是移动媒体发展的新突破口,我们将从空间环境、生活习惯、用户社群三个维度探讨场景如何于网络直播客户端中体现。目前,网络直播平台信息互动频率高、社交氛围浓郁、其缔造的虚拟场景对用户有着特殊的吸引力,特别是基于高质量互动的新"玩法"使用户和主播对直播间产生依赖。网络直播通过信息的实时传输为受众营造出一个又一个的场景,主播作为网络直播中的主体,自我形象塑造本身就是在构建一种场景。美国社会学家查尔斯·霍顿·库利(Charles Horton Cooley)提出的"镜中我"理论指出每个人都有两个"自我",即"纯我"和"社会自我",传播促进了个人

---

[1] 艾瑞咨询:《2019 年中国游戏直播行业研究报告》,http://www.sohu.com/a/330174762_483389。

社会化的发展,"社会自我"决定了个体需要自己在别人面前展示最佳的形象。①
网络直播的主播在摄像头前所展示的形象、直播背景等本身就是在营造场景。
除此之外,直播平台在产品布局上同样可以构建场景,无论是移动端还是 PC 端
(电脑端)的直播产品,都可以对平台直播内容进行布局,按照直播类型如游戏、
户外、秀场等分类,并按照人气排名、排位,以构建直播生态的场景。

应当看到,网络直播作为一种新型传播形式,它传播过程中的伦理问题值得
关注。网络直播正在以迅速发展的态势融入网民的生活和传播活动中。然而,
网络直播大受追捧的同时,大量道德失范问题随之出现。从传播内容来看,暴
力、色情、垃圾、虚假信息泛滥;从传播手段来看,无底线恶搞、炒作;从传播取向
来看,内容低俗化、暴力化、功利化、商业化和娱乐化。这些问题的产生导致直播
行业整体格调不高,带来不良社会示范,消解了传统道德和伦理文化。面对这些
问题,近日来国家监管政策不断收紧,网络直播道德失范问题已有好转但仍然存
在,失范行为隐蔽性增强。这些都将严重影响和制约着媒介文化的健康发展,也
给互联网治理带来新的难题。

五、社交网络空间的舆论生成模式

与媒介内容的生成模式一样的情形,我国的网络舆论生成模式与大众传播
时代也截然不同。作为媒介文化的有机组成部分,我国网民如何在社交网络空
间表达政治意见,这同样也是一个值得探讨的社会学、传播学课题。我们也视之
为媒介文化生产的一个重要方面。近年来,一些规律性的现象已初露端倪。中
国当下几乎所有的负面情绪与危机话语都可以在社交媒体中看到,这是实体社
会压抑结构在虚拟空间的折射。在众声喧哗的网络环境中,信息真实性很少有
人关心,不论何种信息,只要能承载负面情绪的话语能指,就能为大多数网民所
认同;只要具备所指的批判性张力,就一定能激发起网民的政治参与热情,甚至
是"为反而反",常常演化为一种民粹主义舆论。在当前社交媒体空间,我们常常
会看到这样一种现象,一件普普通通的事件,偶然间被人在网络空间曝光,很快
就会引起广泛的围观,瞬间有很多人加入对该事件的续写和评论,过度解读、添

---

① [美]查尔斯·霍顿·库利:《人类本性与社会秩序》,包凡一、王源译,北京:华夏出版社 1999 年版。

油加醋、穿凿附会,最终被渲染成一种舆论狂潮,事件性质被肆意扭曲、拔高,远离其原有面貌。我们不妨称之为"借题发挥式舆论"。显然,成语字面意思并不完全能够概括这一舆论现象。有时它是一种模式,有时它是一种言说方式,有时它可以表述为一种舆论规律。笔者认为,"借题发挥"是一种特定阶段、特殊政治环境下的传播现象。对于网民个体来说,"借题发挥"是一种表达意见的方式,类似于太史公"曲笔",某种意义上是基于中国国情考虑的一种迂回表达策略,在中国当下复杂的舆论环境下,它基本成为一种规律性的现象。这里为避免引发歧义,将讨论的侧重点锁定在"特殊的舆论生成模式"上。

观察网络空间这种特殊的舆论动向,发现其存在一种生成、发展规律:每当一起事件在网络空间传播开来,它都可能成为舆论"触点",会有很多网民站出来"借题发挥",拿该网络事件"说事",或评论、或叙事,参与热情很容易转化为一种网络狂欢,有些甚至直接演变为"借题发泄"。作为舆论,最引人关注的部分是续写"真相"。每当某个事件在社交媒体上广泛传播后,开始大家接受的内容是事件 A,在形成舆论后,评论就会朝着意见 B 的方向发展,显然 A 和 B 之间没有必然的关联,但在后续的舆论中 A 和 B 之间就产生了千丝万缕的联系。"北大校长读错字事件"发生后,人们讨论最多的是官员腐败;重庆保时捷女司机打人事件发生后,网民议论最多的是"他老公是谁","保时捷车的来路";"山东大学伴读事件"事件发生后,网民讨论更多的是黑人如何玩弄中国女人、传染艾滋病等。这些网络事件引发舆论有一共同的特点,即事件甫一发生,很快就会有热心网友书写隐遁于事件背后的"幕后"故事。他们犹如事件亲历者,对事件的来龙去脉了如指掌。这些被书写的事件"内幕""真相",与其他信息一起在网络空间流传,被其他网友转发、热议。当事件涉及城管执法,"续写"内容就暗示城管是恶霸,却故意隐去是否存在小商贩违规违法的情节;当事件涉及豪车撞伤人,"续写"内容就认定是富人作恶;当事件涉及医疗事故、工程事故,"续写"内容就会暗示知识分子已经变质。"好事者"借题发挥出来的"幕后真相"和事件"续篇"本身就具有导向性。这些舆论现象往往有着相同的特点:它们总是借着某个具体事件的外壳,表达民粹化的思想和观念,将事件最终导向仇官、仇政策、仇体制等的话语表达。近年来,围绕"泸县太伏中学学生死亡事件""成都七中食品安全事件""山东大学伴读事件""重庆保时捷女车主打人事件"等展开的事件"内幕"书写都呈现了类似特点。在"触点事件"与"发挥"之间,一次又一次勾连,酿成中国式舆论。久而久之,这也就成了一种舆论规律。由此可以看出,借题发挥已经成为一种网络空间舆论生成的主要方式和规律。本质上说,这种舆论现象是网民各种社会心理寻找出口的一种策略,是各种焦虑、不满情绪的集中发泄。关注这一网络舆情新动向,分析其内在机理,对下一阶段的互联网治理意义重大。

1. 话语"发挥":关于"真相"的想象性逻辑自洽

作为一种舆论生成模式,"借题发挥"有一些特别之处,特别就特别在形成舆论的新闻叙事上。借题发挥或叙事或评论,是讲述本源事实还是提供话语? 很显然,从近年发生的多起网络事件来看,是话语引导了舆论。借题发挥,"发挥"的正是话语,而不是本源事实。但为了引起读者关注,话语却被包装成"真相",参与讲述的网民营造了网络空间一个又一个的"罗生门"。将客观新闻报道变成主观的话语渲染。看上去是在讲述"真相",实质是提供意见,引导舆论。这构成了这种特殊舆论形成的第一步。

我们知道,故事性本身是吸引受众眼球的来源,任何故事"发挥"不能是胡言乱语,必须是讲究章法的一种正规叙事。"发挥"的是各种关于"真相"的讲述,因为"真相"是能满足读者好奇心的内容。我国国情的特殊性决定了新闻报道模式的特殊性,在新闻报道中各种限于制度层面、政策层面、法律层面说不清道不明的"叙事盲区",欲言又止的"叙事断点",给公众提供了无限遐想的空间,留下了"发挥"的空间。

在传统大众传播时代,信息传播的总体目标是维持公众与外界关系相互妥协的理想状态,也形成了约定俗成的传播秩序。社交媒体崛起之后,传统媒体作为公共信息服务产品提供者的角色功能就逐渐弱化了,信息传播秩序的失衡,强烈刺激着人们对于社会问题的参与欲望,于是,新闻生产开始以一种非传统的形式出现,在网络空间新闻生产的混乱状态自然不可避免。传统传播时代,传播机构按照固有的传播机制和媒介逻辑来呈现新闻事实,在这一过程中,新闻场域对新闻事实的呈现具有制衡作用。随着言说自由法律责任的自我松绑和对新闻评论的参与热情,网民出于某种动机,或呼唤"真相"出场,或防止"真相"被篡改,会主动参与关于事件的叙事和评论,以试图导出某个批判性结果。

从潜意识深处说,公众普遍存在"黑幕"猜想和枉法担忧,客观上新闻再现存在"叙事盲区"和"叙事断点",这正是诸种"黑幕"猜想的来源,也是各种阴谋论产生的依据。这一做法本质上是希望"真相"沿着平民道义的理解轨道被言说。希望事件的来龙去脉符合网民所理解的是非判断逻辑,"之所以有这样的结果,完全因为是有一个腐败的内幕"。这种想象性因果逻辑极容易引发社会认同。按照这种逻辑进行合理化的叙述,表面上是一种"真相"保卫战,实质上是话语权保卫战,深层次根源是行政、司法部门的公信力不足。

如何使叙述产生极具煽动性的传播效果?民粹主义的做法就是将"故事"完整化、戏剧化,即让事件的来龙去脉符合大多数人的想象,符合正常的生活逻辑,让网民读者觉得因果关系是合理的。于是在民粹主义活跃的网络空间,对立性、批判性事件叙述就成为一种常态,各种"内幕论""阴谋论"甚嚣尘上,根本原因是人们不相信事件是简单的,一定有背景、有内幕。简单的事实被无限放大,这种借助新闻事件进行的"发挥",是一种话语竞赛,更是一种想象力的竞赛。那么,为什么借题发挥的新闻发帖和评论能成气候呢?这是因为复杂的"真相"叙事已经被文学化了,悬念性的叙述极易勾起网民极大的阅读兴趣和参与兴趣。对大多数网民来说,真假并不重要,重要的是能满足好奇心,能提供表达观点、发泄情绪的契机。微信群、朋友圈正是网民表达的平台,也是精神狂欢的空间。无论是"北大校长读错字""清华学霸玩双飞",还是"重庆女司机打人"都暗含着在"真相"续写中发泄不满的快意恩仇成分。复杂化的"真相"叙事与自媒体传播者与用户之间的某种默契、某种共识有直接关系,自媒体与用户之间的"共同体"关系,催生了自媒体新闻生产的媒介逻辑。

对于新闻生产原则来说,事实顺序是第一位的;对话语意义建构来说逻辑顺序是第一位的。传媒在加工信息素材时,是服务于新闻原则还是服务于话语逻辑,这取决于媒体的公信力建构和维护的需要。在后现代相对主义阶段,原汁原味的真相即使是当事人也不能完全恢复,因为各方利益参与,使得叙述始终是朝着有利于自己一方展开。因此,无论是专业媒体还是自媒体都不存在绝对中立的叙事。在传播过程中,都不可能放弃对话语权力的寻求。传媒在生产中的大量努力,都意在通过引人注目的内容形式唤起情感、激起兴趣来赢得和保持受众的注意力。网民主动发帖叙事的动机是对符号权力的寻求,显然这符合媒介逻辑。"客观的权力关系,倾向于在象征性的权力关系中再造自身。"①西方学者在

---

① 〔法〕皮埃尔·布尔迪厄:《社会空间与象征权力》,见包亚明主编《后现代性与地理学的政治》,上海:上海教育出版社 2001 年版,第 306 页。

20世纪80年代初提出的媒介逻辑的概念是指媒介对现实世界事件本身以及对他们的面貌和构造的影响。美国学者阿尔塞德(D. L. Altheide)和斯诺(R. Snow)同时也提出,媒介逻辑概念不仅可以用于描述传播内容的性质(nature)、模式(mode)和类型(style)等特征,还可以用于观察这一逻辑对受众的偏好、期望的塑造,从而进一步阐释媒介对受众行为的影响。① 换句话说,由于"媒介推广的是媒介运行所需的格式",这种内容格式通过大众媒介的传播逐渐渗透到社会其他领域,使媒介成为一种新的"集体意识",从而使人们越来越按照媒介的逻辑行事。② 由此,媒介逻辑的内部建构和外部应用都得到了初步发展。新闻事实经过叙述再现出来就自然"携带文化权力意义"。每当有网络事件发生,都会有很多人站出来,揭示所谓"内幕",参与所谓的"真相"补充叙事。弱势群体通常会按照弱势群体的思维定势来编排案情故事。叙述者往往站在弱者一方,为作为弱者的受害人打抱不平。如果事件的处理结果不利于弱者,网民就会站在弱者一方,补充叙述作为强者的一方"他们上面有人""他们背景很深",这个逻辑符合常态思维。以"上面有人""官官相护"的叙事质疑事件的公平、公正,这早已变成一种网络发帖、评论潜意识的博弈手段。于是很多网络事件就"想当然""顺理成章"地按照普通人想象的路线,自然地虚构"内幕"情节和因果关系,"真相"叙事也自然形成逻辑自洽。例如,"扫黑除恶"运动中,昆明揪出了黑社会人员孙小果,孙的罪行曝光后,网络空间充斥着关于"孙小果案件"的各种"黑幕"故事,孙小果母亲、养父违法的各种传言版本甚多,至于孙小果亲生父亲的猜测更充满想象性期待。孙小果神秘的"高官"亲生父亲,被证实是子虚乌有。网民发帖的想象性叙事符合对抗性思维,其中的悬念、情境、冲突这些戏剧性要素营造了一个完整的、具有逻辑自洽的传奇故事。接受者无法考证事实的真伪,因而会对网帖所述事实产生"也许有""应该是""差不多"的认知心理。

　　符合逻辑自洽的"真相"叙事,往往会突出"冲突"。"冲突"作为叙事作品的戏剧性要素是文字可读性的来源。新闻本质上是一种"告知性传播",其可读性取决于事件本身的复杂性,一般的新闻报道满足于新闻要素的交待,戏剧性叙事

① David L. Altheide, and Robert P. Snow, "Media Logic and Culture: Reply to Oakes", *International Journal of Politics*, *Culture*, *and Society*, vol. 5(3),1992, p. 467.

② [英]尼克·库尔德利:《媒介、社会与世界:社会理论与数字媒介实践》,何道宽译,上海:复旦大学出版社2014年版,第141—142页。

并无必要。例如，在张扣扣杀人案中，事件本是一起简单的刑事案件，按照正常的司法程序执行即可。但网络"好事者"永远都不甘寂寞，赋予这个案件以跌宕起伏的情节。匿名网友以自己是本地人的口吻，在网络上补叙了二十年前的真相："死者是本地乡绅，势力很大，死者老大是管委会主任，当初因为房界争吵，王正军（老三）用板凳把张扣扣的母亲劈死了。判了无期（后来了解，是判了八年），实际上蹲了三年就出来了……更正，我回去问了一下，当初是父子四人，当着面把张的母亲打死的，脑浆都打出来了。最后罪落在老三身上，因为老三未成年，运作一番，判了半年。"在这位网友的讲述中似乎"真相"已很清楚了。尽管张扣扣是残忍杀人的行凶者，却被塑造成为母报仇的侠客，而受害者王家被贴上了仗势欺人、徇私枉法的恶霸标签。部分网友看到这些表述之后，纷纷跟帖点赞认同。实际情况是，两家均为普通农民，杀猪买卖使两家关系恶化进而引发冲突，导致王正军失手杀人。但是网络空间大量的补叙，均是朝着冲突的戏剧性方向书写。"真相"叙事将王家塑造成村中恶霸，大儿子是乡长，"上面有人"；将张扣扣一家塑造成弱势群体，掩盖了其母撒泼成性的事实。其结果，张扣扣就被描写成行侠仗义、除暴安良的传奇英雄。这种舆论严重干扰了正常的司法审判。

　　"借题发挥"的"真相"叙事特别之处，还在于其话语指向十分明确，任何事情都可以指向一种民粹主义式的言说，借助复杂隐喻、暗喻等修辞手段，将叙事和评论导向了民粹主义固有的思维定势，凸显了仇体制、仇政策、仇司法、仇官、仇强等的民粹化主题。这一离谱的"发挥"容易导致不明真相的网民响应、声援。"山东大学伴读事件"一开始就被纳入"仇政策"主题，由山东大学伴读通知"发挥"出了非洲留学生的超国民待遇，黑人违法乱纪，黑人传染艾滋病等主题，直接质疑我国现有的国际交流政策。由此可以看出，借题发挥所做的不仅是叙事，更重要的是提供话语。

2. 新闻基模转型、话语勾连与事件定性

　　剖析"借题发挥"这一中国特色的舆论生成机制，必须先要探明由事件到话语，由话语到舆论的几个关键要素。笔者认为，新闻基模转型、话语勾连、事件定性是借题发挥的舆论生成"三步曲"。这"三步曲"中，新闻基模转型是基础，社交媒体无把关人的状态为自由言说扫清了障碍；话语勾连是最关键的一步，将不相干的事件勾连到一块，就会产生意想不到的传播效果，是非因果就会发生质的变

化；事件定性则是水到渠成的一步，但却在引导舆论上至关重要。

社交媒体时代，新闻传播的基模发生了本质性的转型。传统的新闻报道模式被颠覆了，新闻内容本身的魅力被新闻修辞的魅力取代了。荷兰学者樊·迪克(T. A. van Dijk)的话语理论或许有助于我们理解网民借题发挥背后的话语基模转型过程。樊·迪克将新闻结构划分为宏观结构和微观结构两个层次，宏观结构又可区分为宏观语义学和宏观语法学两个分析路径。他认为，宏观语言学所处理的是"文本整体所叙说的究竟是什么"的问题，即所谓的主题结构，樊·迪克所提示的分析路径是，一方面探究如何从文本中借助删除、化约、普遍化与重组等手段，使主题结构得以浮现；另一方面则是在探究这一主题结构又是如何比重不同的配置在文本中包括检视其如何被理解，哪些重点被突出，相关性又如何被呈现等。这两者所处理的正是主题结构的生产与理解的课题。他认为主导文本中主题结构得以呈现以及在文本中配置的就是一组特定的知识、信仰、态度与意识形态的运作。而所谓的新闻话语中的主题结构，樊·迪克认为就是标题、导语与各段落的起始句，它们按照主题焦点的轻重缓急、时间焦点的远近先后，自上而下的线性方式配置在新闻文本中。宏观语法分析处理的主要是新闻文本内容的配置问题，即新闻基模(news schema)。它主要是检视组合新闻的相关信息内容，究竟是遵循何种规则、安排、组装成一个完整的叙事结构。他认为组成新闻基模的内容是一组类目和编辑这一类目的规则。有标题、导言、背景、引述、事件结局等。[①] 社交媒体空间发帖新闻基模已完全不同于传统新闻，新闻伦理规范已失去约束力。断章取义、夸大事实的"标题党"、耸人听闻的导语、来路不明的引述、简单直接的是非判断，这些构成了社交媒体的新型新闻基模。因为如果不按照这种套路做，帖子就会淹没在信息洪流中，不会产生多大的影响。显然，突破传统新闻伦理是传播竞争的无奈之举。新闻基模转型导致虚拟化、煽情性手段被广泛使用，过度的夸张、省略、虚构，使触发网民认同的几率大大上升。传统新闻中立、客观的写作基模在社交媒体时代不复存在。樊·迪克所揭示的是传统媒体中的中庸化、妥协化的新闻文本规律，即基本的叙事套路。然而，在社交媒体时代新闻叙事要能引发广泛关注，则新闻基模需要转变为话语修辞。借题发挥正是话语勾连这一修辞策略的具体表现。

---

① T. A. van Dijk. *Handbook of Discourse Analysis*. London：Academic. 1985，pp. 82 - 88.

所谓的内幕故事,似乎是各个狗血肥皂剧中的某个情节被人为地编织成同一个故事。所谓"真相"叙事中的事件,按照美国叙事学研究学者西摩·查特曼(S. Chatman)的说法,是"按照已排列好的序列表现出来的"。① 相反,和一堆随意集结成团的事件不同,它显示出可以察觉的组织。每一个叙事都是一个整体,因为它由事件与实存等因素构成的,而这些因素又区别于它们所构成的东西。事件与实存是单独的和离散的,而叙事则是连续的复合体。事实排列的顺序乱了,叙事基模就被颠覆,那么"真相"叙事就不是简单的叙述而是话语。然而,仅仅是一种关于事实的话语,在社交媒体空间仍然是一种温和的修辞策略。

特殊的政治环境和广泛的社会焦虑促成了一种网络空间的话语生产方式——勾连式话语生产方式的诞生,勾连式话语生产是促成当下网络舆论产生的常见形式。勾连式话语生产其通常结构是由 A 事件联想到 B 事件,然后对A、B 事件中的社会腐败、不公等社会负面问题进行批判。如"北大校长事件"(A 事件)中读错字也许不是什么大事,但网民却可能联想到深层次的官场腐败问题。在互联网空间,即使不存在具体的 B 事件,但网民确信,类似 B 事件那样的总体性、趋势性的现象客观存在。例如,"刺死辱母者案""张扣扣案"中,勾连的是对地方恶势力横行、官官相护、司法不公等的负面社会印象批判。"山东大学伴读事件"勾连的是教育资源的分配问题、黑人带来的社会问题和社会风险等。"重庆女司机打人事件"勾连的是社会中存在的官员家属"仗势欺人"的问题。勾连式话语生产是当下中国社会心态与中国特色舆论的反映。从具体事件舆情发酵,到形成轩然大波,再到后期,就会发现,话语与事件本身关系并不是很紧密了。人们会长时间纠缠某个事件,并不是为了探讨某个事件的是与非,而是要勾连、发挥,联想到总体性的社会不公、总体性的社会腐败。"夏俊峰案""庆安事件""郭美美事件"等都是典型,在经久不息的评论背后,都存在借题发挥的倾向。由对 B 事件批判的合理性推导出对 A 事件进行的批判也具有合理性。

英国政治学者拉克劳(E. Laclau)和墨菲(C. Mouffe)在他们的《霸权与社会主义策略:迈向激进的民主政治》一书中提出了"勾连"(articulation)的概念,他们指出,"我们把在元素之间建立关系的任何实践称为勾连,这样它们的身份

---

① [美]西摩·查特曼:《故事与话语》,徐强译,北京:中国人民大学出版社 2013 年版,第 6 页。

就因为勾连实践而被修改了。清晰的勾连实践产生了结构化的整体,我们称之为话语。不同的立场,只要它们出现在勾连话语中,我们就称之为时机。相比之下,我们把未经话语勾连的元素叫做差异性事实。"①网民现实社会权力关系的记忆,是碎片化的,且已经形成刻板印象,这些记忆基本都是负面的。这些碎片化的记忆可以看作是散在的话语元素,在意义的争夺和生产过程中,它们被勾连起来,形成一种民粹化的政治话语。

　　勾连实践则尝试从话语修辞策略意义上重新争夺并赋予事物以新的意义,这在西方政治学实践中是一种常见手段。另一位政治学者伊安·安格斯(Ian Angus)则认为,勾连意味着一种特殊的意义建构方式——"勾连实践抵达的是一个权力概念,它不单单指向不同旨趣阶层之间的意见分歧或对话行为,更为关键的是指向深层次上的共识构造过程。"②在网络空间所发生的具有勾连价值的事件,可以成为民粹话语生产者手中有价值的引子,尽管现实中缺少具体事件,但"也许有"成为共识,因为这是现实存储在网民心目中的刻板印象。话语勾连的关键在于连接能指与所指的意指过程。在网络空间网民的能指与所指之间的勾连具有某种随意性,依靠约定俗成而产生的"意指",这就为不同的社会主体争夺话语意义创造了机遇。实际上,意义的生产过程就是话语权的争夺过程。因此,话语勾连是网民利用网络技术的赋权机制,从而对权力结构的现实进行批判。

　　对这种勾连话语实践我们还可以借助英国语言学家费尔克罗夫(N. Fairclough)的话语实践理论来加以进一步的阐释。费氏将话语视为由语境、互动、文本三个维度构成的统一体,文本处于最底层,是互动的结果。③ 在后来的著述中,费氏又对三维结构进行了修正,他认为话语生产过程是文本、话语实践和社会实践相互作用的结果,话语实践是连接文本与社会实践的桥梁,作为文本与社会结构的中介,话语实践主要处理文本如何被生产、配置与消费的过程,这一过程就是多样化话语进行支配、竞争、重组、吸纳再配置的过程。费氏称之为

① E. Laclau, C. Mouffe. *Hegemony and Socialist Strategy*: *Towards a Radical Democratic Politics*. London: Verso, 1985. p. 105.

② I. Angus. *The politics of common sense*: *Articulation theory and critical communication studies*. In S. Deetz (Eds.). *Communication Yearbook*, 15. Newbury Park, C. A.: Sage, 1992. p. 535.

③ N. Fairclough. *Language and Power*. London and New York: Longman, 1989. p. 25.

"互文性分析"，它是从话语实践的角度去检视文本，从文本寻找到话语实践的轨迹，亦即检视不同类别的话语究竟如何在文本中被勾连。① 网络发帖可以看作是一种文本，这种文本是话语实践的产物，话语实践又是社会实践的折射。社会现实中民众心里所积压的怨愤、戾气，其实这就是费尔克罗夫所说的"语境"，也就是一种"社会实践"。中国社会长期积压的问题、矛盾本身就是一种语境，网民在网络空间所进行的意见表达本身就是一种社会实践。勾连作为一种特殊的话语实践，不同于网络空间的炒作、吐槽、恶搞、谣言等一般话语实践，其着力点在对抗性话语生产，这种话语生产挪用了不少强化话语正当性的策略，通过发帖进行话语形构，与文化实践进行互动，在"真相"叙事中扮演重要角色。其功能性意义在于，"不论是事实建构，还是神话建构，都是为谋求一种对事实的最终诠释权，并使之合法化，以取得一定的'言后之果'。从总体看，这种种目的实质就是为追求对意识形态的建构，换言之，事实建构和神话建构是意识形态建构的微观方法和中观方法。"②由此可以看出，借题发挥就是通过话语勾连建构一种意识形态，一种对抗性的意识形态。

"真相"叙事是话语勾连的合理化过程，而对事件的定义、定性则是典型的舆论导向。这里，我们需要注意到，借题发挥除了是一种话语勾连过程，更是一种事件定义、定性过程。在叙事过程中对某一事件妄下结论，就是一种定义霸权（definition hegemony），通常我们所见的贴标签、扣帽子等就是其常见的表现。定义霸权是话语勾连后最终形成舆论的助推剂。在"张扣扣案"的相关表述中，将杀死邻居一家三口的凶手张扣扣说成是替母复仇的侠士，严重扭曲了刑事案件中法律的是非因果关系；在"山东大学读伴事件"的相关表述中将留学生直接等同于吃喝玩乐的非洲学渣，将伴读活动解读为"三陪"，是一种故意的曲解；在"北大校长读错字事件"的相关表述中，将大学校长读错字事件定性为"官员腐败"，进而否定整个用人制度，是一种严重的上纲上线。强化定义霸权还包括肆意运用"煽色腥"修辞，其目的是要达到强化传播效果。只需将"山东大学读伴事件"相关网帖的标题加以分析，就可以看到这一做法的特点。例如："山东大学女

① N. Fairclough. *Critical Discourse Analysis*：*The Critical Study of Language*.. London and New York：Longman，1995，pp. 76 - 78.
② 曾庆香：《新闻叙事学》，北京：中国广播电视出版社 2005 年版，第 191 页。

学伴曝内幕 校方威逼利诱女生就范""曝光!山东大学除了给黑人留学生分配3名异性'学伴',还有更多服务……""山东大学引起公愤,一男配三女""浅谈山东大学学伴制度,背后更值得深思",无论是批判还是恶搞,该事件的网络传播过程都存在着强烈的"煽情"的倾向,这一做法是在合理化叙事中对事件主体人格的肆意碾压。

人、政策、体制成为批判的靶子,这是当下中国互联网空间极具中国特色的舆情内容。因而,从叙事一开始,就进入集体无意识的对抗逻辑。修辞成瘾成为网络空间表述的常见现象,正是源自这种无意识的对抗冲动。修辞学要考虑的是"对谁说""为什么说"以及"说什么",在对抗性叙事冲动中,发帖者首先考虑的是"对谁说",发帖者诉诸习惯简单是非判断的网民,而不是有着反思习惯的网民,因为这个层次的网民有很强的参与意识,因而转帖也是最积极的;而在"为什么说"部分,发帖者往往扮演着侠士的角色,带有一种"路见不平、出手相助"的意味;在"说什么"和"怎么说"部分则体现了发帖者的策略选择,简化叙事逻辑、强化定义、定性霸权是一种有效途径。

3."借题发挥"的终极目标是寻求权力转化

"借题发挥"生成舆论有两个目标,眼前目标是寻找发泄的出口,终极目标是寻求权力转化。就总体规律来说,涉及的事件、议题是什么不重要,重要的是这些事件、议题都可以被借题发挥,成为发泄不满和戾气的借口。由于社会焦虑正成为当下中国舆论生成的土壤。这使得"为反而反"成为一种民粹化舆论的总体趋势,各种各样的舆论关注的主体渐渐趋同、舆论爆发的形式渐渐趋同,舆论的话语内涵渐渐趋同。因此,传播主体都在等待下一个触发点。

"借题发挥"之所以能迅速生成某种舆论,究其根源,乃在社会大背景中存在某种民意,长期压抑却缺少表达由头。新闻事件不经意间触动了人们的敏感神经,即当下中国社会普遍存在的社会焦虑。公众面对社会诸多不确定性因素产生焦躁、不安,心理会产生应激反应。个体情绪化的意见表达容易转化为社会群体的广泛响应,容易滋生出偏见、分化、对立和冲突,最终带来社会融合的困境。从社会心理学角度看,社会焦虑会引发许多越轨行为、加重人们不切实际的高期望值心理和相应的短期化行为,而个体焦虑因为社会急剧的整体嬗变、变动不居的形势、不尽合理的政策制度、错乱蜕变的价值观念等逐渐演变成了全民性的社会焦虑,具体表现为就业、教育、财富、人际等方面的焦虑。相对剥夺感的弱势群体心态在自由表达的社交网络泛化蔓延,各种社会不公、腐败、风气蜕变等带来的安全感和归属感的失落,容易引发社会偏见、心理失衡、不信任甚至社会冲突,而社交媒体技术对日常生活的嵌入,为内隐的焦虑情绪提供了宣泄的出口,产生网络舆情狂欢的景观。作为初级目标,这种宣泄为社会扮演了一个稳定器的角色。

公众的过度敏感和焦虑造就了病态的社会情绪,产生了强烈的介入欲望,这也自然而然地在叙事话语权力的营造中表现出来。"成都七中食堂事件"就是对食品安全焦虑的典型案例。该事件一度引发全国关注,形成舆论声浪。虽然这起事件发生了反转,最终证实是肇事者故意摆拍制造假新闻引发网络舆情。这从一个侧面反映了当下社会的不安、焦虑情绪。民粹主义对舆论的形成起到了推波助澜的作用,而民粹主义则是产生于司法不公、贫富差距大、官民矛盾深的社会状态中,"不平则鸣,不均则怒"在现代社会已经是一种普遍的集体无意识。人们天然地具有一种均贫富的愿望,当这种愿望难以实现时,就会演化为一种情绪,而这种情绪经常被表述出来。这种不良社会情绪日积月累就会形成暴力反抗的冲动,在"杨佳袭警案""刺死辱母者案""张扣扣案"等案件引发的舆情中均有所表露。这种极端社会心态是日积月累形成的,是多年来压抑的怨愤情绪得不到有效的纾解而逐渐产生的,也是民众缺少制度化政治参与途径的必然结果。

根据中国互联网络信息中心(CNNIC)发布的第 44 次《中国互联网络发展状况统计报告》,截止到 2019 年 6 月中国网民规模已达 8.54 亿。本科以下学历(不含本科)占比为 90.4%,月收入在 5000 元以下网民群体占比超七成。[①] 这个低学历、低收入、庞大的网民群体在现实社会中的获得感不强,他们中有很多人常常发现自己处于不利地位,进而产生愤怒、不满等负性情绪。长期的挫折感使他们内心滋生出反刍思维,并沉浸其中无法自拔。以往研究表明,群体相对剥夺感更容易引发群体行为。作为中国特色的互联网政治行为,借题发挥往往是为了寻找一个发泄不满、表达意见的机会。"山东大学读伴事件"是教育资源匮乏,长期分配不公所积压不满情绪的借机总爆发。

通过"借题发挥"来发表意见、表达自身的诉求、排解心中的怨气,这一舆论

---

① https://news.china.com/domesticgd/10000159/20190831/36948036_all.html.

生成特点与重大突发群体性事件所产生的非理性舆论不同,"借题发挥"的言论往往是理性的,策略性的。社交网络传播是当下各种社会情感和社会经验沟通与表达的平台。网帖传播者与接受者在很大程度上均是从事件本身透视中国当下社会内部的种种社会问题:官本位、资源分配不公正、阶级鸿沟等等,事件本身成为社会焦虑情绪宣泄的出口。在网络共情传播的表层之下,还潜藏着一种深层的社会悲情、怨恨、愤怒相关的消极敌对情绪。

这种情绪导致叙事框架的形成,不论发生何种事件,网民一旦可以"借题发挥",就会按照既有框架来进行讨论。对体制、政策、司法的不满,就会按照道义的模式加以演绎和诠解。久而久之,参与博弈的叙事脚本就会趋同,因为现实中需要解决的问题没有解决,无论是转化为何种事件,只要可以借此话题发泄一通,那么所讲述的主题就会趋同,脚本也会趋同。表述脚本的自由提供,是当下中国社会底层不满的情绪发泄的若干形式之一。其指向目标非常明确,就是施压政府部门,实现其现实诉求。现实生活中,公众过度敏感和焦虑的社会情绪也自然而然地在书写行为中表现出来。虚拟空间的抗争,作为一种意见表达,往往含有寻求支持、寻求认同的味道,即发帖者说什么、怎么说均朝着有利于形成舆论的方向推进,进而上升为某种共同信仰。为什么网络空间抗争性话语容易流行?为什么在叙述某些负面新闻事件时,网民所提供的表述脚本在很多情况下是夸张的,不准确的,甚至是虚假的?这些仅仅从新闻传播的伦理学角度来进行批判分析是不够的,仅仅以"共情传播"来解释也是有局限的。

从社会焦虑到宣泄文本完成再到形成舆论,网民潜意识中存在一个共识假定:所有网民都认同发帖文本中的观点,因为它涉及的是大多数的利益。在建构"真相"叙事架构时,媒体话语同时也在处理一组政治理念的排列。这种理念揭示了某种所谓的"共识的假定",即假定广大网民存在某种共同的、不可分割的利益,所有人都认知这个事实并接受其为共同的愿望和目标,不存在任何差异和隔阂。因此,共同体成员自觉参与讨论巩固共识。在社交媒体所召唤的"我群",往往就是指庞大的网民群体。所谓的共识原本就具有高度的异议。它虽设定一个被视为理所当然的、无需证明的、具有共同分享的主管实体,但毕竟限于召唤我群的范围内。在树立对立面时往往赋予其一组负面的价值。在合理/不合理、合法/不合法、公正/不公正、秩序/混乱等二元对立的价值体系中,"我群"网民会很清晰地进行坐标定位。在建构共识的话语上,社交媒体空间的发帖会不约而同地选择公平、正义主题作为召唤我群的最高价值,也把自己视为这一价值的代表。① 共识假设是"借题发挥"的动力。

关于共识假设,从西方文本研究的一些理论学说也可以得到有效解释。美国学者韦恩·布斯(W. C. Booth)强调作者是文本的建构者,作者对叙事因素的选择大致上控制着读者的反应,作者的写作是为"隐含的读者"(implied reader)准备的。这一强调决定了文本意义方面的重要性。在《我们的伴侣》中布斯详尽解释了他的修辞模式,发明了"共导"(coduction)概念,所谓"共导"指的是读者的相互作用有助于修正他们对叙事的反应。② 布斯是针对小说作品而言的,这对于社交媒体空间的虚拟写作同样也具有借鉴意义。在社交媒体空间,所谓的"共导"——读者的相互作用是通过在共同的"社区""空间""群""朋友圈"内部的互动来实现的。在社交媒体时代,网民的互动成为常态,他们在互动过程中极容易对作者观点产生认同,因为发帖者的写作是为潜在的网民准备的,"隐含的读者"就是活跃于各种微信群、朋友圈的网民。网民作为行为主体,普遍服从幂律分布,这容易导致间歇性情绪爆发,而一旦幂律出现,爆发点的出现就再所难免。③ 网民心理情绪宣泄的需要使网帖成为网民表达"适度愤怒"的出口。任何一种话语的制造和意义的生产都隐含了复杂的社会关系。对于社会公共事件,网民有强烈的表达欲望,"借题发挥"无疑是一种相对曲折、隐晦的叙事或评论模式,它是现实社会关系和社会情绪的折射。在现实社会中,利益分配的不均、社会阶层的分化、公权力的滥用、社会公德的缺失、民众权利的被漠视,都会使民众产生不满和愤怒的情绪。借助某些社会公共事件,网民用网帖书写表达"适度的"愤怒,代表了一种"温和的""非暴力的"抗争,在某种程度上成为疏通和化解社会负面情绪的载体。网民在运用这一流行语时获得了宣泄的快感,虽无力改变现实,却在一定程度上排解了心中的郁闷,并能在网友中引发共鸣,产生某种道义认同和情感认同。共识假设是"大多数意见"的代名词,暗含着群体的巨大力量。

---

① Roger Fowler. *Language in the News*:*Discourse and Ideology in the Press*. London:Routledge,1991:52.

② [美]詹姆斯·费伦:《作为修辞的叙事:技巧、读者、伦理、意识形态》,陈永国译,北京:北京大学出版社 2002 年版。第 24—28 页。

③ Albert-László Barabási. *Bursts*:*The Hidden Pattern Behind Everything We Do*. Boston:Duton books. 2010,p. 15.

布尔迪厄把各领域各部门适应媒体话语活动的人称为"快思手"(fast-thinkers)，而把话语生产的共同空间称之为"新闻场"。布氏讨论的是传统媒体时代的话语生产问题，他认为传统媒体的话语生产方式更多出自商业目的而非民主，换言之就是为了促进公众的话语消费。由此产生的大批媒介人物既是媒介"产品"又是媒介话语的生产者，扮演着双重角色。针对这一现象，布氏指出，一个文化生产者越自主，专业资本越雄厚，只投身于除了竞争对手就没有别的顾客的市场，那他就越倾向于抵抗。这些"'快思手'、记者史学家、辞典编纂家或靠录音机对当代思想进行总结的人，都毫无顾忌地利用社会学——或他们理解的社会学——以在知识场四处出击，发动独特意义的'政变'"，他们的目的不是生产而是再生产。① 在社会焦虑较为严重的当下，社交网络中的"快思手"会主动出击，成为网络事件"故事"的叙述者。自认为处于弱势地位的人们便用媒介隐喻的方式映射现实社会。同样感受到社会不平等的网友就会应招在这样的话语之下，凝聚共识，而共识形成的基础是所谓的认同。"快思手"所做的工作，就是"兑现"媒介权力。根据美国修辞学家肯尼斯·博克(Kenneth Burke)的观点，演讲者通常采用三种策略与受众取得共同意见，即"同情认同""对立认同"和"误同"。对立认同是一种"通过分裂而达成凝聚的最迫切的形式。这是由于大家共有某种反对的东西而形成的联合。"②

"借题发挥"所营造的声势浩大的网络舆论，或泄愤、或围观、或动员，旨在借助"民意至上"形成话语权力，渲染出"绝大多数人"的意见，从而借助舆论兑现权力转化，对政府组织施加压力，其目标并非政治上的纲领性诉求，而是要求解决当下现实性问题，或不满政府某项决策、或批判某种做法、或谴责某人某事……舆论话语已经形成一种简单的游戏特征。从某种意义上说，焦虑化解是网络舆情产生的根本动因，呼吁"立即解决"就成了化解焦虑最直接的手段。近十年网络舆论生成与发展的特点均是如此。必须指出的是，"立即解决"与网络民粹主义"闹大"策略密切相关。为了实现"立即解决"，网民总是希望把事情"闹大"从而试图包装成民意或公共舆论，这就是民粹主义伪舆论制造的套路。"闹大"有

① ［法］皮埃尔·布尔迪厄：《关于电视》，许钧译，沈阳：辽宁教育出版社2000年版，第169页。
② ［美］肯尼斯·博克等：《当代西方修辞学：演讲与话语批评》，常昌富等译，北京：中国社会科学出版社1998年，第161页。

时具有一定的道德震撼力,常常成为"弱者的武器",带有浓厚的网络怨恨极限抗争的色彩。但是,焦虑和怨恨情绪驱动下的"借题发挥"逻辑使网络舆论走进了一个"怨恨批判"陷阱与死胡同,即并非是以一种正视与解决社会问题的姿态作为舆论抗争的出发点,多数情况下更多是一种仇富、仇官、仇政策、仇体制情绪的狂欢,以及在此基础上形成的不分是非曲直的犬儒式批判。网民或许是为了维护个人的合法权益,或许是为了声援弱者抗议强权,但也可能是为了宣泄不满情绪甚至出于其阴暗的目的,以至于鱼龙混杂、泥沙俱下,造成错综复杂的舆论局面。由此可知,焦虑、怨恨驱使下的情绪宣泄并非真实民意,它导致矛盾升级,局面失控,也会加剧社会心理的失衡和扭曲。因此,每一起网络媒体事件都成为网民的情绪狂欢的难得机遇,这已成为中国独有的一种亚文化现象。围绕具体事件而出现的各种嘲讽、谩骂、戏谑,是一种典型的民粹主义的表达,这也正是中国舆论生成规律的特色之所在。

第五章　网络亚文化的"趣味"及其症候

　　用传统的精英文化、大众文化、物质文化、观念文化等二元对立体系来分析研究网络亚文化无疑会落入经验论的窠臼，难以洞察这种新型文化的内在本质。换一种视角，或许能找到打开问题之门的钥匙。20世纪末本世纪初，人文社会科学研究的文化转向，使得文化成为各学科聚焦的重要领域。围绕文化定义的纷争，使得至今也无法得到一个精确的定义。西方社会学者试图通过区分不同的价值体系来划分文化类型，这种尝试在新媒体时代有一定现实意义。美国社会学者赫伯特·甘斯（Herbert Gans）认为，现代文化只与趣味有关，不一定"承载"什么价值规范。他认为现实中存在着"趣味文化"，它的功能在于为生活提供娱乐、信息并美化生活、表达趣味和审美的价值和标准。① 他的方法使作为复杂整体的文化趣味的理论化成为可能。甘斯的文化定义方法预示了在社会学家当中，用特定意义和"符号表达"的术语来定义文化的趋势正在形成。依据这一文化定义，甘斯提出了"趣味公众"（taste publics）这一概念，他认为，对价值和趣味文化内容做出相似选择的特定趣味文化的使用者，可以被描述为个体趣味文化的公众，即趣味公众。这些公众不是组织起来的，而是非组织化地聚集起来的。需要指出的是甘斯强调了文化与社会之间的区别。假使我们不在文化趣味和趣味公众之间作出区分。我们就不会理解文化是如何运作的。这是由于趣味文化与趣味公众之间的关系并不那么简单。同样的文化可以被不同的公众以截然不同的方式使用。②

---

① Herbert Gans. *Popular Culture and High Culture*. New York: Basic. 1974. pp.10-11.
② ［美］约翰·R.霍尔、玛丽·乔·尼兹：《文化：社会学的视野》，周晓虹、徐彬译，北京：商务印书馆2002年版，第27页。

一、网络亚文化的"趣味"及其文化资本价值

网络亚文化是一种典型的建立在传播主体趣味交往实践基础上的文化形式,那么,它的趣味认同过程和路径是怎样的? 趣味公众是怎样形成的? 对此问题的探究有利于文化的引导和网络空间的深度治理。

1. 作为"趣味文化"的网络亚文化

趣味是一个古老的概念,其历史可以追溯到古希腊时期亚里士多德的共同感概念,后经 17、18 世纪的英国经验主义美学家将其改造成为一个美学概念。康德认为,"'趣味'是普遍有效的方式判断和选择的能力",人们作出美学判断是基于自己的主观感受,但他同时指出"决定判断的基础也许在于超感觉的人性底层",即存在人性的普遍性。在康德的解析中,趣味判断一方面保持了个体性和经验性,同时还获得了普遍的必然性,这是康德美学结合经验主义和理性主义传统,创造性地建构起来的现代美学成果。康德把趣味的判断作为一种能够调节主观和客观经验、协调知识和道德判断的能力,在他看来,趣味"合目的性而无任何目的",它具有"主观的""共同有效性"[①],建立在人们共同"评判机能"即"共同感"基础之上。[②] 基于此,他提出了著名的"趣味的二律背反"命题,认为,趣味既是主观的,具有个体特征,又是客观的,存在社会性标准。[③] 可以说康德的趣味判断主要是源自人类先验综合判断的思维范式。芬兰学者格罗瑙(Jukka Gronow)把康德的思想应用于社会学领域,提出了"趣味社会学"的概念,并以此为视角考察了趣味与时尚关系中个性与共性的复杂关系。他指出:"现代时尚模式是解决二律背反的主要的、同时也是最典型的社会结构之一。"趣味的个性化和普遍化的不断转换,进而会形成创新与模仿不断互动循环的过程。[④] 布尔迪厄从社会学角度对趣味的生成做了深入的研究,在《区分:判断力的社会批判》一书中,布尔迪厄批判了传统学院派美学把趣味看作是个人审美眼光和审美能

---

① [德]康德:《判断力批判》,宗白华译,北京:商务印书馆 1996 年版,第 51—59 页。
② [德]康德:《判断力批判》,宗白华译,北京:商务印书馆 1996 年版,第 137 页。
③ [德]康德:《判断力批判》,宗白华译,北京:商务印书馆 1996 年版,第 186 页。
④ [芬]尤卡·格罗瑙:《趣味社会学》,向建华译,南京:南京大学出版社 2002 年版,第 109 页。

力的差别的观点,认为该观点忽视了趣味的社会生成过程。一个人的文化趣味与家庭出身、资本、学校教育等因素有着密切的关系。这些因素造成了社会主体分层,不同阶层拥有各自不同的趣味空间。①

社交网络时代,文化形态与上世纪相比发生了质的变化。随着审美现代性的式微,那种沿着传统文化轨道行走的文化实践渐渐发生转型。新型文化趣味的生成超越了布尔迪厄传统阶层趣味的"区分"模式,传媒技术变革带来了文化的转型,尤其是技术的赋能、赋权,将网络文化趣味带入一种全新的模式,促成了文化的小众化。文化多样性建立在趣味的分野之上,而网络亚文化正是按照趣味建立起了"趣味共同体"。技术的赋能、赋权改变了文化趣味的分层模式。

当前的网络亚文化到底是一种什么性质的趣味文化?这里有必要首先对亚文化的历史作一个简单的描述。亚文化最早出现在16世纪英国"圈地运动"之后,大批失地农民涌入城市,形成了当时城市中引人注目的"流浪者群体",这一特殊群体形成了与城市精英文化格格不入的行为方式和语言系统,即流浪者亚文化,例如,俚语、黑话、行话等,这些是亚文化的早期形态,可以看出,反主流的行为和语言方式是早期亚文化的主要表现形式。19世纪移民潮也形成了美国特色的移民亚文化,尤其突出的是越轨和犯罪亚文化。帮派冲突、比狠斗恶、街角闲逛、无事生非等等构成这种亚文化的主要内容。早期这些亚文化的趣味特征其实并不明显,到了20世纪50年代"仪式抵抗"的青年亚文化才显露出些许趣味的特征来,嬉皮士、摩登族、雷鬼乐、朋克等这些已初步体现出趣味倾向。可以说,是当时特征鲜明的青年亚文化。20年代80年代中后期,嘻哈(Hip-hop)文化在美国兴起,Rap、街舞、涂鸦、DJ等成为时尚,黑人青年的表现形式、黑人英语以及带有一点玩世不恭的"政治说唱""帮派说唱"等等,这些渐渐形成嘻哈文化的"趣味"。其中隐含着对黑人遭受的各种不公正待遇的不满和愤怒,而诵唱、和声应答、合唱、互动等松松垮垮的形式,正是美国青年所追捧的,因此,趣味认同也就容易实现了。作为一种典型的亚文化,嘻哈文化表现出与主流文化分庭抗礼的姿态。从生产过程看,它大多继承非洲音乐文化传统,并借助电子音乐技术形成独特的节奏韵律。从接受角度看,美国社会中无论白人还是黑人青年都对现实有着强烈的不满情绪,嘻哈说唱迎合了他们的精神需求,成了他们发泄情

---

① [法]皮埃尔·布尔迪厄:《区分:判断力的社会批判》,刘晖译,北京:商务印书馆2015年版,第9页。

绪的出口,因此美国青年成为嘻哈文化的忠实粉丝。同时,青年人的广泛参与,使得这种文化的风格更加突出,活力无穷。青少年趣味逐渐成为青少年文化建构的根本,可以说,没有趣味就没有这种文化内核,没有趣味就没有这种亚文化的魅力和价值。青年人由此也成为亚文化历史上最早的趣味公众。

承继 20 世纪亚文化的总体特性,又有自身发展的网络亚文化,它的精神内核又是什么样的呢?纵观本世纪以来网络亚文化发展的总体趋势和特点,不难发现,崇尚自我、自由放纵、突出个人感受、强调个性化表达等等,这些是其精神内核。毫无疑问,这些与网络全球化所带来的新自由主义思潮有很大的关系。我们所看到的恶搞、调侃、戏谑、反讽以及佛系青年、"葛优躺"等网络语言符号,均可以看作是其精神内核的直接反映。这一文化趣味越来越成为网络亚文化的精神纽带,其复杂性远胜于英美早期的亚文化形式。

2. 区隔、习性与亚文化趣味特征

网络亚文化趣味有些什么特征?这里,我们不妨借助布尔迪厄的文化社会学理论来加以阐释。网络亚文化产生于与主流文化"话不投机"的总体背景下,"趣味相投"体现在社交网络的趣味配置,既有与生俱来的审美能力的因素,同时也因技术变迁产生新的规则和话语秩序,因此它既隐藏于代际间的传承,也存在于代际间的变革。在社交网络的世界里进行着的是新生代文化对上一辈文化传统的反叛。就其文化实践而言,体现出三方面的优势:1. 书写频率快、技术水准高;2. 内容选择自由;3. 风格格调鲜明。书写频率是亚文化主体掌握技术的表现,利用技术赋权占领优势文化地位。虽然社交网络正在逐渐覆盖越来越广泛的年龄层,但青年群体已经迅速占领了有利地形,并形成了自身的文化实践特色。以网络文学为例,网络小说动辄上百回、上千回,这种书写频率是上一辈作家所不能想象的。同时,在书写过程中作者还可以与成千上万的"追文族"进行互动,根据追文族的需要改写人物命运。这在纸质传媒时代是难以实现的。在趣味共同体形成后才会出现如此"趣味相投"的亚文化形态。同样,技术赋能造成也成就了"抖音"和"快手"这种文化样式,其成功的原因,正是在商业竞争中突出了自身独特的调性。平台用户因自身文化资本而形成的趣味也被平台竞争的环境强化。低文化社群由于其文化资本的缺乏,在表演前台发挥其技术强项,以"接地气"的方式赢得关注,不断将话语符号降级,以致超越伦理和隐私的界限。

必须指出的是,这种所谓"趣味",已游走在低俗化的边缘。

从内容选择角度看,网络亚文化群体选择的内容已与成人媒介文化内容脱钩,他们在自己的封闭的文化资源库里进行自由选择,久而久之,社交网络的圈层化传播特点使网络亚文化群体越来越固化于自己的趣味,在亚文化互动的场域中,青少年网民用自己的方式相互评论、点赞、批评、谩骂,构成了趣味生产的传播和反馈机制,网友在此过程中进一步确立和固化自己的趣味,也就从微观上使个体卷入到社交网络文化时尚的自我推动过程中。这种主体行为的发展趋势,渐渐成为一种文化潮流,从中也可以看出,文化发展过程中趣味渐渐成为文化建构的本体。内容选择的自由,也带来了圈层组合的自由。一方面,在社交网络的世界里,人们会将自己所属的群体内/外及自我/他人区隔开,自己所想象的趣味、喜好标准进行自我规训,进入自己所认同的所谓"志同道合"趣味共同体中。例如,网游爱好者群体是一个共同体,这个圈层内部还有区隔,不同的游戏内容选择,形成不同的内容趣味圈层,不同水平的人又因水平差异形成不同的层级趣味圈层。另一方面,在趣味共同体之内,人们效仿着意见领袖的表现,致力于"自我小众化"。如此造成的结果,则是社交网络世界中不断自我推动的时尚。

从风格角度看,网络亚文化从其出生时就体现出了对抗性姿态,在消费社会时代,这种对抗性姿态慢慢消弭了,但与主流文化之间的壁垒却没有消失。区隔成为一种现实,同时也是一种保持文化独立性的策略。区隔的方法,则是通过标新立异来凸显自身鲜明的个性风格。与 20 世纪五六十年代青年亚文化对风格的追求不同的是,网络亚文化的风格、趣味增加了技术的成分,要想收编成为全社会流行的文化几乎不可能了。即使成功实现商业化收编,其流行范围也仅仅限于青少年群体。布尔迪厄认为,一切文化实践中存在的趣味,实际上与教育水平和社会出身两大因素有关,有什么样的文化消费者的社会等级,就有什么样的艺术消费等级。布尔迪厄认为只有把对于狭义的高级文化趣味,也就是对于合法文化的趣味与一般认为形而下的、粗俗的文化经验的趣味结合起来,才能真正了解文化实践的意义。[①] 在网络时代,区隔的阶级意义已不太明显,代际的文化趣味分野却越来越明显。各种新奇怪异的亚文化类型,完全与传统成人文化形态形成区隔。花样繁多的亚文化汇入了晚期现代性的河床,成为现代性外观最

---

① [法]皮埃尔·布尔迪厄:《区分:判断力的社会批判》,刘晖译,北京:商务印书馆 2015 年版,第 1 页。

活跃的浪花。自然这种提前强占了现代性风头的网络亚文化也给社会成员带来文化不适应。网络亚文化无论形式还是内容都难以与成人文化兼容。趣味，其目的与其说是为了区隔，不如说是为了亚文化自身圈层建构。当然，这种圈层建构有向文化体系建构方向迈进的倾向，然而，网络亚文化不可避免地存在着一种文化宿命，即它始终处在变动不居的形势中，碎片化是其总体特征。随着现代社会总体趋势中"俗性"对"神性"的颠覆，晚期现代性的发展，美学已经失去了它的特权地位，逐渐被一种无孔不入的趣味美学所取代。这就意味着，网民更多地认同那些强调表象和外观而不是复杂性和深度的特征，对内在关联和可能性的探索往往通过有趣的杂乱状态而不是叙述的连贯性表达出来，技术发展无疑通过再现形式给文化传统带来了巨大的压力。①

布尔迪厄提出了"习性"（habitus）这个术语，肯定了人的本质主义的内在属性，习性无疑是社会建构的产物，同时又反作用于新的社会建构。习性是行为主体的感知、意识、性情等精神世界系统的反映，是一种整体的精神状态。习性是社会区隔和文化任意性的历史产物，而非内在本质属性。"习性"既是被建构的，也是建构性的、能动的。习性具有相对稳定性，对于这个特性的理解使我们探究青少年在网络亚文化中的心态具有积极意义。布尔迪厄特别指出个人最原始的生存经验的极端重要性，他认为习性的形成与个人的成长环境有很大关系。他所说的个人最原始的经验包括按照年龄顺序属于最早生活阶段的那些经验，主要指的是童年时代的生活经验。习性具有本能保护自身同一性和恒定性的倾向，具有自我稳定性和维持稳定性的基本条件。按照这一特性，童年时代和最早的生存心态结构处于个人完整生存心态的基础和核心地位，对于之后试图改变原有生存心态的种种努力都尽可能进行顽强和持久的抵抗。② 新生代青少年从其一出生开始就接触互联网，因此其思维方式、行为方式以及文化实践都与互联网关系密切。网络亚文化群体的习性直接影响到他们的文化趣味。

根据布尔迪厄的理论，趣味作为文化习性的一种突出表现，可以被视为整体的阶级习性的一个关键性的区隔标志，这也可以理解为是一种群体身份标志。

① ［英］大卫·钱尼：《碎片化的文化和亚文化》，魏万磊译，见班尼特、哈里斯编：《亚文化之后：对于当代青年文化的批判研究》，北京：中国青年出版社 2015 年版。
② 高宣扬：《布迪厄的社会理论》，上海：同济大学出版社 2004 年版，第 113、132 页。

习性与教育、成长环境关系密切。90 后、00 后一代的网络亚文化群体的习性形成比较复杂。从社会语境看,随着审美现代性的终结,康德、伽达默尔意义上的规范性审美趣味淡出了人们的精神世界,消费社会以时尚消费和感官感知为中心的趣味成为社会主流。从文化全球化和现代性趋势看,外来文化形式尤其是发达国家中产阶级的文化趣味会伴随着互联网传播进入中国,属于西方社会价值体系的东西也会随之进入。特别是对个人主义的张扬,适应了网络亚文化群体——趣味公众的精神需求。主流文化中的"合法趣味"在教育、新闻、文化等各种领域都显示出强大的符号霸权,挤压了青少年个体愉悦的精神空间。网络亚文化群体的文化实践,本质上说,带有逃避、反叛宰制性文化趣味的倾向。例如,"二次元"文化的精神实质就带有渴望自由、向往乌托邦的成分。网络亚文化群体的文化实践更倾向于共同体内部文化趣味的自得其乐,那种基于身体、功能和技术的某种文化自足性,与此同时,它采取的种种刻意的努力其实是想打破"合法趣味"的宰制,然而它也对消费社会的大众趣味嗤之以鼻。因此,自创的文化趣味,自然就会设置技术门槛,这样确保实现共同体圈层内部的分享和传播具有纯粹性,趣味公众的意味由此得到提升,虽说是小众化圈层文化实践,仍然体现了公众性的目标追求。

3. 新型文化资本与网络亚文化趣味的价值

带有技术含量的超前观念与标新立异的风格,在网络亚文化群体中引领风尚,成为一种新型文化资本。作为社会象征意义的一部分,文化资本必然随着社会变迁而发生一系列的变化。文化资本的嬗变不仅仅是趣味与格调的表征意义的变化,而是更本质地反映了现代性进程中新型文化形态与传统文化形态之间的冲突。

既然称之为一种新型文化资本,那么必然要体现出它与传统文化资本之间的差异。文化资本毫无疑问是一种知识资本。它可以给予个体认知与行动的信息,以及不论是具体的或是抽象的、可以让下一代继承的文化财物(具体的)与文化能力(抽象的)。更重要的是,它是一种与社会各种机制共谋的、并藉由这些社会机制(如教育场域的运作)来合法化其自身的资本形式。文化资本的展现是一种能够"辨识"出具有特殊符码性质实践的一种"组成图像或是音乐上、文化上的知觉和评价模式系统,它以有意识及无意识的方式发挥作用"。①

当人们尽力去培养自己或是获得这种特殊的辨识系统(习性)时,这种特殊的辨识系统就形成了一种文化上的资本,可以供其在复杂符号世界中使用。传统文化资本的获得途径,通常是通过习得教育、阅读经典,不断学习、参悟其中的奥妙,掌握常人未能领悟经世致用的知识,因此,常规路线是知识的积累,并在传统知识体系掌握和运用中占据有利地位。网络亚文化的文化资本形成过程则完全不同,其侧重点转向了对技术的学习,这与网络亚文化群体自幼对网络游戏、网络聊天的爱好,进而对信息技术产生兴趣和爱好有很大的关系。掌握了信息技术有助于创造新的文化形式,自幼以来形成的技术储备为成年后的文化生产和消费提供了便利。于是,传统知识习得底蕴不够深厚,网络知识接受的碎片化,都使得网络亚文化群体在传统文化资本面前自惭形秽。但是网络技术带来的种种便利,改写了游戏规则,促成新型文化资本的诞生。

首先,新型文化资本体现了新创文化的前端性。对于网络亚文化群体来说,其文化资本体现在技术急速变革的大潮中对新技术掌握的娴熟程度、特别是文化生产过程中的对技术运用的熟练程度。青少年群体掌握文化形式始终是超前的,他们是新技术、新型文化样式的弄潮儿,因而具有先导性。如抖音、快手的短视频创作和生产即体现了这一特点。另外,在文化接受和使用过程中的敏锐程度,如游戏的竞技水平等。这些都代表着新型文化资本的前端性、超前性。在新型文化资本形成过程中,传统的知识崇拜被技术崇拜所取代,网络亚文化共同体中的"高手崇拜"是趣味深化的有效途径,由此,共同体内部由弱关系转向强关系。

其次,新型文化资本体现了与传统文化资本的巨大反差。文化资本的嬗变,根源是文化"合法趣味"已经成为一种单调趣味,掌握网络技术的青少年群体创造出了文化的多样性,他们作为互联网的"原居民"很早就从游戏、卡通形式接触到了西方文化的价值趣味,因此,对社会"合法趣味"从一开始就是抵制的。不说教、不搞一言堂、彼此平等、网络亚文化的多样性就自然而然产生了。这其中体现了青少年群体文化实践中的价值取向,自由、多元的网络亚文化自然具有吸引力。

---

① P. Bourdieu. Three States of the Cultural Capital. *Acts of Research in Social Sciences*, 1979,30: 2.

再次,新型文化资本不再是以知识为标准,而是以文化为标准。文化产品适应网络亚文化趣味,就是有生命力的文化。青少年群体强调了生活中的自我释放,误把文化娱乐当作知识,大量的网络亚文化内容填充了闲暇时光,也填满了他们的精神世界。然而,不是知识构成的文化资本,终究难以可持续发展,青年时代的终结,他们终究是要按知识的生产和使用以及效能的发挥,来安排自己的生活。在新型传播形态下,知识储备和技术储备同等重要,社会竞争核心要素是知识,而决定竞争的逻辑就是资本的逻辑。资本不仅是场域活动竞争的目标,也是用以竞争的手段。文化的市场化转化取决于这种文化趣味的受欢迎程度和潜在使用人群。资本所看重的正是网络亚文化新型文化资本的转化可能性。

最后,网络技术赋能、赋权,改变了社会结构中的文化资本配置格局。从传统文化资本角度看,个人在社会结构中的位置影响了其文化资本的积累,例如,新生代农民工这一由"年龄、出身与职业"多重身份划分出来的群体,他们的出身大大影响了其文化资本积累,进而影响他们的文化实践行为。但是在社交媒体网络中,年轻人基于共同的喜好、意义和价值而形成的场域,已经打破了阶级所限制的文化资本积累对他们的影响,重构了现实社会中文化资本的形式,从而形成了自己的新型文化资本。不同经济背景的人可以玩相同的游戏、分享共同的网络内容。

网络亚文化群体在文化发展过程中存在一种矛盾心态,一方面,他们要刻意摆脱主流文化"合法趣味"的宰制,努力标新立异;另一方面,他们身处消费社会,渴望借助消费力量,将合法趣味浅薄化,将亚文化趣味合法化。这样的矛盾心态,也决定了网络亚文化趣味的价值的矛盾性。渴望放飞自我,渴望不走寻常路的网络亚文化,其吸引人的地方正是不受成规约束的自由性,也是共同体趣味形成的关键要素。而渴望借助商业的力量将亚文化趣味合法化,这无疑是一种商业价值的考量。

4. 文化实践与网络亚文化趣味共建

无疑,网络亚文化产生于互联网空间的交往行动。交往行动是人与人之间发生社会性关系的中介。马克思认为,正是由于分工的出现才会使人沦为生产的工具,失去主体的自由,受到限制。他指出:"个人力量由于分工转化为物的力量这一现象,只能靠个人重新驾驭这些物的力量并消灭分工的办法来消灭。"①也就是说,个体的发展决定于他和他所生活空间的交往状况。哈贝马斯(Jürgen Habermas)在其《交往行动理论》一书中区分出了四种行动类型:目的性行动、规范调节的行动、戏剧式行动、交往行动。他更看重第四种行动,因为它更能解释当代媒介社会的现实,它是行动者个人之间以语言为媒介的互动。理解与共识是交往行动的核心,而语言具有特别重要的地位。

无论是马克思的唯物主义交往理念,还是哈贝马斯所强调的"交往理性",他们都将人与人之间的交往置于重要的位置。网络亚文化是交往行动的产物,网络亚文化的趣味是一种共同体成员在交往行动中共建的产物。这需要从文化主体的文化实践和交往行动过程来进行分析。

首先,网络亚文化群体文化实践的社会基础是网络空间的交往行动。从生产方式来说,传统农业社会自给自足的生产模式被大工业生产所取代;从社会环境来说,如果我们从一个较长的历史纵深来考察,便可以清晰地看到中国社会中越演越烈的生产关系变革和传统交往的有机连带崩溃现象。随着以血缘、地域为联结的有机连带转变为网络空间系统的功能性、趣味性联系,作为联结社会关系的交往行为面临着多重挑战。面对传统与新型社会关系的矛盾,青少年群体中新型的交往行动方式逐渐形成。他们热衷于亚文化的生产和消费,言谈中充斥着"吐槽""恶搞""戏谑"等内容,以亚文化为载体,重新适应并建立了自己的人际交往模式。正是在这样的情况下,网络亚文化既是交往实践的产物又是一种新的交往行动方式。文化趣味是共同体内部成员之间彼此相互影响、相互作用,"共建"了文化趣味。

其次,网络亚文化交往行动表现为一种圈层文化生产。无论是网络语言还是网游体验交流,青少年群体的文化实践,渐渐也酝酿成各种"非合法化的"文化趣味,并日益活跃于社交媒体的朋友圈、微信群、QQ空间,久而久之成为青少年特有的共享趣味。网络空间的交往,圈层成员因共同的兴趣、爱好甚至是观点而自发地走到一起,于是出现了网游、耽美、萌宠、弹幕等亚文化圈层,其交往初始阶段并无明显的政治倾向,但随着青少年"普遍交往"的深入,文化的交往实践自然会涉及政治内容。例如网络恶搞、吐槽、反讽、标签、人肉搜索等,作为交往行

———————————

① 《马克思恩格斯选集》(第3卷),北京:人民出版社2002年版,第515页。

为,已经发展成为社交媒体平台上的一种特有文化样式,成为圈层"想象共同体"内广泛接受、认同、喜好的符号形式,这也可以看作是一种"趣味共同体"的经验和意义分享。这是最直接的、最表层的交往行动。在当前传统主流媒体公共产品匮乏的情形下,这种网络空间的共议有缓解网民社会焦虑的功能。共议过程正是网络亚文化趣味认同的过程,也是其价值提升的过程。

再次,网民的交往行动是在信息碎片化传播环境下进行的,这也就决定了网民的交往行动具有天然的不系统性,也决定了网络亚文化生产带有碎片化倾向。网络亚文化主体的政治诉求往往"隐写"为自由、放松,多数情况下是对成人世界的反叛和抵抗,其诉求终结目标是对自我放纵。网络语言是一种特殊的亚文化,它直接体现了交往行动。就语言学"以言行事"规则来说,各种吐槽、恶搞、反讽、自嘲等网络行动表达了网民群体对现实的批判、抗争、恐惧、无奈、沮丧甚至是绝望的情绪。交往行动中的非系统、碎片化的政治诉求,始终停留在感性政治阶段,而非理性的交往行动决定了多数情况下的趣味认同,是一种政治盲动或文化从众。凭借网络事件的感同身受、网络活动的共同爱好、网络产品的共同体验,所形成的趣味认同难以承载公共领域的使命。

最后,青少年网民在交往行动中对公共性议题的关注逐渐减少,对个体议题的关注逐渐上升。这导致了文化趣味的转型,网络亚文化趣味渐成气候。网红表演、"双十一"购物感受、抖音、快手等都宣示着青少年网民趣味的改变。他们对于明星、时尚、游戏、耽美、萌宠等私人性话题的关注超过了对公众议题的关注。按照布鲁默的理论,网民在交往行动中往往会假设有一个"趣味共同体"存在,每个个体与这一个集体有种"共感"约定,只讨论这个群体关注的话题。比如网民通常愿意在微信群、朋友圈分享文章或游戏心得,随着交往的深入,他们更倾向于小范围分享,因此,小众化"专业"议题是"趣味共同体"更为认同的纽带。专业化议题的讨论,逐渐远离了政治公共性。例如,对某款网游通关技术的探讨,就是一个非公共性话题。即使是相当扩展的空间,无论是QQ空间、微博、微信、聊天、评论,所讨论的内容往往夹杂着私人信息,公共话题和私人话题的界限非常模糊;另一方面,戈夫曼提出的"前台"的概念,也提醒我们,青少年网民的某些交往互动,存在着伪公共性倾向,某些圈层成员为了给他人留下好的印象,往往会进行一定的表演,因此,所表达的意见,并不具有公共性。这种交往互动"共建"结果,使亚文化实践越来越丧失公共价值,有走向庸俗趣味的倾向。甘斯所说的"趣味公众"沦为只有趣味的乌合之众成为现实,这正是文化危机的根源所在。

网络亚文化趣味建构处在一种矛盾的境地,一方面趣味共同体内部交往行动形成的共议,有助于社会批判;另一方面知识的碎片化,使得其始终处于"非系统性"状态,处在感性政治阶段,这样,网络亚文化作为公共领域的可能性逐渐消失了,这也标志着传统大众传播时代的文化意涵建构已经被用户、玩家趣味所取代。哈贝马斯所说的目的性行动、规范调节的行动、戏剧式行动、交往行动渐渐褪去了价值理性,渐渐被工具理性所控制。玩家趣味按照工具理性只需实现用户群体和利益最大化,因此,交往行动的结果就是不知不觉按照市场逻辑行事,于是,网民看到在快手 APP 上,类似"14 岁少女怀孕晒娃"的网红视频屡见不鲜。"高点击率""高点赞数"成为衡量文化价值的标准,也成为衡量趣味认同的标准。

游戏体验、吐槽、恶搞为代表的亚文化成为了新的交往行动方式,意味着趣味成为了交往的主要目的。一方面,交往的主体是基于趣味进行交流的。在传统的农业社会,社会关系是以血缘、地域、邻里为纽带的,这时候的互动交往是基于社会性的需求;到了工业社会,人们的交往是基于功能性的需要;而到了现代社会,人们以网络亚文化作为交往行动方式,是基于一种纯粹的趣味性的靠拢。交往过程中消解了传统的宏大叙事,不再以理性的、社会性的需要来进行交往,而是以展演、倾诉、发泄为目标,是一种碎片化、混杂性、短暂性的交往行为。另一方面,主体也在交往中获取了趣味。谈论网游的人不只是谈论游戏本身,还谈论游戏里的副文本,如游戏的背景故事、游戏人物或者是英雄的皮肤等。在交流中,谈论者获得了超越游戏本身的趣味。吐槽话语不包含理性话语交谈中的价值判断、情感倾向,而只是集中于趣味和娱乐,但娱乐和趣味的获取并非没有门槛,吐槽式的交往行为存在着"槽点"的设置,只有读懂"槽点"的接收者才能真正的理解吐槽并分享吐槽的趣味。这一点与布鲁默提出的"集体趣味"十分契合,"趣味形成的环境是人与人的相互作用的社会环境,且趣味的形成得益于他人的肯定和相互交往中他人给予的定义。①

正如哈贝马斯所强调的,语言在交往行动中具有重要的地位,趣味的建构也

---

① 〔美〕赫伯特·布鲁默:《时尚:从阶级区分到集体选择》,刘晓琴、马婷婷译,《艺术设计研究》2010 年第 3 期。

建立于语言文字的书写互动。"在网络空间这个新的语言场域中,网民突破了时空的枷锁,沉浸于后现代文化的狂欢中,颠覆、重构、消解着自然语言的严肃性和规范性,追求着碎片化、快餐式和混搭的语言表达,以有限的语符创造出意境无限丰富的内涵。"[1]在网络空间这个随心所欲的舆论场中,理性的语言和严谨的书写被随意、碎片化的书写风格所取代,人们沉浸在这样的话语狂欢中,建构了一种颠覆、无羁的狂欢式趣味。

二、作为流动现代性表征的网络亚文化趣味认同

当代媒介文化的发展总体是按照现代性的脚本推进的,但 21 世纪以来信息技术突飞猛进的发展,使当代社会进入了一种德国学者哈特穆特·罗萨(Hartmut Rosa)所说的"加速社会",科技加速释放时间的同时也制造了很多的新的文化样态。这种新型文化样态,迥异于传统具有根基性的文化,更多体现为一种碎片化信息文化,其生成和消亡与文化谱系根基无关,趣味决定了这种文化的寿命。因此,"加速社会"的文化,无论其空间和时间延展性多么宽广,都是一种阶段现代性的表现。

讨论网络亚文化的趣味认同问题,必须先做一个简单的理论谱系的梳理。康德美学较早关注文化的趣味,他认为,"'趣味'是普遍有效的方式判断和选择的能力"。[2] 他从审美的高度认为趣味是非功利、无利害的境界。法国社会学家布尔迪厄在他的《区分:判断力的社会批判》一书中针对康德非功利、无利害的纯粹趣味美学进行批判,坚持将趣味划分为工人阶级的趣味和精英阶层的趣味。他认为后者看似超凡脱俗,本质上却是在维护精英阶级的自身特权。美国社会学家赫伯特·布鲁默(Herbert Blumer)提出"集体趣味"的概念,认为趣味形成的环境是人与人的交流沟通的社会环境,且趣味的形成得益于他人的肯定和相互交往中他人给予的定义。"那些生活在共同的社会交往中并有相似经历的人会形成共同的趣味。"[3]布尔迪厄从社会阶层结构的视野对趣味问题进行宏观把

---

[1] 曹进:《网络语言传播导论》,北京:清华大学出版社 2012 年版,第 235 页。
[2] [德]康德:《判断力批判》,李秋零译注,北京:中国人民大学出版社 2011 年版。
[3] [美]赫伯特·布鲁默:《时尚:从阶级区分到集体选择》,刘晓琴、马婷婷译,《艺术设计研究》2010 年第 3 期。

握,认为趣味具有"区隔"功能:人们运用符号象征资本,以表明自身的阶级位置,而这些文化或艺术消费领域的区隔,就服务于社会差别的合法化。"每种趣味都可以组织和分隔社会中的人……由于趣味是一个人拥有一切(包括人与物)的基础,也是自己与他们的关系的基础,所以人们便借此对自己进行分类,同时也被他人进行分类。"①我们很难对网络亚文化趣味进行阶层定位,但因趣味而聚合,因趣味而更替,却是正在发生的事实。它区隔了什么?内部因什么而形成认同?

我们看到,网络亚文化传播本身是在一个自交流系统中进行的,趣味是维系这个自交流系统的纽带。趣味认同在网络空间呈现出迭代加快和分布多样化态势。这与阅读时代男女老幼趣味一致的文化格局大相径庭。网络亚文化缺少恒定的文化基模,UGC 文化自生产与模因传播,催化了迭代更新,也催生了亚文化趣味向感性体验靠拢。建立在感性体验上的义化认同正逐渐成为一种趋势,这一发展趋势将直接冲击文化整体性建构,值得我们深思。

1. 流动现代性与游戏本体的文化

当前的网络亚文化到底是一种什么性质的文化,其本体特征是怎样的?这需要对当下的社会形态和文化生产格局做一基本的分析。

齐格蒙特·鲍曼(Zygmunt Bauman)在 2000 年后先后出版的《流动的现代性》(一译《液态现代性》)、《液态时代》等书中表述现代社会最大的特征就是液态化,现代社会已经从一种坚固、沉重、形状明确的固体状态变为流动、轻盈、千姿百态的液体状态。所谓"流动现代性","指人与人之间的互动模式即各种社会关系处于不断'液化'的状态。流动现代性状况下的人们过的是一种'液态生活(liquid life)'"②。在鲍曼看来,现代人生活在"时间密集,空间紧缩"的环境中,时间成为衡量智慧和能力大小的最重要因素。鲍曼用"流动的现代性""轻灵的现代性"来描述当前的社会状况,揭示了社会的流动和解体趋势,作为对比,他将先前的社会状况描述为"固态的现代性"。在鲍曼看来,流动现代性时期,没有长期的目标、没有固定的标准、没有绝对的价值、没有毋庸置疑的原则,一切皆如流

---

① 〔法〕皮埃尔·布尔迪厄:《区分:判断力的社会批判》,刘晖译,北京:商务印书馆 2015 年版,第 9 页。
② Zygmunt Bauman. *Liquid Life* Cambridge:Polity Press,2005.

动的液体一般。这某种程度上也解释了文化的发展特征。鲍曼认为现阶段"窄化""碎片化""瞬时化"的时间已经代替了先前阶段"线性""方向性""绵延性"的时间。"在今天,人们憎恶、躲避持久性的东西并珍爱短暂性的事物,然而却是那些失败者——尽管有极大的困难——正在激烈地抗争,以使他们微不足道、没有价值、昙花一现的所有权持续得更久一点。"①在传统媒体时代,价值观念是固定不变的。无论是阅读、书写还是电影电视,大众传媒成功地传播了固态化、标准化的思想和情感模式;但是在流动现代性时期,没有固定的标准、没有不变的原则,而文化,就如同液体一样,永远处在变动不居之中。"窄化""碎片化""瞬时化"匹配了现阶段的社会特性。

"固态"社会的文化强调长期的深思和积累,这有助于产生不朽的文化。正是"深思"这一"固态"文化生产模式,人类才创造不朽的哲学、艺术、文学等经典。随着社会由"固态"变为"液态",人们的思维方式转向"零散化",行为方式变为"非规则化"了,网络时代这一倾向尤其为甚。以鲍曼的这一理论来审视网络亚文化的种种表现,可以恰当地解释其内在规律和总体特性。

自 Web2.0 技术普及以来,UGC 模式的盛行,改变了文化生产的自上而下模式。网民不再是大众社会里的一盘散沙,新媒体将以往基于血缘、地缘关系而结成的"失落的共同体"中的个体重新聚合起来,形成一种虚拟共同体。人们得以通过网络技术平台,实现了由"共同兴趣"聚合向自发性共同体的转变。在网络共同体中,因网络书写互动主体与书写方式的后现代特性,建构了不同于以往的,充满了颠覆、狂欢和无羁的书写互动趣味。②从整体现代性进程角度看,我们可以清晰地判断,"网红""抖音""快手"等这些当前感性化的文化样态终究是历史阶段性现象。如果把现代性整体进程看作是河床,那么那些阶段性的文化现象就是河床上的一朵朵浪花,而真正令人担忧的是河床走向。

基于对"液态"时代特点的认知,我们发现,作为一种文化形式,其根本的文化本体观已悄然发生变化,这种变化是一场"润物细无声"的革命。文化本体观已经不可逆地发生转变,其核心是感性体验,这里我们不妨称之为游戏本体。这完全有别于传统以对"人"的思考为核心的文化本体观。"所谓人的文化本体,是

---

① ［英］齐格蒙特·鲍曼:《流动的现代性》,欧阳景根译,北京:中国人民大学出版社 2017 年版,第 42 页。
② 陈龙、杜晓红:《共同体幻象:新媒体空间的书写互动与趣味建构》,《山西大学学报》2015 年第 4 期。

指人得以生成、存在和发展的文化创造及其成果构成的前提条件、途径和基础。人只有获得了文化的本体,才能够使人取得进入人类社会的密码——人之成为人的语言、知识、精神、道德、生活习惯和技能等,才具备了作为人的资格和内涵。"①以"人"为中心的文化传播和接受,强调的是对人在当下境遇和未来的思考,具体说,人们对所涉及的社会、人生、生命等诸多方面问题的思考都贯彻着人文精神。在信息技术高度发达的当下,文化的生产和接受方式都发生了本质的变化,关于"人"的思考架构已从文化的本体世界慢慢褪去。马克思所讲的"人类掌握世界的四种方式"之一"艺术的掌握世界方式"强调了艺术的认识性、社会性,突出了它的"上层建筑"性质,"马克思把文学艺术看成是一种'艺术生产'就强调了文学艺术的实践性、生产性、加工性,注意到了文学艺术本身与'经济基础'的实际联系,这样我们就既从哲学的高度俯视文学艺术,又从政治经济学的角度切入到文学艺术活动本身……在文学艺术作品也成为一种可消费的商品的今天,马克思关于'艺术生产'的观念就尤其显示出了它的理论价值和现实意义。"②"艺术地掌握世界"的关键性指标在网络亚文化中变得日益模糊了,因为UGC的文化生产不再体现上层建筑属性,也很难上升到哲学高度来洞察其内在价值。感性体验和感性表达成为文化生产的常态,其文化本体已不再是思考,而是感觉。我们不妨称之为"游戏本体"。"游戏本体"的支撑核心是"趣味",这是一种什么样的内核? 对此,布尔迪厄(Pierre Bourdieu)有一个专门术语叫"习性"(habitus),他认为,"惯习"在日常生活中展现为趣味,趣味反过来使阶级界限更加明确的分析。"趣味作为文化习性的一种突出表现,乃是整体的阶级习性的一个关键性的区隔标志"③。网络亚文化是新媒体技术诞生以来出现的新型文化形态,因为生于网络空间,一开始就具有分享性质,只是在代际文化上设置了技术障碍——趣味,成年人往往不太容易接受或使用这种文化,也不适应这种趣味。这些趣味化的文化往往具有相对独立、封闭的秉性,发展至今已蔚为大观,具有与主流文化分庭抗礼的势能。网络亚文化的生产、消费过程都与"玩"密切相关,建立在"玩"的行为之上的网络亚文化,自然就是"游戏本体"的文化。

① 李燕:《人的文化本体与人的自由与发展》,《山东师范大学学报》2006 年第 1 期。
② 童庆炳:《文学理论教程》,北京:高等教育出版社 1998 年版,第 19 页。
③ 朱国华:《合法趣味、美学性情与阶级区隔》,《读书》2004 年第 7 期。

在流动的现代性时期,游戏本体的文化呈现出一种内涵稀薄化的倾向,即不求深度,只求快感。在游戏本体时代,情感交流(聊天)、游戏、娱乐……一切对人的诱惑力实在是太大了,娱乐取代了阅读成为了人们获取快感的最主要方式。但是这些快感和趣味更多都是虚拟的,大众不再接触过去时代最好的文学、音乐、戏剧、诗歌,而是沉迷网络游戏和网络社交,并呈现出不可逆的趋势。游戏本体观正成为青少年文化认同的基础,传统思考本体的文化至此出现断裂。

游戏本体观视域下的网络亚文化内涵稀薄化,其产生的原因有三:

首先,传播技术的便捷化是网络亚文化内涵"稀薄化"的重要原因。媒介技术的快速变革,带来了传播的便捷化,使得网络亚文化获得自由生长的空间。从早期的社区、贴吧到微博、微信等社交媒体,网民获取信息变得更为便捷,UGC文化生产也成为新媒体文化生产的主要模式。网络语言、表情包、恶搞、黑客、迷族等亚文化形式都如雨后春笋般涌现出来,技术赋能使得表达更快捷,当下即刻的表达,即刻反馈,去掉了文化生产流程中的"打磨""锤炼"环节,节点传播也使得内容缺少专业的把关流程和必要的沉淀,因而,内涵的稀薄化在所难免。

这些亚文化形式有个共同的特点,即个体化的生产。网民在这样的技术攻陷下,更易失去思考和辨别的能力,往往陷入随波逐流的非理性状态。

其次,从亚文化传播主体看,以 90 后为代表的"网络原住民"青少年群体从一出生便接触了网络虚拟内容,并逐渐适应了虚拟化的传播形式。想象性建构是网络亚文化主体的一个惯习行为。例如"二次元世界"是一种类似童话世界的想象性建构,这种网络异托邦世界究竟有多少内涵和价值,按照传统思考本体文化的标准来看,是一种长不大的"大儿童"精神与情感世界的折射。网络亚文化主题反叛成人文化,固守低龄化的文化格局,依据低龄化精神与情感世界建构了虚拟的文化,形成了幼稚化、片段化、异质化的品质,这导致文化内涵不可避免地逐渐"稀薄化"。

再次,网络亚文化身处在消费社会,不可避免地体现消费社会的特点。生产与废弃成为一对共生性的行为。鲍曼直言:"流动的现代性是一个有着过度、剩余、废弃物以及废弃物处理的文明。"[1]网络亚文化的生产加剧了"过载性"废弃,它意味着冗余、过度或滥用,即时生产即时废弃。网络亚文化生产的速度是惊人

---

[1] ［英］齐格蒙特·鲍曼:《废弃的生命》,谷蕾、胡欣译,南京:凤凰出版集团 2006 年版,第 102 页。

的,节点传播格局和 UGC 生产模式使得文化生产迅速产生冗余和废弃。绝对统一的"趣味"没有了,而"我群"都想将自己的意志和趣味推广成为其他群体的共同意志和趣味,形成网络亚文化"想象共同体"。于是,文化普适性成为追求目标。正如英国学者尼克·史蒂文森(Nick Stevenson)在《认识媒介文化》中指出的那样,他择性是媒介生产的基本形式之一。① 特别是当他择性文化样式出现的时候,在英特网上发布信息成为"为承认自我而书写"的文化认同路径,他择性是消费社会供求关系的保证,大量的网络亚文化个体化生产必然产生冗余,正如鲍曼所言:"冗余是废物最忠实的同伙,对它的庞大有着不可忽视的贡献。数量如此之大的'可用'或者'现成的'信息,被草草地阅读是不可想象的,更不用说咀嚼吸收并记住了。"② 快速而大量的网络亚文化生产满足了"想象共同体"成员的消费需要,也将文化的内涵追求逼进了死胡同。如网络追文族将网络小说的生产塑造成了具有广泛趣味认同的形式,然而其小说的精神内涵从追文族追文开始时就消亡了。

网络亚文化的游戏本体属性是现代性因然,也是消费社会实然状态,游戏本体文化的本质是感性体验,其隐含的文化危机也将是社会难以应对的。

2. 趣味认同:流动现代性背景下关系重组

当下社会已经呈现出一些液态现代性特征:进入"加速社会",人们对快速、高效、海量、便捷等的追求取代了漫长的品质等待,速度成为能力和智慧的决定性因素。当下中国消费社会的形貌已经形成,新的规则不断产生,旧的规则与标准都正快速"液化",不再存在稳固的单一权威。于是,网络亚文化的生产、传播、接受、消费诸方面关系正在悄然发生重组。人们完全不能按照旧有的传—受关系来衡量液态现代性背景下的诸种文化关系结构。

现代性的过程始终充满着二元对立,解构总是同它的对立面——某种形式的约束和强制——矛盾共存,因为一种新形式的实现总是意味着取消它的另一种形式。我们看到,现代性进程中往往伴随着各种文化不适应性。历史上第一次文化不适应,是近代文化分化促成了古典主义的瓦解,文化出现了明显的不和

① [英]尼克·史蒂文森:《认识媒介文化》,王文斌译,北京:商务印书馆 2001 年版,第 149 页。
② [英]齐格蒙特·鲍曼:《废弃的生命》,谷蕾、胡欣译,南京:凤凰出版集团 2006 年版,第 19 页。

谐、冲突和矛盾,按西美尔(Georg Simmel)的说法是"文化悲剧的时代",也是海德格尔所说的技术理性对精神的凌越,使人们不能诗意地栖居。第二次不适应表现为信息技术快速变化,工具理性盛行,文化走向极简主义。网络亚文化由于媒介技术加速器的推动,呈现出晚期现代性特征:非主流、非传统、本能化、简单化。由于迭代速度加快,代际差缩短,其液态现代性空间里的关系在主体、趣味、技术之间的不断互适测试,文化风格驻留的时间越来越短,文化内涵在"当下的缩水"产生了新型异化形态。

网络亚文化的趣味是一种什么样的趣味?由谁来生产?这是研究身处流动现代性社会背景中的网络亚文化首先要弄清楚的问题。

鲍曼认为,在流动的现代性阶段,由于系统制造的矛盾错综复杂和充满不确定性,社会分化造成社会组织的涣散,社会功能的"退隐"造成社会成员"被个体化了","个体"失去指望或关注社会的动力,除了关注"自身内部"和"一己私利"外,不会产生出趋向公共利益的兴趣和意愿,这种"个体化"趋势导致了自由主义上升。网络亚文化的生产主体是中国社会的20世纪90年代以后出生的新生代群体,由于一出生就接触网络文化,崇尚自由,放纵自我,无拘无束的个体化特征几乎就是先天性的。因而从他们开始记事时起就对传统文化采取排斥、抵抗的态度,因此,在网络亚文化中不可避免地呈现"仪式抵抗"成分。骨子里与成人文化的区隔、不兼容的自由主义,决定了亚文化趣味认同也是先天性的。正是这种自由不羁的气质,成为千千万万青少年群体趣味认同的基础,由此出发又衍生出犬儒主义、反智主义的文化姿态——对传统的漠视、对成规的抵制,甚至拒绝交流;或者表现出玩世不恭的姿态,刻意运用技术化表达优势来形成对成人文化的疏离或隔绝。围绕个体趣味所进行的文化生产,造成他们始终处在主流文化的边缘地带。去程式化、去规范化的文化生产一旦成为流行文化,就会转入一种"博取眼球模式"的书写,极容易被包装成一种个性化的文化产品,貌似青少年群体的"自我理想"实现,实际是资本"狡计"下的"他者"控制。

在流动现代性时代,文化迭代速度加快,文化阵地易主是常态性事件。随着文化风格驻足时间的缩短,网络亚文化往往采取"到什么山唱什么歌"的策略,及时让渡文化舞台,顺应风尚的变迁。及时更新是青少年网民文化适应性的对策。趣味,一直处于流动之中时,新的趣味共同体不断生成,旧的趣味共同体不断瓦解。例如,男性"95后"群体的交往行动方式是游戏,游戏是他们的趣味所在,但是随着年龄的增长,原本喜欢玩游戏的人渐渐地不再玩游戏,他们慢慢地从趣味共同体内部脱离。同时,喜欢玩游戏的人不会钟爱于某一款游戏,随着游戏的更新换代,旧的游戏玩家转移到新的游戏,原先聚集起来的趣味共同体就会随之解散,转移到新的趣味共同体中。由此可知,趣味及其认同行为也是"液态"的。

从传播者角度看,节点传播时代,传播主体已经多元化、零散化。尤其是社交媒体时代的 UGC 生产模式,文化生产的主体与受众已经合二为一,传统的传—受关系已经"液化"并重新组合。例如,追文族现象就是一个典型。网络写手已沦为匠人,他所做的不过是一种"订单式写作",为了迎合追文族的需求,他会调整写作结构。因此,网络作品可以说是追文族与网络写手共同完成的,作者是传播者与受众合体的。由此可以看出传统的读写关系被颠覆了。

从接受主体角度看,受众在社交媒体时代的角色已转身为"用户",用户的体验式"浅阅读"使得文化接受的"常规化时间"变为"瞬时"浏览,这是消费社会文化接受特征的体现,消费社会中消费者常常以追求欲望的满足或感官的刺激而非生活的需要而消费,浅阅读的跳跃式、碎片化特征正好满足了现代社会对短期信息摄取和暂时心理。内容"微"化、主体"零散化"、体验的"瞬时"并不足以涵盖亚文化传播领域的"液态化"特征,用户趣味的变化才是衡量"液化"程度的关键指标。

从读写互动角度看,社交媒体时代,传统的具有严谨的叙事结构和理性表达的书写方式已经过时了,亚文化情绪化、无厘头、碎片式的表达成为时尚。网民随心所欲、浅尝辄止甚至断章取义地进行书写互动,模糊了主客体及主体间性。读写互动过程主体的彼此认知、认同,其实是基于一种"自我理想"的幻象,本质上是为了得到假想的他人的赞许、要求、期待与召唤,即"欲望着他者的欲望"。在此意义上,亚文化书写的自我认同与其说是一种幻象,不如说是他者意识的"侵凌"。为他人写作,为他人提供参考建议,实际上都是"趣味共同体"的交往行动。共同趣味、亲昵接触、相近的意见表达都使得共同体印象的加深。

这样,流动的(液态)现代性的总体性特征就显现出来了,受到即时性、可替代性和快乐至上原则宰制和统摄的消费者社会,那种在固态现代性时期面向"未来"的长远计划已经被盯住"当下"的随机应变的行动所取代。随机应变、灵活机动成为当下网络亚文化生产的总体策略。由此观之,表层的趣味认同,即是当下即刻的情绪、思想、观念的分享和传播;深层的趣味认同契合了流动现代性的种种文化质的规定性,演变为一种文化实践。无论是在场参与还是虚拟参与,所有文化实践者都是文化趣味的营造者,这种文化实践都显现出不同以往的独特之处:没有固定的脚本、没有固定的演员,甚至没有固定的舞台,网络亚文化表达的是当下即时性感性经验和趣味,因此,这种文化也无法沉淀,传统意义上的经典成长路径也不复存在,它本质上就是消费社会的产品。那么,从这一角度说,亚文化主体认同的也是即时的感性经验和趣味,认同的内容不具有启蒙价值,认同过程也失去了神圣性,而直接转变为一种狂欢性。

流动现代性背景下,整个社会都在由"固态"向"液态"转化,人们的生存方式变得"流动化",思维变得"零散化",行为方式也显得"不规则化"。在这样的情况下,人们对于网络亚文化的趣味认同呈现出了一种"液态"的关系。从本质上来说,液态的社会状况是不可逆的,但是我们可以看到,在流动的社会,文化内涵逐渐稀薄化,文化趋于游戏本体化。年轻一代对网络亚文化普遍地趣味认同,这一现象已成为一种社会症候,那么,问题的症结在哪?我们该如何应对这种文化窳败趋势呢?

首先,需要重新认识虚拟社会的文化危机。网络亚文化的盛行,某种意义上说是文化更新换代的产物,但千百年来人类社会的进步是建立在思考基础之上的,对"人"自身的反思,是文化的根本。网络亚文化基于个体感性生产,总体模式是边缘尝试,中心燃爆。"口味"(taste)始终是创新的基础。在消费主义时代,"口味"驱动,其中多少带有享乐主义和物化转型,这一点值得警惕。

其次,需要重建日常生活中的公共话题。消费主义时代,亚文化生产的个体化,关注个体趣味带来公共性议题的消亡。公共生活不断私人化、公共领域被私人领域逐渐侵占。同时在社会性终结的情况下,亚文化成为新的交往行动方式后,个体在交往时以趣味作为纽带和联系,在交往中形成流动的趣味认同。倡导重回公共领域,意味着人们会更多地关注公共话题而不是个体化的话题,能够引导年轻网民从对自身利益和趣味的关注转向对公共领域的关注,这对于网络文化的发展是正面价值意义的。

再次,需要重建批判精神。随着现代性进程的加快,社会结构发生了巨大的变化。社会价值取向多元化,文化也朝着多元化方向发展。多元化已成为整个社会形态的基本特征。趣味认同容易导向照单全收的局面,因此,缺乏批判精神的后果就是媚俗艺术的诞生。对现实的永恒批判精神是现代性的本真精神,网络亚文化生产消费过程中,都需要批判精神的在场,批判精神能保证趣味认同不会跑偏。

晚期现代性具有多样可能性,文化的多模态本身并不代表危机,媒介文化传统的消解,是媒介技术带来的,电商消解了传统的商业形态,网络传播消解了大众传播的存在模式。商业、教育、社会、文化一切都在发生位移,旧秩序正在消失,新秩序正在形成。20 世纪五六十年代青年亚文化的仪式抗争并没有从根本上改变社会秩序;今天则不同,从文化样式到话语形态都在发生变革,甚至引发社会秩序的调整。例如,"帝吧出征""戴立忍事件"与 80 年代的政治文化潮流不同,网络政治正由"沉重的符号"向"轻巧的符号"转移文化风格,潮流"驻留"时间缩短,产生无所适从感;文化迭代中,传-受模式、文化审美、接受体系的变革,造成体系不兼容。文化生产的一个重要现实是资本驱动,卡林内斯库所说的"媚俗艺术"大行其道,审美现代性终结带来"灵韵"的消失,心理落差与失落成为普遍心态。资本的"狡计"正在一点一点消灭、蚕食文化的精神空间,使之丧失灵动性。

桑斯坦(Cass R. Sunstein)在《网络共和国》一书中表示担心,数字化生存的消费者日益掌握了强大的信息过滤、筛选功能,这不仅可能导致大量信息人为流失,造成消费者口味的单一化,更重要的是会降低民主社会成员之间的共同经验,乃至加速小群体内部的封闭和极端化。这种深层次危机感,才是促使我们今天研究网络亚文化"趣味认同"问题的动力所在。

三、共同体幻象:网络空间的书写互动与趣味建构

2010 年以来的几起重大事件引发了一次又一次的舆论潮,在这些舆论潮中,给人留下深刻印象的不是事件本身,而是围绕这一事件的网民互动行为,发帖、转帖、跟帖……网民进入了一种狂欢状态。从理性严肃的法律辨析到对流行音乐的改编、恶搞,从声嘶力竭地主张公平、正义到讽刺、戏谑(如"我爸是李刚"造句大赛),体现了全民共享、协作、狂欢趣味,并通过这种网络狂欢形式来巩固这种彼此认同形式来捍卫彼此形成的共识。在种种共同行动的背后,渐渐形成了一种无形的"共同体",网民在新媒体空间自我赋权,从而获得强大的话语生产能力,在某种程度上动摇了传统媒体一贯拥有的话语霸权地位,在传统媒体话语

之外,形成一股制衡的力量。

新媒体空间的"传-受融合"打破了传统传播的格局。网民是信息的受众,同时又可以通过评论、转发、转帖等方式实现从受众向传者身份的转化。这是一种低成本表达意见的方式,也可以说,在当下新媒体空间的"互动书写"可以转化为一股传播力。网民在传播的过程中更具有主动性,更有热情关注事态的发展,而不被传统媒体的议程所裹挟。社交媒体的低门槛准入机制使得网民的表达更自由。从技术上说,网络工具都在努力使"说话"零障碍;从控制上说,Web 2.0 时代网民的自身体验代替了简单的内容接受,开创了 UGC 模式,这种模式很大程度上保障了网民的媒介接近权,改变了少数精英主导内容的模式。人们不再受制于"诉求无门",而是通过网络找到支持者并寻求帮助。网民不是如大众社会里所描述的那般一盘散沙、孤立无援,而是通过网络来对共同的价值观、共同利益进行维护。新媒体将以往基于血缘、地缘关系而结成的"失落的共同体"中的个体重新聚合起来,形成一种虚拟共同体。人们得以通过网络技术平台,实现了由"共同兴趣"聚合向自发性共同体的转变。在网络共同体中,因网络书写互动主体与书写方式的后现代特性,建构了不同于以往的充满了颠覆、狂欢和无羁的书写互动趣味。构成这个时代特殊的文化风景线,研究这一现象,对于探讨当代互联网政治的本质规律具有现实意义。

1. 新媒体空间的"共同体"重构

共同体(community)是当代社会科学的一个重要概念,主要指社会生活的某种组织方式、联系纽带和结构原则。从历史上看,共同体形成的基础随着社会生产力和生产关系的演变而不断发生变化。在原始社会,由于生产力极其低下,面对恶劣的自然条件,单独个体无法生存。出于生存和安全的需要,人们结群而居,形成以血缘、种族关系为纽带的氏族、部落等血缘共同体。步入农业社会之后,人类学会了耕种土地和建造房屋,由游牧转向定居生活。人类也因此被紧紧束缚在一个有限的地理环境之内,依托村庄和城镇形成了地缘共同体,邻里之间守望相助、出入相友、疾病相扶。

18 世纪进入工业文明时代之后,个体之间的社会交往逐渐扩大,工业化和城市化推动市民社会的形成,取代了以往以地缘关系为主的"熟人社会"。社会分工的细化促使个体在与他人进行互动交往的过程中更加追求认同与合作,对于利益的追求逐渐成为主要目标,形成了以利益为纽带的利益共同体。这些基于血缘、地缘或利益的共同体,在本质上仍然受到个体的职业、教育、工作场所和物理场所的制约,在个人生活史中逐步形成人际交往共同体。在传统媒体时代,即便是对于国家、民族等超越个体生活的共同体中自我身份的建构,人们也只能主要通过阅读文字来"想象"。本尼迪克特·安德森(Benedict Anderson)在《想象的共同体》一书中,通过历史地梳理世界范围内民族主义的起源和散布,指出"民族"是一种"想象的政治共同体——并且,它被想象为本质上是有限的,同时也享有主权的共同体"。① "事实上,所有比成员之间有着面对面接触的原始村落更大的一切共同体都是想象的。"②

进入网络时代,网络传播实现了人们所期待的互动,网民可以依托网络论坛、视频网站、QQ、SKYPE等互动平台来进行交流,然而在这种互动平台上建立起来的群落关系还不是最自由、最广泛的。只有进入 Web2.0 时代后,移动互联网兴起,社交媒体技术实现了自由书写,为新媒体空间的共同体赋予了新的特征,完成了以往传统共同体形成的结构性变化。日益便捷、自由的社交媒体,其强大的交互性功能日益显现出来,网络交互媒体使人们的交往范围进一步扩大,将散落在不同地域上的人们重新聚合在一起。人们可以自由地在网上与他人互动,分享信息、对话、交流、讨论、合作甚至集体行动。网络共同体穿越了家庭或宗族、民族和文化,乃至真实世界和虚拟世界的界限,为人们聚合提供了除传统的血缘、地缘和共同利益外的新途径。在新媒体空间的共同体中,个体之间的关系、个体和集体之间的关系愈加复杂和多元。新媒体共同体中的个体不仅依靠想象,而且通过行动建构自我身份。"不同于印刷语言时代,脱离了原来的权力阶层的行动者,其社会身份更加多元与独立,而其通过现实活动与互联网使用行为相结合,使其成为建构共同体身份的重要节点,在其身份建构策略中,行动者们通过宣讲、叙事或者通过他者的指称建构起主体性的身份。"③互联网为人们提供了即时互动的机会和能力,人们可以根据相同或相似的兴趣爱好、价值取向、人生目标等结合成共同体,实现"物以类聚,人以群分"。

---

① [美]本尼迪克特·安德森:《想象的共同体:民族主义的起源与散布》,吴叡人译,上海:上海出版集团 2005 年版,第 6 页。
② [美]本尼迪克特·安德森:《想象的共同体:民族主义的起源与散布》,第 5 页。
③ 雷蔚真、丁步亭:《从"想象"到"行动":网络媒体对"共同体"的重构》,《当代传播》2012 第 5 期。

新媒体空间共同体建构是一个从无序到有序的博弈过程。在这个过程中，话题、游戏内容、趣味、情绪等是吸引人们聚集的根本因素，大体可以归为两大类：一是政治性共同体，另一是娱乐共同体。前者来源于网民对政府公共事务及个人切身利益的关注，后者则是出于兴趣爱好。新媒体空间的政治性共同体通常围绕某个突发事件迅速形成，而娱乐共同体则是源于对某个游戏、小说在应用、对抗、期待、阅读中慢慢形成的。在网络传播中形成的"想象共同体"具有亚文化属性，即怀疑一切"官方说法"或"权威途径"来的消息，鄙视传统的表述，强调互动，突出个性。从某种意义上说，新媒体空间的共同体是相同个性、相同态度、相同趣味的结合。

2. 新媒体空间的书写互动和趣味建构

"当今时代的一个重要特征，是它'悬置于两个书写时代之间'，是一个线性书写和书籍都已穷途末路的时代，换言之，这是一个书写活动已进入后现代的时代"。[①] 网民是在网络共同体特殊的时空架构中展开书写互动的，网络以其自身所固有的虚拟性、交互性、广泛性和超时空性使得网民在网络空间的书写互动呈现出后现代性趣味。这主要表现在三个方面，一是主客体及主体间界限的消解与交织所带来的后现代破碎、不确定及多重自我的网络书写主体；二是网络的交互性所带来的非线性、开放的以及超文本的书写互动方式；三是充满颠覆、狂欢以及无羁的书写互动趣味。

（1）后现代破碎、模糊、不确定及多重自我的新媒体书写主体

新媒体空间以虚拟性、交互性、去中心化、实时分散、匿名和碎片化等特征，消解了原有的话语"霸权"逻辑，构建了数字时代新的书写主体。在传统书写与印刷传播中，信息的书写者和阅读者各自是在分离的时空中通过相对独立的书写和阅读，主要依靠想象来完成互动，而且不同步。在这里，书写产生了同身体分离的纯粹语言形象，使得书写者的自我主体有了一个独立的反思和想象的空间，可以凭借语言建构一个与真实自我不完全统一的理性的反思的自我主体。主体与客体、主体间都有相对独立的思考反思空间，理性自我居于中心，也出现了作者权威。

---

① 黄少华：《论网络书写行为的后现代特性》，《自然辩证法》2004 年第 2 期。

在网络书写互动中,电子技术击碎了现实时空的藩篱,实现了信息交流的同步化和实时化,在世界任何一个角落里的人们只要有互联网,就可以即时地发表观点,不受限制地想到哪写到哪传递到哪。网络空间甚至可以让个体以流动的漂浮的状态随时加入到群体讨论中来,每一个可以利用键盘鼠标进行书写的人,都有机会在任意一个网络共同体中畅所欲言。在这个自由开放的数字化共享空间里,写作者和阅读者再也没有时空的区隔,也没有了传统意义上作者与文本、作者与读者、读者与文本之间的权力关系,书写成了福柯所说的一场"你来我往""众声喧哗"的无主体无中心的互动游戏。传者、受者、把关人的角色转换难解难分。在网络共同体中,书写主体与客体及主体间的界限发生内爆、消解与交织,必然会导致书写主体的后现代破碎、模糊和不确定性,书写互动的主客体随时可以转换,成为一种在"主客体边界上的活动",也因此失去了自身的完整性和稳定性。人人都可以以匿名的方式恣意神游于"处处是中心,处处无边缘"的"信息乌托邦"中,以不同的身份、不同的角色通过人机互动完成一对一、一对多、多对多的共时性交流,从而诞生了集体书写的新方式。正如波斯特所言:"某人一旦进入互联网,就意味着他被消散于整个世界,而一旦他被消散于互联网的社会性空间,就无异于说他不可能继续葆有其中心性的、理性的、自主的和傍依着确定自我的主体。"①

(2) 非线性、开放的以及超文本的书写互动方式

与传统的书写方式不同,网络集体书写是一种非线性、开放的以及超文本的互动方式。在传统书写过程中,人们可以做到手眼心高度合一,大脑拥有对思想和书写行为的绝对控制权和选择权。正所谓"白纸黑字",传统书写行为本身就透出冷静和严肃。网络书写互动的方式则粉碎了传统个体的线性文字书写的逻辑,取而代之的是"集群化的游牧式书写"。网民的个人行为转变为群体行为,网民们通过网络书写互动形成相对稳定的群体交往关系,并在此基础上出现了新的集群方式。网络不仅仅是个体获取信息的重要手段,而且对社会组织、社会结构的联系、整合和调节也会产生重要影响。大量网民通过网络书写互动发生丰富多彩的社会关系。人们随意地进入一个又一个虚拟的网络共同体,眼睛和手

---

① 〔美〕马克·波斯特、金惠敏:《无物之词:关于后结构主义与电子媒介通讯的访谈—对话》,《思想文综》(5),北京:中国社会科学出版社 2000 年版,第 272—273 页。

指在键盘、鼠标和显示屏之间来回忙碌,大脑和思想要么会因为跟不上身体快节奏的敲击和选择而处于混沌甚至游离状态;要么会很容易因为受到网络集群里的书写狂欢而兴奋过度、缺乏理性和思考。

"电子书写中大脑、双手、眼睛与界面配合的过程以及监控、寻找、筛选的步骤阻断了写作思维与写作成果之间的关联,凸显出了书写的动作;人脑和电脑的协同过程也将电脑书写变革为一种动作思维和语言思维相互交织的'间断性'书写。"[1]这种间断性的书写凸显了网络书写非线性、开放的、零散化、破碎化的维度,使书写活动进入到一种后现代状态。网络书写可以任意复制、粘贴、修改和插入,随时处在一种碎片化可调整的不稳定状态,甚至还可以凭直觉在超文本中跟随链接实现不断跳跃,透过屏幕在各种文本、形象符号、图片、视频……之间来回穿梭,视像的超真实感和多种感官的重新参与超越了传统逻辑,强化了思想的非线性联想风格。

(3) 充满颠覆、狂欢以及无羁的书写互动趣味

网络技术所带来的全新书写互动方式引爆了一场语言革命,充满了颠覆、狂欢以及无羁的后现代性趣味。正如有学者认为的那样:"在网络空间这个新的语言场域中,网民突破了时空的枷锁,沉浸于后现代文化的狂欢中,颠覆、重构、消解着自然语言的严肃性和规范性,追求着碎片化、快餐式和混搭的语言表达,以有限的语符创造出意境无限丰富的内涵。"[2]网络传播模糊和消散了书写主体,将书写互动带入到另外一种语言狂欢的"社会过程"之中。

其一是颠覆了传统的语法规则。在网络世界里,任何语言都被转化为"比特",整齐划一地以像素的形式在电子屏幕上闪烁,看似整齐划一,规范有序,实则根本不像用笔书写或印刷书写那样具有强烈的物质感。闪烁的磷光像素所建构的拟像世界也颠覆了传统书写中作者权威的主体个性,甚至颠覆了语言文字本身的语法规则和文化逻辑,反而"越是不规范就越得到追捧,越是偏离规矩就越红极一时,越是不得体就越引人注目,越是被禁止就越富有创造性"[3];其二是建构了一个语言的狂欢广场。传统的,个人化的书写和阅读在网络这个平民化

---

① 曹进、张娜:《语言无羁:网络影响书写的逻辑路径》,《现代传播》2013 年第 9 期。

② 曹进:《网络语言传播导论》,北京:清华大学出版社 2012 年版,第 235 页。

③ Pippa Norris, Who Surfs?, In Elaine Kamarck and Joseph Nye(ed.), *Democracy. com? Governance in a Networked World*, New York: Hollis Publishing, 1999.

的"狂欢共同体"是很少见的。大多数时候,无数的人们都沉浸在各种门户网站、论坛、贴吧、QQ群、微博、微信等等不计其数的网络空间里,讨论、交流、刷屏甚至掐架,享受着"符号与键盘共舞,口水与板砖齐飞"的狂欢盛宴;然后制造出各种无羁的语言"霸权"。网络技术的固有属性很容易滋生出充满歧见的情绪化语言,甚至表现为一种"话语强占"。网络的匿名性使得网民们的发言显得更加随意和无羁,无数的"水军""喷客"网络"哄客"和围观者充斥其中。在网络书写互动中,随处可见攻击、谩骂、渲染、挑唆式的语言和情绪。

3. 共同体幻象:新媒体空间狂欢正当性来源

新媒体空间的这种书写互动,很容易转化为对社会的动员、组织。美国学者皮帕·诺里斯(Pippa Norris)曾经将互联网对政治参与的影响大体分为两类:一是动员功能,认为互联网的使用会导致新的政治行动;二是强化功能,认为互联网将强化(而非转变)既有的政治参与模式。① 确实,网络推动了一种新的政治行动即网络辩论,推动了社会问题的表达,对社会政治发挥了一定的监督作用;社会组织在网络空间建立虚拟社区,有利于联络、组织公民社会的活动;提供了新的抗议形式,可以传播信息、确定目标和制定战略、识别反对者和组织抗议事件。在现实世界,如果我们这样来认识新媒体的功能就显得有点过于单纯。事实上,在每一次新媒体事件的背后,往往都有民粹主义的影子,而如果民粹主义仅仅停留在网络,其负面影响是有限的。但是,在许多情况下,网络民粹主义并不满足于制造"网络集聚事件",因为仅仅通过点击率、跟帖或发言来表明观点、立场是难以满足民粹主义的现实关切的。在近年发生的若干起"邻避事件"中,民意已经不再仅仅停留在虚拟世界的表达、声讨和抗议,而是通过网络来联络、煽动、组织,使诉求和意愿得到具体化,以此来推动公共事件在现实中的蔓延、加剧,大有不解决问题决不罢休之势。"厦门PX事件""江门鹤山核材料产业园事件",杭州、广东电白、安徽舒城垃圾焚烧场事件等,都是这方面的典型。从这个意义上讲,网络共同体大多有着民粹主义的意趣,共同体幻象使得民粹主义的冲动具有了合理性。巴赫金认为,在充满官方秩序和意识形态的世界中,广

---

① Pippa Norris,Who Surfs?,In Elaine Kamarck and Joseph Nye(ed.),Democracy. com? Governance in a Networked World,New York:Hollis Publishing,1999.

场上集中了一切非官方的东西,仿佛享有"治外法权"①。巴赫金为这种广场狂欢活动界定了四种特殊范畴:第一,人们之间随便而又亲昵的接触;第二,插科打诨;第三,俯就、随便而亲昵的态度;第四,粗鄙、冒渎不敬,对神圣文字和箴言的仿讽等等。② 新媒体空间聚集的网民在这四种范畴中都有明显的表现。共同趣味和亲昵接触、相近的意见表达都使得共同体印象加深。民粹主义的广场式聚集貌似有了"人民性",多数人即具有了类群体特性——多数人就是大众,就是"人民",这就为新媒体空间的种种行动,得到了一个合理性的包装。2013 年 12 月 2 日,一条题为《老外街头扶摔倒大妈遭讹 1800 元》的新闻在不少网络媒体平台上疯传。此次事件并没有因为外国人的"出资 1800 元"而很快平息,网络空间的谴责声浪此起彼伏。北京警方公布了当日的视频,事实却恰好相反。中国大妈却是此次事件的受害者。但在该消息未得到核实之前,网民迫切对中国大妈进行审判、谩骂、人身攻击,在貌似公正、客观的"审判"过程中,网民彼此形成了共同体,并将这种机会视为一种狂欢活动,共同体的紧密程度,取决于网民参与的热闹程度。然而,无论怎么热闹,都不能使貌似彼此相互支撑的网民之间成为铁杆盟友,当真相查明,那种共同体瞬间解体,这正是这种虚拟世界的共同体脆弱性所在。

公众对各种社会事件的关注,表明他们有政治参与热情,因而虚拟空间的共同体似乎与"公共领域"有着某些联系,哈贝马斯曾经对公共领域有过这样的描述:"在那里,交往之流被以一种特定的方式加以过滤和综合,从而成为根据特定议题集束而成公共议题或舆论"③;在那里,个体成员彼此有着理性的互动,相互依存并且寻求归属感。由于当下新媒体空间的书写互动,仍然面临着众声喧哗和话语强占的困境,共同体内部成员之间其实很难达成共识,甚至会出现凯斯·桑斯坦所说的群体激化现象。从这个意义上说,当前的新媒体共同体不过是一种"幻象"。

首先是网络共同体内的集体认同难以达成,众声喧哗成为常态。表面上看,

---

① [俄]巴赫金:《陀思妥耶夫斯基诗学问题》,白春仁、顾亚铃译,北京:生活·读书·新知三联书店 1988 年版,第 326 页。

② [俄]巴赫金:《巴赫金全集》,李兆林等译,石家庄:河北教育出版社 1998 年版,第 177 页。

③ [德]哈贝马斯:《在事实和规范之间》,童世骏译,北京:生活·读书·新知三联书店 2003 年版,第 446 页。

互联网等新媒体的易得性为集体认同的建立提供了极大的便利,网络空间的交互性、低门槛、弱把关等特性似乎天然地成为最大数量的人们意见交换的平台,原子化的个体得以能够和集体的设想、信仰达成一致,扩展和巩固自我的归属感。但是在网络的"狂欢共同体"中,每个人都是手持"大喇叭"的演说者,都只顾着说,而忽略了倾听和理解。这就很容易导致勒庞(Gustave LeBon)所说的"乌合之众"聚在一起,大家都抢着"发声",听的人数却相对减少,冷静思考的人数更少。

在网络共同体中,并非每一个人都具有高度的社会责任感,人人都忙于发言,但大多都是基于个体成员平日生活中的社会心理层面的感性认知,以宣泄个体情绪为主,很少去探究网络事件背后深层次的问题,从而使得网络谣言、虚假信息成为网络共同体的一种常态。网络个体面对众声喧哗时失去了分辨能力,甚至出现跟风看热闹的网络"哄客"和网络暴民。我们经常会在网络空间看到诸如"某食物严重短缺或有毒""急寻某走失小孩"等消息在网络空间被迅速转发扩散后却被证实是虚假消息的案例。如果再经由一些别有用心的人,比如"秦火火""立二拆四"等的操纵渲染,网民们更会陷入云里雾里、真假难辨的境地。此外,理想共同体内的交流,不应该是成员间针锋相对、势不两立的论战,而是一种相互沟通,彼此寻求身份认同和个体归属的良性互动过程,然而在网络上持不同意见者的交流,往往是不假思索、你死我活的交锋,丝毫无助于集体共识的达成。网络传播的匿名性和弱把关性也会降低个体之间的交往原则和诚信关系,众声喧哗的状态会使个体的群体遵从性降低,从而使个体更容易产生越轨行为。

其次是网络共同体内部并非自由平等的关系,话语强占时有发生。在网络空间,人们通过书写互动的方式建构起"共同体"中自我的社会身份与归属感,从而实现从想象到行动的身份建构。在这个过程中,网民们通过对同一议题的关注和讨论逐渐营构了浓厚的认同感和共同体意识,个体的言语和行为通过与他人的不断互动而被塑造和巩固。但网络空间并非总是"为达到某些善之目的而形成的共同关系或团体",并非总是自由平等的关系。网络共同体一派团结的背后,往往掩盖着等级化、他者化的实质。

话语强占"表现为一种不容置疑、不容商榷的姿态,以强势的声音压制异议言论,是一种恶劣的话语霸权"。① 网络共同体内的话语强占一方面是由于话语权的不平等造成的。共同体内的成员虽然分享了网络的发言权,但话语权并不平等。所谓的网络大 V、名人明星、舆论领袖往往能达到一呼百应的效果,而普通个体的发言很难引起大众注意。因此在网络共同体的众声喧哗中,只追帖、只围观、只潜水的"沉默的大多数",出于寻求认同和归属的强烈意愿,会在歧见面前保持沉默。这就会形成"沉默的螺旋"效应,在书写互动中出现强势话语的一方越来越声势浩大,而另一方越来越沉默下去的螺旋式过程。久而久之,还会出现所谓"劣币驱逐良币"的现象,越来越多的假新闻、谎言、谣言、谩骂甚至暴力性质的话语,强占了网络共同体内书写互动的空间,而真正理性的公众讨论和群体共识则不见了踪影。

另一方面,网络共同体内的话语强占也与个体成员对"理想自我"的塑造有关。个体依托网络共同体的书写互动建构了种种自我形象,这与拉康(Jaques Lacan)所说的"理想的自我"颇为相像。在镜像阶段,婴儿会把镜中影像归属于自己,由此获得自身的完满性。然而,这只不过是一种自我想象的幻觉。在网络虚拟空间,个体也会将自我观察放在对他者凝视的假想之上。也就是说,在无意识中,网络个体想象着共同体内部众人对他的凝视,于是依据他人的凝视检讨、调整、反省自我的行为,为的是得到假想的共同体内他人的赞许,即"欲望着他者的欲望"。因此,和福柯所说的"全景式"监狱类似,共同体内的个体在他者欲望的监视与询唤中建构的主体意识,是一种被异化了的自我认同,无法与其他成员进行自由平等的对话,而且很容易受到强势话语的宰制与"侵凌"。从这个意义上说,所谓网络共同体,不过是单质个体既想寻求认同感和归属感,又想剔除矛盾摩擦的"幻象"之物,依旧是个体以非我的强制自居为中心的共同体幻象。

相似的生活经历、共同的兴趣爱好、归属感、身份认同、共同理解等等,都是诱发人们结成想象共同体的因素。关于新媒体共同体中的书写互动对人际关系及社会连接的影响,有两种针锋相对的观点。一种是"人际关系解放说",认为网络在很大程度上把人们从物理空间的限制中解放出来,从而为新的、真实的人际关系和共同体的建构创造了机会。因此,网络空间的书写互动促进了公众的自由表达和有效沟通,实现了非排他性的论辩参与,影响到现实政治决策,具有高

---

① 参加拙作《话语强占:网络民粹主义的传播实践》,《国际新闻界》2011 年第 10 期。

度的公共领域和民主含义;另一种是"人际关系失落说",认为网络共同体中大多属于松散的、非组织化的群体,人们在网络空间的书写互动是肤浅的、非个人的,而且经常充满了敌意,欠缺理性和共识精神。网络空间只是一种共同体的幻象,离理想的公共领域还有距离。①

笔者认为,目前来说,单纯持以上两种过于乐观或过于悲观的态度,都是不可取的。网络共同体的确成为网络时代人类社会普遍存在的形式之一,但其在建构虚拟社会关系的书写互动中,充满了后现代意味的颠覆、狂欢与无羁的审美趣味。那种我们所期待的、充满爱的,拥有我们无法独自理解的善,以及我们无法独自创造的温暖和归属感的理想共同体,在网络空间众声喧哗和话语强占的背景中,仍然只是一种幻象。

四、"佛系"文化:一种现代性症候的网络文化现象

互联网时代,社会变革节奏加快,各种社会思潮、文化碰撞、社会矛盾不断交错,话语系统也在不断更新,以致传统词汇难以传达话语的核心意蕴。因此,一些网络用语就会适时地被制造出来。"佛系"概念甫一问世,就成为一种流行词,得到广大网民认同,它应景式地表达出了当下青少年的社会心态和生存状态。"佛系"文化对当下社会现象具有解释力,它是一种文化现象,更是一种社会现象,麻雀虽小,五脏俱全。"佛系"文化的背后,有着许多耐人寻味的东西,值得我们关注和研究。

1. 区隔:"佛系"作为一种网络亚文化的现象

90后、00后等新生代群体从一出生就接触日本动漫、游戏,这些动漫、游戏中都有二次元世界建构。作为动漫、卡通中社会生活的描述,这类文化接受体现了低智性。二次元世界建构了简单二元对立的价值体系,有自由、平等、正义,也有浪漫的爱情。二次元世界是一个遥不可及的、童话般的美好世界,这样的理想世界常常成为现实世界的参照物,因而使得90后、00后等新生代群体认为现实中的事物统统都是不理想的。以二次元简化的价值判断、简化的思维逻辑看待

---

① 参见何彤宇、张剑:《论社会转型期的网络共同体的建构与发展》,《新闻知识》2012年第1期。

纷繁复杂的现实问题,必然生出许多不满。比如说,他们认为现实世界的文化是严肃、僵化的说教,现实世界的教育是机械呆板的、毫无生机的知识灌输,也就产生了对主流文化包括父母文化的抵触,甚至是反叛。因此,他们要创造一种自己的文化,与父母文化、成人文化相区隔。为了抵制成人主流文化,他们自创一种或恶搞、或喜剧、或自嘲的新奇样式,来与严肃、呆板、说教的文化相区隔。"佛系"文化就是一种青年亚文化在当下的表现。

在当下中国,佛系文化涉及两种人的生存状态和人生态度:第一种是从小不思进取,沉迷于游戏、娱乐、聊天,专注享乐,对未来缺少规划和进取,不想工作、不想恋爱、不想结婚,以低欲望相标榜,实际是慵懒、颓废的一类 90 后、00 后群体。"佛系"成为他们逃避现实、逃避责任的遁词。第二种是奋斗在大都市的部分年轻人,这一群体往往来自农村家庭,却在城市中打拼,由于社会分配不公、贫富差距、职场竞争压力大等原因处在不得志、不如意的精神状态中,而社会阶层的固化趋势使他们失去了上升台阶和进步空间,面对住房、上学、就医等生活重压感到悲观、无奈甚至绝望。"佛系"成为他们自我解压的表述方式。很显然,"佛系"表达迥异于主流关于励志、奋发等的所谓正能量叙事,容易得到上述两种人的认同。"都行""可以""没关系"的话语表述,体现了无追求、无欲望、无目标的主题,与奋发向上、积极进取的主旋律理念形成对照。"佛系"文化凸显了亚文化的个性化特征。美国学者艾伯特·科恩(Albert Cohen)以"问题解决"来昭示亚文化的形成机制,在他看来,底层青年面临的问题是无法获得社会体面工作、时常体会"地位挫败"以及由此导致的紧张、沮丧、不满、内疚、辛酸、焦虑或绝望,他们解决这类问题的方法就是拒绝、反抗,乃至越轨和犯罪[①]。张扬个性化文化实践活动,是一种亚文化风格塑造,本身即带有仪式抵抗的意味。

2. 佛系文化:交往行动与话语再生产

在由网络技术参与的现代交往语境的演进中,最明显感受到的是现实社会交往景观的变迁,而最突出的表现为语言文化的变迁。"屌丝""废柴""葛优躺""丧文化"等一系列网络语词的出现,可以看作是 90 后、00 后青少年群体的一种

---

① (美)艾伯特·K.科恩:《越轨与控制》,张文宏、李文译,昆明:云南人民出版社 1988 年版,第 86—89 页。

特殊的交往文化实践。社交媒体时代交往主体之间的日常生活场景般的交互活动,构成了现实生活世界中现代性的基本景象,同时包含了与之相应的主体性所主导的一切交往行动。于是,在现代交往语境中,日益依赖传播技术工具和语言符号系统的交往主体,会主动参与话语生产。现代性的合法和有效性植根于具体的语言、文化实践中。"佛系"文化这种社会交往景观的产生,源于社交媒体的普及,社交媒体带动了新的语言与文化实践。哈贝马斯的"交往行为理论"将人类运用语言的行为区分为"以言表意行为"和"以言行事行为",他更注重语言行为的"以言行事成分",就其认识功能而言,主要是对已发生或将要发生于世界的事进行"陈述",被它"主题化"的是"话语的内容",其任务在于为人们的相互作用关系"提供正当性"。① "佛系"文化是年轻网民交往行动的表现,语言的核心是提供当下青年的话语"正当性",显然具有批判意义。从"佛系"迅速蹿红以及系列衍生语言的大量生产,可以看出由交往行动导致的话语生产脉络。

"佛系"首先表现为一种圈层文化生产,这种话语活跃于社交媒体的朋友圈、微信群,久而久之成为一种话语方式。从恶搞、吐槽到自嘲,已经发展成社交媒体平台上的一种特有的文化样式,成为圈层文化内共同接受、爱好的喜剧文化,也可以说是一种趣味共同体的经验和意义分享。这是最直接的、最表层的交往行动。

其次,"废柴""葛优躺"等无论是词语还是表情包,各种符号的创造本身就是一种交往行动。就"以言行事"来说,这些"佛系"语言表达了新生代群体对现实的恐惧、无奈、沮丧甚至是绝望的情绪。选择一种"主动污名化"的叛逆表达方式,本身就带有道德自裁意味,从而获得道德层面的同情。因此,"屌丝""废柴""葛优躺"等带有自嘲的词汇成为朋友圈、微信群的流行语,与这种"主动污名化"的道德自裁有很大的关系。

再次,从"佛系"衍生系列来看,之所以衍生出那么多无所不包的"佛系产品",说明这一词汇具有话语再生产能力。可以说,建立在同龄人交往行动基础上的话语再生产能力是惊人的,"佛系"成为网络热词后,迅速扩展到各个领域,出现了"佛系青年""佛系男子""佛系女子""佛系学生""佛系子女""佛系父母""佛系追星""佛系恋爱""佛系饮食"等等一系列衍生词语,把"都行,可以,没关

① 欧力同:《哈贝马斯的"批判理论"》,重庆:重庆出版社 1997 年版,第 126 页。

系"的不温不火的"温吞水"标签贴到各个领域。这可以看出,"丧文化"所代表的颓废社会心理正成为社会总体趋势。从"废柴"向"葛优躺"的转变在一定程度上说明青年群体中消极、颓废的社会心态正在不断蔓延,甚至有扩大的趋势。这正如英国文化研究派学者费里·科恩(F. Cohen)指出的那样:"用想象的方式表达或解决工人阶级文化中依然隐藏的或无法解决的矛盾,这种工人阶级母体文化所产生的各种相承继的亚文化形式因而可以看成是同一矛盾的不同反映。这个矛盾是,在意识形态层面上传统工人阶级生活方式和新的消费享乐主义之间的矛盾,工人阶级生活逐步中产阶级化的理想和大多数工人的生活实际上仍然未获得改善的现实之间的矛盾。"[①]

3. "佛系"文化:作为网络文化的现代性症候

"佛系"文化的产生不是偶然的,而是一种持续不断的生产过程。从历时性看,我们可以关注到与该词相关的还有"废柴""葛优躺""丧文化"等,对这些词语背后的社会文化心态加以分析就可以看出其中的某些颓废、消极色彩,其中尤以"丧文化"最为典型。"丧文化"是一种带有颓废、绝望、悲观等情绪和色彩的文化,主要呈现形式是语言或图画,它是青年亚文化的一种新形式。以"废柴""葛优躺"等为代表的"丧文化"的产生和流行,是青年亚文化在新媒体时代的一个缩影,反映出当前青年的消极的精神状态和集体焦虑。从本质上看,它是新时期青年社会心态的一种现代性症候。

在"佛系"文化简单的嘻哈背后,其出现有着深层次的社会原因。"佛系"文化来源于生活中的"挫败感",对 90 后、00 后青少年群体而言,最突出的表现是学习挫败感和职场挫败感。无论是升学竞争还是职场竞争,其实都是社会整体运作的工具理性化的产物。教育中以成绩为目标的升学模式与职场中以金钱为目标的考核模式,都是背离价值理性的。工具理性与自由之间的矛盾,在当下尤为明显。工具理性在全社会盛行,渐渐发展成为一元化话语,从而压抑着多元化的文化需求。自由主义文化诉求是现代性文化的主要组成部分,它所具有的反对控制、反对压迫的文化特征,在本质上是允许和鼓励多样性的文化价值存在的。社会追逐"物化"大潮,让走上社会不久的青年群体难

---

① Stuart Hall(eds). *Culture*, *Media*, *Language*. London: Hutchinson, 1980, p. 82.

以适应、望尘莫及。面对这种"物化"大潮,他们只能摆出消极应对的姿态。正是因为改革开放以来的科层化竞争加剧,阶层固化和阶层跨越困难导致底层青年倍感人生无望,"佛系"文化成为一种自我安慰、自我保全式的文化生产。这与日本崇尚极简主义的佛系文化有着本质的不同。日本的佛系文化是在物质生活极大丰富之后出现的一种低欲望社会倾向,是欲望逻辑发展到极致以后的反向运动。在中国,在住房、教育、医疗等资源匮乏的当下,基本欲望尚且难以满足,在恐惧、焦虑的心态下又如何会有类似日本佛系青年的极简主义心态呢?

"佛系"是一种文化包装,是阶段性文化生产的样态,本质是现代性文化表征。从现代性角度看,"佛系"文化与网络文化变迁中折射出的现代性是不一样的。理性是现代性的核心特征,"佛系"文化体现了这种理性主义的思维,暗含了某种批判意味。我们知道,青年亚文化的主要特征是边缘性、抵抗性和多元性,也就是说当代青年不仅在社会关系上主张多元,而且在思想意识上也提倡边缘,其经常以一种边缘化的视角、行为和方式来建构一种边缘化的符号体系以抵抗主导文化,力求以此彰显自己的"标签"和"风格"。"佛系"的包装或者说"表演",正是当下青少年特定人群"自我主动污名化"的文化标签。在我国青年亚文化的产生和流行过程中,后现代主义思潮在其中起着理论基础来源和价值规范导向的作用。青年亚文化的目的在于抵抗和反叛既定的"标准"和"权力",继承大众文化的风格意义,并与青年主体不甘被传统束缚的特性相契合。青年亚文化在这个需求的基础上吸收了后现代主义的基本元素,为后现代主义在青年中的广泛传播扮演着载体的角色。

也许会有人认为,"佛系"是当代年轻人的一种生活态度,随意标榜、发泄一下也是一种可容忍的生活状态。然而,笔者认为,应当知微知彰,引起重视。

不结婚、不生育、不消费……这种无欲无求的状态,是资本主义社会生产力、生产关系发展到高级阶段的产物。"佛系"这一戏谑之词,在日本已成为令人担忧的现实。日本著名管理学家大前研一在其所著《低欲望社会》中感叹道:"日本年轻人没有欲望、没有梦想、没有干劲,日本已陷入低欲望社会!"日本正全面沦陷。中国的情形与日本有相似之处,但有很大的不同。不要理想、不想学习、不想工作恐怕是我国青年的总体"佛系"症状,我们关注的重点不应当是"低欲望社会",更应当关注的是全社会逐渐弥漫开来的颓废气息,以及这种现象的背后根源。中国远没有进化到如日本那样物质丰富的阶段,更多的恐惧来源于消费主义的匮乏。在中国,阶层固化、阶层跨越很困难,这是现阶段青年人焦虑的主要来源。这种社会结构和状态显然对社会稳定是一个巨大的威胁和隐忧。同时,"佛系"青年的不结婚、不生育等逃避现实的做法,对老年化日益严重的中国社会也是一种不祥的预兆和现实的挑战。

第六章　作为媒介文化新形态的网络亚文化本体阐释

一、网络亚文化的仿像意义

1. 鲍德里亚、仿像理论与媒介文化

"仿像"(Simulacra)是法国结构主义者让·鲍德里亚(Jean Baudrillard)在符号学批判中提出的重要概念。他致力于研究媒体和技术对当代生活的影响,通过结构主义来理解现实和想象之间的界限。鲍德里亚不顾对他的表达方式和他发明的概念的批评,试图证明今天的媒介文化是如何构建现实或"超现实"(hyperreality)的结果。他对符号系统的统治地位提出了质疑,认为符号系统的"象征价值"(symbolic value)取代了交换价值和作为经济和社会驱动力的使用价值。鲍德里亚认为,信息网络和技术体系的建立导致符号统治结构的不断扩张,而这从根本上改变了当代的理性、思想和行动。他将这种变化归因于媒介的自我陶醉,这导致了个体身份参照的丧失,沦落为技术资本主义的仆人,而技术资本主义除了自我延续和扩张之外没有其他目的。

鲍德里亚在 1976 年出版的《符号交换与死亡》中进行了一些关于仿像的论证:符号交换已经失去了它的组织本质,因为符号场仅以仿像的形式存在;仿像已经取代了意识形态,马克思主义和弗洛伊德的准则掩盖了价值的丧失;消费社会的准则是拯救身体,而身体作为健康、美丽和色情的标志,是对精神、智慧、知识或爱的蔑视;有价值的是身体的标识功能,它不是一件物品或商品,而是一种销售噱头,一个模拟物;工作像休闲一样,已经成为一种社会需求,个体生活在工作的戏剧中,有仪式、义务、假期和罢工,其工作任务是生成仿像;工作本身就是一个仿像,在这个仿像中,位置、层次和组织都是标识符号的,产品和生产努力都

不重要,重要的是模拟,等等。① 在 1981 年出版的《论诱惑》中,鲍德里亚认为,符号决定着个体的地位和社会关系,有其自身的合理性;生活的无意义作为一种被施了魔法的形式,生产的诱惑作为一种幻灭的形式支配着当代世界;在仿像社会中,邪恶以种族主义或仇外心理出现,客体的观念决定了由这种观念的诱惑所支配的秩序,产品,无论是有形的还是无形的,都是明显可见的;仿像是神秘的、隐藏的、含蓄的,在象征宇宙的统治下,我们生活在诱惑中,死于诱惑中……②鲍德里亚批判了那些试图建立在明确结论之上的理论,他称之为"怀疑诠释学",他认为马克思主义、精神分析和结构主义强调寻找隐藏的理性,而真正的问题却是肤浅的、此时此地的"诱惑"。基本需求支配社会的观点是一个神话,没有一个对象是独立于其他对象而存在的,每个对象都是相互关联的;在消费社会中,物品成为符号,由需求定义的经济被抛在后面,需求要么是心理上的,要么是文化上的;社会生活的基础是生活方式和价值观,而不是经济需要;区分真实和虚假的需求,或人为的和真实的需求是没有意义的。③ 在《仿像与拟真》一书中,鲍德里亚说,系统的错觉是从提供的一个从不完美的现实中分离出来的完美解释。他认为,社会和经济之所以有效,是因为人们相信,经济和社会具有内在的合理性,例如所谓的迪士尼世界就是支持这种信念的隐形机器。在迪士尼世界里,工人不是人,而是一个标志。时间是同步的,空间是被抹杀的,两者都在同一个上下文中表现出来。我们处理的是一个克隆的世界以及我们的精神世界。④ 而工作按照霸权的时空密码侵入生活,霸权主义是通过强加"仿像"文化来改变价值观念的;在"仿像"文化中,生命的意义是虚幻的,是模拟的,现实是迷失的,意义是被符号的饱和所消解的;在霸权主义制度下,我们大家都必须生活在社会压迫的惩罚下,不论是在办公室还是在海滩上,不论是在工厂还是在看电视,被压迫的现实都必须占有一席之地;这个系统使我们相信工作、技术、信息文化和休闲是可取的,我们的现实被编纂并由"密码"组成,等等。⑤ 在《消费社会》中,他批判性地写道,电视传媒通过其技术组织所承载的,是一个可以任意显像、任意剪辑

---

① ［法］让·波德里亚:《象征交换与死亡》,车槿山译,南京:译林出版社 2012 年版,第 32—33 页。
② ［法］让·波德里亚:《论诱惑》,张新木译,南京:南京大学出版社 2011 年版。
③ J. Baudrillard. *Lesstratégies fatales*. Paris: Grasset, 1983, p.15.
④ ［法］让·波德里亚:《仿像与拟真》,洪凌译,台北:台湾时报文化出版公司 1998 年版,第 77 页。
⑤ J. Baudrillard. *Mots de passe*. Paris: Pauvert, 2000, pp. 90 – 92.

并可用画面解读的世界的思想。它承载着的意识形态是,那个对已变成符号系统的世界进行解读的系统是万能的。根据麦克卢汉的表达,每一种媒介都把自己作为信息强加给了世界。而我们所"消费"的,是根据这种具技术性和"传奇性"的编码规则进行切分、过滤,然后经过重新诠释了的世界实体。①

媒介的传播没有提供关于客观现实的一致线索,反而进一步降低了意义,构建了一个与原始感知毫无共同之处的超现实。文化本身成为这一过程的受害者,被大规模生产的结果所淹没,被广告和商业价值的逻辑所概括。现代戏仿与媒介戏仿之间再一次划上了一条界线——媒介戏仿是一种自我意识,自我意识甚至否定了它自身的内在价值,作为交换,它赋予了一种商业价值,就像任何其他大规模生产的物品一样。广告机器的轮子改变了社会感知文化的过滤器,从而改变了文化的表现形式。这种哲学互动的核心概念就是仿像,媒介社会是建立在客观现实之外的模型之上的。这些模型已经不再反映现实,原始和复制之间的关系颠倒了,它试图模仿复制品的现实,而复制模仿的这个过程比单纯的模仿更难理解。

媒介文化中呈现的媒介性已经超越了现实与模拟的界限,消除了任何一种认识与仿像的阶段相对应的可能性。近代以前的第一阶段,人们理解复制品只是对真实的一种表现,而不是一种替代品。工业革命的第二阶段带来了大量的复制品,其后果之一是人们对真实的表达和理解能力减弱。大规模生产变得如此高效,复制品模仿原作如此接近完美,以至于前者实际上有可能取代后者。但是在第二个阶段,现实的可能性并没有完全丧失。最后一个阶段是模拟成为感知的最高权威的阶段,表象不再是真实的复制品,它使真实发生变形,最终取代真实。真实与模仿之间的区别不仅被抹杀,而且被根除了。仿真是一个用虚拟代替现实的过程,数字化图像的奇观往往弥补了对真实的直接理解。通过对一种现象的概括,即复制的倍增,仿像产生了超现实,即没有意义的符号环境,它表现出两种倾向:一是在对媒介表征的意识形态基础的评价上更进一步;二是相对于现代主义,后者认为表征问题是间接的,或者是倾向于更高程度的主体性。② 前者否认在"客观"范畴中包含任何表征,在主体与客体之间的距离被消

---

① [法]让·波德里亚:《消费社会》,刘成富、全志钢译,南京:南京大学出版社 2006 年版。
② Guy Debord. *The Society of the Spectacle*, *Black and Red*, Detroit, 1970, p. 22.

除的环境中,在语言不具有连贯的意义机制的情况下,原作被无限地复制。

　　在表现现实的领域中,同样的断裂有时也被解释为叙事意识形态的断裂,这种解释的基础是基于这样一种假设,即每个社会都按照一定的叙事模式组织,甚至同样的原则也适用于科学,而科学以前被认为是知识的基础。这些叙事的特定版本通过道德激励取得合法化地位,在社会文化存在中扮演着掩盖矛盾的角色。因此,对这些叙事的批判被认为是媒介主义的本质。在现代主义的情况下,维持"秩序"需要在"无序"的环境中进行,对"积极"的识别也需要在"消极"的背景下实现,这两套概念之间的对立导致同一种叙述的不断重复,直到它们无可争议地证实了现代性的支配地位是从一个先天假设开始:秩序是积极的,无序是消极的。对现代主义者来说,无条件地坚持这种两极系统的功能,使科学成为通往知识的最终道路是毋庸置疑的;在现代主义视野中,认知的最终目的是教育,是通过积累而演变的。然而在媒介主义中,知识受到一种蜕变的影响,这种蜕变使知识更接近于艺术理念。此外,叙事本身——以前被现代主义者拒绝作为逃避理性强加条件的实体——成为知识的另一个方面。

　　现代性是对现实的"撤退",媒介则试图重新定义表征的概念,因此,媒介文化家同时被置于哲学家和批评家的位置,他们的作品回避了既定的规则,因此不能用通常的范畴来理解。从这个角度来看,艺术作品以及任何形式的媒介文本——对于作者来说总是"太晚"完成,而它的实现却开始得太早。这种艺术作品中时间性的悖论对于媒介主义以及合法化过程的颠覆性来说是必不可少的。合法化是媒介主义最常挑战的概念之一,这一行为通常导致完全被接受的社会文化范式背景下整体叙事的瓦解。人们对艺术作品的看法会因其易用性、因其在复制方面的随意性、因其对原作的机械再创造而进一步改变。艺术作品曾经是独特的,不可复制的,但在消费社会中,在大规模生产的保护伞下,真实性的概念逐渐消失,甚至"反艺术"也可以被恢复为"艺术"。任何事物都可以归结为一个问题或一种表现和解释,任意改变观察者的视角,以及环境或语境的变化都可以实现从大众到艺术的过渡,而不必管表达方式或分类如何演变。媒介文化不仅仅是寓言或隐喻,也是对特定审美标准的更新呈现。它可以是虚构的、重复的,甚至是不确定的,但仍然是开放的。空间和时间重新定义了媒介拼贴,前者被视为当代关注的中心概念,因为空间意识在任何层面上都是明显的,从个体到整体,从摇滚乐到迪士尼电影的理想化形象,不管其主观性或肤浅程度如何,媒介空间哲学似乎更喜欢表面，而不是深度。而后者则往往被认为仅是用于审查的元素空间。

任何试图定义媒介主义的尝试总是包括诸如碎片性、不确定性、主观性等概念。媒介主义本身已成为人文主义传统的一个范畴，由于伴随它而来的众多倾向，它很难被纳入一个特定的潮流之中。人们试图概括媒介文化的意识形态属性，并对其原因、基础和表现进行近乎详尽的分析，媒介主义也在人们理解它的各种批判视角中被重新定义。[①] 但媒介文化从一开始就无法主导历史，媒介主义不能真正抓住时间分析，随着时间分析面临的复杂交织的倾向和其本身术语的纷繁复杂，它有时确实让人难以理解。当然我们并不尝试解读媒介主义的演变，而是分析媒介文化的进化与人的关系。

鲍德里亚分析了我们感知现实的模式。从一开始，感知就受到文化机制的偏见，比如电视和电影，或者通过互联网和媒体传播信息的复杂系统。对于个人来说，被困在一个不断提供矛盾信号和双重编码线索的系统中，现实和超现实在表现和效果上重叠。随着信息技术和媒介传播的迅猛发展，个性本身受到消费社会新规定的影响，大规模生产、大众传媒、公共信息——这些新坐标决定和塑造媒介性的视角，在这个建立在模拟和消费主义基础上的复杂媒介文化领域，身份很容易丢失或模糊。对图像和符号的过度消费创造了一种矛盾的环境，在这种环境中，不仅客观现实被消解，而且对客观现实的需求也被消解。如果仿真被证明比现实更令人满意，那么它很容易成为人们的首选，并因此在各种版本中得到复制。个人与环境之间的距离被人为地加强了，因为前者无意识地将自己与他对一个灵活现实的模拟预测联系起来，而不是与更僵化、更难以理解的客观现实联系起来。真正的意义被废除，个人被束缚在一个虚构的信仰环境，在那里，感知本身成为一个社会结构。鲍德里亚认为世界不仅没有真理，人们也没有任何意图需要找到它，重建表象的宇宙取代了现实，沿着一条以虚假和幻觉为标志的轨迹前进。因此，个人被困在了对世界缺乏连贯的理解和对现实的强迫性需求之间。

媒介在阻碍个体自省的过程中的语境干预成为媒介性的标志。例如电视改

---

① Jean FrançoisLyotard. *The Postmodern Condition. A Report on Knowledge*, （trans. Geoff Bennington, Brian Massumi）, Minneapolis: University of Minnesota Press, 1984.

变了人们的看法,操纵了人们的观点,混淆了人与人之间的关系。对鲍德里亚来说,媒介时代不仅意味着传播上的显著进步,而且是一个复杂的过程,包括隐私的丧失和控制感的增强。在场景和镜子"消失"之后,表现的可能性成倍增加,各种各样的屏幕成为进化谱系。电视大量宣传的形象,一方面在整个传播学现象学中激起了一场蜕变,另一方面也使个人对自己与所投射的形象之间的界面做出反应的能力发生了变化。在网络世界里,时间和空间的维度是由一个微型化的过程塑造的,因为技术缩短了距离,而数字化网络使连接到信息通道的新方式成为可能。但是,这种微型化的过程没有提供更紧密的接触,反而导致个体的位移,使他们无法在复杂的信息、图像和不断变化的概念中找到一致性。就信息技术而言,人类的适应性取决于电子工具的监管机制,而网络在整个传播媒介范围内所起的广泛商品化作用,包括在图像的使用上,特别是在广告的功能扩张上,都构筑起了一个新的维度。个体既失去了隐私,也失去了以往对隐私的固有需求。网络将个人身份转化为虚拟的命运,通过新创建的人与社会之间的界面,每个人都可以消费和被消费。在室内和室外、公共和私人之间的复杂倒置的背景下,一切都可以轻易地变成奇观。保护隐私的边界被随意暴露在大量无法理解的信息中被消解。所谓不受限制地获取信息其实并不会产生任何有效性的需要,也不会导致更好的理解。相反,它消耗了客观表现的手段,将过量信息带来的隐私丧失和无知转化为疯狂的"社交癖"。任何一种神秘感都消融在景观与日益疏离的个体之间的数字化界面中,纠缠在影像、表象和概念化的肤浅之中,可以预言的是,过度置身于网络媒介,可能会将个体的存在节奏加剧到精神分裂症的阶段。

媒介是文化所要求的创造和完善模拟的最突出的机制,整个表征都是通过同样的机制进行过滤的,例如电视不再是对现实的说明,而是观众所期望的现实的特定版本,观众在现实生活中不知不觉地也会受到自己在屏幕上的投影的影响,试图建构符合自己理想化的、人造的版本。鲍德里亚还分析了现代性和媒介性在各自的主导过程方面的区别——就现代性而言,最明显的是一种爆炸,一种商品化的爆炸。生产和复制的无限扩大,在现代性的时代是与市场关系的各自逻辑以及它们与流行艺术相联系的;而媒介性"逆转"了这一过程,将其转变为从社会到文化等各个领域差异的内爆;这种边界的消失与信息交换的螺旋式发展直接相关,而信息交换是由技术推动的。社会和文化规范也随之发生了变化:

现实与超现实交织在一起,意识形态逐渐失去了它们的连贯性。

　　从电视到互联网,通过所有可能的渠道,信息的过度丰富也产生了一种矛盾的效果,即消除了提取意义的可能性。鲍德里亚关注的另一个因素是商品化过程,利奥塔(Jean-Franconis Lyotard)、詹姆逊(Fredric Jameson)和麦克卢汉也提出了这一问题。当代与商品相关联的新符号价值具有话语的特质,因为它可以传达多种信息,并且可以在文化和社会规范的框架内展示大量的信息。这个符号值最终会超过使用价值或交换价值,因为它还可以在模拟过程中提供更一致的效果,使整个媒介环境的功能都围绕着模拟过程进行。在表征与现实发生逆转的同时,一种新的"真实"——超真实的出现,使得在同样信息过剩的背景下,意义进一步消解。在这方面,媒体的机制也不是作为理解现实进程的促进者,而是作为取消这种可能性的一种手段。日常生活与这种感知和表现的恶化有着内在的联系,这使得个人容易受到媒体的影响。因此,当个体周围的现实瓦解,他就会永久地经历一种精神分裂的存在模式。在这个场景中,媒介性是对主体的一种入侵性影响,它通过媒体、文化和图像的溢出所产生的影响已经超出了一个人适当内化其意义的能力。在一个由模拟和看似毫无意义的图像游戏所塑造的环境中,外部现实已经成为一个被遗忘的神话,因为任何对真实的占有要么是中介的,要么是有偏见的,要么是过于主观的。综上所述,尽管鲍德里亚并不赞成媒介理论的崛起,但由他发起讨论的媒介文化、超现实与仿像的融合发展的讨论,已成为一种新的乌托邦概念,这种概念受到真理与现实的理论化消解的有力推动。

2. 网络亚文化中的仿像边界

　　在年轻一代中,随着社会生活变得更加支离破碎和孤立,找到生活的意义变得越来越困难。根据学者格罗斯伯格(Lawrence Grossberg)的说法,"亚文化参与是青年寻找意义的结果之一。"①亚文化往往是被认为是有争议的、叛逆的、漠不关心的、区隔主流文化的,通常是作为一种文化的他者而被建构起来,并从儿

① Lawrence Grossberg. *We Gotta Get Out of This Place：Popular Conversation and Postmodern Culture*. New York：Routledge, 1992.

童和成人的角度加以区分其价值观、信仰和伦理，①而这个参照系为个体提供了亚文化身份。互联网提供了一种通过最小化或消除这些障碍的方法让年轻一代脱离地理和父母控制的障碍，新生代群体是最狂热的网络用户，他们正在通过大量资源的交互（包括即时通讯、在线游戏等）不断地扩展他们的社交世界。互联网作为一个社交空间，使亚文化社群迅速出现、发展和变化，亚文化现象也提供关于个体如何发展亚文化身份，生成新媒介文化仿像的诸多样本。

　　网络亚文化是靠有文化区隔限制的人际网络来分享具体的想法、实物和实践的意义交互。随着时间的推移，成员之间的互动发展成为一种话语结构，并产生话语对象、实践激活和传播活动。个人在多个网络内部和社区之间的社会关系促进了亚文化边界的信息流动，边界概念也进一步强调了网络亚文化的社会学意义以及如何理解其身份的相关性。社会学理论比较关注的是自我的欲望是如何产生认知边界的，例如社会学家詹金斯（Richard Jenkins）用内部与外部的辩证关系来描述身份的定义，以及如何以符号边界的功能建立个人和集体身份。② 这些理论隐含着边界概念以及它们的社会心理功能。当研究亚文化时，边界概念对于突出社会过程同样有用，通过区分亚文化的"局内人"和"局外人"，关注群体间的文化差异，强调边界所处的环境和相互作用是有组织的，也关注个人赖以构建它们的文化储备、叙事和实践。

　　关于身份和网络空间的叙事在很大程度上是一种乌托邦式的修辞，新技术承诺使用者从物理现实的约束中解脱出来，尽管学者们质疑这种技术乌托邦的有效性，但关于网络空间的观点突出了物理和计算机中介之间的界限空间，以及社会构建的不同人群之间的界限。历史上相关的边界，维持着等级的地位，阶级、性别和种族等在网上仍然很重要，但它们在网络亚文化中却变得越来越不重要。人们在互联网空间里以特定的规范、信仰和价值观为基础的身份玩游戏的时候，不用担心线下可能存在的恐惧。匿名性和身份构建之间的关系表明网络空间的身份形成过程相对无关紧要。与此相反，一些研究人员关注的是身份认同的后果，例如，身份政治的研究侧重于集体身份把"我们"和"他们"分开的那些

① Jeffrey J. Arnett. High Hopes in a Grim World: Emerging Adults' Views of Their Futuresand 'Generation X.', *Youth and Society*, 2000, Vol. 31, pp. 267 - 286.
② Richard Jenkins. *Social Identity*. London: Routledge, 1996, p. 81.

修辞。齐克蒙德(Susan Zickmund)认为,网络亚文化以社区为基础的群体构建了自己相对于"他者"的亚文化形象。[①] 在线表达的亚文化身份是个体在他们的日常生活中表演,网上的身份并不是独立的,而是对线下面对面世界进行的补充。还有研究者指出:"参与者在线体验应该被看作是通过社区建构的过程进行沟通和互动,因为亚文化中的经验和自我是无法在日常生活中得到维护和改造的。"[②]由此可见,媒介确实影响个人如何表达和消费亚文化身份的方式。

　　我们描述了参与者如何进行亚文化身份界定和边界表达,分析了网络亚文化是通过人际交往而产生的,并指出进一步发展亚文化研究的重要性中介——互联网。虽然网络亚文化概念在互联网的发展之初就已经存在了,但网络亚文化对大众生活的影响则是近年才出现的。正是通过这些新媒体的参与、竞争、谈判,并转换亚文化身份和边界,亚文化归属和身份认同在网络中的阈限特性和弱关系的扩展,才使其具有较强的优势。就像在面对面的场景中一样,在线的亚文化内部也在建造、谈判和保卫着边界。与此同时,新的边界谈判作为互联网用户在亚文化网络空间的互动也变得日常化。年轻一代在基于互联网的亚文化与面对面世界中普遍存在的阈限性作斗争,诠释了网络空间中边缘化群体的增长,当人们觉得自己在当代社会被边缘化时,都会转而在新兴的虚拟世界中寻找他人空间。互联网的匿名性和无限性也允许个人有更多的自由来避免他们不希望携带的标签。这可以帮助解释为什么个人经常在互联网亚文化群体之间移动,搜索感兴趣的社区参与,但拒绝共享身份,这使得作为意识形成中心的共享身份已不复存在。但另一方面,人们又愿意无条件地属于许多不同的群体,每个群体都有自己的目的和特定的需求。

　　从这个角度看,互联网作为一种以自由身份主导的传播方式,极大地便于亚文化传播,人们共享亚文化的价值观,感觉自己是虚拟社区的一部分,但又不觉得有必要与亚文化群体有身份认同。而这是网络亚文化仿像特征的重要表现,即"破裂"身份的心理定势和对自己以外的任何事物的承诺的弱化。这种碎片化

① Susan Zickmund. Approaching the Radical Other: The Discursive Culture of Cyberhate. *The Cybercultures Reader*, edited by D. Bell and B. M. Kennedy. London: Routledge, 2000, pp. 237 – 253.

② Dennis D. Waskul. *Self-Games and Body-Play: Personhood in Online Chat and Cybersex*. New York: Lang, 2003, p. 52.

也可能受到媒介的阈限性质的鼓励,互联网是一个虚拟的世界,作为一个无处不在、无所不在的阈限空间,其中的网络亚文化的模糊和不确定的属性表达出丰富多样的仿像意味,因此,网络亚文化可以说孕育甚至加剧了后现代主义倾向。

二、二次元与网络亚文化形式

网络亚文化中尤为重要的一股影响世界的力量是日本二次元动漫文化,它是结合了日本符号、民间传说、宗教、历史、社会沉思和反乌托邦审美传统的杂糅的艺术世界。二次元,来源于日语"二次元",意思是"二维",该词在动漫文化圈中被用作对"架空世界"或梦想世界的一种称呼。日本早期的动画、漫画、游戏、小说等作品均以二维图像构成,其画面是一个平面,所以通过这些载体创造的虚拟世界被动漫爱好者称为"二次元世界"。其主要特征是童话般梦想世界的构建,着重区别于成人为主导的现实世界。不管二次元动漫文化在其他亚洲国家包括西方有多受欢迎,都无法掩盖它的"日本性"。世界各地的粉丝会惊讶地发现,动漫的创作只考虑了日本观众。动漫在日本之外如此受欢迎,这对许多日本动画师来说是一个谜。正如宫崎骏所说,我发现我的作品是日本历史观和自然感的产物……所以我并没有打算开始制作面向全球市场的电影……日本将永远是我工作的基础。① 尽管如此,二次元动漫仍然主要是为 40 岁以下的日本人保留的,这在一定程度上可能是因为这种艺术形式整体上相对较新,更符合青少年审美需求和文化心理的缘故。粉丝们通过一种被称为 Cosplay 的实践,通过复制、修改和调制的行为,从网络媒介的公共文本中物化和体现各种符号学元素。科幻小说和奇幻动漫已经并将继续成为网络粉丝社区或粉丝团的一个重要诉求对象,并成为世界级的网络亚文化现象。

二次元常用来指动漫作品中的人物,这些人物体现了梦想世界的某些特征,因而深得青少年群体的欢迎,扮演二次元人物成为一种时尚的文化活动。Cosplay 就是二次元衍生的新娱乐形式。Cosplay 是 costume 和 play 两个词的合成词。术语描述的行为中,一个人穿上动漫人物的服装或配件操纵他或她的

---

① Hayao Miyazaki. *Master of Japanese Animation：Films，Themes，Artistry.* Berkeley：Stone Bridge，1990，pp. 31 - 32.

姿势、动作和语言,来生成有意义的对应关系,它是一种身体文本的实践。例如,如果一个角色扮演者选择扮演蝙蝠侠,那么这个人就需要制作一个标志,或者更有可能的是一组带有他们的服装和表演的标志,在他或她的身体和被引用的文本之间产生关联。这可以通过穿戴单件或多件物品来实现,例如斗篷、蝙蝠侠的标志性面具,或者模仿某个特定的手势,或者从众多蝙蝠侠文本中引用对话等。Cosplay 的核心就是玩代码的乐趣,粉丝们通常不惜花费数百小时、数百甚至数千元手工制作令人难以置信的服装和配饰。许多角色扮演者还采用了另一种"身体修辞"和演讲风格来补充他们的服装。这些具体化的剧目是文本的一部分,也是通过对给定源文本的仔细和批判性的重新阅读而精心打磨的。角色扮演者的行为由特定的角色、文本、历史以及将该形式被视为符号的可重复配置所产生和限制的。继续我们之前假设的例子,一个装扮成蝙蝠侠的角色扮演者可能也会用低沉刺耳的声音说话,背诵著名的台词,并模仿蝙蝠侠文本世界中所描述的角色的手势。在每一个审美行为中,无论是粉丝以令人难以置信的逼真度模仿某个特定的角色,还是修改一组基本的可识别的审美结构,角色扮演者都会通过物质形式和具体的动作,在一组文本或话语领域中展示他们的流畅性和专业知识。角色扮演者们每次被同伴要求摆造型拍照时,都会积累一种被萨拉·桑顿(Sarah Thornton)称为"亚文化资本"(subcultural capital)或"潮人气质"。"对于亚文化群体来说,金钱、年龄、职业等不是造成权力差异的原因,文化资本积累的多寡起着主导作用,成为建构 Cosplay 实践者话语权的动力来源。"[1]因此,cosplay 的参与者使用摄像机、智能手机和数码单反相机记录 cosplay 的表演,并通过各种社交媒体发布这些内容。随着这些图片和视频在各种在线社交网络上流传,它们引起了人们对角色扮演者的服装和表演的兴趣,也引起了全世界角色扮演者社区的兴趣。

Cosplay 中的角色表现有两种基本形式。第一种类型称为离散类型,涉及到从特定文本主体中复制一个独特的、可识别主题的行为。虽然这包括对历史人物、真人秀明星、政治家、宗教人物、网络模因和流行广告形象等非虚构人物的表现,但大多数角色扮演者都代表漫画、电子游戏、电视节目中的虚构人物。不管所指物是什么,离散的字符表示都是指一个非一般的剧中人,这个人可以作为

---

① 谢灵佳:《权力视阈下的网络亚文化——以 Cosplay 亚文化为例》,《当代青年研究》2019 年第 1 期。

一种互文的交流媒介,他们有独特的服装、个性。这些互文实践使角色扮演者既能通过这些文本表达自己,也能展示他们对原创剧的创作者以及他们塑造的角色的支持。第二种类型称为泛型类型,是一种实践,它不专注于从给定的文本中复制特定的角色,比如擎天柱、冒险兄弟等,而是寻找一般性的角色类型,比如机器人、超级英雄或超级反派。这些一般形式是传统的概念范畴,它独立于给定的源文本。一般性的角色类型没有互文的支持,也就是说,没有特定的文本,所以一般性的角色扮演服装和表演往往是公式化和原型化的。它们通过对特定形式的符号配置进行最小的调整或偏差来再现泛型结构。

泛型表示的一个丰富示例是僵尸,在西方,角色扮演爱好者选择的几乎所有的僵尸都有一组基本的、相对一致的、可识别的风格特征,这些特征表示了他们所属的角色类型。僵尸角色扮演者穿着标签化的僵尸衣服,衣服上覆盖着假血和污垢,慢慢地、跌跌撞撞地走在犯罪现场等。我们完全可以把僵尸类型的源文本还原到《活死人之夜》(1968)、《行尸走肉》(2010)、《28 天后》(2003)、《生化危机》(1996)等电影当中。活死人的主题无处不在地存在于流行文化、大众媒体和民间传说,因此,那些装扮成僵尸的角色扮演者认为,他们的服装和表演将会得到大多数参与者的认可。也有一些角色类型来自于特定的文本体,这些文本保持了一种通用的而不是离散的性质,比如暴风兵、博格人、异形、捕食者或捉鬼敢死队等。虽然这些角色类型分别来自《星球大战》(1977)、《星际迷航》(1987)、《异形》(1979)、《铁血战士》(1987)和《捉鬼敢死队》(1984)等电影中,但许多角色扮演者更喜欢 cosplay 一种通用类型,而不是他们喜爱的文本中的特定角色。他们将自己定义为泛型类型,而不是特定的形象。其他常见的代表性类型包括(但不限于)海盗、忍者、怪物,以及原创幻想或科幻等动漫人物。与离散类型表示相比,这些字符在更高的抽象级别上显示了通用能力和功能。角色扮演者代表海盗、僵尸或忍者,通过他们的服装、动作和演讲练习,最大限度地与其他角色扮演者对特定通用角色类型的理解产生共鸣。由于这些通用的类型是普遍存在的符号学形式,借用罗兰·巴特的话说,它们是一种"易于理解的奇观"①,因此,角色扮演中存在着一种基本的并行关系。

无论角色扮演者将自己定位在哪个特定的范围内,他们的服装、配饰和表演

---

① ［法］罗兰·巴特:《神话:大众文化诠释》,许蔷蔷、许绮玲译,上海:上海人民出版社 1999 年版。

行为都存在于与各种文本的对话中,每一个角色扮演者的身体都会被"阅读"一遍,并与接受者之前对给定源文本的体验相关。正是从这些"认识和记忆的时刻"中,体验的乐趣得到了升华。角色扮演者和文本之间的这种关联是通过两个互文过程实现的,通过抑制这种互文性的差异,角色扮演者成功地最大化了他/她的服装和表演的可识别性,从而增加了它在同行中具有参考价值的资本积累。在模仿的互文关系中,源文本在两种截然不同的意义上充当角色扮演者的模型。它可以为角色扮演者提供一套"符号学原材料"①和一个复制特定角色的模板,文本作为角色扮演者模仿的参考,它包含了所有可能包含在精确模仿中的内在参考内容,每一套服装和表演都将根据它的原型文本重新创作。

克劳德·希尔德雷斯四世(Claude Hildreth IV)是一名活跃在 Facebook 上的角色扮演者,他酷爱装扮成华盛顿特区漫画中的约翰·亨利·艾恩斯(John Henry Irons)或"钢铁侠"(Steel),这是他根据美国民间英雄约翰·亨利(John Henry)创作的。除了披在他肩上的一件长长的红色披风,克劳德的服装的每一寸都是银色的,他的脸和手臂也被涂成金属色,他的靴子和手套也是用带有铆钉装饰的薄金属片做成的。克劳德一如既往地挥舞着一把四方头的大锤,摆出摆拍的姿势,他会挺起胸膛,昂起头,让泡沫支撑锤看起来像是用重铁做的。他解释说:"当你扮演钢铁侠的时候,会有一些变化⋯⋯现在,我是钢铁侠,感觉很棒。"当人们问及他为角色会采取什么特定的风格或姿势时,他描述了他是如何模仿这些人物的,他回到他们的原始文本,忠实地复制其中的内容。漫画文本中所编码的每一个特征都是关于这些人物的一部分,克劳德选择性地挪用了这些人物,并将其呈现为一种物质现实。其他熟悉这些文本的角色扮演者认识到克劳德对细节和准确性的关注,并为他的服装和表演拍摄了许多照片。因为很多角色扮演者的服装都是基于源文本,而这些文本是网络亚文化共享的一部分,所以很多角色扮演者会很快告诉其他用户他们的服装是什么时候穿、怎么穿以及是否与服装的来源相符。一个错位的徽章,一个不准确的颜色,或一个错误的姿势,都可能会被另一个扮演同行标记或批评。如果角色扮演者展现的是最精准的服装和道具,那么他们通常是最受欢迎的,因此也是展示的服装照片最多的。

---

① Henry. Jenkins. *Textual Poachers: Television Fans and Participatory Culture.* New York: Routledge, 1992, p. 17.

代表一个具有大众吸引力的角色可以确保一个人的服装很可能被追随者认出、欣赏和拍摄,所有这些都会增加角色扮演者的亚文化资本。

　　另一方面,源文本不仅告诉角色扮演者在模仿特定文本时应该包含哪些内容,还可以设置一组美学和表演边界。在选择一个特定的角色时,角色扮演者被提供了一整套的信息,他或她可以利用、模仿和重新创造这些信息,但与此同时,这些语义材料会阻碍其他的交流可能性。角色扮演者认为,应该精确地重新创建角色,并保持对源文本的忠实再现。通过保持原著和动漫之间的真实性,角色扮演者可以确保其他熟悉文本的观众能从他的服装、肢体语言和演讲中认同他的努力。在这些 cosplay 的例子中,一个原始的文本有能力产生和界定角色扮演者的审美和表演选择,特别是是否在对给定文本的改编中保持忠实。也就是说,从某种意义上说,亚文化群体所有的交际行为都是由动态符号构建的,并以可重复形式进行重构或调制,其中语言、物质形式和身体修辞都是独立的。它们存在于任何单一意识的排他性控制之外,但当它们被处于时间和空间中的个体所使用时,它们总是被反复内化、外化、重复和转化,这个过程被研究者描述为"有差异的重复"。① 从事模仿互文行为的角色扮演者试图控制这种差异,并将其最小化,他们的服装和表演都会尽可能地忠于原著。正是由于这种对形式复制的承诺和引用实践的传统,这些角色扮演者为对他们最有意义的角色和文本创造了巧妙的启发。

　　角色扮演中角色意义呈现的第二种形式与模仿表现截然相反,它是文本转换的一种行为,角色扮演者在改编动漫源文本时,最大限度地扩大了文本间的差异。这种变革性的行为降低了忠实度,并在被模仿的文本之间创造了对比点。角色扮演者在这种表现形式下,会对现有的角色进行改编和修饰,创造文本间的混合,并塑造自己的原始角色原型。在这种变革性的跨文化关系中,你可以发现角色扮演者会打扮成任意外形的人物,从僵尸化的桑德斯上校(Colonel Sanders)、嘻哈冲锋队(stormtroopers),到蒸汽朋克杰迪斯(Jedis),等等。虽然转换涉及到对给定文本结构的扭曲、增强或减少,但这些适应也有可能保留和传播它们所变形的形式,毕竟,一个僵尸化的桑德斯上校尽管进行了改动,但仍然

---

① GailA. Bondi. *Close Encounters of a Different Kind : A Study of Science Fiction Fan Cultures and its Interactions with Multiple Literacies.* Ph. D. diss., Indiana University of Pennsylvania, 2011.

成功地保留了那些构成这位上校可辨认形象的标志——白色西装、细领带、镶着宝石眼镜和白色山羊胡,等等。巴赫金认为,当一篇原文及其改编本被近距离阅读时,每一个文本都通过许多对应点和对比点来阐明另一个文本。[1] 如果存在对应关系,一组符号就有可能被知情的接收者识别为对特定文本特征或一组特征的适应,在网络上,就有可能通过模仿、讽刺、滑稽戏和漫画来产生评论。这些差异的标记虽然可能是很小的,但会使改编后的文本与提供其背景的源文本形成鲜明的对比。在角色模仿者的人群中,许多成年女性打扮成各种肌肉发达的男性角色,而许多男性则穿着超短裙和其他暴露的服装。虽然很多男性角色扮演者为了获得幽默效果而进行游戏,但大多数角色扮演者认为,在服装上得到的关注更多在某种程度上取决于选择穿的是什么服装。Cosplay 模仿服装和表演将微小的变异引入到各种可识别的流行文化形式中,以讽刺各种现实中公共传播的文本。他们共同构成了一个强有力的、有攻击性的、复杂的模仿声明,讲述了这一系列有意义的文本,以及它的生产、流通和接受的历史。

尽管许多角色扮演者会对选定的源文本进行细微的修改,但大多数具有变革性的服装和表演更为显著。在这些变革性的行为中,角色扮演者采取了符号学的安排,以创建一种互文混搭。这种混合导致了对现有文本的各种创造性的重新解释,这些融合行为以"换位实践"的形式出现,将特定类型(或文本)转换成另一种通用模式。更重要的是,这一过程本身也有可能作为"一种重新审视的行为处理给定的源文本"。[2] 这些行为反过来刻在角色扮演者的身体和他们的行动中。Cosplay 爱好者英国人卡特·伊斯蒂斯(Carter Istis)在 Facebook 上展示他扮演的蝙蝠侠,他的身体披着厚重的钢铁盔甲、锁子甲,胸前挂着一件带有灰色条纹的布质胸衣,胸前饰有蝙蝠侠的标志。他还戴着一顶大钢盔,钢盔上有窄的三角形眼槽,两侧对称的蝙蝠翼形金属嵌板构成了头盔。每块嵌板都以伊斯蒂斯的下颌线为末端,向上弯曲,环绕太阳穴,在伊斯蒂斯头顶上方投射出两个蝙蝠耳朵形状的点。对于任何熟悉蝙蝠侠的人来说,很明显,伊斯蒂斯是在诠释《黑暗骑士》(2008)中的形象,但他改变了那些标志着蝙蝠侠鲜明个性的标志——面具、披肩、蝙蝠式的肖像,并将这些复杂的标志转换成了中世纪的通用

---

[1] [美]刘康:《对话的喧声:巴赫金的文化转型理论》,北京:北京大学出版社 2011 年版,第 23 页。

[2] Sanders, Julie. (2006). *Adaptation and Appropriation*. London: Routledge, pp. 18 - 19.

符号。尽管蝙蝠侠进入了一个新的美学领域,但角色扮演者的改编与原著保持了足够的相似性,以至于原著可以通过他富有创意的服装和表演来辅助读懂。粉丝们最初的 cosplay 角色聚集在一起,使其复杂化,并将一般的角色原型或职业(如巫师、吸血鬼、精灵、战士、法师、治疗师、工程师)发展成独特的角色和服装组合。可见,原创角色扮演者不是单纯地模仿特定的角色,而是在创造自己的角色,他们在网络或电子游戏中扮演角色,或者进行真人角色扮演,个人创作意图通过大量的时间、精力和创造力来发展和完善原始形象。

　　Cosplay 的网络亚文化风潮作为一种互文的通用语或交流媒介,被数千万的粉丝赋予价值,并积极传播和动员。无论是僵尸化的哈利·波特,蒸汽朋克教授,还是中世纪化的钢铁侠,角色扮演者都是技艺精湛的工匠、表演者和修辞高手。Cosplay 的爱好者们给自己穿上符号化的衣服,以新的方式存在和表演他们的身体,用奇妙的他人的话语和声音发声。通过这些行动,他们将漫画、电影、电视节目和电子游戏中的服装和角色转换为他们自己的生活体验,不仅是文本元素的集合,而且也是具体的形式和具体的实践,他们从公共领域的信息流中采用这些图形、相貌和一般特征,并不断进行修正、补救和调制,他们的扮演是物质的、肉体的、文本的、情感的和社会的,而这些就是网络亚文化创造的拟态环境。

　　始于日本的御宅(otaku)在日本流行文化、消费主义和网络亚文化的讨论中也备受关注。研究者也关注到了御宅在"网络亚文化与传播"框架下的研究,引入了英国文化研究、传播学或迷研究的理论资源。① 御宅是一个复杂而难以捉摸的术语,涉及各种与粉丝相关的活动。御宅族的兴趣对象包括漫画、动漫、游戏、互联网、电脑、书籍、雕像、名人、特效和 Cosplay。虽然"otaku"在英语中大致相当于"nerd"这个词,通常指的是男性,但也可以用于女性。男性御宅族的刻板印象是内向的,但御宅族文化却被视为日本"软实力"的草根元素,甚至被用于推动日本进入 21 世纪的全球战略。文化人类学家伊藤瑞子(Mizuko Ito)表示,御宅族文化已经出口到海外,现在处于社会、文化和技术趋势的跨国融合之中。然而,在日本社会学家宫台真司(Shinji Miyadai)看来,西方对御宅族文化的兴趣主要集中在漫画和动漫产品上,而这并不能提供御宅族文化的全貌。但总体上,

---

① 何威:《从御宅到二次元:关于一种青少年亚文化的学术图景和知识考古》,《新闻与传播研究》2018 年第 10 期。

御宅文化延续了人们熟悉的"技术东方主义"的修辞,这种修辞强调的是"他者"的陌生感和异国情调。御宅族文化的另类之处在于,日本男性御宅族最具争议的行为就是对年轻女孩卡通形象的性幻想。众所周知,男性御宅族喜欢年轻女孩的卡通形象,无论是二维的还是三维的,尤其是在粉丝亚文化背景下,他们会与这些角色产生强烈的性心理联系。西方学者从日本人与当代科技产品的关系的角度,研究了男性御宅族对肉体的依恋。认为御宅族与特定图像的接触可以被视为是科学技术人类学家露西·苏奇曼(Lucy Suchman)所称的"社会物质实体"的文化实例。男性御宅族的幻想行为被理解为技术、社会和文化的复杂纠缠。从这个意义上说,研究日本泛灵论和技术文化之间的关联是有益的,即通过"万物有灵无意识"的根深蒂固的日本精神对御宅族的形象进行分析。一方面,批判理论家卡斯珀·布鲁恩·詹森(Casper Bruen Jason)和社会学家安德斯·布洛克从拉托教关于自然和文化之间对称性的观点出发,讨论了一种泛灵论,这种泛灵论被应用到神道教的技术制品上。另一方面,研究御宅族文化的学者帕特里克·加尔布雷斯(Patrick Galbraith)讨论了《漂亮女孩》(pretty girl)的游戏,加尔布雷斯从御宅族与年轻女性动画人物形象的亲密互动中,看到了科技、自我与世界之间建立新关系的可能性。

我们的研究没有转向泛灵论的整体框架,也没有遵从西方的理论概念,而是考虑了日本的亚文化传统是如何与御宅族对图像的肉体情感相关联,尝试解释御宅族文化,讨论日本人自我呈现以及与符号的体现关系。在互联网时代,传统的具体化思维形式仍然存在,日本的"传统"思维以一种微妙而又普遍的方式塑造着日本人的认知,这一点在日常用语和概念中很明显。这种被接受的亚文化知识和习惯思维在很大程度上影响了日本人与环境、物体之间的关系。男性御宅族的实践是上述传统在当代日本文化中的一种隐晦而详尽的表现,它通过特定的社会手势、姿势和态度语言发挥作用。相对于将"表演"理解为虚假的、不真实的和局限于外表的东西,在亚文化的语境下,表演是一个创造社会意义的深刻过程。日本的社会交往需要人的双重角色——他们被要求同时扮演演员和观众。御宅族的行为复杂地包含着额外的信息层,也就是说,对于那些包含在日本普通社会表现中的信息,它们具有可传播的意义。御宅族的做法是嵌套在日本已有的表现社会惯例之中的,这些惯例已经具有高度的文化特异性。

御宅族的行为表现需要从不同的角度来理解,首先,它是内在的,是反讽和自反的,超然、戏剧性和距离感是御宅族生活的一部分。从某种意义上说,御宅族的编码语言对他们自己的亚文化群体来说是有意义的,他们的自我反身姿态类似苏珊·桑塔格(Susan Sontag)描述的"阵营"①的行为和态度。日本文学研究学者基思·文森特(Keith Vincent)在对酷儿的概念诠释中也提出了类似的包容观点。文森特引用了酷儿理论家伊芙·科索夫斯基·塞奇威克(Eve Kosofsky Sedg wick)、朱迪思·巴特勒(Judith Butler)和迈克尔·穆恩(Michael Moon)等人的观点,在日本的语境中重新审视了男性御宅族的"变态",他强调了御宅族对性幻想和现实之间区别的否定,指出他们含蓄地反对与真实身体的异性关系正常化。② 与使用"酷儿"作为政治术语形成对比的是,文森特使用的"酷儿"一词实际上与"hentai"类似,后者是日语中翻译"酷儿"时经常使用的一个词,意味着广泛的性越轨、荒谬和异常。Hentai 并不意味着实践性政治,而是一个亚文化中的主体间性概念,是酷儿文化在男性御宅族实践中的当代表现。

　　在日本,理解人与非人关系的核心问题是,日本人如何表达一种与周围环境相关的自我表述感,而周围环境也必须包括非有机物体。影响当代日本的社会文化矩阵的传统包括神道教和佛教传统,以及源自中国文化的传统。日本神话和传统的万物有灵论通过拟人化动物或植物等非人类,甚至岩石等非有机物体,来促进与它们之间的关系。日本的拟人主义是一种反射性的机制,在这种机制中,对动物行为的观察反映在人类观察者身上,这种方法在传统神话中有详细的描述。"感性自我"的社会学概念有助于阐明日本这种拟人化和反身性的自我意识。社会学家乔治·赫伯特·米德(George Herbert Mead)认为人类的行为可以受到"早期经历的记忆"或"他人和群体的形象"的影响,这些信息是在当前情况下无法感知的。米德的社会行为主义理解为一个扩展的"行动场域",在那里,人类的行为发生在有机和生物领域之外,即科学行为主义的既定领域。③ 研究者范尼尼(P. Vannini)等人关于"感觉自我"的概念扩展了米德关于"场"的概念,主要关注自我形成过程中的躯体感觉,添加了身体感知世界的其他因素参与

---

① [美]苏珊·桑塔格:《论摄影》,黄灿然译,上海:上海译文出版社 2018 年版。

② J. KVincent., Making It Real: Fiction, Desire, and the Queerness of the Beautiful Fighting Girl', in *Tamaki Saitö*, *Beautiful Fighting Girl*, (trans J. Keith Vincent and Dawn Lawson), Minneapolis: University of Minnesota Press, 2011

③ [美]乔治·H. 米德:《心灵、自我与社会》,赵月瑟译,上海:上海译文出版社 2008 年版,第 53 页。

自我的概念。范尼尼等人认为,自我是"感应"和"感觉"本身和其他符合米德的自我想法的双重过程。"感应"和"感觉"的双重操作是通过"身体仪式"来调节的,"身体仪式"是"感应和感觉制造的习惯"。前者的意思是"一种习得的感觉形成模式",而后者则被理解为个体或集体对公认的感官表现规范的表达。"感应"和"感觉"出现在这两种仪式之间的联系中,一种是感觉的制造感,另一种是将这种制造感融入现有的符号学领域。①

虽然这些概念最初是与西方文化联系在一起的,但这种"感应"和"感觉"制造的概念也适用于日本的亚文化圈。"气"的概念是日本文化交流中身体表达的基础。日语"ki"一词源于中文的"气",通常翻译成英文是"能量"或"生命力"。在针灸和中医中,"ki"被认为是通过一个经络系统在非解剖的活体中循环。然而,这个词在日语中的日常使用,超出了它在汉语中的原意。大量的常用习语和固定词组使用该术语,表达情感、气质、意识或意志的交际态度和表达方式。在日常生活中,ki暗示了一种特殊的、在日本被普遍接受的自我与他人之间的身体关系。ki指的是一个人内在生理和心理状态的潜在运作。社会学家熊谷久久(Hisa Kumagai)表示,"通过气的感觉,日本人的自我意识的'具体'体验将自我与他人区分开来。"他同时提出了主体间性的概念,在这个概念中,"自我和对方都不能独立存在"。② 需要强调的是,从日本文化的角度来看,ki在人与人之间的互动是不断变化的。文化上特有的"被动-主动"二元结构,有助于调节一个人的气能量。被动-主动关系代表了日本社会关系中的另一种双重操作,可以与男性御宅族的暗号手势联系起来。

虽然日本自19世纪以来变得越来越西方化,但古老文化和社会习俗的礼节一直延续到今天。用爱德华·霍尔(Edward T. Hall)的话来说,日本仍然是一种"高语境"文化。③ 在日本,日常公共行为包括非语言表达,在很大程度上受到社会接受传统或现代习俗的制约,社会行为由适合特定情况的礼仪所规范,并根据性别、年龄和社会地位来决定。虽然当代日本人可能会淡化他们对日常生活

---

① Phillip Vannini, Dennis Waskul and Simon Gottschalk. *The Senses in Self Society*, *and Culture*: *A Sociology of the Senses*, Routledge, New York, 2012, p. 86.

② Hisa A. Kumagai. Ki: The 'Fervor of Vitality' and the Subjective Self, *Symbolic Interaction*, Vol. 11, No. 2, 1988, p. 184.

③ [美]爱德华·霍尔:《超越文化》,何道宽译,北京:北京大学出版社,2010年版。

中社交行为的期望,但得体行为的重要性在工作场所和仪式性场合如婚礼或葬礼中显现出来。在日本,即使在微信或社区等互联网空间中,将内部人士与外部人士分隔开来的行为准则的重要性也是显而易见的。这里的关键点是,个人需要通过按照社区内共享的公认规范来参与社会仪式。在这方面,罗兰·巴特(Roland Barthes)在其著作《符号帝国》中详细论述的20世纪60年代末著名的关于日本文化的核心论点,至今仍具有重要意义。巴特将日本作为他寻找西方象征体系替代品的地方,强调了日本文化现象的基本原则,包括日本的食物、弹珠厅、东京、包装、文乐和俳句。巴特认为,这些日本社会和文化实践的"迹象"本身是有效的,不需要外部参考资料认定其是真实的。例如,巴特认为,日本人鞠躬是通过文化特定的行为规范来体现其礼貌的规范,日本人并不认为礼貌是虚伪的,也不认为礼貌是值得警惕或怀疑的。相反,西方人认为是礼貌的价值双重的,由社会的、人为的、虚假的"外在"和个人的、真实的"内在"组成。这意味着,在西方,非正式的关系或随意的交流方式被认为是真实自我的反映,而表示礼貌的行为往往被认为是"做作的"和"虚假的"。然而,日本人对这种内在自我和外在自我之间明显的两分法有着不同的看法。日本人意识到这两个自我同时存在于自己和他人的社会情境中,并且不认为两个自我的互补是对立的。① 是一种通过具体代码进行的交流,这些具体的问候实践是相互自发的,但又被深度编码。

　　研究者将御宅族迷恋的日本纯洁可爱的女战士与西方流行媒体中的成年女超级英雄(如《希娜:武士公主》中的希娜,《古墓丽影》中的劳拉等)区分开来,认为日本动漫中的女孩角色比西方小说中的女孩角色更远离现实。御宅族迷恋的美丽的女孩,在现实中没有任何参照,她本身就是一个虚构的人物。尽管这些女性角色的卡通形象不切实际,但御宅族可以从这些角色的形象中获得实际的性快感,用酷儿理论研究御宅族的行为,可以被理解为一种纯粹的欢爽,"一种不受压抑的、非工具化的性欲的表达"。尽管大多数御宅男都是异性恋,但他们与动漫中打斗女孩形象的性接触却超出了生理决定的性逻辑。也就是说,御宅族违反了性规范,尤其是要求他的欲望必须在现实世界中有一个异性对象的规范,而这也能在御宅族将"社会身份和自然化的身体"分离开来的行为中找到。

---

① [法]罗兰·巴特:《符号帝国》,孙乃修译,北京:商务印书馆1994年版。

御宅族文化欣赏漫画、动画或游戏的自我参照性质,反映了他们感兴趣领域的专业知识,以及对日本传统文化的了解。男性御宅族对战斗女孩卡通角色的消费表现出特定的、高度编码的品位。这些网络亚文化媒体中传达的信息是为御宅族设计的,他们是已经熟悉动漫作品的粉丝,一些御宅族不仅是漫画和动漫的忠实粉丝,而且通过重新诠释和改编他们最喜欢的动漫作品来创作新作品,强烈的兴奋和欲望驱使御宅族消费这些图像。御宅族对待图像的方法通常是拟人化,通过这种方法,非人类实体被拟人化为美丽的年轻女孩。因此,御宅族的性幻想根植于这种高度编码的亚文化习惯。当男性御宅族看到一个可爱的动漫女孩,穿着女仆装,长着猫一样的耳朵时,他们就会产生性冲动。研究者将御宅族的偶像人物称为 kyara,并将他们的性幻想称为 kyara moe。Kyara 的概念可以扩展到任何事物,它可以通过普及、叙事、理想化或虚构的过程变得本质化。事实上,御宅族自己也可以成为 kyara。Kyara 也可以指在更广泛的日本文化中,在社会和交际场合中可识别的角色和刻板印象。例如,baka-kyara 的意思是傻瓜的角色;Majime-kyara 的意思是一个严肃和诚实的人的角色,等等。与巴特对社会现象的分析类似,日本人在特定的社会环境中扮演的角色比真实地对待自己更重要。日本人在描述他们所必须扮演的角色时,希望别人能理解他们所扮演的角色,并且希望社会接受并保护他们。

御宅族对图像高度编码的拟人性意味着,图像被理解为在想象的互惠中回馈某种东西。Kyara moe 要求对方"在场",这与日本传统的主体间社会行为没什么不同。例如,当男性御宅族在视觉上消费年轻女孩的照片时,这些形象似乎在用她们巨大的卡通眼睛回望着御宅族,而御宅族觉得自己被关爱着,而这个女孩凝视御宅族的眼神赋予了这个形象一种"活力"。对于日本传统的拟人主义,moe 的拟人主义是反身的。这种自反性是御宅族群体行为的一个重要方面。尽管御宅族的形象已经越来越被日本主流文化所接受,但他们对可爱的战斗女孩形象的消费却被带上了恋童癖、虐待狂、受虐狂和恋物癖等的标签。御宅族的标签具有转喻的作用,与此同时,像游戏中的化身一样,御宅族标签允许一个自称御宅族的人在消费漫画、动画和游戏中的年轻女孩形象时体验一些所谓真实的东西,并为御宅族的 kyara moe 创建了另一个缓冲区。御宅族的主观性是通过自我表现的形式来表达的,自我表现是一个"盾牌",保护着他"反常"欲望的秘密行为。御宅族实践的核心是日本的表演文化,它建立了一个表演自我,体现与符号的关系。御宅族实践是主体间性的特殊表现,是日本传统文化与互联网拟态环境结合所引发的独特亚文化范本。

御宅族已经形成了一种高度特定的文化素养,这种素养根据自身的目标,将身体关系的传统概念与非人类世界相适应。例如,御宅族对"人造的"和"真实的"之间的区别的否定,在他对特定图像的依恋中,可以被看作是当代的亚文化版本,人们可以称之为非真实的真实。男性御宅族将性欲集中在可爱的战斗女孩的形象上,这与禅宗园林的观赏者在人工建造的封闭的园林环境中欣赏自然的本质是相似的。在御宅族亚文化的社会"行为主义"中,"感官创造仪式"十分突出,御宅族文化具有戏剧化和包容性的背景,即使这种亚文化被视为非主流文化,它也是以形成主流文化的反身性社会行为和自我定义结构为基础的。应该强调的是,日本仍然是一个"高语境"的社会,即使在 21 世纪,甚至在与西方文化形式接触了一个多世纪之后也是如此。日本人始终有一种含蓄的期待,这种期待表现为共同的社会比喻、标志性的概念和其他象征性的构念,其结果是一种与现象学所称的本身体现关系,其中包括非人类元素。正是通过这样的符号结构,日本的网络亚文化尤其是御宅族文化提供了一个独特的当代案例研究,揭示了21 世纪巴特把日本作为一个"符号帝国"的理解的一个新的面向。

三、后现代主义视角下的网络亚文化

青年是亚文化的主体,也是一个社会范畴,它标志着一个非常有活力的群体,特别是在当今互联网全球变革的时代,我们面临着大规模的变化,甚至在文化和价值观念方面也是如此。可以说,今天的社会人类学如果没有对网络亚文化和媒体所产生的相互作用及其对青年的心理和生活方式的影响进行深入的分析,就无法成书。后现代社会的产物之一是大众文化和网络亚文化,它与文化经济、享乐、闲散、风格和身份形态、关系、意义以及社会文化文本等相关。在 21 世纪初,我们面临的问题是:为什么传统价值观日益被相对化,而新的价值观被不同的 IT 和社交网络工具所肯定?它们如何创造一个新的消费主义、享乐主义、个人主义的年轻的平行社会?为什么青年会被网络乌托邦所吸引?它的道德反思是什么?本节探讨了网络亚文化、消费主义文化和后现代主义的三角关系。

青年是任何社会中最重要的组成部分,是健康社会环境的未来和积极前景,他们承载着实现社会愿景的使命,而青年也是一个人口学术语,代表生理、人口和社会群体等的社会学维度的类别。青年阶段是生命中最具活力和最复杂的阶段,其主要特征是身心发展的动态性、情绪性、急躁、寻求认同、反叛、危机、焦虑、悲伤、冲突、梦想、激情等无尽的需求,以及身心与社会发展之间缺乏对应等。消费文化或网络亚文化,是一种被年轻人接受、创建并通过商业化生产、经销的文化,而在意识形态方面,它是被利用或控制在"创造性"或抵抗的框架内的文化形态。①

在阐释网络亚文化之前,我们首先需要认知带有消费主义、青年认同和享乐主义特征的大众文化。冠名"大众",是人们会把大众文化和"人"联系起来,在他们看来,大众文化意味着一切不凌驾于人民之上的,为占大多数的人民所生产的东西,所以这是一种多数文化。也有人称之为劳动阶级文化,由于劳动阶级是贫穷的、相对没有受过教育的、无知的、低层次的文化,由此产生的文化也是低下的、庸俗的,而且既然它是一种大多数人的文化,它就是一种没有真正质量的文化。这种将大众文化与大众联系起来的方式,是由文化工业广泛创造和传播的,为权力拥有者所拥有,并被用来控制大众。大众文化是文化工业的一部分,历经几十年的发展,它已经变身为积极创造价值观和意义的社会制度。广告、流行音乐、电影、时尚、体育、网络等等都是在这种文化背景下讨论的对象。结构主义、符号学、语义学等学科对消费主义文化的研究也做出了重要贡献。研究者普遍认识到,这种文化是现代化的产物,是文化工业的产物,并被认为是大众操纵的一部分。消费主义文化破坏了连接人们过去和现在的桥梁,这是一种以时尚和流行的形式提供给人们的"毒品",这是因为它使人们远离真实的价值观,远离真实的文化。这种文化创造了人们按照消费主义逻辑行事的本能,使他们失去了真正的目标,并将其转化为商品。美国学者费斯克(John Fiske)认为,传统文化是与民族文化和身份认同相一致的,而消费主义文化是最具排他性的文化,就像精英文化或高雅文化一样,是占主导地位的社会群体文化。② 大众文化被认为是一种统治的工具,所以它可以与全球麦当劳联系起来,与西方化联系起来。法

① Rowe, D. (1996). *Popüler Kültürler : Rock ve Sporda Haz Politikasi*. Istanbul : Ayrinti Yayinlan, p. 22.
② [美]约翰·费斯克:《理解大众文化》,王晓珏、宋伟杰译,北京:中央编译出版社 2001 年版。

兰克福学派的代表对大众文化持坚决的否定态度。根据阿多诺（Theodor W. Adorno）和霍克海默（M. Max Horkheimer）的说法，大众文化通过大众传播手段，创造了一个同质的文化环境，使生产力和消费的功能更符合市场运作。

大众文化背景下的网络亚文化与文化风格、身份形式、意义以及以不同形式产生的社会和文化文本有关。网络亚文化与20世纪60年代的享乐主义的性、毒品和摇滚三位一体有密切关联。那个年代的青年人被贴上了享乐主义泛滥、放纵各种激情的标签。网络亚文化甚至体现为一种新异教，一种准宗教，他们中相当一部分人甚至无法忍受他们的家庭和父母，更不用说其他的反对者了。他们对持不同观点的人，从意识形态、种族、宗教信仰，到文化、生活等方方面面，都表达了决心决裂的姿态。年轻人展示他们的优势不是新价值观，而是反价值观，不是通过理性和智慧的力量，而是通过荷尔蒙、肌肉和棍棒。教育水平低和社会道德缺失是原因之一，没有人关心道德和伦理，青年一代都倾向于功利主义和享乐主义，倾向于一时的利益和快乐。社会学家认为，年轻人，尤其是在校青年沉迷亚文化，反映了家庭和传统文化的弱化、父母权威的衰落以及全球化的影响。

众所周知，现代哲学的总体性叙事包括对进步、解放和自由的论述，这些论述肯定了普遍性。现代主义的本质是历史具有进步意义的观念，它向最终的完美（endism）迈进。然而一些震撼了20世纪的戏剧性事件（如切尔诺贝利核事故、柏林墙倒塌、共产主义的瓦解等）被认为是对现代精神、理想和目标的否定，是伟大解放计划的瓦解。[1] 这些现代性的叙事危机构成了后现代主义的批判基础。哈贝马斯（Jürgen Habermas）说，现代艺术是一项被摧毁或完成的工程；[2] 利奥塔（Jean-Francois Lyotard）说，元叙事解体后，我们处于一种不可测量的状态，即话语游戏的异质性是彼此不可通约的。[3] 后现代主义的特征之一是对一切事物的怀疑，在这个时候，相对是常态。后现代主义是作为对现代性危机的回应而发展起来的一种世界观，对现代性思想有着明显的反思。这一多义词概念现在广泛应用于艺术和社会科学文献中，它包含着游戏、混乱、偏颇、精神分裂症、多态、消解、表面、拼贴、缺乏同一性、无政府状态、互文性等因素。后现代主

---

① A. Salihu. *Aporitë e modernes*：*Kritika e rrëfimeve të mëdha*. Prishtina：Rizoma, 2009.

② ［德］尤尔根·哈贝马斯：《合法化危机》，刘北成、曹卫东译，上海：上海人民出版社2009年版，第37页。

③ ［法］让-弗朗索瓦·利奥塔：《后现代状态》，车槿山译，南京：南京大学出版社2011年版，第107页。

义在对西方生活方式和思维方式的批判中占有重要地位,已成为西方乃至世界知识分子关注的重要问题。自 20 世纪 70 年代以来,它一直在评判被现代精神奉为神圣的所有价值观和制度。马克思主义文学批评理论家詹明信(Fredric Jameson)说,后现代主义是"晚期资本主义的逻辑",是线性轨迹的一部分,从殖民主义开始,延续到现代主义,最后以后现代主义结束。他断言,像真理这样的东西在后现代时代是不存在的,凡企图向我们提供真相的,都是骗人的把戏。[①]后现代主义认为根本不存在终极现实,取而代之的是一个图像的海洋,一个图像和物质现实之间的区别已经消失的世界。后现代主义把世界描述为一个电子游戏,在这个游戏中,我们控制自己的行动,在网络空间中进行战斗,与数字信息的流动作伴;我们在一个无尽的图像和故事的海洋中游泳,形成我们的感知和个人的"现实"。[②]

我们这个时代的现实是网络与大数据统领的现实,后工业技术是人类和社会生活中最具影响力的因素之一。第三个千年之初的社会生活就在后现代和未来主义概念中,这表明社会发展的根本因素是科学、技术信息的开发。乌尔里希·贝克(Ulrich Beck)、安东尼·吉登斯(Anthony Giddens)和曼纽尔·卡斯特(Manuel Castells)等理论家早就看到,自 20 世纪 70 年代以来,工业社会向信息社会的过渡已经在全球范围内实现。从理论上讲,信息社会与后工业生产密切相关,而青少年亚文化产生了一个平行的社会(parallel gesellschaften),这个社会是由神奇的网络组成的,一个以网络为中心的超现实世界。青年一代是社交网络的原生代,例如 Facebook 就是互联网最强大的超级力量之一,它就像一个拥有超过 8 亿公民的虚国家,其中大多数人的年龄在 34 岁以下。Facebook 改变了人们的社交基因,让我们变得更加开放。青年生活在网络的后现代乌托邦里,消费主义文化使得他们成为嘻哈一代、屏幕少年、游戏瘾君子。

1. 数字交往范式下的网络亚文化

数字媒体和各种亚文化社群一直是年轻人释放狂热激情和创造性创作的核

---

① 〔美〕弗雷德里克·詹明信:《晚期资本主义的文化逻辑》,陈清桥等译,北京:生活·读书·新知三联书店 1997 年版,第 420 页。

② Sardar, Z. (2010). *Përtej dogmës: Islami në kohët postmoderne*. Skopje: Logos-A, p. 234.

心,他们在这各种网络亚文化社群上找到了归宿。年轻人在亚文化社群上的媒体体验是一种数字文化适应。对于很多年轻人来说,亚文化社群已经成为一个免费的课堂,一个强大的数字交往空间,帮助生成年轻人的网络身份和政治意识。正如研究者丹娜·博伊德(Danah Boyd)所指出的,青少年使用"公共"数字媒体作为"私人"空间并不像看上去那么矛盾。青年以传统方式进入公共领域的机会不多,因为成人环境的监管一直苛严。青少年对数字媒体的使用反映出他们需要找到新的方式来获得隐私,与成人世界隔离开来,并对自己的个人空间施加一定的控制。① 数字媒体平台为青少年提供了不容易被父母监管的个人和社交空间,他们建立各种亚文化社群来实现不同类型的私人空间。与此同时,数字交往已经成为许多年轻人更广泛的公共互动的一种方式,尤其是亚文化社群为年轻人提供了一个跨代、多元化的自由主义公共领域,特别是对培养边缘另类文化至关重要。对于今天许多脆弱的年轻人来说,亚文化社群的自由和进步的环境使其成为在线"私人"公共空间的最佳选择。亚文化社群的用户主要是由共同的、热情的、区隔成人的兴趣,而不是单纯的年龄层联系在一起的,这是许多年轻用户乐于栖息的一个重要方面。亚文化社群用户总体上与年轻人有关,现有的人口统计数据和媒体报道不断强化了这种看法。互联网用户统计数据中的青年用户数量已经远远超过其他年龄层的用户数量,而皮尤研究中心(Pew Research Center)等数据报告中对青年的定义又非常宽泛,他包括千禧一代在内的年龄在18 岁至 35 岁之间的人群,许多亚文化社群青年已经成为数字文化至关重要的消费者和生产者,他们试图抵抗现有的制度规范、社会和文化层次结构,以及成人世界对他们的狭义的身份认知。

　　虽然亚文化社群的用户并不比其他数字媒体用户更容易受到国家和社会经济等方面的限制,但亚文化社群为年轻人提供了一个属于他们自己的在线空间,这是其他平台所没有的,而且能在用户身份和内容方面提供更大的保护。亚文化社群也是一个民主化的平台,年轻的亚文化社群用户不会被边缘化或贬低,此外,亚文化社群的界面让年轻用户比在其他数字媒体平台对设计和内容创作有更大的控制权。在亚文化社群上,用户可以发布自己原创的作品,例如艺术、

---

① Danah Boyd: *It's Complicated: The Social Lives of Networked Teens*, New Haven, CT: Yale University Press, 2014, pp. 54-76.

gif、评论、视频、音频等,也成为了各种非规范性的亚文化表达、身份形成、教育和支持的中心,而这些都是年轻人无法在传统条件下获得的。例如,亚文化社群是酷儿和非双性恋青年的选择平台,这不仅获得了边缘和少数群体的支持,也让这些青年有机会在传统类别之外为自己创造非常具体的性别身份。[①] 与此同时,这些青年人干预当代政治和文化的影响也正日益得到主流媒体和专业组织的承认。

由于亚文化社群通常是一种以情感投资为动力的视觉媒体,所以大多数亚文化社群用户使用各种流行文化形式来表达他们自己以及他们正在发展的政治和身份。他们致力于流行文化和政治社会边缘化的特定交叉点,身份声明在亚文化社群青年群体中非常典型,这一点在他们聚集的线下社交空间中是显而易见的,在西方,比如为女权主义者和酷儿青年服务的粉丝集会部分是由亚文化社群赞助的。出席这些大会的人通过一系列徽章或臂章公开地表明自己的身份,并提供了亚文化社群独特的身份背景影响那些第一次进入粉丝圈的年轻人。亚文化社群用户强调了一个"个人就是政治"的框架,优先考虑媒体产品的情感、社会和文化方面。他们赞美并积极投身那些被定义为另类文化或边缘文化但符合他们兴趣的文化类型,例如网游和动漫系列、播客、视频组等,而且亚文化社群优先考虑的就是来自非主流社会的年轻一代的数字媒体活跃分子。

亚文化社群用户提供了类似的对代表性政治的深入分析,并从类似的材料组合中汲取灵感。数字平台在很多方面给用户的创造性工作上带来了相当大的便利。由于亚文化社群通常是免费的公共论坛,允许用户将他们自己的技能和兴趣带到粉丝社群中,例如创造性的视觉和音频制作、流畅的视觉文化和混音实践、详细的文本分析和批判性评论等。通过这样的互动,亚文化社群为年轻用户提供了一个在很大程度上受到保护的"私人"公共空间,在这里,他们可以表达社会批评,同时也将这种批评扩展到了个人之外。网络亚文化社群以圈层文化认同的方式强调情感、身份和社会正义之间的关系,它的年轻用户更有可能意识到或从事亚文化批评实践,而不是在传统空间进行。亚文化社群用户对代表性的政治意义的强调,他们对媒体的共同和独特的生活体验,他们对文化层次的平

---

① For coverage of young people's sexual or gender identity creation on Tumblr in the popular press, see Tim Murphy, "*Identity-Free Identity Politics*," New York Times, October 27, 2015.

等,以及他们非制度化的另类实践,极大地影响了成人世界对当今数字媒体理解和接受的程度,在当前的环境下,对网络亚文化媒体文化的关注显得尤为重要。

四、网络亚文化中的圈层文化

随着社交网络普及程度的提高及其对社会生活的深度浸透,圈层文化现象正逐渐进入大众视野,成为舆论关注的热点。"圈层"一词从字面上理解,是"物以类聚、人以群分"的当下表征,是在阶层分化的社会背景下,自然产生的特定社会群体的概括,它可以是广义的具有相同社会属性的阶层,也可以是一个区域内具备较强社会联系、社会属性相近的群体。无论是主动、被动参与或是无意识加入,从大的方面说,作为一种新型的社会组织方式,绝大部分网民都可以被分入一定的亚文化圈层,耽美圈、网游圈、萌宠圈……每个人因为自己的爱好、职业、性格、特长等被划归为不同圈层,只是有人积极融入,寻求同好,组成圈层,甚至形成"茧房";有人独自陶醉,选择不主动参与。但不可否认的是,圈层文化已然成为一种不可忽视的社会现象和文化形态。媒介文化的"圈层化"已经是网络社交群体的一种趋势,具体表现在一些具有共性特征的用户在某个网络平台上聚集,形成了一个个网络聚合体。社交媒体是具有明显文化圈层效应的传播载体,圈层文化的形成和社会的进步、新技术的发展不无关系,因此圈层文化可以被认为是高速发展的互联网文化与新一代青年文化共同催生的产物。圈层结构理论最早是由德国经济学家冯·杜能(Johann Heinrich Von Thünen)提出,最初应用于城市发展建设。新媒体的文化研究借鉴了"圈层"的概念,指的是来自不同文化圈子、有着不同的社会背景的用户在网络交流的过程中,由于所接受的教育和思想模式的不同,会逐渐进行分化,出现明显的分层现象,在不同的层级中圈内所谈论的话题不尽相同,看待问题、分析问题的角度也会产生变化。在圈层文化的环境中,圈内成员由于联结较为紧密,所有成员都会受到同一套思维模式和文化审美的影响,即使分属于不同的小圈子中,总体的创作方向还是一致的。

数字时代互联网连接了世界的各个角落,文化圈层得以大大突破地域限制,分散的区域性圈层得以整合,成为全国性乃至全球性圈层,追星族的"全球粉丝会"就是其中的典型现象。亚文化的多元性也更强,以往不被主流文化认可的亚文化也能够被社会包容,使圈层文化的内容更丰富、更多元。在网络空间的培育下,圈层文化一直处在不断动态调整的过程中,在不断的冲突、交融中发展。长期以来,由于中国国内文化市场由主旋律文化主导,圈层文化一直处于"圈地自萌"的状态。由于主流文化与非主流文化难以交融,甚至处于对立状态,因此在网络空间的圈层文化之间形成了一个自交流、自循环系统,各圈层文化的壁垒逐渐模糊。由于"领地"不断扩大,圈层间边界的模糊,圈层文化也开始拥有成为"主流"的可能性,并正由边缘向中心方向努力发展。与传统媒体时代文化传播方式和接受方式不同,圈层文化拥有其独特的审美趣味和价值观,它更新迭代迅速、用户多元,大多数创造者不以大众追捧为荣,他们更在乎圈层"同类"的认可,他们以相同或相似的爱好聚集在一起形成圈子,并创造出自己的话语体系、沟通方式,看似小众,但是对圈层内部的成员的思想意识、行为特征、价值取向、道德观念等方面都有着深刻的影响,二次元亚文化就是这样一个小而精的文化圈。

二次元亚文化圈是一个范围极大的、包容性极强的概念,将其中二次元用户们的兴趣爱好细分之后能够得到更多小型的圈层,产生"圈中圈"的现象。比如同样是 ACGN 爱好者,有人关注动画,有人偏爱漫画,有人则只喜欢游戏;在都关注动画的情况下,不同的人对动画类型的喜好也有所不同,如少女像动画、燃系少年动画、恐怖悬疑动画等等;哪怕是在都喜欢同一部动画作品的情况下也还是能分出许多不同的小圈子,比如喜欢的角色或 CP(CP,即英文 couple 的缩写,表示双人的组合搭档或情侣关系)不同,就会在不同的圈子中进行交流。有些圈与圈之间能够互相重叠,有些则是互相排斥的,严重时甚至会因此产生网络双方掐架的行为。现在很多二次元交流网站中设有分区和标签的功能,就是为了防止掐架行为的出现,让用户能够得到更愉快的交流体验。

艾瑞咨询 2015 年曾发布一个《中国二次元行业用户报告》,数据显示,2015年我国有近两亿二次元用户,76.0%的二次元用户入坑作品是日本动画,14.8%的用户入坑作品是日本漫画,入坑作品是国产动画、漫画的用户分别只有 1.9%和 1.2%,入坑作品是欧美动画、漫画的用户更少,只有 0.4%和 0.1%。2015年中国二次元用户经常看的作品中,日本动画占比有 82.2%,日本漫画有 66.1%,而国产动画是 13.7%,国产漫画 19.7%,欧美动画、漫画则只占有 4.1%和3.0%。[①] 这一数据表明在我国的二次元文化圈中,绝大多数爱好者都是受到日

---

① http://chanye.07073.com/shuju/1217930.html。

本动漫的启发和影响而来的,因此我国的二次元文化不可避免地带有明显的日系美学风格和审美倾向。比如早已被大众所熟知的"宅""腐""萌"文化,这些词语从词源和词义上都是由日本的动漫文化内发展演变而来的;参照日本的弹幕视频网站 Niconico 动画建成的 Bilibili 视频网站中的"弹幕"文化和"鬼畜"文化也都是起源于日本;我们前文所提的 Cosplay 也是起源于日本;还有 Lolita 服装文化,此处的 Lolita 并不是指小说《洛丽塔》中的性感成熟的小女孩,而是指沿袭自欧洲宫廷概念的甜美复古风格的服饰。虽然这个概念最初诞生于欧洲,但是丰富和扩充并赋予其新的涵义的还是日本文化。二次元群体十分注重视觉享受和感性体验,除了观看和阅读的内容通过筛选以外,他们还会从语言表达、服饰妆容、二次创作等各种方面表达该群体特有的审美和追求。在圈层文化的环境中,用户通常会采用口语化的表达方式,这样使得个体的态度和观点在交往中表现得更加直观与生动,由于二次元文化受日本文化影响之大,对于很多新的概念也就沿袭了日本的称呼,因此在圈内也就顺其自然形成了一套只有圈内人才懂的"术语",如上文中提到的 CP、OOC、Lolita 等。

传统的文化传播方式例如书本、电视、广播等,大多是一对一或者一对多的传播,一是传播速度不是很快,效率并不是特别高,而是单向的传播得不到反馈,无法引起后续反应。而亚文化在网络上的传播过程则是双向甚至是多向流动的,而不是单一的、无反馈的。同时网络与多媒体技术的发展让可供传播信息的类型变得多种多样,不仅可以传达文本或图像信息,还可以传播声音、影片甚至其他可互动内容,这种一传十、十传百的裂变式的传播方式使得信息传播的效率和跨度得到了极大的提升。在社交平台如雨后春笋般出现之前,二次元用户们在互联网进行交流大多都是通过贴吧、论坛、微信等单向或双向的沟通方式。人们的影响力非常有限,沟通也不及时,耗时又耗力,很难做到让爱好者们尽情地交流。现在有了以微博为代表的公共社交平台之后,传播作品就变得轻而易举了:你可以对你关注的作品畅所欲言,也可以发表你自己的作品,而你所发布的内容可以在所有关注你的用户的首页出现,别人为你点了赞或者转发,就相当于让更多的人看到你所发布的内容。当有人评论你的作品时,你也可以马上回复表达你自己的想法,这种既可以一对一也可以一对多甚至可以多对多的交流机制以往是没有的,因此很快就得到了二次元爱好者们的青睐。

圈层化的网络社交把特定的同一群人聚集在一起长时间只讨论同一种事

物,最终必然会带来封闭性,上文提到的社交圈层的层级化也正是因为封闭性的深化所导致的。随着互联网技术不断地更新迭代,每个人周围只会出现愈来愈多的信息,而每一个社交圈层每天所关注的都是同一批话题,像这样思维被局限在一个有限的圈层内,久而久之,只会使得圈层内部流通的信息不断被强化加固,从而影响到每一个具体的用户对外部和客观世界的看法。由于二次元圈层文化的特殊性,很长一段时间内二次元是不被主流社会所接受认可的,因此二次元用户所采取的"圈地自萌"的手段可以被看作是一种对外的防御手段,一种维护自我精神世界、抵抗外部伤害的内向型自我防御机制。这种自我保护的手段一方面确实能够保持二次元作为精神乌托邦的完整性,另一方面也是二次元文化圈越来越封闭、排他的原因之一。然而在网络技术发达的今天,一个圈子要做到完全的封闭也已经是不可能的了。原因在于圈子虽然是封闭的,但其中的成员可以不仅仅是这一个圈子的成员,它还可以同时是其他圈子的成员,甚至可以是资深的核心成员,这就意味着一个人可以把一个圈子的文化带到另一个圈子中去,使两者相融合诞生新的产物。一个很好的例子是最近在微博上出现的"创造55"的游戏企划,该企划的参与者均为画手或写手,他们创造自己的角色并且让角色们组合成偶像队伍,不同的偶像队伍要进行演出的比拼(通常以文、画或者视频的形式代替真实的表演),通过微博上的粉丝投票最终竞选出最优秀的偶像选手。整个流程和前段时间流行的偶像综艺《创造101》十分相似,这就是一个把绘画圈、追星圈、游戏圈都结合在一起的一个综合演绎,并且像这样的融合案例现在已经能看到越来越多了。

任何一个网络社交圈都是具有层级区别的,一般根据关系层级、交流频次、社交亲密度可以分为核心圈层、中间圈层、外部圈层三部分。每个人在不同的社交圈子中处于不同的阶层,扮演不同的角色,表述方式和认知定位也都是不同的。在二次元文化圈内,知识积累影响着粉丝对文本、表演者以及故事的鉴赏与认识,对于二次元文本知识有着足够的累积基础的爱好者们是能够清晰地辨别出官方文化中哪些是饱含经验的优秀作品、哪些是官方为了迎合主流而妥协的次品的。这些有着足够的知识累积的人就像是主流文化中的专家,他们能够用丰富的知识帮助他在群体中赢得威望并成为意见领袖。换句话说,对二次元知识量的积累程度,决定了粉丝在社群中的地位。这一点和主流文化中的"意见领袖"意义相似。当代年轻人向往自由、标榜个性,他们在选择圈子时往往会根据个人的选择和判断来做决定,这就意味着年轻人更容易走进自己所感兴趣的、与自己三观相近、需求相同的圈子,而一旦发现彼此具有相似的表征特点时,就会主动产生联系并参与、融入到圈子中去。尤其在信息开放的现代社会,想要找到与自己所关心所热衷的群体已经不是一件难事了。二次元爱好者们只要在网络上发表一些自己对某些作品的见解,很快就会有人来响应。同样的,只要有需求,学习考试圈、饭圈等很多依托生活热点和兴趣爱好的社交圈都可以在短时内形成雏形,然后随着时间逐渐扩大。将时间往前推移,在没有网络技术的帮助下,人们只能和自己周边的人进行聚集,而身边的人又未必与自己有着相近的兴趣爱好,实际上很难形成有规模的群体,因此圈子的形成过程,确实是依托了互联网而变得更加轻松便捷了。

当下二次元亚文化圈用户群中出现的一个令人瞩目的群体,就是以 90 后以及 00 后为主体、两头轻中间重的纺锤体人群。90 后以及 00 后由于出生在社交媒体技术高速发展的时代,一出生就能够接触各种各样的多媒体技术,这让他们对于多媒体的操作有一种天生的熟练感,即使是以前没有接触过的设备,也很快就能上手。而 80 后以及年龄层次更高的群体对于日益更新迭代的新技术和新设备就没有那么快的适应力了,他们对于目前正在使用的技术可能非常熟练,但是随着年龄的增长以及日常生活习惯的固化,对于最新的设备和技术无法像更年轻一代那样迅速掌握,并且由于家庭和工作占用了大量个人时间,这使得部分80 后以及年龄层次更高的群体即使有心也无法腾出时间。缺少时间和途径,他们就失去了和群体交流的机会,便难以参与到圈层文化当中。相对而言,90 后以及 00 后大部分还是在校学生或者刚刚参加工作的青年,他们既有较多的时间,又懂得如何利用网络(如 QQ 空间、微博、贴吧等其他各种途径)参与讨论和交流,因此便能够成为二次元文化圈的受众主体。

任何一个文化圈内都会有至少一个意见领袖,在二次元文化圈内则有两个这样的声音:一个是官方文化,官方文化代表经典原文本,是最正统的信息源;二是代表用户对官方文化再创作的粉丝文化,粉丝文化的创作成果是多样而复杂的,但是都是由官方所培养出的共同的审美水平所导向的。粉丝是二次元文化资本的积极创造者和使用者,而粉丝组织能对二次元文化资本进行再生产,其功能与生产官方文化的正式机构是相当的。通常而言,官方文化的权重大于粉丝文化,但一个圈子如果只有官方文化而没有粉丝用户的再创作是很难触及到圈外的。同人文化是二次元文化中非常重要的一个部分。"同人"一词在中国原本表示有着相同志向的人们、同好,而在二次元文化中这个词的词义被扩展为"自创、不受商业影响的自我创作",或自主创作,指的是借用原本作品中的人物角色,在保持其性格、特征等重要设定的情况下,更改背景或剧情进行新的创作。官方文化相当于为粉丝的再创作指明一个大致的方向,同人作品则可以在不OOC(OOC 是 out of character 的缩写,指人物性格和官方设定矛盾而出现的角色崩坏)的情况下任意创作。因为同人创作不涉及商业利益,因此创作范围更加自由,很少会出现为了出版而违背创作者意愿的状况,再加上现代的网络条件能够扩大优秀作品的传播范围,这使得一个圈子的流行不再是难以达成的目标。官方文化刺激粉丝进行同人创作,而当某些优秀的作品火出圈外的时候,也就达成了这个圈子向外输出并吸纳新成员、扩张自身规模的结果。

亚文化圈的情感需求将具有相同或相似的兴趣爱好的人聚集在一起,使彼此在并不相见的情况下也将对方视为真实空间中的人,重视其情感需求并与之交流。而在现实生活中,认同感和归宿感也是人精神上的基本诉求之一,只有处在拥有相似的取向、共同的价值观和一致的目标的大群体之中,自己的所作所为获得周围人的认同和肯定时人才能够获得自我认同感和归宿感,然后才能产生集体荣誉感。就在几年以前,二次元文化还不太被主流社会所接受,一提到游戏、动画、漫画之类的名词,总是让人和玩物丧志之类的负面印象所联系起来。当时的二次元爱好者无法像现在这样在网络上光明正大地谈论自己的爱好,他们为了满足互相交流的需要只能聚集在半公开的网址(比如贴吧,相关主题的贴吧一般需要主动检索进入才能看到里面的内容,发帖或回帖则需要成为贴吧成员)。这时已经初步形成了圈子的雏形,但是因为人数较少无法聚集形成较大规模。随着网络技术的发达,越来越多的人得以加入这一圈子,圈子规模日益扩大,圈内成员所产生的内容也越来越丰富多样,也逐渐开始对圈外产生影响力,外部社会才逐渐开始正视、接受并认可这一亚文化圈。

第七章　网络亚文化社群的特质

正如当今许多社会科学家(如贝克、吉登斯、霍华德、弗拉斯安努等)所言,现代社会给普通人的生活方式带来了一系列快节奏的巨大变化,没有什么是安全的,也不再是理所当然的。为了跟上劳动力市场上更年轻、更激烈的竞争,家庭解体、传统过时、每隔几年就需要重新获得职业资格,被迫不断地改变自己的居住地、工作和习惯,这些都会导致人的一种孤独感,感觉自己并不是现代社会及其社群的一部分。幸运的是,现代化本身带来了前所未有的技术繁荣,它不仅改善了个人的生活,而且为社会提供了弥合人与人之间差距的机会,这些技术创新的一个最重要的项目就是网络社群的出现。

一、网络社群的再发现

我们今天所处的时代带来了一系列快节奏、戏剧性的变化,人们的生活方式、互动方式以及与自己和周围世界的关系都发生了变化。旧的结构被取代,人际关系,甚至家庭关系变得不稳定,随时可能破裂。人们在抓住安全感的渴望和探索新可能性的兴奋之间左右为难,而个体的内在机制究竟发生了什么变化呢?贝克(Ulrich Beck)等人声称个人进入了现代性过程,这一进程的结果是人们习惯了改变,习惯了不断地背井离乡,习惯了地理上的重新安置,习惯了换工作,习惯了断绝旧社会关系,以建立新的、更有益的关系。一方面,这是一个非常好的适应机制,以应对许多快速变化和竞争的新要求,重塑自己的现代生活,但它也可以导致一个人的高度焦虑和异化感。总体而言,根据贝克等人的观点,现代性就是"去嵌入而不重新嵌入"的过程。① 一个人是否注定要生活在一个支离破碎、疏离的世界里,周围的人和地方像万花筒一样不断变化。吉登斯(Anthony Giddens)比贝克更乐观,他认为,现代性为人们提供了一种保持联系和产生新的、稳定的联系的手段,而不至于放弃他们对自由新发现的欲望。他指出,现代世界可以重新嵌入,因为它具有时间、空间和地点分离的特点。在他的例子中,他谈到了全球社群的建立以及更高效的通讯和交通系统。而一种更简单、更高效、更令人满意、更可行的归属方式即网络社群,这种方式丝毫不会妨碍人们的自由或搬迁愿望。

"社群"一词早期被定义为一群人居住在同一物理领域,共享相同的价值观和目标,在经济、文化、社会等方面自给自足。随着社群逐渐不再受地理位置的影响,新近社群的概念更加强调成员的归属感、成员之间的情感关系和相互支持,并分享共同文化。美国社会学协会(American Sociological Association)前会长、社群主义运动最杰出的领导人之一阿米泰·埃兹奥尼(Amitai Etzioni)对社群总结了两个特征:(1)一群人之间充满情感的关系网络,这种关系往往是纵横交错、相互加强的,而不是一对一的关系;(2)对一系列共同历史和身份的承诺,简而言之即一种特定的文化。按照这个说法,网络社群实际上是真实的社群,因为他们的成员有归属感,有一种特定的文化,一套特定的规范,有将他们联系在一起的情感纽带,以及一种共同的历史感。此外,许多网络社群还开发了自己的"语言",使用的单词、符号或缩写,使不属于独特社群的人通常不能理解。

网络社群可以改善现代人的生活方式,并帮助他们应对这个时代带来的挑战。网络社群相对于线下社群的一些普遍优势在于,它能够确保个体不需要与虚拟社群的其他成员在物理上接近,人们可以和世界上任何地方的人保持联系,能产生一种安全感和生活的连续性。网络社群能满足人们来自世界各地的任何形式的属于任何文化的人群和个体。此外,在线下,人们经常和工作领域相同的人(同事)或地理位置相同的人(邻居)交朋友,并且主要是出于时间原因而更容易与你每天见到的人保持联系。但在网上,这种多样性要大得多。在一个更异构的网络社群中,个人需求的建议或帮助则更有可能获得更有用的答案。此外,

---

① U. Beck and E. Beck-Gernsheim, *Individualization-Institutionalized Individualism and its Social and Political Consequences*. London: Sage, 2002.

网络社群提供的最好的功能之一就是匿名。除非你愿意，否则你不必透露任何有关自己的资料。因此，在互联网上，每个人一开始都是普通人，给别人留下的印象完全取决于他们的能力和个性。相对于面对面的交谈，人们可能受到歧视的许多特征（种族、性别、年龄、身体方面）从一开始就被消除了。

　　网络社群的种类如此之多，以至于任何人都能找到一个适合自己需要的群体，这比离线搜索与自己有共同爱好的人要快得多。在互联网上，每个论坛，每个话题，每个网站都清楚地说明了它的目的，人们可以使用搜索引擎去发现更多像他/她一样的人。互联网提供了一种更安全的联系方式，尤其是对于那些因为害怕不被接受而不愿社交的害羞的人来说，可以尝试加入特定社群的可能性是无限多的。网络社群有很多种类型，每一种都有自己的一系列特质，这些特质可以提高其中成员的归属感，让一个人感到更完整，更能接触到自己和周围的世界。应该说人类使用 internet 所做的第一件事就是创建社群。我们以较早期的社群微信为例，微信是 twitter 的前身，最初被称为 weblog，是 Jorn Barger 在1997 年创造的一个术语，最初是作为在线公共日记的一种形式出现的。微信有很多种类型，个人的、公司的、政治的、新闻的、科学的等等，但使它们成为一个社群的是这样一个现象的出现：每个微信都聚集了一群志同道合的人，他们共同评论所写的东西。许多微信的读者都是"常客"，这意味着他们关注同一个微信，阅读和评论大部分文章，互相了解，并成为该微信的一分子。此外，博主们互相阅读彼此的微信，并在他们的微信列表中链接他们最喜欢的微信，让每个人都可以轻松地访问，其实就是一种推荐，从而创建了一个广泛的微信网络，也被称为微信圈。公司可以使用微信来宣传他们的产品，从客户那里得到反馈，但是普通人拥有微信或阅读微信也能改变生活。

　　拥有微信就像拥有自己的印刷厂或出版社，只不过这个过程不涉及任何费用，任何人都可以使用免费域名来创建内容。这意味着一个人不需要成为一名记者或写某种类型的故事被报纸发表而可以让其他人轻松获得他/她的意见，其所要做的就是创建一个微信，邀请他/她认识的人来阅读。如果他们觉得有趣，就会把它链接到自己的微信中，或者告诉其他人，内容很快就会变得流行起来。与此同时，一个成功的微信可以提供的不仅仅是一群朋友和个人的满足感。当一个人的微信达到一定的点击率时，某些公司可能会对使用该微信为其产品做广告产生兴趣。因此，就像报纸或电视节目一样，作家在他/她的网站上做广告也会得到报酬。另外,诸如 Cosplay 网站的玩家可以在其中创建一个或多个角色,并对其进行详细描述,为角色构建一个大致的外观、性格、历史背景等,并使用这些角色与其他玩家角色进行交互。这类由亚文化群体组成的网络社群是伴随互联网出现的最早的娱乐形式之一,它们可以为加入它们的人提供满足,而不仅仅限于玩耍和社交。

社会学家和网络心理学家雪莉·特克尔(Sherry Turkle)在她的著作《互联网时代的屏幕身份生活》中说:"网络社群的复杂模态使创造一种流动的多重同一性成为可能,这种同一性突破了概念的界限。毕竟,身份指的是两种品质之间的相同之处,是一个人和他或她的人格之间的相同之处。"她还引用了一位玩家提出的一个关键问题:"当没有身体的自我能够拥有不同的体验时,为什么要赋予拥有身体的自我如此优越的地位?"①这也可以解释 Cosplay 网站让一个人有可能在与其他角色的互动中探索他/她性格的每一个角落的原因。当身份是通过互动形成的时候,一个人也会从其他角色那里得到反馈,这个反馈将会非常接近真实的人的反馈。一个人可以像"试穿"衣服一样"试穿"自己的生活,然后决定哪一件最适合自己,而不需要冒任何真正的风险,因为这不是真正的人,而是他/她正在测试的一个角色,网络社群提供的就是人人都做同样事情的安全的环境空间。而在现实生活中,如果不做出不可逆转的决定,就可能无法尝试某种身份特征,而这些决定不仅会影响自己,还会影响周围的人。网络社群能够帮助人们释放在线下生活中的沮丧,以及日常状态下统一的自我,并鼓励个性化选择自己的生活方式。即使一个人从来没有在线下展示过他/她在网上为自己构建的身份,他们还是能在网上社群中找到了一种强烈的现实感。在那里,他们是自己的角色,满足自己的需求,而这些都是他们在现实世界中可能永远无法满足的。但与此同时,性别扭曲的过程在这些亚文化社群网站上也是非常常见的。

多人在线网络游戏也是一种虚拟社群,风靡全球的网络游戏多数是大型多人在线角色扮演的游戏。它们是为支持数百万玩家而设计的游戏,这些玩家为了完成游戏中的任务而彼此互动并一起执行任务。正如经济学家爱德华·卡斯特罗诺瓦(Edward Castronova)在他的著作《网络游戏的商业和文化的合成世界》说的那样,这些"合成世界"的设计方式是,参与者之间的合作势在必行,游戏

---

① S. Turkle: *Life on Screen Identity in the Age of the Internet*. New York: Paperbacks, 1993, p. 105.

的世界几乎就是一个完整的世界，官方和非官方的规则和规范需要遵守，随着时间的推移，它甚至发展出了自己的语言。成员参加同一游戏就组建了一个社群，同时在特定项目上也有许多小的细化社群，大多数游戏被称为"公会"，玩家一起互相帮助共同完成游戏任务，实现共同目标和更自由地交往。① 帕洛阿尔托研究中心的科学家 Nicholas Yee 发现，游戏"魔兽世界"的玩家已经达到了几千万，玩这款游戏的人大多是儿童或青少年，平均年龄在 26 岁左右。是什么驱使这些可以轻易组成一个国家的人花大量时间玩同一款电脑游戏呢？我们知道，明确、公平和可预测的奖励制度在现实世界通常是可遇不可求的。一个人在工作中，在家里或在社交圈子等许多场合努力完成所有他/她的日常任务，却发现所有努力的报酬很低，赏识很少，这显然会导致一种明显的挫折感。然而，在魔兽的世界中，可以肯定的是，要达到顶峰、获得尊重并实现预期目标，所需要的只是努力、技能和奉献。与此同时，"多人在线游戏的游戏机制倾向于促成团队合作和社会交往，其中游戏社群的形成与普遍性说明了游戏并非只是吸引人的声光刺激。在游戏世界之中，玩家不仅仅是与游戏机制进行互动，同时也是在与各色玩家进行社会交往，发展出了新型的社交网络。"②

　　这些游戏中，有价值的物品是装备（盔甲、武器、坐骑等）、游戏货币和社会声望。所有这些都可以通过敬业、勤奋获得，他愿意与他人友好合作，并为达到目标而付出一切。一个人甚至不必在游戏上特别有天赋，只要他/她愿意玩很长时间，并从错误中学习就足够了。网络游戏通常没有办法"输掉"游戏（只有单人战斗可以重试），也没有办法"完成"游戏，所以玩家所能做的就是通过练习和自己的努力变得越来越好，而自己的努力总会得到回报。此外，玩家也可以轻松回到他们的离线状态，在日常生活中再次追求财富和社会认可。游戏中友谊的产生和信任的建立方式也区别于线下。除了匿名性让玩家在交谈时感到更自在外，研究者还强调了一个重要的事实，即玩家在某种程度上已经是"预先选定的"，因此他们相处的机会更大，最重要的是，玩家被预先选择为彼此兼容。现实世界中人们必须通过第一印象（通常是基于外貌或刻板印象），然后需要等待很长时间，

① E Castronova: *Synthetic Worlds The Business and Culture of Online Games*. Chicago, London, The University of Chicago Press, 2005, p. 16.
② 王喆：《"为了部落"：多人在线游戏玩家的结盟合作行为研究》，《国际新闻界》2018 年第 5 期。

并需要不断展示自己值得信赖的一面。在游戏中,人们见面是在他们需要的情况下,一个成员的"生命"都在很大程度上取决于其他成员的表现,在与队友一起"挺过"危机之后,成员彼此之间就会产生紧密的联系。这些环境还鼓励人们通过不断将玩家置于自发的、有压力的危机中,从而形成相互信任的纽带,而这些危机要求玩家为了生存而共同努力。

由上述描述,我们可以知道社群成员如何在互联网论坛和网络游戏中建设和表达真实的亚文化身份与边界。亚文化是通过网络人际交往产生,正是这些新媒体的参与转换了亚文化社群的身份和边界。不同于面对面的亚文化群体,亚文化在网上分享传播,人们可能永远不会见面。由于网络媒介的阈限性和弱关系的扩展,使其具有较强的生长性,与此同时,社群新边界使网络空间中边缘化群体极速增长。许多人觉得自己在当代社会被边缘化,但在新兴的虚拟世界中寻找到了发展空间。互联网的匿名性允许个人有更多的自由来避免他们不希望被标记和携带的标签。这可以解释为什么个人经常在不同网络社群之间移动,并在几个社群之间共享身份。这样的共享身份使人们放心地无条件地属于许多不同的群体,每个群体都有自己的目的和特定的需求。

基于互联网的信息和通信技术使新型社群和交际实践的出现成为可能,这些现象值得从文化人类学的视角进行关注。尽管早期研究已经对互联网的革命性及其带来的巨大变革进行了评估,但这些变化更多地融入了日常生活中现有的实践和权力关系。特别是在过去的 15 年里,全球计算机网络的发展促进了具有共同兴趣的分散人群之间在线互动的迅速出现,这些在线群体表现出广泛的特点和各种趣味取向,他们创建复杂的世界,数以百万计的用户联系在一起,对感兴趣的内容频繁交换信息,形成一种网络社群的"共同体"。

文化人类学对基于互联网的社会和交际实践的兴趣是相对较新的,传统主流文化人类学对互联网和计算机的研究相对匮乏,反映出文化人类学在过去的大众传媒研究中并没有发挥核心作用。传统文化人类学家通常将媒体定位为文化的边缘,或将技术视为文化的一般背景,而不是文化的中心部分。① 因此,我们对新信息和通信技术的理解大多来自其他自然学科,通过研究互联网框架下

---

① D. Dietrich. (Re)-fashioning the techno — erotic woman: gender and textuality in the cybercultural matrix. In Virtual Culture, ed. SG Jones, Thousand Oaks, CA: Sage, 1997, pp. 169 - 184.

的在线计算机中介交互,其交互轨迹通常被称为网络空间。近十年来,文化人类学家开始对文化、科学和技术之间的联系感兴趣,的确,它也是唯一适合研究社会文化背景下快速变化的交叉学科。文化人类学方法使跨文化、多层次、多地点现象的研究成为可能,它关注个人和集体身份的新建构,以及新兴的交流和社会实践的文化嵌入性。当我们开始将新传播技术的社会文化含义理论化时,文化人类学中的人种志方法也是不可或缺的,"'无民族的民族志'这种在经典的民族志书写中被视为在逻辑上完全无意义地呈现在当下也变得可能"。①

在 1980 年代和 1990 年代的大部分时间里,人们普遍认为,由相互联网的计算机组成的日益增长和演变的通讯媒介将使社会和政治秩序能够迅速和根本地转变。许多早期关于互联网的文献认为,新技术在技术创新和广泛的社会和政治影响方面都是革命性的。早期评论家构想的"网络空间"作为一个整体,呈现出来的是"到处自由浮动的云"。认为互联网虚拟社群"挑战现有政治等级制度的垄断能力强大的大众传播媒体,也许将因此振兴公民民主"。② 他们或将现代通信和后现代通信分开;或者讨论了虚拟现实在后工业化世界中改变我们对现实的看法的潜力;或认为信息技术代表了一个新的信息时代,等等,这是当代学者的共同观点。③ 而一种被称为赛博朋克(cyberpunk)的科幻小说流派甚至设想了更为深远的变革,在这种变革中,一个人的大部分社会互动将发生在虚拟空间中。然而,在 21 世纪初,这些早期革命愿景中最极端的观点似乎正在衰落,被所谓的"网络空间正常化"所取代。正如研究者 Agre 提到的,将网络空间定义为一个脱离物质世界的空间是一种幻觉,互联网并没有脱离世界而发展,相反,它正日益融入世界。④

新媒体和互联网研究的不同方法也反映了新媒体的瞬息万变的性质,由这些技术调和的个人和集体身份往往难以捉摸,使得在迅速过时的技术中获得本体论的基础成为问题。诸如多用户域 MUD、MOOs 和在万维网出现之前就存

① 周大鸣:《互联网研究:中国人类学发展新路径》,《学习与探索》2018 年第 10 期。

② Economist. *Special report: geography and the net, putting it in its place*. The Economist, 2001, pp. 18 - 20.

③ F. Webster. *Theories of the Information Society*. London/New York: Routledge Wellman B, Gulia M. 1999. Virtual community, 1995.

④ P. Agre. Life after cyberspace. *EASST* (Eur. Assoc. Study Sci. Technol.) Rev. 1999, 18: 35.

在的媒体,这样的互联网界面很快就变得无关紧要,特别是随着越来越多的用户连接起来,他们都用最新的技术开始他们的互联网体验。同样,认为互联网将在颠覆现有权力结构的同时向全世界的个人提供信息并赋予他们权力的乐观看法,也可能低估了国家控制信息访问的能力。越来越多的人对文化人类学家早期反映的网络乌托邦愿景也持怀疑态度,认为是过于乐观地预测了基于网络的平等交流和社会变革。学者们开始指出持续虚拟体验的潜在负面影响,他们担心这会导致后现代社会中进一步的异化、失范和反社会行为。

将网络实践定位的一种方法是将它们与以前存在的媒体和通信技术进行比较,将它们作为技术中介语言和人类交互的新形式。建立在视觉文化人类学和大众传媒文化人类学以及媒体和文化研究方法基础上的文化人类学方法,是观察在线互动现象的一种富有成效的有利视角。新媒体领域的许多研究都是跨学科的,在传播学和媒体研究中多次出现,通常被称为计算机媒介传播研究。这些学者揭示了在线交流实践的变化,这些变化要么被认为是有限的,要么被认为是由技术决定的。与早期的许多互联网研究一样,这项早期工作反映了这种新媒体的虚拟潜力,并倾向于将在线交流置于远离其他社群互动的位置。传统研究关注在线交流,通过聊天室、新闻组、MOOs和其他多用户域,对其生成的文本进行分析,关注霸权和抵抗、生产和接受以及大众媒体和替代媒体的二分法。[1]早期文化人类学对媒体研究的重要贡献在于"打破了媒体的大众性,认识到人们在制作和解释与他们的文化、社会和历史环境相关的媒体作品的过程中的复杂方式"。[2]

文化人类学的社群研究一直是一个难以研究的焦点,因为它似乎意味着一种虚假的界限和一致性。个人属于许多社群,以不同的程度和不同的方式受到限制。在某些情况下,这个词表明所界定的实体是相当完整和独立的。不少研究者倾向于强调社群的有界性以及社群本身的异质性。网络社群概念很好地适应了民族志研究在复杂、空间多样的社群和跨地区地点的多种情况下的探索。一个以互联网为媒介的社群围绕着一些共同的兴趣或条件而形成,而关于虚拟

① C. McEachern. A mutual interest? Ethnography in anthropology and cultural studies. Aust. J. *Anthropol*. Vol. 9, 1998, pp. 251 - 261.

② F. Ginsburg. Culture/media. Anthropol. *Today* vol. 10, 1994, pp. 5 - 15.

的社群是真实的还是想象的争论一直在继续。这场辩论探讨的是这类社群是否太过短暂，以至于无法作为社群本身进行研究，毕竟，沟通媒介的性质使它们在某种程度上与传统上被视为社群的面对面群体截然不同。持肯定观点的研究者认为，网络社群正在取代酒吧和咖啡馆等公共空间，成为公共社会互动的场所，如果一味坚持虚拟社群与面对面社群的区别，就会错过了对新媒体生态真正的社群实践方式的观察。① 实际上，引用"网络社群"和"利益共同体"显示了对在线社群本质的广泛学科兴趣，在教育、管理、认知心理学和其他领域也有类似的讨论。持反对观点的研究民族主义发展的学者就对面面互动定义社群的观点提出了有效的挑战，认为线上/线下的概念二分法与现代文化人类学的方向背道而驰。但反对派学者恰恰承认个体在不同的社会政治和文化背景下具有多重身份和协商的角色。我们认为，解构线下和线上、真实和虚拟、个人和集体的二分法，分析新媒体的潜力在线社群建设和模式这一过程中发挥的作用，符合当前的文化人类学理论和实践，文化人类学的方法也适合调查社群的连续体，以及社群成员互动的方式。

在社会学、心理学的流派中，虚拟空间允许从根本上构建新的身份认同，这一观点得到了相当大的关注，在线空间的社群组织常常被视为中性、平等的空间。网络社群被描述为一个人可以以前所未有的方式获得多重身份，并确实带来传统身份概念本身的改变。在网络社群交互中，身份是通过各种方式协商、复制和索引的，在线交互的方式基本不受离线身份的权力关系和结构的影响。网络社群共享交流实践、信仰和规范，提供了人机交互条件下媒体和社会空间之间的联系，使传统边缘化社群获得了重新发展的机会。网络社群的构成直接取决于互联网用户的构成，即那些有权限的人。然而我们要指出的是，进入相应社群的范围远远小于进入互联网设备的权利，它还涉及基于互联网的社会背景和技术的影响意义上。埋解网络社群的话语和媒体技术的意识形态是至关重要的，它影响着新兴的亚文化实践，这些元认知实践对新公共领域的参与有着更广泛的影响。

网络社群现象正引导我们提出新的问题，新媒体研究需要使民族志方法适应新的技术环境。尽管我们已经得出结论，网络社群与其他类型的人类体验有

① P. Agre. *Life after cyberspace*. EASST (Eur. Assoc. Study Sci. Technol.) Rev. 1999,18：35.

重要的相似之处,并且能够接受相对传统的文化人类学概念和假设,但互联网仍处于一个创新、实验和快速变化的时期。群体和个人远距离互动的能力为那些研究身份建构、社会互动和集体行动,以及政治或其他方面的研究者提出了有趣的问题。如上所述,网络社群为群体和个人的自我表现创造了一个新的舞台,改变了传统边缘群体在流行文化话语中的表现权力的方式。近年来,对互联网及其所支持的通讯媒体所作的革命性声明已经逐渐消失,越来越多的人认识到,尽管网络社群可能发生得更快变化,并可能导致一些现有权力关系的重新形成,这些新的交流实践和社群非常需要文化人类学给予关注,不是为虚拟空间发明全新的分析方法,而是利用我们现有的关于人类交流和文化的专业知识。

二、超越社群主义:社群的后现代化

1. 社群主义的概况

社群主义(communitarianism)可以被理解为一种政治理论、政治运动和政治策略,"社群在内涵上至少包含两个要素:一是社群具有共同的目标,这些目标不只是群体成员私人目标的简单集合,而是被此群体的成员认同,并且被作为评价群体成员行为的共同的目标;二是社群中的成员能够认识到自己属于该群体。"[1]作为20世纪80年代最具影响力的政治思潮之一,社群主义是在批判自由主义的基础上产生的。美国著名社群主义者迈克尔·桑德尔(Michael Sandel)、乔治·威尔(George Will)、阿米泰·埃兹奥尼(Amitai Etzioni)、迈克尔·沃尔泽(Michael Walzer)和查尔斯·泰勒(Charles Taylor)等都认为个人是由一套复杂的集体要素构成的,试图把人类描述为抽象的个人主义在自然状态下的产物从根本上是错误的。这些社群主义者希望教导包容、平等、真实和参与社群生活等相互交织的社会产品。社群主义寻求培育公共精神,控制自由主义所释放的利己主义。但矛盾的是,这种公共精神是为了促进个人能力相对不受约束,某种程度上,社群主义形式难掩其堂吉诃德式本质。

社群主义代表人物哈佛大学的迈克尔·桑德尔主张提供自由选择的价值观

---

① 孙东河:《试论社群主义的主张及其价值》,《法制博览》2018年第27期。

和生活的结束。康德等一代自由主义者认为，自由的自我先于所有道德或政治义务的具体障碍而存在，并且独立于这些障碍之外。但桑德尔坚持认为，自由的自我是不连贯的，也就是说，人们不能让个人主义信念影响有关公共政策的辩论，尽管它们比任何公共政策都能激起更大的热情和忠诚。但罗纳德·贝纳（Ronald Beiner）认为，社群主义很容易与"爱"或"情感共同体"（affective community）混为一谈，而真正需要关心的是理性的、共和的政治平等共同体，它会对共同关心的问题进行审议。① 后续研究者也认为社群主义有大量的"情感共同体"的表现形式和理性缺陷。简单地将基本道德和政治信念归类，把道德和政治完全捆绑在一起，很快就会产生自我的幻灭，它创造了一种道德真空，为狭隘、偏执的道德主义开辟了道路，也没有培养公民具备自治的品质。

　　美国政治哲学家迈克尔·沃尔泽（Michael Walzer）在《正义的领域》一书中对社群主义进行了更为详尽的描述。他主张一种可以提供所谓积极自由的社群主义，并希望优先考虑平等主义规范，他认为平等的定义与政治产品的分配有关，而政治产品本身就是、而且必须是公共产品。沃尔泽认为，一个社会是否太过"个人主义"，换句话说，是否缺乏适当的公共规范，只能通过将其实践与自己的内部话语进行比较来确定，答案取决于这个社会所包含的传统和叙事，以及个人主义实践的偏离或一致程度，而这种叙述又随着正义的范围而变化。② 加拿大哲学家查尔斯·泰勒（Charles Taylor）在《自我的源泉》中也提出了更为成熟的观点。根据泰勒的观点，自我总是处于道德空间中。自我总是建立在一个与道德或善有关的框架中。我们的同一性是赋予某些事物以重要性的东西，这样，由某种仅仅是事实的、没有强烈价值的偏好所界定的同一性概念是不连贯的。我们不是生物意义上的自我，甚至不是自然意义上的自我，启蒙运动和西方历史上浪漫主义、表达主义的转变造就了今天的我们，这些"文化转变"导致了大量的协商一致意见。③ 归根结底，泰勒给我们的是另一种形式的自由社群主义。更

① Ronald Beiner: *What's the Matter with Liberalism?* Berkeley: University of California Press, 1992, pp. 33 – 38.

② Michael Walzer: *Spheres of Justice: A Defense of Pluralism and Equity*, New York: Basic Books, 1983.

③ Charles Taylor: *Sources of the Self: The Making of Modern Identity*, Cambridge, Mass.: Harvard University Press, 1989.

确切地说,泰勒的社群主义强调的是一个构成严密的自我如何迅速地与个人主义、自由主义融合。在整个社会中,文化战争中的"保守主义"或"社群主义"都存在深刻问题。

全球化发展到今天,似乎需要的是一种比迄今所提出的更为连贯的社群主义形式。传统的社群主义只是声称有必要对抗各种形式的自由主义。社群主义者基本上都是现代主义者,而社群主义对自由主义的回应本身就有问题,因为它们更多地是为了实用,而不是为了真理。他们希望将一个古典或中世纪的框架强加于自由主义之上,然而,这正是社群主义难题的根源。事实上,这也是不可能完成的任务。从这个角度看,互联网作为一种沟通的联锁,便于亚文化间的跨文化传播,互联网用户可能共享亚文化价值观,他们既是虚拟社群的一部分,又能够随时抽身,离弃某种自己扎根的社群。在这方面也证实了一个更普遍的后现代状态的立场,其特征是"破裂"身份的心理定势和对自己以外的任何事物的承诺的弱化。这种碎片化也可能受到媒介的阈限性的鼓励。互联网是一个虚拟的世界,作为一个"无处不在,无所不在"的阈限空间,它的模糊性和不确定的属性孕育并加剧了后现代主义倾向。

2. 后现代状态与消费主义社群

在利奥塔、鲍德里亚、鲍曼(Z. Bauman)、帕克(R. E. Parker)等西方著名学者的哲学、社会学话语的定义下,后现代主义通常是对现代价值观、现实主义、整体性、综合性、合理性、实证主义、稳定性、消费性、相对主义、普遍性、明确性、同一性和权威性等等的否定,元叙事、消费主义、相对主义、普遍的不确定性、社会的碎片化以及权威和身份的侵蚀是后现代状态的普遍症候。另一方面,研究者也注意到后现代主义中传统意识形态的重新整合和重构的趋势。在一个消费主义、碎片化的社会中,普遍存在着不确定性、个人主义和竞争(每个人都与他人对抗,并共同对抗所有人)的主导意识形态,强调社群主义作为意识形态的回归是十分必要的。某种角度来看,社群主义符合当前后现代环境,为公共治理提供新的机遇,或者至少抵消后现代主义的负面影响。新社群主义鼓励合作、共同参与社会正义,它更注重为社会自然需求的形成创造有利条件,并使新的组织形式从底层发展起来。在这种情形下,中央政府只是一个咨询机构,而不是一个强制性的管理机构,而是同社群一样的一种参与因素。

在解决后现代状态下的社群主义新形态之前,首先要厘清后现代主义的概念。理论家利奥塔认为,"后现代"的东西可以被认为是对元叙事缺乏信任。换句话说,在这个时期,具有现代视角特征的大叙事,即确保统一、稳定和客观性的元叙事,正在失去它的地位。Burbach 将后现代主义描述为一种新的文化状态,一个充满不确定性的时代,在这个时代,作为启蒙时代组成部分的理性和其他实证主义价值观受到了挑战。因此,后现代主义与大众消费主义的兴起、信息技术的兴起、大众传媒的兴起、不断的变化与无常以及现实与虚构之间的这种屏障的消失密切相关,等等,都体现出对现代主义的传统思考和生活方式的质疑。后现代状态被描述为一系列小而有限的叙事的综合体,后现代主义者认为启蒙运动时期的理性、经验主义、科学方法、普遍主义、自由、世俗主义等因素导致了信任的缺失。

史蒂文·贝斯特(Steven Best)和道格拉斯·凯尔纳将后现代性定义为第三种文化的兴起,这种文化试图重新解释和利用启蒙运动中需要拯救的一些方面。[1] 此外,文学研究的思想家马丹区分了后现代主义与现代性、现代性与现代主义、后现代性与后现代主义、后现代主义和后结构主义等等之间的区别,他简洁地告诉我们后现代性指的是现代性之后发生了什么,它是指那些与现代性有关的社会形式的初期或实际解体。一些思想家认为这是一场走向后工业时代的运动。在二战后,后工业社会形式出现,对现代主义的某些原则进行了严厉的抨击。后现代"主义"经常与现代"主义"形成对比,现代"主义"是一种美学运动,它重视自我的元表述和社会解放的希望。后现代主义较少关注自我碎片化的焦虑(弗洛伊德主义)和在消费主义世界中乌托邦梦想的丧失(马克思主义),而更多关注在事物表面把玩的多元意义,例如巴特(Roland Barthes)和德里达(J. Derrida)的神话理论和解构主义。后现代主义最初被定义为建筑和美学理论,但后来很快以其独特的批判方式进入大多数社会科学中。在利奥塔的思想中,我们找到了一个定义后现代主义的精辟描述:我们集体传统的宏大叙述已经失去了可信度。在当代社会和文化,即后工业社会、后现代文化中,知识的合法化问题是用不同的术语来表述的。宏大叙事已经失去了它的可信性,不管它采用

---

[1] 〔美〕史蒂文·贝斯特、道格拉斯·凯尔纳:《后现代理论》,张志斌译,北京:中央编译出版社 2006 年版,第 71 页。

什么统一的方式，不管它是一种思辨的叙述，还是一种解放的叙述，等等。利奥塔也加入了对启蒙运动的许多批评，他认为，即使是科学本身，也使用了与曾经使用的更传统的知识构建形式相同的叙事技巧。例如关于科学的两个主要神话——法国启蒙运动所详细阐述的人类解放神话和德国启蒙运动所详细阐述的知识整体性的思辨统一神话，在后现代主义的视野下仅仅作为两个更统一的论述出现。

詹明信进一步拓宽了研究范围，他超越了科学，探讨了更广泛的一般文化轨迹，这表明二战后出现了一种新型社会，他把这个新社会的特征描述为基于新型消费、计划性淘汰、时尚和款式变化的节奏越来越快；广告、电视和媒体在整个社会的渗透程度之广，是迄今为止无人能及的。詹明信明确地亮出了他的观点：他认为后现代主义的出现与晚期消费主义或跨国资本主义新时代的出现密切相关。[①] 这些概念成为新马克思主义经济学的重要支撑。然而，詹明信的后现代思想也是切题的，因为当代文化是在信息时代的背景下传播，通过网络社群的聊天室、公告栏、粉丝网站、在线期刊等实现互联网的超现实状况，事实证明，它们为新的沟通和互动形式打开了便利通道。

另一方面需要注意的后现代消费主义文化的现象，是标记清晰的个人主义的特质。在消费社会中，现代主义的失败后，旧的生命形式被拒绝，侵蚀后的身份通过经济和社会符号填充空虚。正如波登（S. Boden）所指出的，后现代人类是具有竞争、个人主义、不统一、分裂等经济特征的经济人。[②] 因此，在消费主义文化背景下，个人的价值是由他的经济能力决定的。这意味着消费主义不仅成为大规模、无休止的消费主义文化的必然，而且是还原论的一种激进形式。各种操纵策略被用来煽动消费主义，通过电视、网络等大众传播手段在社会中制造不真实的形象和印象。例如，媚俗和"明星病"足以扭曲国家甚至国家文化政策的标准。因此，后现代主义的基本特征是缺乏信任、相对主义、道德冷漠、消费主义、个人主义，等等。要对这些现象做出反应，就必须找出这些特征与新社群主义要素之间的关系。

---

① ［美］詹明信：《晚期资本主义的文化逻辑：詹明信批评理论文选》，张旭东编，陈清侨译，北京：生活·读书·新知三联书店2003年版，第14—15页。

② Sharon Boden：*Consumerism, romance and the wedding experience*. Gordonsville：Palgrave Macmillan，2003.

在启蒙时代形成的基本价值观,成为现代主义的主要原则,即合理性、工具性、技术性和科学性原则。社群主义的"黄金时代"是在前现代时期,而根据后现代环境对共同体进行思想改造,社群意识是这种重新融合的最重要的例子之一。在后现代时期,社会开始寻找新的社群意识,即一个人本能地不再寻求更大的个性化发展或孤立,而是社群和集体边界的意识。它具有后现代环境的特征,通过满足相关社会联系的需要来创造某种社群。特别是通过强调后现代主义不仅包含对传统价值观的不信任,而且还包含对旧意识形态的重新整合和对社会传统边界的重构。正是这些导致了社群主义作为意识形态的回归,其表现形态就是创建消费主义社群(社群成员缺乏认同感和归属感,由满足享乐的需要和动机刺激)。① 研究者声称新部落(或消费主义社群)正在使用消费主义作为一种"社会粘合剂",它可以取代传统的社会机构,如宗教或家庭,使人们走到一起。这意味着由于传统机构的弱化而产生的利基逐渐被新的消费主义社群所填充,这不仅扭曲了传统的社群概念,而且强化了个体消费主义的需求。

由于人们的目标是成为消费主义社群的一员,服从消费主义逻辑成为整合过程的一部分。由于与这些社群的消费主义界限变弱或消除,个人获得了信心并加强了他们的身份认同。因此,考虑到可获得的商品和服务的范围异常广泛,一个人必须从事消费主义活动,这样他就会自动避免社会孤立,并根据他的经济能力成为社会的一员,成为特定消费主义社群的一部分。这些消费主义社群的形成在后现代社会网络中是显而易见的,例如 Facebook 或 Twitter,一个人可以因为许多人关注他或将他添加到他们的联系人而出名。一个人的朋友越多,他出名和成功的可能性就越大。在某些情况下,消费主义社群是围绕这类人而形成的,他们使用账户中不断更新的信息,交流自己的观点,体验从消费主义对象接收到的密集的、集体的情感。积极的情绪成为从消费主义活动中获得自我满足的强大动力。尤其是在群体中,当情感的来源是集体的,即人们使用相同的产品时,社群意识也得到了加强。在这里有必要认识到,由于不断的相互作用,这些感觉变得具有传染性,它们不仅强化了群体内部成员的消费主义,而且还有助

---

① Adomas Vincas Raksnys and Arvydas Guogis. *Postmodernistinis vartotojiskumas kaip gentines rinkodaros formavimosi priezastis ir vystymosi tikslas".*［Postmodernist consumerismas the reason for tribal marketing formation and the aim for development.］Tiltai 1,2015, pp. 1 – 15.

于吸引外部的新成员，这些新成员愿意以消费主义的方式成功地实现自己，而且无法抗拒这一势在必行的活动。

消费主义社群越来越多地忠诚于生产销售，他们通过应用当代技术和网络方法提供客观的反馈以评估和检查生产，从而与提供这些产品的组织合作。通过将自己定位于消费主义社群，企业获得了扩展其服务范围的可能性，其目的是满足其内部心理、自恋、自我认同相关的需求，这些需求通过展示各种符号来表达。这些过程在于围绕特定活动领域而形成的社群时尤其明显，具体符号不仅加强了社群的内部边界、社会意识，也满足消费的另一个方面，即通过消费符号区分内部和外部的陌生人。商业部门以消费主义倾向、虚拟网络、不确定性和享乐主义为契机，创造了一种营销战略，其目标是围绕他们提供的产品或服务创建社群。通过使用这种策略，让人们重新寻求身份认同，强调他们的地位，建立新的联系，形成以物质为基础的对话，将其引导到对商业有利的过程中。

后现代性是一种反历史的现象，我们回想起美国学者福山（Francis Fukuyama）关于历史终结的思想，[1]历史决定论与不断的资本主义消费来解决身份问题是自相矛盾的。历史的终结并没有实现，并且，对历史的探索正在通过新社群主义获得新的形式。正如研究者所强调的，一个活跃的社群有助于加强社会道德、政治和价值特征。[2]后现代主义对于社群主义价值观的一个负面特征是缺乏对元意识形态、绝对主义的信任，而在元意识形态中，客观真理被奉为神圣，或将客观标准奉为神圣。但支离破碎的后现代主义世界包含着许多不同的叙事，这些叙事通常是由不同的社会群体建构的。旧的起点正在消失和改变，但能够促进社群发展和形成的支持结构（宗教、文化、家庭、传统、领土依赖等）仍然是民主的一个重要组成部分。为了减轻后现代主义盛行产生社会道德冷漠的影响，人们有必要回到积极参与和建构的社群当中去，而社群为解决后现代相对主义和虚无主义盛行提供了一个机会，即在社群中找到当地、当时的真理。

---

① ［美］弗朗西斯·福山：《历史的终结及最后之人》，黄胜强、许铭原译，北京：中国社会科学出版社 2008 年版。

② Amitai Etzioni. *Spirit of community: the reinvention of American society*. New York: Simon and Schuster，1994.

三、网络社群作为"想象的共同体"

1. "想象的共同体"的网络语境

由于移动新媒体在我们生活的几乎每一个领域的普及已经是一个普遍现象,信息和通信的新技术根植于我们的日常实践和惯例中,改变着我们对空间和时间的感受,用麦克卢汉的话说,为我们的感官提供了新的延伸。数字不平等不仅是一个技术问题,也是一个复杂的政治和社会问题。即使在计算机的早期阶段,互联网的主要特征也是一种社会工具,而不仅仅是一种技术工具。在此背景下,对社会聚合的分析构建是新媒体研究的重要组成部分。网络社群承载了最受关注的主题讨论,它们的存在扰乱了对传统社群的理解,挑战了主流机制社交能力,以及对社群承诺的家常化规范和规则。社会契约被新创造的社会形式的媒体重新设置,让人想起霍华德·莱茵戈尔德(Howard Rheingold)对权力的看法:"无论何时 CMC(计算机中介通信)技术被人们用来建立网络社群,就像微生物不可避免地创建殖民地一样。"①尽管距离遥远,或者他们从未面对面,把这些来自世界各地的人们联系在一起,是新媒体最重要的特点之一,因此,网络社群的"想象的共同体"的事实成分是非常多的,它不均匀且流动,所以成员可能完全是网络边界之外的陌生人。

网络社群成功地将来自世界各地的异质人群聚集在一起,即使他们从未见过面,也可以进行虚拟交流。网络社群存在的巨大能力,可以将人们联系在一起,分享经验、想法、信息和他们的生活。那么,是什么特点使得网络社群对公众如此具有吸引力呢? 应该说其特征主要与互联性、非线性、交互性和全球范围的"想象的共同体"成为现实有关。网络社群提供了与一群参与者进行交流的可能性,这些参与者愿意在没有地域限制的共享社会环境中作出回应,以特定的语言、文化参照、风格等组成在线身份。② 网络社群可以在他们的目标群体中创建

---

① Howard Rheingold. The Virtual Community: Homesteading on theElectronic Frontier. The MIT Press: Cambridge, Massachusetts, London, 2000, p. 37.

② A. Marwick and D. Boyd. I tweet honestly, I tweet passionately: twitter users, context collapse, and the imagined audience, *New Media and Society*, Vol. 13 No. 1,2010, pp. 114 - 133.

一个"想象的社群",以这种方式超越物理边界。例如,Twitter作为一个微信平台,创建了一个活跃的社群,它拥有自己的一套独特的实践。网络社群使用特殊的符号,可以创建一个想象性社群的虚拟空间,它具有共享的特定特征。网络社群允许粉丝在一个组织的页面上发布他们自己的体验和内容,并创建更强的社群意识。例如,Facebook上面的社群鼓励用户互动、评论、分享和参与,在Twitter上,这种形式的参与是"点赞"和"转发",对于Twitter来说,转发是一种参与者可以参与对话的方式,能创造专属社群的归属感。网络社群被想象成一个多层次的体验,包括技术、对话、关系等。网络社群的动态包含了这些层之间的张力,其想象的程度取决于多种因素。因此,网络社群是一组有价值的信念和实践,它们构成并加强了网络社群的有效意义和功能。

可以说,在线社交形式重新激活了古老社会学讨论的"社群"一词,这个概念是多语义的、易变的和描述性的,虚拟的社群已经使有机社群的经典描述复杂化。不断变化的在线互动已经改变了群体、社群以及在这个新的社会图景中可行的制度。因此,网络社群是一个千变万化的概念,也是一种"文化模式",由一套价值观来协调,由在线人际关系和会话交流创建,成员之间建立了社会联系,共享的空间和价值或仪式。而"想象"一词引发了许多关于身份和集体的解释。例如,菲利普(Tim Phillips)关注国家的发展形式,与汤普森(John Thompson)的"意识形态共同体"类似;迪尔凯姆(Emile Dnrkheim)的"集体"与福柯的"话语合奏"有相似之处;诺顿(Bryan Norton)则研究了想象共同体、语言学习与不参与的关系。菲利普还在想象社群的基础上,分析了其作为一种有价值资源的自我认同。① 为了强调这一主题对新媒体的相关性,研究者Flichy还提出"技术想象"的概念,技术想象与人们所相信的一切新变化有关,媒介可以在社会、人际、政治、教育或文化领域产生。对于Flichy来说,技术的想象必须被理解为一个参照系,而不是作为新技术的初始矩阵。作为自媒体形式出现的新媒体所处理的是复杂的、不确定的和异构的观众,语境的崩溃和公、私之间持续的紧张关系符合用户内容生产者的双重标准。简而言之,网络受众包含许多不同的社会关系,就像作家虚构文本中对读者的称呼一样,Twitter用户也在对他们想象中的

① T. Phillips. "Imagined communities and self-identity: an exploratoryquantitative analysis". *Sociology* vol. 36, no. 3, 2002, pp. 597 – 617.

听众说话,这也能很好地证明在虚拟情境中"想象"这个词的生产力。

网络社群的特点使得共同体的存在是显而易见的。网络社群作为一个强大的社群的想象,成员资格的持久性缺乏时间和空间的约束,惩罚某人异常行为的可能性十分有限,使用匿名使在线社交缺乏真实性和责任感,这种无形的机制,使人们进入虚拟环境与它的想象区域密切相关,正如安德森所描述的想象的风格一样。网络社群与人工建造的传统社群相比,普通成员共享的标识足以确保它们的功能,我们可以理解网络社群凭借想象力把人们联系在一起,形成虚拟的人际交往和组织交往,成员在想象中发展和保持仪式、传统、规范、价值观,想象的群体感和个人归属感让他们认为自己就是社群。通过社群组织的讨论,不同类型的联系,包括弱关系、强关系或潜在关系等被建立起来,并变得真实和有效。每个成员在她或他的在线社群上的形象、存在的方式、沟通规范、特殊的网络礼仪、基本的话题、特定的行话等成为交往的中心。正如安德森所言,每个社群都为夹在两者之间具体的社会关系、活动和想象的个人集合所建构,因此,网络社群就是"新的想象社群"。总之,网络社群的互联网背景必然强调了想象的行为,需要唤起与其交流的往往是没有面孔的、短暂的或匿名的交流对象的想象。

网络社群是一个多层次的技术、会话、关系的综合,网络社群的动态包含这些层次之间的张力和它想象的程度,这取决于多种因素。网络社群的组成的另一个方面的重要因素是想象的部分可能会所不同。如果它的活动结合了在线和离线环境,人们互相认识,或者网络社群是传统真实社群组的网络迁徙,等等,那就必须将虚拟域和物理域以及它们之间的相互关系按顺序结合起来,以更好地理解"公共空间"。因此,"网络社群提供了一个灵活的想象环境,也为身份的转变提供了机会,因为识别线索定义了一个人在物理上的身份世界——如性别、年龄、阶级、种族、性别,等等,但在很多方面又体现更复杂的在线方式"。① 网络社群的各种类型,例如使用多种标准(用户类型、兴趣、活动等)分类的社群会导致不同程度的想象的虚拟社交。对某一群体的想象的建构并不仅仅包括用户对其结构的想法,还包括对它的氛围、互动方式、动态关系等的期待。因此,想象的社

---

① Steve Fox. The New Imagined Community: Identifying and Exploring aBidirectional Continuum Integrating Virtual and Physical Communities throughthe Community Embodiment Model (CEM). *Journal of Communication Inquiry*, Vol. 28, No. 1, 2004, pp. 47-62.

群感知还包括技术、内容和表现，成员内容的互文性，以及成员之间的交流。微信是一个不对称的虚拟社交平台，可以被设想作为一个想象的共同体，想象的共同体的几个关键要素在微信群创建与维持中扮演着重要的角色。人们会感觉社群是有生命的，社群的承诺支撑着它的想象。隐喻性的网络修辞的方法和诱人的特性会对网络社群的生成产生巨大影响，从民族想象的角度看，这些社会群体显然依旧是社会性的组织。

安德森认为，印刷语言奠定了民族意识的基础，创造了一种想象共同体的新形式——"民族"的可能性。首先，语言构成了统一的交流和沟通领域。其次，语言创造了一种有别于旧行政方言的权力。安德森进一步解释说，最终的结果是世界人民分裂方式的根本重组，从而开始了全球向民族主义时代的过渡，并在一个由民族国家组成的全球体系中实现越来越多的内部同质性。而以网络技术为基础的新阶段，基于技术决定论的方法，一种新的社群意识甚至一种新文化受到关注，一种被称为网络文化的新型交流形式的确定和转变成为我们关注的焦点。随着网络文化的发展，它将突破任何时间、任何地点、任何信息的物理边界，成为一种更具包容性的文化。然而困扰对网络空间进行分析的问题之一，就是难以明确网络空间的确切含义。"赛博空间"一词暗示着一个"空间"正在以前不存在的地方被创造出来。网络空间有许多相互矛盾的定义。一些人认为这是一个虚构的、想象的结构，但还有一些是真实存在的。一些人将网络空间等同于虚拟现实，另一些人将其等同于信息的电子存储和传输，或将其等同于计算机介导的通信。它同时也被看作是一个单独的概念空间，并作为社会互动的产物。也有研究者将网络空间描述为一个毫无意义的实体，正如斯特雷特等人所说，它不是一个实体，也不是一个组织，没有人能拥有它，也没有人能运行它。虚拟的国家既不需要对立，也不需要分裂，同样，流散人口所进行的斗争既不需要分裂主义，也不需要对立，而集体认同的工作可能仅仅意味着对现有国家的扩张或去领土化。

在传统意义上的国家，领土完整往往被视为一个国家正常运作和统一的前提。然而，近几十年的经济和技术发展使我们有必要对这一假设提出质疑。不能再想当然地认为，认同某一特定国家的人民生活在同一空间；也不能想当然地认为，文化同质化是通过大众传媒在国家层面上发生的。当互联网出现时，许多社会学家和评论家预言它会威胁到国家的文化完整性，互联网的非地域特性将导致分裂以及前所未有的文化分化，使基于共享的图像、表象、神话等来维护一种集体的文化认同感变得困难。尽管对互联网的长期影响下结论还为时过早，但事实上，文化在网络空间蓬勃发展，而互联网在短短几年的时间里就成为维系国家和其他抽象社群团结的关键技术。在这个移动和去属地化的全球时代，互联网被用来加强而不是削弱文化认同。与此同时，网络社群变得越来越广泛，我们看到"国家""公众"和"社区"的概念在这些网络群体的基础上得到了不同程度的强调。

另一方面，"社群"的定义相当模糊，尤其是在信息占主导地位的时代，像Facebook 这样的社交网站被定义为社群，通过 Facebook 社群组成的社会团体也可以被定义为社群。认同理论为我们理解这些问题提供了一定的视角。社会身份是对"我是谁"或"我们是谁"这一问题的自我反思的答案，是基于以往的社会交往经验得出的，它帮助人们定义自己，并为他们在社会生活中与他人进行适当的社会交往提供指导。根据身份理论，一个社群可以被看作是一群拥有某些独特身份的人。社群认同为"我们是谁"这个问题提供了相对稳定、一致和持久的答案，为所有社群成员提供了连贯的纽带，这也有助于他们将自己与社群外的其他人区别开来。作为最受欢迎的社交网站，Facebook 允许用户分享他们的个人信息、照片和有趣的新闻以及超文本链接，提供论坛讨论和信息交流的各种话题。除了用户留言板提供交流和讨论的机会外，还有提供了关注各种问题和主题的兴趣小组。从最世俗的利益、趣味到最严肃的政治辩论，都有积极的倡议。成员可以在任何主题上创建自己的主题组，并邀请其他成员加入。群组可以公开为开放成员，也可以设置为封闭成员。网络社群存在一个很大程度上消除匿名性的可能性，每个用户都被一只隐形的眼睛监视着，不再自由地进入各种昵称背后的身份游戏，当然，我们也可以说我们用不同的装扮来遮挡我们真实的身份。事实上，正如网络社群的名字所暗示的那样，我们的身份、照片、朋友以及我们真实身份的细节构成了我们在这个网站上存在的基础。

众所周知，网络社群也是许多不同类型的社会组织的平台。在这个平台上，人们总是在民主框架下讨论不同的观点。应该指出的是，互联网是一个完全虚构的平台，该网站的设计师对我们在虚拟平台上的生活产生的影响，远远超过任何房屋和周围景观的建筑师对我们日常生活的影响。在网络社群中，你可以直接看到她/他的朋友们看的视频，他们参与的群组，以及他们对个人资料的修改。这种可见性和意识也是用户生成的层次结构中最关键的一点：数字和它们呈现的可见性。

2. 网络社群与民族主义

探讨网络社群的思想脉络,是分析网络文化的重要入口。美国康奈尔大学的本尼迪克特·安德森(Benedict Anderson)的开创性著作《想象的共同体:民族主义的起源与散布》关于民族主义的起源和传播,最早发表于 1983 年,包括新媒体研究在内的许多学科都在接受这一具有积极意义的理论。对安德森来说,整个国家是一种想象中的政治形式,因为"即使是最小的国家的成员也会这样做",他们彼此从来没有真正认识过他们的大多数同伴,见过他们,甚至听过他们的名字,但他们都在每个人的心灵进行交融。事实上,所有的社群比原始的面对面接触的村庄更大,成员不可能亲自认识所有成员,社群只是决定其想象面貌的一个因素。此外,指导成员的价值观和内部假设是社群建设的重要组成部分。①"想象的共同体"的观点影响了许多理论家,他的表述为了描述网络社群提供了很好的理论依据,它提供了一些视角概念对于理解在线的复杂动态和本质很有用。想象中的社群是在有价值的信念和实践的基础上,加强有效的意义和功能的网络社群。想象支持一个网络社群的存在,给予它形状和组织。

网络中民族主义被认为是自然产生的,由于虚拟世界是建立在"自然主义"假设的基础上的,这意味着他们中的许多人倾向于毫无疑问地接受并认同以"民族主义精神"提出的各种方案。"民族主义"在 20 世纪以前很少被系统地讨论和处理,直到 20 世纪 20 年代才开始作为一个学术话题来处理,并从更客观的角度进行分析。在这一点上,引发民族主义辩论的是它与现代化进程的关系。民族主义并非脱离了世俗化、城市化、中央集权制的建立和工业化等过程,正如斯坦福哲学百科全书对"民族主义"的定义所示,"民族主义"一词通常用来描述两种现象:1)一个国家的成员在关心自己国家身份时的态度;2)一个国家的成员在寻求实现或维持利益时所采取的行动。定义的第一部分提出了关于"国家"或"民族认同"概念的问题,这一概念通常根据共同的起源、种族或文化联系来定义,特别是关于个人在一个国家的成员资格应被视自愿的。在此基础上,需要对

---

① 〔美〕本尼迪克特·安德森:《想象的共同体:民族主义的起源与散布》,吴叡人译,上海:上海人民出版社 2016 年版,第 6—7 页。

民族主义的历史路径进行简单梳理。19 世纪早期的欧洲和世界各地，民族主义、民族国家形成的过程形成了占主导地位的政治思维方式。20 世纪随着民主与平等的思想的兴起，盎格鲁-撒克逊社群接受欧洲政治理想，这种历史接受表明，民族主义的感知因社群而异，其水平和效果由历史和文化动态决定，因为人类是他们所生活社群所在国家、地区、政治、经济、文化等价值判断的产物，社会生产工具只"生产"具有特定身份的人。民族认同本质上是任意的话语建构，是通过对物质事件、信仰和价值观的历史叙述来实现的，这种叙述具有连贯的一致性和连续性。

广义上的身份是指自我和他人的社会定位。身份同一性具有两种基本含义：绝对的同一性（在群体内和群体外的成员之间）和区别性（在两个群体之间）。由于民族主义被视为一种自然的、团结的力量，在 Facebook 等平台上产生民族主义，使社会运动跨越国界，这在以前任何时代都是不可能的。卡斯特（Manuel Castells）等学者研究了在线社会运动中种族认同与全球化之间的联系。① 一些社群和国家的起源是基于严格的价值观，它们当中的民族主义围绕着一种社会契约，这种契约的定义十分灵活和普遍。民族主义的神话起源于社群，通过社群定义自己的身份和其他人，往往在危机和动荡的时候，涌现在网络社群平台上的民族主义是一股巨大的力量。这种流行导致了这样一个事实：在许多网络社群平台上充斥着民族主义意识形态的人或群体变得显而易见。此时，曾经塑造了世界历史和版图的民族主义就像许多类似的政治观和思潮，在网络社群平台上变得更加明显。

人们很难逃离网络社群，它们不仅仅是一个概念，参与网络社群正在成为一种生活方式，因为网络社群就是我们在当今社会"存在"的一种形式，而不仅仅是提供另类文化或游戏的地方。在现代性晚期，创造和面对陌生人的相处模式正在成为一种人类工程，而新媒体是一种有效的工具。网络社群中的个体不仅在定位自己，也在通过这种工具重新定位他人。通过个体作为信息发送者和接收者所获得的不同角色，他们过滤传入的消息，并有意识地转发发出的消息，因此，在今天的"流动现代性"中，固态社会和"社会事实"正在失去曾经赋予它们的重

① M. CASTELLS. *The Power ofIdentity*. Vol. 2 of the *Information Age*：*Economy，Society and Culture*. Oxford：Blackwell，2010，p. 77.

要性。

今天,网络社群与民族主义已经成为一种被广泛讨论的问题。无论是组织结构还是非专业用户,都通过在网络社群平台上分享帖子来表达共同情感、想法和观点,他们通过与其他志同道合的用户组成社群而成为活跃的力量。由于用户可以分享自己的观点、情感和想法而无需进行自我审查,而网络社群内容又主要是由用户创建的,因此网络社群的亚文化性质是显而易见的。然而我们也有足够的理由质疑,通过对用户成员的影响而获得力量的网络社群,是否能够完全触及到不同的社会群体。虽然网络媒体被指定为虚拟的,但是它们发生的环境以及与这些环境中的其他人的通信行为都是实时发生的。由于有了这些虚拟环境,社会互动变得越来越容易,人们主要在虚拟环境中进行社交,脱离了来自超我的压力,用户可以在虚拟空间中表达自己,一起"逃离"世俗角色,自由分享。网络社群的人际关系大多模仿现实生活,并没有提供任何官方话语能够直接塑造的对话,相反,它是一个由更多的个人话语塑造的平台,这就是为什么关于话语和国家认同有如此多的争论。网络社群提供了一种方式,对于那些产生民族主义话语的人来说,这将是个人话语的重要基础之一。但不幸的是,总有一部分群体在对虚拟等级制度的建立和网络极端民族主义话语的建构表现出极大的热情。

第八章　社交媒体时代文化奇观

奇观概念来自法国学者居伊·德波（Guy Debord）的"奇观社会"理论和"国际境域主义"组织的一些理念。德波发现："在那些现代生产条件无所不在的社会中,生活的一切均呈现为景象的无穷积累。一切有生命的事物都转向了表征。"①"奇观"理论的提出与 20 世纪 60 年代西方消费时代的到来有着直接的关系。消费时代不仅意味着物的空前积聚,而且意味着一种前所未有的消费文化的形成。从物的生产到物的呈现,再到主题的消费行为,这一过程不再简简单单只是物的使用价值与交换价值的实现,而且还是物的符号价值的生产和消费,是物在纯粹的表征中的抽象化。正如德波所说,"真实的世界已变成实际的形象,纯粹的形象已转换成实际的存在——可感知到的碎片,它们是催眠行为的有效动力。"②

关于奇观概念,另一个值得关注的学者是道格拉斯·凯尔纳（Douglas Kellner）。凯尔纳所使用的"奇观"概念与德波的理论模型有一些相似面,他们关注的都是媒介文化在当代所产生的社会现象,也就是说,所谓奇观是以大众媒介为基本讨论对象的,正是大众媒介造成了种种特殊的社会现象。

一、从"景观"到"无媒介不奇观"

媒介文化的内涵,取决于人们阅听的行为方式。如前文所述,人类的阅听行为经历了不同阶段。我们在接触奇观文化以前,阅听行为比较具有哲学意义的是景观审视。音响信息的听觉震撼程度和视觉传播信息的炫目程度,成为人们

---

① Guy Debord, *The Society of Spectacle*, New York: Zone, 1995, p. 12.
② 同上。

衡量媒介文化影响力的重要依据。盛大的场面从来都是在声响和视觉上震撼人心的,那种最直接在感官上满足信息需求的媒介文化,其走向是越来越奇观化。可以说,在媒介科技日益发达的今天,似真似幻的媒介文化更能满足人们的虚拟想象。进入 20 世纪后半叶,大众媒介中的社会事件与以往相比,有一个很大的变化,即不仅是民主政治的内容,更是文化消费的内容,任何事件经过大众媒介的报道,很快成为大众关注的对象,继而成为茶余饭后娱乐的内容;另一个很大的变化就是在形式上,20 世纪以来,随着数字技术的普及,媒介文化越来越倾向于视觉化的表现。所以媒介的奇观某种意义上也可以说是视觉的奇观。商业驱动加上媒介技术条件的成熟,媒介操弄文化奇观已越来越成为一种常态,可以说,到了无媒介不奇观的地步。

传统上,以景观为题材所绘制的艺术作品(如景观画、景观摄影、景观动态影像……)或其他视觉人为产品(如有景观图像的广告设计、海报设计、景观明信片……)等,常被纳入视觉艺术教育的教学内容。但是,以往视觉艺术教学者对于上述以景观为题材的视觉艺术作品或视觉文化产品的探讨,多以生产者(画家、建筑家、设计家、摄影家、电影摄影导演或摄影师)的观点着手,特别是对于视觉艺术作品或视觉人为产品生产者的个人生平、创作动机、时代与环境背景、创作形式、媒介与技法、创作或生产的过程、表现风格、艺术欣赏者的批评以及视觉艺术作品对当代或后世的影响等问题做深入的探讨,这也是"学科本位艺术教育"(Discipline-Based Art Education,DBAE)所强调的"学科中心"理念的重点。然而,当代视觉艺术教育的发展趋势已逐渐强调"社会中心"的重要性,并加入有关视觉文化研究的内涵,也就是扩大视觉。因此,有关"景观"(landscape)的概念和以景观为题材所绘制的视觉产品之创作或生产之探讨,并非单纯的视觉生理学与认知心理学、美学与艺术学的问题,更是视觉文化研究探讨的议题。这里,除了以自然中可以观看到的景观和近代以景观为主题的视觉艺术作品为探讨对象之外,也采纳视觉人为产品为研究对象加以探讨。

"景观"(landscape)一词常在绘画和园艺上广泛使用,传统上指外在世界静态、固定的物体和形象的再现。[①] 景观的观看有许多方式,也是身为"主体"的"人"与作为"客体"的形貌之间的关系探讨。美国学者 W. J. T. 米切尔(W. J. T.

---

① E. Relph, *Rational landscapes and humanistic geography*. London: Croom Helm, 1981, p. 12.

Mitchell)在他所编的《景观与权力》(*Landscape and Power*)一书中认为景观的探索"不只是问景观'是'(is)什么或景观'意味'(means)什么,还要问景观作为一种文化实践到底做了什么。"①他在该书中的《帝国景观》(imperial landscape)一文中强调,景观是文化的媒介,可以从中检视出人们如何"观看"景观。② 科斯格罗夫(Cosgrove)在他的《社会变迁与景观象征》(Social Formation and Symbolic Landscape)一书中的一段"宣言"中也提到:"景观的概念(landscape idea)代表了一种观看方式(way of seeing)。"③杰克逊(John Brinckerhoff Jackson)主张景观是诠释文化的关键,是空间的构成,亦牵涉到空间如何被拥有、被利用、被创造与被改变等问题。④ 换言之,景观可以说是一种文化实践,它具有文化的象征意义,我们可以探讨人们以什么眼光来"观看"景观与"想象"景观,进而得知景观本身或景观图像(如景观画、景观摄影)所被人塑造的文化意义。

景观向奇观的转变,正如同旅游文化景观凝视转化为奇观的消费一样。后现代学者厄里(John Urry)认为,有一种后旅游的形式正在成为一种倾向。后旅游者"不一定离开他的家乡去看许多旅游凝视的目标不可,特别是借助电视录像,所有的东西都可以看到、被注意、被比较和被融入背景中"。⑤ 如同其他形式的消费文化一样,旅游作为视觉文化活动,正由景观向奇观转移。热闹、炫目的视觉奇观取代了过去以怡情山水并以凝视、思考为中心的旅游活动,所以,厄里认为,我们丧失了我们的自我感,卷入了与不同影像和不同经验的游戏中。⑥ 后现代旅游的景观制作,实际上是营造一种奇观。好看和好玩成为文化追求的重点,所以,媒介的策划成为一项十分重要的工作。任何一个活动、任何一个节日、任何一个事件,只要能足够吸引受众注意力,换句话说,只要它能引发消费狂潮,都值得媒体去做。例如,在中国,《中国好声音》《欢乐喜剧人》《我是歌手》等"真

---

① W. J. T. Mitchell, *Landscape and power*, Chicago: University of Chicago Press, 1994. p. 1.
② W. J. T. Mitchell, *Landscape and power*, Chicago: University of Chicago Press, 1994, pp. 22 - 23.
③ D. E. Cosgrove, *Social formation and symbolic landscape*, Madidon: University of Wisconsin Press, 1998.
④ J. B. Jackson, *Discovering the vernacular landscape*, Yale University Press, 1984.
⑤ John Urry, "Cultural change and contemporary holiday-making", see: *Theory, Culture and Society* 5 (1), pp. 33 - 35.
⑥ [英]阿雷恩·鲍尔德温等:《文化研究导论》,陶东风译,北京:高等教育出版社 2004 年版,第 396 页。

人秀"节目就是迎合某些层次的受众需求而策划、制作出来的。近年来,国内民众爱国主义热情高涨,于是《战狼》《红海行动》《流浪地球》《我和我的祖国》等影片引发了观看热潮,形成了一道文化景观。进入21世纪以来,媒体的盛大节日与活动明显增多,这是因为,将媒介文化当景观细细品位的时代结束了,取而代之的是快餐化文化,浏览取代了细读,摆在受众面前的是一个壮观的文化远景,它永远不能近观,因为它根本就经不起近观细读,所以,多半是供受众远观、想象的。然而,想象的奇观制造出来并不是媒体的终极目标,也不是使受众注意、喜欢和参与,其终极的目标乃是获得广告赞助。奇观化越强烈、越具有影响力,对媒体来说就越有价值。

二、媒体的视觉化文化奇观

我们正在进入到一个视觉文化的时代。这里所说的视觉文化包括两个方面的内容,其一是作为当代最主要的文化形态,视觉文化奇观的大量生产带来了视觉奇观的泛滥,即"作为所生产的物品被生产的同时必不可少的附件,作为附着在制度理性上的一般虚饰,作为直接对不断增长的形象——物品生产负责的发达经济部门,奇观是当今社会的首要产品。"[①]我们正生活在一个被各种人工的、审美化的视觉景观包裹的世界里。其二,依据美国学者 W. J. T. 米歇尔《图像转向》一文的说法,继语言学之后,当代西方思想界、学术界正在经历一次"图像转向",一套新的学术研究、文化批判的方法正在构建之中。显然,后者的方法论、学术研究与前者是紧密相连的,它说明从高深精微的学术思考到大众流行的粗俗浅薄的生产制作,以图像为中心的视觉文化正在深刻地影响着我们今天文化的每一个方面。按照米歇尔《图像转向》中的观点,这种视觉文化的蔓延是全球化的,其中自然也包括处于第三世界的中国。随着当下中国经济文化空间的逐步开放,工业化、城市化步伐的加快,以及大众流行文化的蓬勃发展,视觉文化赖以发展、成熟的生存土壤已经具备。不难看到,在接受外来文化冲击与选择文化消费的过程中,由传统的电影、电视、录像、广告到网络技术、电子复制,工业化、

[①]〔法〕居伊·德波:《奇观社会》,见吴琼编:《视觉文化的奇观——视觉文化总论》,北京:中国人民大学出版社2005年版,第63页。

现代化的视觉传播手段在生产各种繁复的视觉形式的同时，已经在改变着我们的文化格局。大众流行的视觉文化从文化消费到文化心理已成为我们今天的必须——一种生活的主宰。因此，可以说，视觉文化正在全面地塑造着我们的文化，塑造着我们今天的"人"，并构成了当代中国文化存在的基本事实和重要的文化语境。

在现代社会因为看的方式发生转变，过去以凝视为主的看的行为转变为以浏览、瞥视为主的观看行为，视野大不相同了。视线聚集在某一小的范围上时，那只能是景观，不可能是奇观。奇观必须是视野粗放的，同时是满足瞬间感受而不是着眼于思辨的，着眼娱乐而不是着眼于审美的，着眼狂欢活动而不是着眼教育的。另外，从思维角度来说，我们知道，在视觉文化盛行之前，社会文化的总体特征是以语言为中心的，叙述借助语言借助想象来实现意义的传播。例如，文学叙事就是借助语言来实现文学形象与现实联系，完成意义在人大脑里的转换。即使是影像作品也是如此，希区柯克的电影擅长以悬念讲述故事，在他的作品中，蒙太奇服务于叙事性的要求，故事的情节展开有逻辑性和时间性，因此形成了叙事电影本身特有的理论结构。但是，随着后现代社会的来临，生活节奏加快，尤其在消费时代，人们的接受趣味发生了转型，文化大众口味如同日常消费品一样，需要不断地更换口味，文化口味更换频率加快，最终只能靠视觉做出取舍，因此文化产品首先的努力方向就是实现视觉效果，过去在农业化时代养成的品味、深思的慢节奏文化接受习惯，那种对叙事方式的期待以及对故事逻辑性的追求已经不重要了，重要的是要热闹、好看、有趣。因此，对奇观文化就不能循着经典的路线去寻找答案。

于是，我们看到《终极者》《未来战士》《流浪地球》以极其炫目的电影技巧做成了视觉大餐；"超级女声"也被包装成视觉的盛宴，那些娱乐节目在制造热闹、引发狂欢之后，最终目的就是赚取高额的广告利润。这正是德波所发现的"奇观"。他认为，当代社会商品生产、流通和消费，已经呈现为对"奇观"的生产、流通和消费。因此"奇观即商品"的现象无所不在，"奇观使得一个同时既在又不在的世界变得醒目了，这个世界就是商品控制着生活一切方面的世界"[①]。显然，德波是从这个社会的发展趋势来解释"奇观"问题的，也就是在当代社会，传统的

---

① Guy Debord, *The Society of Spectacle*, New York：Zone，1995，p. 23.

生产方式和法则已经失效，现在重要的是"奇观"的生产、流动与消费。其实，按照德波的观点，整个娱乐文化产业都是"奇观"。

印度裔美国学者卡普兰指出，"随着作为机器(apparatus)的电影发展，奇观的文化(the culture of the spectacle)完全被铭刻进社会之中。影片成了这样一种形式，即它在某种程度上替代了大众小说，它通过新的消费者文化来提出欲望：它的作为奇观的模式和消费者文化的模式相吻合而处在一种恶性的循环中。换句话说，影片出现在某一消费者文化的舞台上，它的模式通过当代人所欲望的、处于意指地位的消费者产品的积累，来加强消费主义(consumerism)，并激发上涨的阶级斗争。尽管大众小说仍在继续发展，但它也受到奇观文化的影响，并在一种自我意识的、'电影化'的风格中进行描述。另一种奇观是通过镜像由自我提供的，这成了社会文化机制的一部分，它变换着主体观察和欲望的方式。"①卡普兰将奇观文化概括为两点：一是由消费社会提供的，即按照消费者的需要，设计制作出现的供消费者消费的文化；二是消费者自我建构的文化，即消费者在镜像阶段逐步形成的文化自我认同和自我需要。这种理解是非常准确的。

在西方学术界，卡普兰的观点具有代表性。西方学者普遍的共识是，奇观文化是一种提供观看活动画面的文化形态，包括电影、电视、广告等，从总统大选、战争、恐怖主义到当下的媒体活动都体现了这种文化的种种特性。它的出现与商品社会的高度发展有关，后来演变为男性对女性的观看，比如广告上一般以女性为模特儿等，这种带有观演性质的奇观，已渗透在我们的生活的每个角落，以至于什么都要借助视觉手段来加以表现，视觉化信息在信息传播中占据很大的比重。视觉主导的社会和奇观化的政治现状令人担忧，它在民主化的幌子下满足着受众的需求。

德波在阐述奇观概念时指出，"奇观不是形象的集合。毋宁说，它是以形象为中介的人之间的一种社会关系。""不能把奇观理解为是视觉世界故意的歪曲，也不能把它理解为是形象的大众传播技术的产物。最好把它看作一种已被现实化和转化为物质王国的世界观——一种被转化为客观力量的世界观。"②那么，

---

① ［美］E. 安·卡普兰：《母亲行为、女权主义和再现》，载《当代电影》1989 年第 6 期。
② ［法］居伊·德波：《奇观社会》，见吴琼编：《视觉文化的奇观——视觉文化总论》，北京：中国人民大学出版社 2005 年版，第 59 页。

这种形象中介是怎么制造出来的,又是如何转化为现实的呢? 凯尔纳将造成麦当劳奇观、乔丹与耐克奇观、辛普森杀人案和美国总统大选等现实事件归因为媒体行为。

　　"奇观的概念结合并解释着明显分离的众多现象。这些现象的多样性与对立是奇观的表象——是社会组织的表象,这表象需要在其一般的真理中来把握。就其自身而言,奇观宣称的表象的主宰,声称所有的人类生活亦即所有的社会生活都不过是表象。但是,任何能够理解奇观的本质特征的批评,都必须将其揭示为生活的可见的否定性——揭示为已经为自己发明了视觉形式的生活的否定性。"①例如,张艺谋导演的作品常被批判是"思想苍白的感官盛宴"。纵观张艺谋的电影,前期作品以《红高粱》为代表,在审美追求上力求达到一种美学境界。后期以《英雄》和《十面埋伏》为代表,追求一种炫目的奇观效果。张艺谋曾经跟记者谈起自己的电影,他说:"也许若干年后你记不清哪部影片的情节,但你一定会记住《英雄》中的画面。"就是这个道理,张艺谋电影很注重画面感,而奇观化的画面具有震撼力。其实,在《红高粱》中,张艺谋电影就已经开始奇观化效果了。红透了半边天的高粱地以及高粱地里的野合仪式都是当时观众闻所未闻的,这与《英雄》《十面埋伏》中大面积运用红、绿、黄的色彩和大量应用戈壁、沙漠、森林的视觉元素,绚丽的自然风光、倾盆般的箭雨和舞蹈般的打斗等都是一脉相承的。然而,奇观化是消费社会的产物,消费行为逐渐降解了人们的审美习惯,文化消费渐渐与其他日常消费相似,在这一背景下,电影正由对叙事艺术的追求沦落为追求各种炫目、好玩的杂耍、把戏。

　　视觉传播不仅仅是作为一种符号,而是为人类找到了一种直达记忆深处和审美唤醒的方式。这时,再赋予视觉传播以任何外在的意义,都是对视觉传播价值的曲解和贬低。

　　在媒体竞争的环境下,营造媒体奇观本身就是一种生产活动。比如,近些年来各种各样的节日文化需要借助媒体来炒作,而媒体也把这些节日文化当作自己生产活动。世界杯足球赛少了媒体的参与,就不能成为完整意义上的世界杯。世界杯本身就是一个奇观,在这个被媒体制造的盛大奇观中,孕育着一个巨大的

---

① ［法］居伊·德波:《奇观社会》,见吴琼编:《视觉文化的奇观——视觉文化总论》,北京:中国人民大学出版社 2005 年版,第 61 页。

蛋糕,这个巨大的蛋糕由媒体制造,自然也由媒体参与瓜分。

三、后现代主义与数字化文化奇观

1. 视觉奇观的制造

"在一个以图像生产和消费为主导的社会中,生活的任何一部分都无法幸免于奇观的入侵。"①这是美国著名历史学家与社会心理学克里斯托弗·拉什(Christopher Lasch)对视觉奇观的判断。奇观(spectacle)是意识形态的极致,因为在它的全盛时期,它揭示和体现了所有意识形态体系的本质,包括对现实生活的贫困、奴役和否定。鉴于无处不在的视觉奇观通过电视、电影、互联网、广告和其他形式的商品呈现,作为视觉宣言,奇观是意识形态的,它们教会我们做什么,如何去看和思考,它们影响我们的选择以及我们如何与他人互动。文化评论家赫伯特·马尔库塞(Herbert Marcuse)批判其后果,认为它构成了我们"一维"的身份,由于缺乏批判性,一维思维充斥着自我验证的假设,这些假设不断地、垄断性地重复,成为"催眠"的工具。② 研究者也有两种截然相反的方式来描述视觉奇观:第一,作为一种普遍存在的表现形式,它构成了传媒文化和资本主义的目标,以制造我们的欲望和决定我们的选择;第二,作为一种民主的实践形式,它能够批判性地审视规范和意识形态,以抵制社会不公。前者认为奇观教育学在为文化帝国主义服务的过程中,扮演着一种阴险、无处不在的宣传形式的角色;后者代表着一种批判的公民意识,渴望文化民主。

文化评论家齐格弗里德·克拉考尔(Siegfried Kracauer)将视觉文化的奇观概念化为"大众装饰",他用这个隐喻来代表 20 世纪 20 年代的一个舞蹈团体"耕田姑娘"的装饰图案,并将她们的腿与工厂工人的手对应起来。通过将"资本主义生产过程"与"大众装饰"进行比较,他将两者区分为"目的"与"本身"。虽然克拉考尔对隐喻选择中存在明显的性别刻板印象一无所知,但是他将大众装饰的

---

① [美]克里斯托弗·拉什:《自恋主义文化:心理危机的美国生活》,陈红雯、吕明译,上海:上海译文出版社 2013 年版,第 122 页。

② [美]赫伯特·马尔库塞:《单向度的人:发达工业社会意识形态研究》,刘继译,上海:上海译文出版社 2018 年版。

表演者和观众与现代工厂机械化分工中像零部件一样使用的工人进行比较，这与马尔库塞的批判是一致的。他说："产生装饰物的比例强大到足以唤起大众，并从构成它的人物中抹去所有的生命……它是出现在弥撒装饰中的理性而空洞的邪教形式，没有任何明确的意义"。① 克拉考尔和1920年代的法兰克福学派的本雅明（W. Benjamin）、阿多诺，经济学家肯尼斯·博尔丁（Kenneth Ewart Boulding），1950年代中期的历史学家丹尼尔·布尔斯廷（Daniel J. Boorstin），和1960年代的媒体理论家马歇尔·麦克卢汉（Marshall Mcluhan），都不约而同地反思了他们所处时代影响社会、政治和经济的视觉图像。这些学者解释了我们倾向于将文化生活的现实概念化的原因，并以形象的形式表现出来，这是一种基于人类认识论的性格。

美国学者博尔丁（K. K. Boulding）认为，从书写的发明到当代成像形式，社会的活力建立在这样的假设之上："图像作为一种'分离的文本'，不仅创造了社会，而且不断地重塑着图像"。② 另一位学者布尔斯汀（D. J. Boorstin）将这种动态描述为"伪事件在几何级数中衍生出的其他伪事件"。③ "伪事件"是布尔斯汀对视觉奇观的称谓，它是一种以大众为媒介的文化体验图像的创造和传播，其真实性、现实性和意义具有模糊性。布尔斯汀的"伪事件"概念与阿多诺早期对"伪个性化"的描述相对应，"伪个性化"批判的是资本主义奇观"文化产业"所创造的商品拜物教。④ 对于麦克卢汉来说，电子媒介是身体神经系统的有机延伸，即它的瞬时电子通信能力，体现了身体的"被动"体验，而不是"主动"体验。⑤ 因此正如麦克卢汉所暗示的，数字化的视觉奇观以其无处不在的图像构建和确定我们的身体和欲望的选择。奇观文化的力量在于其教育功能，它令人着迷的视觉刺激吸引了我们身体的注意力，并通过商品文化的自我验证将其铭记下来。通过对我们身体的持续灌输和商品化，奇观文化成为决定私人和公共欲望的驱动力，也使资本主义的商品文化得以实现和延续。

---

① ［德］齐格弗里德·克拉考尔：《电影的本性》，邵牧君译，南京：江苏教育出版社2006年版。

② K. K. Boulding. *The image*：*Knowledge in life and society*. Ann Arbor：The University of Michigan，1961，pp. 64 – 65.

③ D. J. Boorstin. *The image*：*A guide to pseudo-events in America*. New York：Atheneum，1987，p. 33.

④ ［德］西奥多·阿多诺：《美学理论》，王珂平译，成都：四川人民出版社1998年版。

⑤ ［加］马歇尔·麦克卢汉：《理解媒介：论人的延伸》，何道宽译，南京：译林出版社2011年版。

　　我们以西方竞选的政治奇观为例,影星施瓦辛格(Arnold Schwarzenegger)在 2003 年 10 月的加州州长竞选中,他在最后一分钟竭尽全力赢了当时的现任州长格雷·戴维斯(Gray Davis)。由于此前没有从政经验,他在全国政治舞台上的唯一主张,就是战略性地与肯尼迪家族联姻。在真正的好莱坞电影制作风格中,“施瓦辛格们”一直都明白奇观的视觉夸张和力量,正如布尔斯汀所指出的,施瓦辛格竞选加州州长就是一个伪事件。施瓦辛格高调的竞选活动不仅影响了大批选民的投票,而且他还以出人意料的压倒性优势赢得了选举。无论是在竞选期间把选民称为“观众”,还是他庞大的身体被选民称为“强有力的州长”,他都成功地利用自己的明星号召力来推销自己,以赢得选民的支持。罗兰·巴特(Roland Barthes)将摄影形象在选举神话形成过程中的陷阱描述为:“因为摄影是一个椭圆的语言机器,拥有不可思议的社会权力,它构成了一种反知识分子的武器和倾向于精神‘政治’的方式。”①事实上,巴特、布尔斯汀和文学评论家路易斯·梅南(Louis Menand)都认为,利用摄影这面镜子,视觉奇观使政治候选人和他们的选民发现彼此的相似之处,形成自恋共谋。因此,与精神分析学家雅克·拉康(Jacques Lacan)的镜像理论中客观的凝视相似,施瓦辛格的选区赋予了他神秘的力量。巴特认为,这种将现实交给神话的做法“使言论去政治化”,这样一来,神话就清空了其历史的现实,并将其历史的无意义自然化。②

　　只要媒介要求观众对视觉奇观保持忠诚,它就会把人们的身份塑造成“粉丝”。皮埃尔·布尔迪厄解释说,这种对日常生活的物化构成了奇观。布尔迪厄对“真实”的定义不同于“真人秀”,在真人秀节目中,追求名利的选手会获得报酬,风靡全球的《幸存者》等真人秀的电视节目往往代表了商品拜物教的一个极端的例子,对于布尔迪厄来说,这种受视觉奇观推动的愉悦的、内在化的理想主义惯习,代表了一种与巴特对神话力量的描述相一致的社会现实,即“将批判性言论去政治化”。鲍德里亚对此表示赞同,他解释说,福柯所说的圆形监狱(Panopticon)的单向凝视不再是电视的恰当隐喻,鉴于它的拟仿已经超越了现实,我们“不再看电视,而是看电视现场”。③ 电视真人秀的危机,使“不在场的在

---

① 〔法〕罗兰·巴特:《神话:大众文化诠释》,许蔷蔷、许绮玲译,上海:上海人民出版社 1999 年版,第 28 页。

② 同上。

③ 〔法〕让·波德里亚:《象征交换与死亡》,车槿山译,南京:译林出版社 2012 年版。

场"成为可能,它废除了参与性公民身份,模糊了观众对社会的被动参与和主动参与之间的区别。克拉考尔在他的文章中也呼应了直面摄影奇观的"经验习惯"的必要性。克拉考尔论证了揭露、审视和批判"大众装饰"的重要性,以抵制历史决定论的倒退政治,并认为历史应该是连贯建构的。① 应该说,这些批判学者对视觉文化奇观的揭示在文化上和伦理上都具有重要意义,因为这些思想能够对其大众媒介的编码和传递系统进行系统的反思与批判。

2. 视觉奇观与网络亚文化

21 世纪的亚文化在概念上充满了张力,新的通信和媒体技术使亚文化赖以生存的视觉元素在全球范围内触手可得,亚文化也经常被视为一种消极力量,它威胁着其他文化的完整性和生存能力。但亚文化认同不是一蹴而就的,相反,它是一个不断变化的社会过程,是跨文化联系、交易、谈判和交流的多重协商和博弈的结果。它的边界是可渗透的,它不断变化的类型和方式是不可捉摸的。而当代亚文化制造的视觉奇观,是数字视觉图像的生产和消费呈指数级增长,以及对视觉文化研究的知识平台的重构。今天许多学者认为,由于 21 世纪通讯技术促进了全球交易,对亚文化进行固定或单一审议的想法需要重新考虑。例如,研究者认为,亚文化与其说是一个固定的实体,不如说是一个"网络的混合体",在这个网络中,亚文化交流的过程在不同文化之间不断地重新协商。② 在网络文化之间的交易中,无论强弱,所有的文化都是改变的,因此"所有的文化都是跨文化的"。此外,这种变化是不断的,跨文化是弱者和强者的去文化化和再文化化的永恒过程。因此,亚文化中的意义是文化身份不断进行重新谈判的结果,因为其在重新想象和再生自己。亚文化不断地拥有、改变和吸收其他文化的各个方面,使之成为自己的文化。在这个概念框架内,亚文化意义的定位与其说是在文化中寻找单一的"真实性",不如说是处在跨文化之间的交易中。

在当今这个混合的、全球性的视觉传播网络中,视觉文化认同的构建并不是单一的,相反,它是一种跨文化交易的不断变化的多样性结果。正如机械技术在 19 世纪从根本上改变了通讯一样,数字技术在 21 世纪也被证明具有同样的变

---

① S. Kracauer: *The mass ornament*: *Weimar essays*. Cambridge: Harvard University, 1995.
② Nicholas Mirzoeff: *Introduction to Visual Culture*. London: Routledge, 2009.

革性。数字制作的视觉图像已经成为亚文化中最普及和最广泛的商品。在语言差异经常阻碍交流的全球经济中,视觉图像似乎促进了跨语言和文化边界的交流。全球网络空间的"阅读"越来越多地受到视觉的牵动,它几乎涉及当前文化交易的方方面面。我们关注到,由当前的数字消费而产生的视觉图像需要特殊的拷问,因为它们中的许多都是对现实的复制,此外,人们普遍认为视觉图像具有普遍的"意义",它们的功能就像信息的透明密码,通过它,观众可以看到事实。然而,透明的视觉图像在理论上是不可能的,所有的视觉图像,包括照片,都是高度不透明的社会文化指标,嵌入了被关注的密集编码含义。将这一点延伸开来,居伊·德波将一个新兴的景观社会描述为一个由"形象"驱动的令人眼花缭乱的梦幻世界。的确,视觉形象一直是社会、文化和个人身份建构的有力媒介,纵观历史,视觉作品总是把强者描绘得比他们本来的样子更强大、更好、更完美。

被定义为"视觉性"社会建构的视觉奇观,可以追溯到 19 世纪的政治学者托马斯·卡莱尔(Thomas Carlyle),他主张有意识地建构一种社会中介的视觉,通过权威来促进国家的视觉霸权。例如,拿破仑罗浮宫博物馆的视觉叙事,直接将观众从远古时代带到他统治下的辉煌法国,权力代码不同程度地嵌入到视觉图像中,所有的"远见"都是由先前的知识或偏见所决定的,或者是由说服所决定的。互联网是当今最普遍的视觉交易系统,它构建了一个亚文化的奇观社会,通常不受物理现实的束缚,它的视觉叙事被赋予权力,权力赋予身份,可以说互联网的影响已经超出了其本身形成社会和文化身份的能力。如今,亚文化群体在网络空间中阅读、写作、玩耍、消费,甚至思考,他们熟悉互联网的视觉架构和智能平台,他们积极地接受其非正式的联系、其不稳定的交易、其边界的流动性、其变化和迷失方向的话语空间,等等。互联网已经告诉今天的新生代,身份以及文化就是不稳定的、不固定的、不断变化的。

因此,数字时代使视觉文化的研究具有了新的意义。视觉文化学者认为,19 世纪的视觉技术不仅改变了视觉交流的方式,而且改变了国家和文化的身份,以及视觉文化在跨文化中发挥作用的方式。[①] 我们知道,亚文化最普遍的特征可

---

① JoySperling. Artists Taking the High Road and the Low. *Popular Culture Values and the Arts*: *Essays on Elitism Versus Democratization*. Ed. Ray B. Browne and Lawrence A. Kreiser Jr. Jefferson, NC: McFarland, 2009, pp. 109 - 124.

能就是它持续的不确定性、模糊性和流动性,因为它不断地转变和重新想象自我。近年来,亚文化研究与全球视觉文化研究之间的假想边界被重新划定,这为以新方式概念化 21 世纪网络媒介文化研究的本质创造了机会。曾经在 19 世纪,印刷文字作为一个支点,平衡着精英们的利益,印刷图像是所有阶级旋转的轴心。在机械复制的时代,以印刷为基础的视觉社区是社会中介的代理人,设计迅速、价格低廉、易于替换的消费品生产的协调发展,以及制造这些消费品的技术的发展,也为视觉文化提供了一个有用的平台。当视觉文化进入了 21 世纪,出现了更为复杂的跨文化形态。视觉文化的知识平台已经从单一的、等级的观点转向了对视觉传播网络的更为根须化、开放性和偶然性的状态。一旦拥有了欲望的对象,消费者就把欲望转移到下一个更新的、更好的版本。如果不更新和激发欲望,以个人消费为基础的市场经济就会停滞不前,最终走向失败。正如研究者 Kirsten Swinth 所言,消费文化作为"社会经验和个人梦想最深刻的塑造者"发挥了重要作用。[①] 而 21 世纪的互联网营销模式和策略,以及全球流通、消费和替代的速度,通过提高人们的欲望和过度消费水平,以指数级的速度加速了视觉文化全球化这一进程。

四、情欲的奇观——身体叙事

人类的身体符号从来没有像今天这样受到媒体如此重视,身体文化也从来没有像今天这样如此具有使用价值;而人类的眼球也从来没有像今天这样受到如此强烈、如此多的身体符号的感官刺激。

把身体形象作为媒介文化研究对象,在西方已成为一种理论时尚。正如英国学者阿瑟·弗兰克(Arthar frank)所做的总结:"身体现在非常时髦,在学术中、在流行文化中都是这样。"产生这类研究热潮有三方面原因:一是福柯著作关于权力与肉体性的社会建构学说的影响;二是女性主义关于女性体验的特殊性探讨;三是第二次世界大战以后消费文化的膨胀,加速了人体的商品化,在接受和展示身体化的差异的基础上,创造出更加细致的地位分明的等级秩序。

目前哲学界对于身体的看法,已经不局限于身心二元论,不再视身体为人类

① KirstenSwinth. Making Sense of America. *American Quarterly* Vol. 52, No. 4, 2002, pp. 720 - 741.

灵魂的束缚,是卑下的欲望和非理性情绪之所在,而认为身体有其自身独特的价值。身体和心灵其实相互建构,而且身体之内和之外也铭刻(inscribe)了社会与文化的痕迹,因此,身体不再只是一个生物性的躯壳,而是充满了文化与社会意义。我们对于身体的想象和再现,也与我们对于社会关系和过程的想象有紧密的关联。身体是考察人类社会不可或缺的向度。此外,关于身体的考察,现在还经常和欲望(desire)、快感(pleasure)、性征(sexuality)等议题结合在一起。再者,以前"主体"被当成是意识之所在(理性的核心主体观),因此,是与心灵/身体二元论中的身体相互对立。现在,身体与心灵的二元对立被打破,主体观也有了较为复杂的观点,因此,身体现在可以被视为是主体的基本物质向度(material dimension)。例如克拉克(Clark)根据历史上不同的文化规范,所作关于身体之理想化的分析。

比较晚近的女性主义者与其他学者例如约翰·伯杰(John Berger)将身体摆放在政治脉络里,以便质疑赋予身体的固有美学价值,乃是西方文化的父权或意识形态权力结构的一部分。文化研究里对于身体的理解,其发展是指认身体为意义的场域。针对身体采取了符号学的研究取向。他们研究身体作为表征的效果和表征的限度、身体作为文化的惯用语、身体艺术、男性气质、女性气质等。劳拉·穆尔维(Laura Mulvey)在《视觉快感和叙事电影》一文中探讨了女性身体形象的意义和价值,她发现窥视女性身体是男性观众获得视觉愉悦的重要来源,因为在窥视中,女性是被看的,并且通过被看来肯定女性展露自身的"自然属性"。男性观众的观赏愉悦程度,是评价女性身体存在的价值。

意大利作家安伯托·艾柯(Umberto Eco)将身体的特征描述为"沟通机器",十分具有启发性。身体不是单纯的存在而已,作为自然的粗野事实,身体反而是被吸纳入文化之中。身体其实是文化与文化认同表达和接合的所在,透过服装、珠宝和其他装饰,以及通过对身体本身的塑造(例如文身、发型、健美和节食等)而实现。个人通过身体而服从或抵抗加之于他们的文化期望。社会学因此可以转向"以身体为中心之言行"的分析。福柯关于监狱系统和国家刑罚之发展的分析,焦点是身体作为驯服的主题。重要的是,身体是经由监控的系统而被塑造和驯服,不论是实际的监控或是想象中的监控。对于身体的分析才能够逐渐地视身体为社会限制与建构的产物,或是身体在其中被讨论分析的语言和话语的产物。① 文化研究派将后现代赛博主义（cyborgism）、碎片化看作是身体的终结。

开启身体研究的现象学大师梅洛·庞蒂（Maurice Merleau-Ponty）认为："只有当我实现身体的功能，我是走向世界的身体，我才能理解有生命的身体的功能。"②但是，到底什么是身体呢？ 身体的中介作用是如何体现的呢？ 让·鲍德里亚对身体进行了 4 种模式的分解：1. 对医学来说，所指涉的身体是躯体（corpse）。2. 对宗教来说，身体的理想指涉是动物（对肉体的本能和贪欲）。躯体是一个巨大坟墓，躯体超越死亡的再生是肉欲的隐喻。3. 对政治经济制度来说，身体的理想类型是机器人。机器人是作为劳动力的身体得以"功能"解放的圆满模式，是绝对的、无性别的理性生产的外推。4. 对符号的政治经济制度来说，身体的指涉模式是人体模型（及其各种变体），它已不再是劳动力，而是所生产的意义模式———不仅仅是满足的性模式，而且是作为模式的性本身。费斯克（J. Fiske）认为，服装、化妆品、节食减肥、慢跑都是使规则具体化，使身体"进入文本而文本化"的方式。美丽的身体与丑陋的身体，健康与不健康，着装的得体与凌乱，整洁与邋遢，强壮与软弱，等等，二者之间的关系，都是关乎规范与偏离的社会关系，因此也是政治关系。在大众文化时代，身体不过是一种被经营的景观，当大多数人都来关注特别是大众传播媒介来加以制作、经营的时候，这种景观就转化为奇观，成为大众狂欢的材料了。

在媒介文化中身体或人体形象为何成为专门的研究对象的呢？ 这是因为，现代媒介文化是大众媒介所传播的文化，大众媒介是以受众最人化为目的，以经济效益为最终目标的。那么，从马斯洛"需求层次论"角度来看，最低层次的需求是生理需求，表现在视觉接受和消费中，窥视欲就成为最直接的形式，而窥视的主要内容首先就是身体。于是，我们很容易看到杂志的封面用美人优雅的造型，各种广告用女性身体造型，出版物中有明星写真集、人体艺术摄影图片等，人体形象特别是女性人体形象成为很热门的文化消费品。应当说，大众文化消费潮流中总体倾向是一致的，比如，当代文学写作中有所谓的"身体叙事"，出现了《上

---

① Edgar, Andrew and Peter Sedgwick (1999) eds. *Key Concepts in Cultural Theory*. London: Routledge, pp. 44 – 47.

② ［法］梅洛·庞蒂：《知觉现象学》，北京：商务印书馆 2003 年版，第 109 页。

海宝贝》《乌鸦》《糖》等作品,但那不过是在文字想象世界里的身体。为什么会出现这样的情形?因为自古以来男权化社会现实并没有改变,在男权逻各斯话语主宰的时代,男性为主体的观看行为始终是最活跃的消费行为。所以,虽然社会文明进步到今天的地步,这一状况仍然没有改变。所以,当今的网络世界,又出现了更为自由的以身体为媒介文化内容的奇观:先是所谓的"木子美现象",接着出现了"芙蓉姐姐",一时海南的、广州的、北京的、四川的,不同地区的女性都办起了 BLOG,而这些 BLOG 都以展示女性自己的身体作为争抢眼球的手段。因为她们清楚地知道,在男性视觉主宰的世界,这是她们成功的捷径,她们奉献身体作为被看的对象,能够换来金钱、财富。

其实,视觉传播的技术——摄影术一出现,就和人的身体挂上了钩。由于19世纪初,社会的开放程度不是很高,人体摄影的商业化在欧洲一开始不得不借助一种修辞的策略进行,因为它与当时的社会宗教、道德的准则相冲突。19世纪末流行的明信片、招贴画、挂历等,因为摄影术呈现了"真实"的人体,可以等同于现实的人体,因而它能广泛满足人的窥视欲望,过去在现实中囿于道德的规限、难以实现的这一心理欲望,在达盖尔银版照片之后,极大地盛行起来。作品中常常会有人体的衬托物如自行车,按照多木浩二的解释,是物神崇拜的表现,其中暗含的精神分析内容是人体崇拜与商品拜物有着某种关联。恋物癖和虐待狂等构成美女照的基本范围。19世纪欧洲人试图营造的情欲奇观终究没能实现,因为不合时宜。今天,虽然道德的尺度仍然很严,但相比那个时代已有质的不同。我们看到以展示女性身体为内容的传播活动,多半是在地下进行的,这自然不能称其为奇观,网络公开环境下,那些"人体艺术摄影""人体彩绘""文身"等已蔚为壮观。

这一现象仍然延续着,渗透到我们生活的每个角落。我们会看到,商业化的篮球赛、排球赛中场休息会安排劲舞表演,活跃气氛;汽车销售、楼宇销售使用了美女做促销手段,俗称"车展美女""售楼美女"。在这些销售活动中身体与物之间形成了某些关联,意图可能是让人激活占有汽车、洋房、美女的集体无意识。女性的身体在此刻暂时变成与物同类的摆设。那些美艳的身体在激活物质占有这一无意识过程中充当的不过就是一个符号。不难看出,在现代商业活动中,人们已经深谙此道,即情欲是一种动力,激发情欲就能实现商业目标。那么换句话说营造情欲奇观就很容易带来商业利润。

　　论及对媒介文化中的女性身体奇观的批判，应当还数女性主义所做的工作最具有深度。在父权社会文化中，相对于理性的男性特质，女性总是被认定较为不理智而且无法妥善掌控自己的情欲、性欲。精神分析学认为，女人因为其本质上的女性特质，较易患有精神病与歇斯底里症。因此，父权社会对于女性因其"与生俱有"的女性特质，所可能对社会造成的破坏力与威胁，采用了各种管制手段，比如：限制女性在私人领域活动，以将其热情导引至家庭事务的照料上，避免造成对公共秩序的危害。另外，并藉由塑造、规范女性性欲、女性特质来达到控制女性的目的，维持父权的社会基础。福柯在其著作《性史》一书里指出，各种社会机构包括军队、学校、家庭、警察、监狱等都参与执行了"性意识"的社会规范。许多研究学者也指出，大众媒体也如各种社会机构与机制一般，在再现社会优势意识形态上扮演了举足轻重的角色。道格拉斯·凯尔纳（D. Kellner）认为，"不管是广播、电视、电影等所生产出的大众媒体文化，都提供了我们界定自己有关于种族、阶级、国家、自我、性意识等认同的材料。媒体形象形塑我们对于世界的认知以及价值观，比如：善或恶、积极或消极、道德或罪恶等概念。我们藉由媒体产品中所提供的符号（symbol）、迷思（myth）以及各种原料，建构了社会文化，并参与、生活于其中。我们每个人自出生到死亡，都浸淫在一个大众媒体社会与消费社会里"①。

　　因此，欧洲女性主义体认到女性必须透过掌握自我身体、情欲与性欲，才能建构自我主体性时，即高声倡导"我们的身体，我们的自我""让身体被听见"，希望能从"艺术"与"医疗"取回女性身体在文化中被定型和被再现的权利。当他们开始以女性主义批判观点重新省视艺术、电影作品时，发现作为父权社会象征体系一环的媒体再现形式里，充斥着刻板的女性形象——被动、柔弱、缺乏自主和行动力的。男/女、观赏者/被观赏者、主动/被动的观赏机制观念肇始于伯杰所提出的女体与男性凝视的关系。在《看的方式》一书里面，伯杰认为，"男性在决定如何对待女性之前必须先观察女性，所以，女性在男性面前的形象，决定了她所受的待遇。为了多少控制这一过程，女性必须生来具有这种吸纳并内化这种目光的能力。因此，女性作为'观察者'的一部分自我如何对待那作为'被观察

────────────────

① D. Kellner and M. Ryan, *Camera Politica: The politics and Ideologies of Contemporary Hollywood Film*, Bloomington, IN: Indiana University Press, 1988, p. 8.

者'的另一部分自我,具体地表明了,外界可以且该如何来对待她,这种自己对待自己的展演式处理也构筑了女性的存在、女性的风度。每名女子总是需要不断地去裁决何者是她的身份所'允许'或'不允许'的,她的一举一动,不管动机与目的为何,皆被视为在暗示别人该如何看待她。"①美国学者妮德(Nead)将伯杰的观点应用于西方女性人体的绘画传统,她指出,在西方人体绘画里,也充斥着这样男/观看/主动、与女/被看/展示的关系,绘画里的女体总是在奉献自己的女色,等着男性的注目,在男画家笔下的女性裸体其实相当程度上投射了男性对于女性的喜好与理想。② 而女性对于自我的认同则受制于女性特质(父权社会定义下的)的形象,并以此对自我做出必要的自我控制。③

1973 年,穆尔维结合精神分析理论与"男性凝视"的概念,提出了电影观看机制的论点,将两性差异带入观影经验的讨论,对女性主义电影研究产生巨大的影响。她认为观影经验依据两性间的差异而建立在主动的(男性)观众控制与被动的(女性)银幕客体之上。银幕的景观与叙事相结合,驱使观众采取一个以男性的无意识心理状态为主的观影地位。

1989 年,穆尔维进一步采用精神分析学派的"阳物羡慕"与"阉割情结",提出所谓"窥视的观看快感"与"拜物现象"理论(fetishism)来分析电影观影机制。她认为在窥视过程中,男性一方面在女性缺乏阳物的优越感中,确定自己的主动地位,以视觉将女性限制在框架中,贬低其为被动的客体,另一方面由于缺乏阳具的女性不时提醒男性阳物被阉割的威胁,造成男性的焦虑,更加强男性的窥视行为,并促使其结合虐待狂的心理,来惩罚女性。而男性为了逃避女性没有阳具的事实,便给予女性高跟鞋、皮带、利剑、机关枪等对象,以替代女性没有/失去的阳具,此即"拜物现象",并因此而可名正言顺凝视女子。④ 因此,我们不难发现,在色情图片里,总充满了拜物主义与各种阳具象征(比如照片中常使女性拿着手枪、空瓶等),例如,世界影星波姬小丝的写真宣传画就是蟒蛇缠绕裸体。女性流

---

① [英]伯格:《视觉艺术鉴赏》,戴行钺译,北京:商务印书馆 1999 年版,第 46—47 页。
② [美]琳达·妮德:《女性裸体》,台北:远流图书出版公司 1995 年版,第 95 页。
③ 游静:《你是你所看的——从我看你看女体构筑我们的身份》,台湾《诚品阅读》总第 20 期(1995 年)。
④ Laura Mulvey, Afterthoughts on 'Visual Pleasure and Narrative Cinema' Inspired by King Vidor's Duel in the Sun. *Visual and Other Pleasures*, Bloomington & Indianapolis: Indiana University press, 1989,pp. 14 - 28.

行体制也产生了满足这种"可被观看性"的"性感符码",如：高跟鞋、黑色网纹丝袜、若隐若现的透明丝衫等。男性凭借着视觉的权力优势，在色情/性别的论述中将女性客体化、非人化。

在好莱坞叙事电影中，女性形象一直是男性视觉快感的重要来源。那些成功的英雄人物身边总有一个得力并且热情相助的红颜知己。这些红颜知己使男性观众产生了一种向往，同时在将自己设身为英雄时也会有拥有红颜知己的快感。穆尔维认为，自由市场化的电影是依照女性景观来结构的，电影的叙事性与弗洛伊德的"自我"人格相关，而电影的景观性则和"本我"人格有关。传统的写实主义电影往往服从于某种叙事模式，场面和画面最终是叙事意图的形象再现。而当代电影、电视都努力遵循"本我"的"快乐原则"，看画面和人物成为主要导向，尤其是主动注视的男性不断捕捉被动的、被看的女性形象。正因为这种"快乐原则"的需要，电影、电视剧需要使用相貌美丽的明星，即使是电视新闻也要使用漂亮的女主播，而在保加利亚、加拿大等国家和地区采用"裸播"的形式播新闻、说天气等，说到底，都是将女性身体的"可看性"发挥到极致，制造"身体奇观"的表现。

五、媒体政治奇观与奇观化的政治

自从电视发明之后，它就与政治宣传结下了不解之缘。各种党派的候选人都在利用电视这一大众传播媒介为自己造势。美国的民主政治使得竞选者把迎合大众的口味放在十分重要的地位。政治选战更像是一场媒体秀。政治候选人把自己当成演员，把竞选活动当成表演活动；媒体把候选人的竞选活动当作节目来做；受众把政治候选人的竞选活动当作节目来欣赏。于是，总统选举、州长选举等就是分形象、人品和政治见解三个主要方面让选民打分，其中，形象是十分重要的一项内容。媒体将政治活动简约为形象、展览和故事，运用各种娱乐形式，尤其是通俗剧的形式来展示给公众。每天的新闻报道逐渐按照娱乐的要求来构思。在资本主义社会的日常政治新闻中，各类竞选活动、党派政治中的互相竞争、互相揭短成为一道十分热闹的风景。于是在我们的周遭，就会发现，每逢重大事件大街小巷就会被政治宣传的视觉形象所包围，使人们的视觉情愿不情愿都要接受一次政治理念的洗礼。

　　总结政治的视觉奇观,不难看出这样一些特点:

　　1. 当代政治活动往往被好莱坞化。中国台湾地区发生民进党"台开"腐败案后,东森、华视、中视等电视媒体每天都向公众抖搂新的报料,引得观众穷追不舍地观看,以至于岛内民众戏称看政治新闻就如同看电视连续剧。这种好莱坞化有三种类型:第一是正面的造势,以树立良好的公众形象;第二是负面揭丑造势,以损毁对手在公众中的形象;第三是借助某种事件的处理,使事情的发展有利于树立自己的威信。

　　首先看第一种类型。领导人在选举活动的矫揉造作、涂脂抹粉美化自己的形象,能够迷惑一些公众。肯尼迪是形象最受公众欢迎的总统,他非常注重每一次在公众场合的亮相。他的形象成为后来许多公共关系学者研究的个案。美国前总统尼克松在第一次总统竞选失败后,将自己的失败归结为化装师的化装不成功。多数情况下,政治家都是将自己包装成一个亲民的形象。例如,作为民主党成员的克林顿和卡特将他们一起在老年福利院修理门窗的照片刊登在美国的一些影响力很大的刊物上,树立自己亲民总统的形象。希特勒为了煽动国民支持他的法西斯"事业",让女电影大师里芬斯塔尔为他制作了《意志的胜利》《奥林匹亚》等大量宣传片,塑造伟大的"元首"的形象,使大批民众被迷惑和利用。其次,我们再看看第二种类型。为了抬高自己打击对手,往往将对手的破绽问题作为穷追不舍的材料来加以曝光,以摧毁对手在公众心目中的正面形象。例如,1998年,美国共和党右翼独立检察官斯达尔抓住克林顿与白宫实习生莱温斯基性丑闻案,穷追不舍公布相关录像,公布调查结果。在台湾地区国民党执政时,民进党抓住国民党的种种弊端,丑化其形象,而当民进党执政时,民进党的种种劣行也成为国民党攻击的对象。这些个案的相似点在于都是借助媒体而奇观化、戏剧化的。第三种类型,就是当某种事件发生后,努力使其由坏事变好事,成为树立个人形象和威信的契机。美国"9·11"事件发生以后,美国总统布什抓住反恐这一契机,凝聚了美国国内民心。于是,美国媒体上经常大量播放的恐怖袭击世贸大楼、伊拉克萨达姆政权的暴行、塔利班暴行等的画面,激起了美国民众支持布什政府发动对阿富汗、伊拉克的战争。布什在战后的支持率迅速上升。

　　2. 受众只关注外在表现,而不关注或不深入关注内涵和思想。作为普通民众,选择什么样的政治领袖,首先要看是不是自己喜欢的,在极度陌生的情况下,那就要看他是否顺眼,也就是说,他的形象是否能吸引人,他的口头表现是否理想等。于是，政治竞选机构往往对候选人进行包装，何时将其最富有魅力的画像悬挂街头、何时召开群众集会、何时在媒体亮相、何时播放相关的演讲等，努力使其在公众的印象里是最优秀的。这一极端就是干脆将形象最优秀的人找来当政治候选人。

美国宾夕法尼亚大学教授查尔斯·伽留安（Charles Garoian）和伊冯·高德留（Yvonne Gaudelius）对美国加州州长竞选活动进行了分析，认为是一个典型的视觉奇观起作用的结果。阿诺德·施瓦辛格是好莱坞的电影明星，在银幕上他塑造了许多民族英雄、硬汉形象，既坚强勇敢，也不乏温情，是广大美国观众喜欢的偶像。在加州州长选举中他的这一形象被成功利用了。他"总是以真正好莱坞的电影制作方式来理解视觉夸张法和奇观的力量，想以此来转变人们的想法，吸引人们的目光，控制人们的注意力，用他自己的自负去映射公众自恋的欲望。"①施瓦辛格不是职业的政治家，但是他很知名，因为他是一个很有形象魅力的演员。凭借着财富、威猛的形象、媒介和政治谋士的支持，施瓦辛格的竞选很快——尽管是小心翼翼地——跟进了大量恰到好处的言辞、恰到好处的采访、恰到好处的辩论、媒介上恰到好处的黄金时间、恰到好处的金钱。所有这些都形成一个苏珊·桑塔格所说的"形象生态学"。我们要讨论的不是施瓦辛格当选州长够不够格，而是他本人作为一个形象，与加州政治舞台奇观相匹配这一现象本身所包含的文化意义。在这场选举中，视觉化的东西起了关键的作用。因为视觉形象本身包含了精神分析学所说的"镜像"认同的成分。按照拉康的观点，照片（包括所有广义的媒介文化形式）犹如一面镜子，具有一种自恋的共谋结构，政治候选人和他们的选民就是由此发现其相互间的相似性的。由于候选人是通过他的上镜性质而被美化，因而，罗兰·巴特指出："选民既是被表现的又是被英雄化的，他（她）被选举他自己（她自己），衡量（她）将以实际的形体转换给予的权限。"②正是基于类似拉康镜像中那进行对象化的凝视，施瓦辛格的选民赞扬他，转而又以神话般的力量而被赞扬。"就大众媒介要求观众相信媒介文化的奇观而言，它把观众的同一性建构为一种'狂热'，或者用一个更不关痛痒和更容易被

① ［美］伽留安、高德留：《视觉文化的奇观》，见吴琼编：《视觉文化的奇观：视觉文化总论》，北京：中国人民大学出版社 2005 年版，第 210 页。
② R. Barthes, *Mythologies*. New York：Hill and Wang. 1977，p. 92.

接受的词来说,建构为'追星族'。"①这里存在一个"象征性交换"的问题,即选民自觉交出"批判才能"才能被视觉奇观所同化。

3. 在媒介文化奇观包围中人们极易产生从众心理。一些社会学家指出,20世纪的美国文化从一种以个人主义为主导的文化——即自我指导的个体探索人生之路和终极真理——转变为他人指导的从众文化——即人们以外部势力为指导。奇观化社会,大众的意见虽然不一定是正确的意见,甚至往往是偏激的、情绪化的,但在视觉化逼真信息的煽动下,极易成为大众的意见。德国女传播学家内尔·钮曼(Noelle-Neumann)提出大众传播强大效果论的"沉默的螺旋"假设,她认为,在大众传播的攻势下,持反对意见的人最终会保持沉默,让人错以为是赞同者的声音强大,从而倒向赞同者一边。视觉奇观的时代,由于视觉化的信息内容加大了信息的可信度和说服力,因此,其强大效果是显然的。也就是说引发从众心理的可能性最大。政治的媒介文化奇观在当代市民生活中的中心地位是无庸置疑的,这说明,要想全面把握我们这个时代,就应当以社会批判理论和文化研究为工具来分析政治活动中的形象、话语和事件以及由视觉传播带来的公众社会心理。

研究媒介文化奇观对于把握社会现实,是非常有意义的。我们必须认识到,形象和事件都是给公众看的,是看的材料,其本身的内涵是十分复杂的。媒体上各种各样的视觉奇观影响着我们的生活,也改变着我们的社会,人们为什么要制造或寻找可看的材料呢?这是因为人们对感官的接受是十分信赖的,正是这种信赖,使得图像承担了更多的意义传达功能,这是我们这个社会的通病。正如有学者所指出的,"在意义的表达中,所谓的真实是由操纵者掌握的,而观众有时明知是假也乐于接受,不同的背景和条件,会产生不同于真实的各种幻象,而这种幻象往往也会装扮成真实的形象出现。我们看到,许多的广告图像中,通过编造虚假的图像给人们制造一种视觉幻觉,如房产开发商经常把未来居住环境画得十分优雅,堆积了一些美好的意象来吸引消费者,而实际情况却差得很远。图像的虚假迎合着视觉的需要,视觉常常满足于虚幻的想象,这种虚幻带来的精神满足是消费社会的一大特征。正是利用这种特征,图像的功能被发挥到了极致。

---

① [美]伽留安、高德留:《视觉文化的奇观》,见吴琼编:《视觉文化的奇观:视觉文化总论》,北京:中国人民大学出版社 2005 年版,第 212 页。

虚幻本身成为一种被消费的产品,图像的虚假就成为一种无可厚非的特质。"①
所以只有认清各种视觉奇观的本质特征,我们才能不在媒介文化的海洋中迷失
方向。

六、个案研究:作为文化奇观的知识付费

从发生学角度看当下的文化现象,每个现象生成与发展都有其自身特点,但
万变不离其宗,放在现代性进程中看,这些文化现象都是某个阶段性的症候。之
所以认定"知识付费"是一种规定情境,是因为在现代性发展的特定阶段,这一社
会文化现象迟早会出现。当前热闹非凡的"知识付费",是媒介技术现代化与经
济、社会发展在一个历史交汇点相遇的产物,作为历史阶段性事件,它带给人们
的某种文化不适应,是"加速社会"出现的正常现象,由"反常性"最终走向常态性
文化适应过程。可以说,社会加速带来了文化的各种可能性。"知识付费"是一
种文化现象,然而它更是一种文化实践。

1. 知识付费:景观抑或奇观?

大众传播是消费社会的一个重要舞台,其社会功能就是营造消费社会的氛
围,这个氛围给人们最突出的印象就是媒介奇观。因此,奇观营造成为大众传播
在消费社会的一项重要工作。无媒介不奇观,这正是景观与奇观的最重要区别
所在。电视等大众媒介营造了一个超越场景的宏大场面,影响到千千万万的受
众。从这一意义上说,远古先民的宗教仪式、中世纪的圣像崇拜、拉伯雷时代的
狂欢节、路易王朝的断头台、大革命时期的庆典,这些都是场景式的文化实践,属
于景观范畴,在场性成为景观的重要特征。而大众传播所营造的奇观,超越了在
场性,虚拟性成为一个重要特征。社交媒体时代,这种虚拟性得到进一步加强。
我们看到,社会关于知识付费其实就是一种"奇观"文化。奇观的社会文化意义
绝不仅限于视觉经验或视觉效果层面,我们必须看到社会上关于知识付费的奇
观营造,体现在对创富神话的表述上。此时,大众传播时代的"受众"已转身为
新媒体时代的"用户"。奇观逻辑是提供一个文化生产者与消费者"共嗨"的理

---

① 段钢:《视觉文化背景下的图像消费》,《江海学刊》,2006 年第 2 期。

由。消费社会中的任何事物都需要"包装","双十一"淘宝购物狂欢被赋予了一个理由是"光棍节"。"光棍节"奇观是消费社会发展到网络阶段的产物。"知识付费"则是一种特殊商品的购买模式。2016 年 5 月 15 日,付费语音问答平台——"分答"上线。通过这一平台,用户可以快速地找到能给自己提供帮助的那个人,用一分钟时间为你答疑解惑,很多名人和各领域的专家也都加入"分答"付费问答模式。随后,罗辑思维创始人罗振宇全力打造"得到APP",喜马拉雅 FM 创办知识付费节"123 知识狂欢节",知乎上线"知乎 live"等等。知识消费成为一种新型的奇观。

"知识付费"是适应文化市场需要而出现的一种新的文化现象,之所以认定知识付费是一种媒介奇观而不是景观,这是因为传统意义上的知识生产,是一种服务于公益的、开启智慧之门的行为,以教育、出版等形式呈现。具体来说就是社会大众通过教育渠道获取服务以及产品。知识传授属于公共产品的范畴。公共产品又可以被分为准公共产品与纯公共产品这两类。知识传授属于教育范畴,由于教育属于纯公共产品,同时也具有纯公共产品的消费非竞争性、效用不可分性以及收益非排他性等特点,因此其产生的服务与产品都是由人们共同分享的。知识传授具有公共性的特点,同时其受益主体也是由公众、社会以及国家三个方面共同接受,因此受众群体不只是一个成员,这对于教育来说,具有较强的公众性,大家都能够使用就属于公共产品。知识传授这种特殊公共产品是需要审视、思考、冥想、记忆、实践来完成的,因此,知识传授本质上类似于景观,他无需资本介入,亦无需媒体炒作,概而言之,它作为公共产品是无需商业化手段介入的。

从奇观文化现象的社会文化意义层面来说,它的背后往往纠结着社会权力、商业利益、大众娱乐、文化霸权、意识形态斗争等纷繁芜杂的社会问题。知识付费正是技术与商业合谋的产物。知识付费不是简单的知识商品化,而是资本机构要借助媒体造势使之成为商业利润的来源,奇观化是商业利润最大化实现途径。

2. "知识付费"作为文化奇观的生成契机

奇观社会的奇观逻辑取决于技术进化的逻辑。大众传播在传播效果上大大超越了前大众传播时代的传播格局,改变了传播秩序,也改变了社会关系。无线电、显像管技术变革改变了生产关系，赋予人以地位，也赋予商品价值，尤其是提升了商品的交换价值。与大众传播时代以"视觉盛宴""视觉大餐"的奇观营造不同，社交媒体时代虽然也以热闹、好玩、有趣为特点，但社交媒体时代的奇观已转变到特殊的内容生产与特殊的用户行为上，因此我们可以看到一夜之间涌现出许多以知识服务为内容的终端平台，知识付费成为一种文化奇观新模式。

　　之所以说"知识付费"的文化奇观是一种特殊的奇观，是因为它机缘巧合的"历史结果"，是恩格斯所说的"合力作用"的产物。媒介技术的发展、用户的知识焦虑、资本对新领域的寻找等在这个特定历史时期交汇于一点，这就是知识付费成为文化奇观的契机。契机之一是媒介技术的变革带来新的机遇，Web2.0 技术、大数据和算法技术为新媒体平台创造了内容生产和传播的便利。随着网络互动性的增强，社交媒体给传播对象——用户带来了一系列新的、过去难以想象的景象。社交媒体多样化的生产方式迥异于大众传播时代影像化的路数，新媒体技术赋能使得新型媒介文化内容生产成为可能。UGC、PGC 成为媒介文化生产渠道后，内容生产的多元化时代到来了。英国学者默多克（G. Murdoch）认为，"现代性始终是而且到处都是以媒体为中介的。正是传媒为现代的制度形构提供了基础和支持"。① 在大数据模式下文化生产的去中心化，给了终端平台以更多的机遇，各种以知识为名的终端平台如雨后春笋般涌现出来，呈现出奇观景象。与大众传播时代的"奇观"不同，这种建立在社交媒体之上的奇观无需投射为镜像，线下线上的互动交流，成为一种特殊的奇观存在样式。

　　契机之二是中国社会转型期到来，服务业发展进入了快车道，资本市场格局发生着巨大的变化，资本需要寻找新的出路，各种创富畅想催生着服务业的变革，"知识付费"是一种服务新模式，也成为新的投资风口。资本鼓动在很多情况下可以催生产业新模式，在某种情况下也制造产业泡沫。一哄而上的"知识付费"服务，免不了部分成为泡沫。自消费社会形成以来，媒介奇观或文化奇观围绕商业目的展开最为常见，知识付费作为一种资本操弄的商业行为，成为文化奇观不足为奇，只不过其运作方式不同于大众传播模式而已。

　　契机之三是"加速社会"创造了大量的闲暇时间，同时也给社会带来了大量

---

① ［英］格雷厄姆·默多克：《审视当代传媒的现代性》，见范红主编：《媒介素养读本》，北京：清华大学出版社 2008 年版。

的"知识焦虑",社会竞争的日益激烈,需要人们不停地更新自身的知识结构,新型人际交往,也需要人们不断丰富自身的知识储备,对知识的渴求孕育了潜在的市场。作为奇观现象的参与主体——用户,新媒体平台让知识获取变得便捷。伴随着社交媒体日益普及,知识越来越成为一种社交货币。对于付费知识产品来说,社交货币往往意味着产品填补了知识空白,使用户拥有和别人交流的谈资。用户愿意为内容买单,内容实际有效与否并不重要,重要的是马云、柳传志、雷军推荐了,你看了就会有成功人士的感觉,你和别人聊天就会有话题和谈资。加速社会制造了很多时间冗余和闲暇,与此同时,社会竞争的加剧也产生了知识焦虑。无论是出于休闲的需要还是出于工作的需要,知识服务都成为一种公共需求。然而"知识付费"是一个被创造出来的,并被包装的奇观文化。

3. 知识共同体假象:"知识付费"奇观本质

社会变革在当代社会的体现,既有文化层面的,也有经济层面的。知识付费首先是文化层面的,文化发展到今天,模式革新出现新现象,因为是新现象,总有一个从不适应到适应的过程;其次是经济层面的,经济对当下社会的整合力空前强大,一切人类行为都被直接化约为市场行为,经济化约论者早在 20 世纪就曾将媒介文化的第一次变革解释为是由市场行为带来的,这从英国文化研究派的论争就可以看出来;再次,当下的消费社会文化生产为大众提供多元化公共产品的能力在逐渐减少,新媒介技术提供给人们的想象也在走向枯竭,公共产品创造可能性持续缩减,这就为特殊形式的文化消费带来机遇,知识付费正成为罗萨(H. Rosa)所说的"无限可能"调色板上的一种色彩。然而,知识付费终究不是知识社会的发展,本质上说是一种现代性进化的表现,知识经济是创新社会的体现,也是社会活力的来源。"加速社会"在创造足够多闲暇的同时,也产生了无穷无尽的知识焦虑,那么,作为文化奇观的"知识付费",是不是就是知识焦虑时代的"福音"? 这种奇观文化的本质是什么? 表面看,"知识付费"服务在当前"知识经济"的大背景中营造了全民学习的氛围,一种知识共同体正在形成。然而,这一文化奇观终究是资本推动的,各种创富神话与知识获取便捷化神话似乎渲染出一个全新时代的到来,知识传授可转化为市场行为并按市场逻辑进行交易。很显然,其功利色彩的运作有悖于传统知识生产、传播、接受的逻辑。就碎片化的知识传授、分享模式来说,也很难与传统模式相媲美。本质上说,"知识付费"

的文化奇观就是一种消费社会资本操弄的商业奇观,它成功地吸引了传统出版机构、新媒体、各大网络平台纷纷涌入这片红海,激烈厮杀。知识需求市场的形成,早已远离了传统知识分享的公益性,标志着社会进入高级现代性阶段。长期以来人们适应了人类知识共享模式,在消费社会,一切有价值的东西均被开发成商品,并进入市场进行交易。资本运作就是一种市场理性。知识消费的奇观营造是市场理性的表现,特殊之处在于,"知识付费"出现在一个商业模式转型的时代,与一般商品和一般商业服务有所不同。因此,其奇观营造方式也不同,本质上它就是一种嵌入大众日常生活的关于全民学习的知识共同体假象。正如杰姆逊对后现代文化所做的剖析那样,"后现代主义的文化已经从过去那种特定的'文化圈层'中扩张出来,进入了人们的日常生活,成为了消费品。"①

　　社交媒体时代去中心化机制形成后,休闲与消费不再是少数人的专利和富有阶层的特权,越来越多的社会大众取得了闲暇时间,参与到休闲中来,文化服务的公共产品由生产者主体向消费者用户主体转移。景观向奇观的转变,带来了许多社会问题。后现代学者厄里认为,我们丧失了我们的自我感,卷入了不同于影像和不同于经验的游戏中。② 正如同旅游文化中由景观凝视转化为奇观的消费一样,后现代旅游的景观制度,实际上是营造一种奇观。好看和好玩成为大众追求的重点。进入 21 世纪以来,媒体的盛大节日与活动明显增多,这是因为将媒介文化当景观的那种细细品味的时代结束了,取而代之的是快餐化文化,摆在用户面前的是一个个壮观的文化远景。制造奇观并不是资本的终极目标,用户的注意、喜欢和参与的程度,决定着商业利益的最大化程度。奇观化越激烈,越具有影响力,对商业来说就越有价值。从这个意义上说,"知识付费"本质上并没有改变文化奇观的属性,它不过是消费现代性的一个新里程、新阶段而已。

---

① ［美］杰姆逊:《后现代主义与文化理论》,唐小兵译,北京:北京大学出版社 1997 年版,第 146 页。
② 参见［英］阿雷恩·鲍尔德温等:《文化研究导论》,陶东风译,北京:高等教育出版社 2004 年版,第 396 页。

第九章　数字技术与人类新型文明

数字时代,随着社交网络的出现,数字通信不仅传播得越来越广,而且在人与人之间,人与机器之间产生了新的内容互动模式,这在20年前是完全不可想象的。最著名的例子可能就是电子邮件,它最早使用的是早期的数字网络——阿帕网(ARPANET),40多年前,美国学者通过军用阿帕网发送了第一条信息,随后,电子邮件逐步变成了一种民间广泛使用的数字化沟通工具。数字产品的传播与其他技术的传播的区别在于其不受基础设施的限制和供应方面的任何预分配程序。毫无疑问,技术就像互联网的生存原则一样,是永久变革,这个加速过程往往呈指数级增长。随着计算机识字率的提高和人性化界面的普及,越来越多的用户有机会成为数字技术的"领跑者",通过他们持续创造新数字产品的革新。技术的这种加速转变需要我们追溯一下数字网络的文化历史。在所谓的Web 1.0的数字网络历史中,在"只读"网络上添加内容,通常仅限于少数能够修改HTML脚本的人,这段历史的开始被认为是1991年。随着时间的推移,超文本和不再基于文本命令的用户界面越来越普及,多样化的功能为广大非专业人士打开了网络空间之门。毫无疑问,当人们已经开始谈论Web 3.0,或者"语义Web"的时候,始于Web 1.0的演变过程代表了一个值得关注的历史,它显示了Web时代的价值在当代社会中的重要性。

一、数字技术时代的文化研究

1. 数字网络与数字文化

从历史学家的角度来看,在数字网络上探寻数字史料的难度在于确定它们的真实性、它们被操纵的可能性,以及如何保存它们的问题。让我们以早期的新闻组(Usenet)为例。新闻组作为电子讨论组,于 1979 年由杜克大学的两名学生创立,是围绕主题新闻组构建的,用户可以订阅电子新闻,以便接收实时更新。理论上,在新闻组上传播的文本文件在谷歌的 Usenet Archive(已建立的站点)上可以随时查看,但是,谷歌提供的相关文件至少有几十亿份,对如此大量的数据进行定性分析可能需要数年的时间。而且在新闻组这样的系统中,文件在其每隔一段时间后就会删除一次,以释放更多的内存,几乎可以肯定的是,大部分的文件已经失去。另一个早期的例子可能是电子公告牌系统(BBS),其在 20 世纪 80 年代和 90 年代初,是最受 PC 用户欢迎的数字网络形式。每个论坛连接一个电话号码,用户必须通过调制解调器拨通该号码,以便连接到用于特定主题的"数字板"的服务器。目前能够找到的最大的 BBS 档案是早期 BBS 爱好者杰森·斯科特(Jason Scott)保留的 58000 份文件。但毫无疑问这只是当中信息交换的微小一部分。如果不是斯科特这样的爱好者,甚至不是谷歌推出的那些项目,这些早期数字文化的部分痕迹注定会全部消失。因此一个核心问题是如何保存这些资源,如何建立完整的、一致的数字资源语料库。除了缺少专业的档案保管员来帮助订购数量巨大的文件之外,还有一个问题是这些数字资料能否让研究人员对材料的真实性放心,而不必去核实很容易被修改的数字来源。同样,也没有一种制度可保证在今后能以同样的顺序继续取得资料来源的可能性。理论上,随着消息来源的流失,任何一篇文章都将失去可信度。

　　另一方面,数字网络增加了对权力来源和权力创造的核实制度的难度。这一问题显然关系到所有的在线资源。如果数字化资源有一个真实的物质对应物,就算数字化过程造成了一些错谬,甚至数字源从最初的位置消失,在大多数情况下仍然可以返回到原始的状况。但情况往往并非如此,数字资源通常专门以电子格式创建,只能在网上访问,即使不考虑保存资料来源的问题,我们能在网上找到的大多数情况下都是"成品"。而为了把握它的文化意义,寻找独家数字制作过程的创意源这一点至关重要,但这往往不能实现,"实际上,我们很容易操纵电子和像素来抹去创造过程的痕迹,只留下理想的最终产品"。[1] 此外,如

<hr />

① Steve Jones. Studying the Net. Intricacies and Issues. In *Doing Internet Research: Critical Issues and Methods for Examining the Net*. Edited by Steve Jones. Thousand Oaks: Sage Publications, 1999, pp. 1 - 28.

果一个来源最初是以电子格式开发的,检测任何可能的操作就会变得非常困难。我们知道,对于文本文件而言,创建一个技术上完美的伪造品,只需要键盘和文本编辑器。在数字时代,防止伪造本身就是一个相当困难的事。当前也出现了一些改进性的举措,包括共享元数据标准、更集中的归档工作和改进在线引用系统资源等。随着时间的推移,用户可能会更充分地接受新的沟通方式,充分利用超文本创建伙伴网站,从而维持他们特定作品的来源。但是,将新工具应用于旧对象的适应性和稳定性可能还不够令人信服,在某种程度上,我们必须接受非物质性带来的不确定性。

可以断言的是,Web技术发展与文化和社会历史有关,并且在数字网络技术的演进中用户确实起到了主要作用。学者们在认识到用户的积极作用的同时,对数字历史进行了重构,阿帕网主要集中在军事和学术文化所做出的贡献,其对网络的定义及其主要功能如电子邮件和TCP/IP协议至今仍被人们广泛使用。关于互联网的最早也是最权威的起源,大家公认是科技史学家珍妮特·阿巴特(Janet Abbate)的发明,她的出发点是寻求"跨越互联网"在生产叙事和使用叙事之间存在着分歧,"在社交网络的创建过程中,社交动力发挥了作用,用户不一定只是技术的消费者,还可以积极参与其中定义其特性,用户的代理同时也构成真正的驱动力。"①而分析数字网络发展的后期阶段的研究往往会更关注终端用户代理。曼纽尔·卡斯特(Manuel Castells)就认为,"网络文化"连接了不同的文化,黑客文化也是其中一种。卡斯特指出黑客并不是媒体所说的那样是数字盗版和网络空间偷盗的罪魁祸首,相反,他们是基于自由理念的文化的代表,有访问计算机代码和系统的自由,也享有修改它们的自由。卡斯特试图将黑客行为与互联网作为文化对象的发展联系起来。从历史上看,黑客文化的多样性远远超过了雷蒙德·威廉斯(Raymond Williams)、利维斯(F. R. Leavis)和其他作者提供的关于文化的描述。事实上,网络文化中包含了一系列不同的亚文化(包括"数字盗版"),每种亚文化都有具有人类学和历史意义。②

---

① Wiebe E. Bijker, Thomas P. Hughes, and Trevor J. Pinch, eds., *The Social Construction ofTechnological Systems*: *New Directions in the Sociology and History of Technology*. Cambridge: MIT Press, 1987.
② [美]曼纽尔·卡斯特:《网络银河:对互联网商业和社会的反思》,郑波、武炜译,北京:社会科学文献出版社2007年版。

美国 20 世纪 60 年代的以公社精神和乌托邦思想为标志的反主流文化，在今天看来，是把计算机作为自我解放的手段。互联网的第一代用户初步形成了数字文化，其中乌托邦、公共主义和自由主义的潜流将随之而来的信息社会塑造成两个相反的方向：一方面，它培养了一种特殊的数字激进主义和理想主义，以不信任的眼光看待网络的商业化，不断实践数字自由，为人类带来所谓终极解放，这种激进主义通过建立一系列的协会（比如电子前沿基金会、维基解密）得到了表达；另一方面，尤其是自 Web 2.0 兴起以来，网络的反文化起源所遗留下来的是沟通的不拘形式和自我导向，每个人都有自己的声音，并认同个性化的答案，而这通常是通过数字网络建立的。由于数字网络推崇的无审查和自我导向，每个用户都有可能加入一个与他们的特定兴趣和爱好相匹配的网络社群，或者创建一个网络社群，从 20 世纪 80 年代的 BBS 到本世纪初最复杂的交互系统，自我发布、自我组织和自我网络构成了一种数字行为模式，并从互联网扩散到整个社会领域。数字网络的当代发展构成网络文化的依据，定义了在线自我表达的结构和形式。大型数字平台如 Facebook、谷歌、维基百科等，确实对用户的自由表达、自我发布和自我组织提供了极大的可能性和现实性，因此，它不可避免地改变了一些数字文化的主要特征。

美国学者保罗·爱德华兹（Paul Edwards）在《封闭的世界》一书中谈到，电脑和冷战时期的话语政治密切相关，为了将计算机的历史（从算盘到微处理器）作为隐喻呈现在冷战话语中，爱德华兹借用了文学批评中"封闭的世界"的概念，认为计算机既是一种工具，也是一种思想，封闭的世界政治塑造了新生的计算机技术，而计算机支持并构建了新兴的意识形态、体制、语言和封闭世界政治的经验。① 爱德华兹举出的例子是 1957 年防空半自动化指挥系统（SAGE）的投入使用。在美国失去对核武器的垄断引起恐慌的背景下，SAGE 为技术选择的谈判提供了一个场所，它通过数字计算机而不是通过电话线传输数据，采用的是集中反应的自动化系统而不是传统的分散指挥系统，它由不同部门的军队、科学家组成团队，从那时起，计算机被认为是确保政治与战争的科学管理的重要工具。计

---

① Paul N. Edwards. *The Closed World：Computers and the Politics of Discourse in Cold WarAmerica*. Cambridge：MIT Press，1997，p. 104.

算机控制以及科学管理的乌托邦作为一个支持封闭的世界的话语体系，随着美国越南战争和里根计划的实施再次凸显出来。接下来，研究人工智能、控制论的诞生、博弈论、认知心理学的兴起，以及大众文化中的"半机械人"等的陆续出现，在爱德华兹看来，都是投射到封闭世界的意识形态的必然产物，自动化和科学的控制确保了一个人与机器之间完美的共生关系。他认为，封闭的世界中的数学模型、战术模拟和电子模拟战场，代表了政治和战争的形式被替换为了计算机和信息处理器处理的过程。

我们将爱德华兹的文化、技术、政治之间关系的开创性研究从两个方面进行分析：首先，如前所述，分散式和用户驱动的数字网络已经远在万维网发明之前就存在。数字网络首先流行起来是在上世纪 80 年代，也就是诞生在里根的"冷战计划 2"(Cold War 2)时期的非专业人士中。爱德华兹定义了一个清晰的文化背景，为数字网络化的发展提供了一个至关重要的参考点。他的福柯式的话语分析将分散网络的崛起定义为一种独特的文化事件，与冷战时期的技术追求有关，并为美国社会的其他重要思潮（如个人主义、自由意志主义、反文化抗议和思想）奠定了基础。他将技术前沿视为一项真正进步的使命，而不仅仅是一项反俄的任务。其次，爱德华兹强调了在研究计算机技术历史时超越传统范畴的重要性，将社会的"技术建设"纳入历史叙事之中，描述文化和技术相互影响的动态过程，权力/知识的地位一旦占据主导地位，就会影响到一系列文化领域。黑客文化的例子超越网络空间，影响了西方文化的方方面面。

关于数字文化的研究，另一位值得一提的研究者是查列·吉尔(Charlie Gere)及其代表性著作《数字文化》。吉尔在书中定义"数字"并不限于该术语本身的技术含义（"离散形式的数据"），而是包含了整个虚拟仿真器、即时通信、无处不在的媒体和全球互联互通所构成的我们当代的许多体验。由此，我们有必要提出一种独特的数字文化的存在，即数字文化可以代表历史上某一特定时期一群人的特定生活方式。吉尔将数字文化的最早表达追溯到 19 世纪的劳动分工，他认为可编程机器（如提花织机）和计算机分析引擎有着类似的思维联结。吉尔将从第二次世界大战到冷战结束的这段时间称之为"控制论时代"，这和爱德华兹的话语非常相似。控制论、游戏理论、信息论、技术革新揭示了一种试图将社会现象分解成"离散形式的数据"，而这都源于对核毁灭威胁的控制欲。因此资本主义对信息的需求及其推动，广泛地塑造了数字景观，更具体地说是由于第二次世界大战的计算和密码学的需要以及冷战时期的安全问题的需要。① 政治家们和冷战时期的学术界也面临着艺术先锋和反文化政治的挑战。由此看来，吉尔提供的答案是不同的，但同样集中在一个由通讯技术而融合在一起的世界里，但同时又分成两个对立的阵营。吉尔将计算机技术和数字技术联系起来，也与封闭世界中描述的半机械人话语相对应，他认为"数字反主流文化"是数字技术和反文化、当代反主流文化结合的延伸。

数字文化从技术统治的象征到自我实现的手段，再到革命性的社会交往，这个过程可以明显看出互联网作为参与民主的工具的作用。我们追溯 20 世纪 80 年代"网络理想主义"的发展，以及 20 世纪 90 年代数字反主流文化和黑客文化与新自由主义思想融合时不难发现，分散的权力分配，对政府或官僚机构的不信任，以及个人主义都是数字文化的重要特征。数字文化也使民族主义得以在全球范围内传播。吉尔的"数字文化"和卡斯特的"网络文化"都在试图确定一种文化，核心是对主流权威的不信任，转而相信个人的天赋和主动性。网络是一种强大的文化全球化手段，早期的阿帕网、Usenet 或 BBS 帮助理解网络是如何决定用户的机构和社群的形成，地理上的接近性不再是社群创立的先决条件，地理来源对资源使用的重要性在迅速减弱，而体验跨时空的"本地"维度通常是创建 Web 社群的一个重要且关键的动机。早期研究者认为，数字技术和实践可以放大人们的潜力，而不是控制他们的选择，是一种可以把个人聚集在一起的方式，而不是集中力量控制。在特纳看来，半机械人话语的一些基本特征、人机共生计算机等作为社会和人类思想的隐喻成为一种创造世界的方式，正像"控制论"的起源，它注定要塑造数字网络的历史。

未来学家斯图尔特·布兰德(Steward Brand)于 1968 年创办了被后人誉为"纸上 google"的"全球概览"(WEC)刊物，积极宣扬黑客精神，呼吁信息免费和移民太空，它为反主流文化和新思想之间架起了一座桥梁，也成为网络亚文化重要代表。围绕布兰德和他的 WEC，一个由独立个体和社群组成的网络很快就出现了，随着网络技术的运动和传播，这种网络迁移到了因特网上，而承载了价值共同体的网络，从技术逐渐上升为一种理念，成为平等、民主、自由、自我实现、个人独立的赛博世界。1985 年，布兰德建立了一个 BBS"全球电子目录"(the

---

① Charlie Gere. *Digital Culture*. London: Reaktion Books，2002，pp. 15 - 16.

Wel),相当于现在的 twitter,与早期创建的其他平台相比,这个特定平台的重要性在于它是一种重建反文化理想的共享意识的新的虚拟社区,它确立了一种新的社群主义社交观。无论是在创办者的意图中,还是在使用者的心目中,全球电子目录都是一座巨大的虚拟公社,在那里的社会规则被赋予更平等的价值,人与人之间的障碍被打破了。

1984 年,科幻小说家威廉·吉布森(William Gibson)发明了"网络空间"一词,但他没有预计这将成为一个流行的学术隐喻。我们试图通过对网络空间在文化方面的再思考,将数字互联与社会和历史现象联系起来,或者将传统的文化研究工具应用于一种新的技术群体。爱德华兹和吉尔进行的福柯主义研究,成功地将"电子话语"或"数字文化"主导的冷战修辞、计算机艺术和科幻电影等多种现象联系在一起,这些尝试代表了迄今为止对数字文化史领域的探索。然而从所有这些研究的比较中可以看出,本质上数字文化还不是一个合法的历史文化领域,关于这个问题的研究和方法论争论还很多。互联网文化、数字文化、网络文化、互联文化等表述都不尽成熟。就像卡斯特所写的那样:"网络的世界同样是多样化的,是矛盾的,只有一页一页地读下去,才能读透它,以及那具有多重倾向的数字文化的历史。"同时研究者也提醒我们,"数字文化能够表达的意义和实际所指的意义之间本来就存在不完全一致性,如果文化表达与实际表达完全一致,意味着文化发展行走在理性方向。事实上,完全的文化理性是不存在的"。①

2. 数字时代的文化研究

文化研究一般研究"意义",以及面对理解编码和解码过程的动态变化的挑战,这些通常要经过定性分析。在文化研究中,定量方法通常不普遍,然而,定量的方法在数字文化中实际占据了更重要的地位,尤其是在编码阶段。我们认为文化研究应该对各种研究方法开放,就像它在选择研究对象时的开放性一样。中介的现实性使文化以具有一定物质性的符号呈现给我们,在我们从事的活动中,我们倾向于选择一种方式,这种方式向他人传达了一种信息,一种意义。绘画、标志、艺术品、路牌、化妆、服装等都是带有文化背景的视觉刺激,也是表达方

---

① 张豫:《论数字出版的文化逻辑》,《出版与发行研究》2019 年第 6 期。

式。同样,文化也可以通过音乐、物质、舞蹈、运动、礼仪规则、饮食模式、问候、婚姻仪式、出生和死亡等等来传播。生命中的一切都是由符号所中介的,这使得符号学成为文化研究中分析的关键方法之一,也意味着文化研究人员的工作就是积极地寻求理解文化的编码和解码过程,以及在这些动态中发生的意义构建。在我们的文化实践中,我们按照我们的期望、欲望、想象和恐惧来塑造世界,产生了我们称之为文化的这种形式表达的象征性领域。在大多数情况下,我们的表达式遵循现有的编码/解码约定,特别是对那些我们想要影响的人。没有对应于任何文化领域的终极意义,只有解释框架。所有的视角都是受文化限制的,因为它是通过意义形成网络来解释的。例如,在进行新媒体文化研究时,通过广告(视觉符号)、命名(语言符号)、参与者的轶事和传记(叙事)等多种表现形式分析新媒体的故事。由于所有文化都是中介的,意义在传播过程中不是固定的,而是建构、重构、解构的,这是文化的一个典型特征,因此文化研究是关于编码/解码和所传达的意义,是关于意义及其产生机制的研究。作为一个文化研究的研究者,理解身份建构是很重要的,特定的身份、特定的故事,都是由我们所生活的文化的滋养。

数字文化被认为是文化研究中的一个新课题。数字文化研究的性质和方法与文化研究的一般研究领域的其他分支没有什么不同,当我们研究数字文化时,中介和文化编码/解码与文化研究领域的其他主题一样相关。文化研究特别关注的一个问题是媒介效应,用大理石雕刻显然不同于用粘土做模型,同样的道理也适用于数字媒体:当它们用信息编码时,它们会在信息的物化过程中加入自己的信息,而文化研究感兴趣的是新媒体如何对文化信息做出贡献,并帮助塑造身份认同。研究者描述了"新媒体"的五个特性,这些特性在研究数字文化的表达时应该得到理解,它们分别是数值表示、模块化、自动化、可变性和代码转换。"数值"指新媒体是数字化,这意味着在我们研究数字文化的情况下,编码就是数字形式的。"模块化"一般继承自信息通信技术(ICT),它与数字媒体对象的不同部分的模块化、自包含的方法有关,这些部分在我们所体验的对象中结合在一起。网站就是一个典型的例子,它由文本、图像、互动组成,所有这些并置在一起,提供了一个整体的体验。"自动化"是从一个简单的场景开始,即计算机通过软件辅助(如文字处理器)帮助用户执行操作,例如,当整个新闻网站由计算机算法从不同的来源自动管理时,可能会变得相当复杂。在"可变性"的理解背景下,数字对象可以无限变化,并且可以有多种变化。当然,这可以在文化实践中加以利用,正如网上对达·芬奇的《蒙娜丽莎》的各种模因变化所显示的那样。在新媒体的五种属性中,"代码转换"是最重要的,由于新媒体是数字媒体,而且它们是在计算机上产生的,这一事实带来了计算机对编码/解码的贡献,它们参与其中,以一种普遍的方式改变我们的体验和表达的可能性。本雅明已经描述过,一个摄像头会对摄影师和观众的感知产生巨大影响。[①] 但是,一旦图像被数字化,或者说天生的数字化,这种数字媒体的影响就会无处不在,并深刻地改变正在发生的意义生产,计算机遂成为所产生内容的合作者。

作为一个整体的文化研究主题,中介与结构之间的张力在媒介研究中体现出来。当我们讨论复古文化或文化遗产时,我们并不是在研究过去,我们感兴趣的是过去的生活在今天是怎样的,它在今天意味着什么,所以文化遗产对于文化研究来说是当今世界的一部分,是现在正在产生意义的东西。当然,研究意义如何随着时间的推移而演变是有意义的,但文化研究的最终结果始终是它与今天的关系如何。与未来学相关的话题也是如此,文化研究不是未来学,它不希望理解或预测未来。然而,它对我们如何看待未来、如何预测未来、如何想象未来有着浓厚的兴趣。它关心的是未来对我们今天意味着什么,特别是关于它所带来的恐惧和乌托邦。例如,技术提供了极大的可能性来增强人体延长其寿命和推动其自然边界,仿生腿和机械器官很快就会让人产生电子人的幻觉,并成为流行的科幻小说的素材。对《星际迷航》的文化分析可以着眼于对半机械人观点的调解,但同样要对这种文化翻译发生的文化背景采取批判的立场。上世纪90年代制作的《星际迷航》系列电影中出现的船长先是法国人,然后是黑人,最后是女性,这并非巧合。同样重要的是,由半机械人组成的"博格人"在整个系列中引发了巨大的恐惧,而且可爱的博格女人"九分之七"在各个方面都是美国主流文化中女性魅力的体现,她的图像被有意地编码以传达信息。

电子人文化的讨论是当前数字文化领域的一个热点,研究人员并不是要解释半机械人存在的原因,而是要解释围绕这一概念的恐惧或兴奋的含义。这对我们理解人类有什么意义?我们如何通过这种理解来理解技术呢?技术改进是

---

① 〔英〕戴维·弗里斯比:《现代性的碎片:齐美尔、克拉考尔和本雅明作品》,卢晖临、周怡、李林艳译,北京:商务印书馆2013年版,第280页。

乌托邦还是反乌托邦？我们把它称为"入侵""补充"，甚至是"整合"？我们的文化实践总是有这样的三重维度，即过去、现在和未来的交集。现在本身并不存在，它总是由我们对未来的想象共同定义的。它包含了我们的欲望和我们看待现在的方式。例如，当你买一辆车，首先，你基本上不会买一辆不是新车的新车，车商卖给你的车，如果不是二手车，就总是"新"的，因为它会被吹捧为对你的旧车的改进，但它又与你的旧车的"旧"模式非常相似，因为如果不这样做，可能就不会吸引到同样的客户。但另一方面，聪明的设计师同时确保它已经像你的下一辆新车，因为当你买了一辆新车，你就买了一个梦想，你对自己的未来就会抱有一种憧憬。一个事物，正如我们所知，只存在于过去、现在和未来的交集处，对我们来说，未来和过去总是如此。我们倾向于看到它们符合我们的目标，符合我们想用它们做什么，符合我们的实践。但另一方面，物体总是同时与我们赋予它们的意义有符号关系，当我们认识到某物是一个物体时，它就代表了我们使用它的愿望。如同前例呈现的，没有一辆车与我们对未来汽车的愿景无关，也没有一辆车与我们对旧汽车的熟悉无关。从本质上说，文化研究想要讲述的就是当下的故事，同时也在塑造这个故事的文化实践。文化研究通过描述文化现象、讲述它们的故事和"创造"实践，对所研究的现象产生影响。

文化研究希望了解文化实践、社区和中介环境如何共同产生意义。当编码发生变化时，旧的含义以另一种方式呈现，甚至以新的含义出现，而由于相同的标记具有了不同的含义，因此会产生歧义。当然，不仅含义在变化，它们背后的实践也在发生变化。文化研究的一个关键方法论是从历史上的人类学根源发展而来，通过密切接触观察，其中包括实地考察，参与生活等都为人类学研究提供了很好的实践机会。通过专注地观察、倾听和参与，隐藏在文化动态核心的那些不言而喻的假设可能会浮出水面。这是一种定性的方法，通常被称为参与性观察，研究人员在一定时间内"从远处融入"目标文化，也是一种平衡的练习，即保持足够的距离，而不是完全被淹没，例如，学习纹身文化并不意味着你自己也要纹身。人类学的方法和原则也适用于数字文化研究，除此之外，数字文化的研究还有其他相关的理论框架，例如 SCOT、行动者网络理论（ANT）等。SCOT 强调，技术是我们行动、欲望和抱负的产物，它并不是某种决定性因素，技术创新的陷阱很可能就是我们自己造成的，是我们对自我个性化的追求所致。而行为者网络理论提供了一个框架，将非人类的代理也包括在内，认为需要对正在生成的内容保持公正、开放和接受的观点。在文化研究中使用的另一种定性方法是深度访谈和焦点小组,它可以是在观察性研究的过程中自然发生的,也可以是事先单独计划好的。它们通过参与者的叙述和话语来帮助理解目标文化的观点和潜在动机。主题组织是分析定性数据最常用的方法,在适当的情况下可以遵循更具体的分析模式,如话语分析、内容分析、对话分析或叙事理论,等等。掌握文化表达的多种色彩,能够与参与者"说文化",是文化研究人员的一大优势。另外,通过口语和书面语等语言符号,人们构成了叙事,或使其周围的世界产生有意义的故事,它们在人与人之间传递,构成了一个参考框架,当一个人研究数字文化时,对数字语言素养是必备的,这种素养是理解数字文化实践的关键。

上面描述的基本方法本质上是高度定性的。到目前为止,文化研究很少采用定量的方法,如从原始调查中提取大量样本,通过统计软件包进行分析,等等。众所周知,文化研究这一领域确实倾向于定性数据,支持的研究者认为,当使用一些统计数据时,对这些数据的处理也通常会保持描述性。文化研究领域是由文化本身的性质决定的,因此,定量方法与脱离对人类生活形态的主观、特定维度的关注有关,这种观点在传统文化研究中是主流的,研究者更倾向于通过对符号的分析挖掘意义。传统文化研究认为,作为量化研究之基础的统计学的目的是在符号的基础上构建标准化意义,而文化研究首先关注的是解码信息和理解编码/解码过程的意义生成的动态,而统计分析的重点是建立一个完全基于符号的新的意义框架。然而,反对这种截然分离量化研究的研究者对上述立场持批判态度,他们认为,统计不适合文化研究是一种错觉,因为事实和叙述一样都是虚构的。当许多社会科学想要描述普遍的趋势,并且想要使用某种精简的表达方式来做出更普遍的陈述时,文化研究并不回避那些独特的、短暂的、偶然的东西。而定量研究的典型目标是通过在宏大的解释中发掘大规模的模式来获得预测能力,因此在针对新媒体的文化研究问题上,不应在探索数字手段的新可能性方面犹豫不决,尤其在数字文化中,数据挖掘可以为编码过程提供有价值的输入。例如大样本分析的潜力可以为概括或简化大规模调查参与者的观点提供良好的基础,而文化研究的案例研究也从未能超越特殊性。

虽然在这个问题上的观点目前仍然存在分歧,但如果文化研究作为一个研究领域以开放性为傲,那么在方法论的视野上,它也应该是同样自由的。如果没有更人性化、解释性的立场,数字文化研究就没有意义,因此文化研究同样可以通过添加数字手段从更大的工具箱中获益。越来越多的人提倡混合方法研究的好处,即把定性和定量的研究结合起来。在这方面的研究仍然是尝试性的,例如,接受量化研究的重点是在采用技术接受模型(TAM)进行调查,并通过线性模型等统计测试来获得预测能力。然而,TAM 的关键概念"易用性"和"感知有用性"应该被翻译成适合文化研究的方法论,因为它们是感知概念。它们的定义是流动的,并且对人类的解释非常具体。当然,数字文化中的数据常常是海量的,例如,为了调查公众舆论如何塑造事件,需要收集并分析与舆论有关的社交媒体平台上发布的数千万条信息量化工具往往是处理如此庞大数据集的唯一方法。这些形式的数据收集和分析有其价值,当然也适合用于数字文化研究,但不能因为缺乏方法上的开放性而破坏对意义的搜索。因此,就像数字人文研究中所做的那样,"仔细阅读大数据"是一种适合定量分析的数据收集工具。当然,仅仅这一点在文化研究中是不够的,它的最终目的不是衡量参与的程度,而是衡量参与的类型以及参与者对参与的理解。因为通过大数据的搜集之后,我们可能会问,人们在网上发布照片是否因为他们的朋友在这么做,并试图判断什么样的帖子在他们看来是合适的,以及为什么会这样。

在任何情况下,数字和统计数字都不应不加批判地加以应用,不应不充分考虑某些数字、图表和相互关系的意义。例如,我国在 2005 年的调查发现,使用互联网的老年人中约有 70% 是男性,约 30% 是女性;2013 年,上网老年人的性别比例已经转变为 50% 的男性和 50% 的女性,这样简单的统计数据在文化研究中并没有意义。所以我们需要首先看看这项数据的背景,因为权力结构总是影响数据收集、分析和报告,而这些结构是由文化决定的。从文化角度来看,它们意味着什么呢?举例来说,互联网用户的性别平等意味着什么?科技常常与男性文化联系在一起,但它现在是否解构了这种认知?因此,技术作为一种媒介,是否有能力改变社会赖以建立的传统结构?如果我们在研究报告中证实了这一点,我们是否对这种文化认知做出了贡献?虽然性别和这个世界上的其他事物一样,是一种文化建构,在生物学也经常被当作论据,但在当今移动新媒体的世界,它已经不是个有效的论据。理解数字文化始终是与新媒体的对话,虽然文化研究的传统倾向于从访谈和积极观察、叙事理论、符号学、媒体研究、权力关系研究和接受理论中收集定性数据,但是,数字主题的开放性也可以同样适用于文化研究方法,并能够通过量化技术手段的利用增加数字文化研究的分析潜力。无论如何我们的目标是一样的,即更好地理解生命的意义框架。它不仅仅是对参与者的描述,也是对文化结构和趋势的预测分析。

二、人工智能:自动化新闻的新形式

1. 人工智能与自动化新闻制作

新闻业的变革被认为是新闻生产的现代化和包括技术进步在内的过程的更新。人工智能背景下的新闻业转型,具体而言就是由一份版面和排版都是手工制作的报纸,转变为一篇有新闻价值的在线报道,由事先准备好的机器撰写,利用算法模仿结构和撰写新闻的方式,由此替代记者编辑的工作。功能的自动化已经进入新闻制作的全阶段,越来越多的媒体在使用计算机生成的新闻。新闻的进步在过去几十年一直被解释为产生了一个现代化的生产动态和更新基础设施适应报道和传播的新方法。但自动化用算法取代了记者,生成了一种全新构建新闻的新方式,算法和机器人作为捕捉故事和改进写作的助手正受到关注。自动化新闻是在没有直接的人工干预的情况下,通过自动化过程产生和传播的。人工智能(AI)在新闻制作中的应用甚至完全取代了直接的人工干预,机器已经从支持人的工作变成了取代负责执行任务的人,没有人类记者的新闻已经成为可能。

在通过算法编写的新闻中,消息是占主导地位的体裁,算法通常使用一种重复的叙述结构,在这种结构中,有可能在数据的顺序中确定一种不变的模式。算法根据读者可能的信息兴趣确定参考标准,包括参与者、结果和结果在全局分类中的比例,等等。在所有分析过的情况下,结构保持连续的段落,这些段落遵循可以按下列方式配置的内容顺序。例如在球类比赛的报道中,算法分配的段落安排如下,第一部分:比赛结果。第二部分:比赛的时间顺序,其中第二段包括上半场比赛的数据,如果有阶段性突破,就突出显示出来;第三段给出了关于下半部分的信息;第四段报告比赛中是否有变化和换人,第五段报告比赛中出示的黄牌和红牌。第三部分:预测和结果;第六段是两队比赛前后的分类和位置,最后一段要记住这两支球队下一场比赛的对手是谁。在所有的情况下,结果都是通过不同的表达形式打开项目,导语也呈现出一种重复的内部结构,参照从叙述的变异开始,但始终以结果为基础,以事实为背景,统一比赛的意义,以及结果对所述比赛队伍分类的影响。算法在结构上的重复与写作上的变化相补偿,以避免产品对读者而言形成明显的重复,因为所有匹配几乎同时进行,并且新闻在Web 上共享页面和空间。算法创造了一种术语略有变化的叙述方法,使用接近一种解释性的写作模型,但显然只是为了给数据故事提供内容。相对而言,对人类记者所写新闻的分析表明,新闻中没有重复的结构,限定词和未来的预测都是基于记者的个人解释。显然,新闻工作者的认知工作是区别的因素,因为它不像例行程序那样受标准化和机械程序的约束。关于自动化和算法生成的产品的研究主要集中在创建新闻格式中,即基于数据和语句的输入来解释多媒体文本和故事。到目前为止,算法还没有达到其他更复杂的类型,目前的阶段是信息自动化,而不是解释性机器人化。它是基于已经捕获的数据,而不是基于数据的意义,这些数据通常是从没有文献基础的上下文的解释中提取出来。记者职业的角色随着自动化而变化,记者和用户共同参与新闻,因为内容的共同创造定义了用户在互联网上的行为。新闻形态在不断变化,机器不仅能写新闻,还能实时更新和改变新闻。

　　强大的人工智能能够模仿人类处理信息的方式,甚至能够做出反应,以提供解决方案。人工智能作为一个整体,已经从应用于纯反应性机器(它们并不了解自己),发展到具有存储能力的机器,并根据它们的经验做出决策,而下一步是赋予它们自我认识的能力和在未来行动中展现自我的潜力。也就是说,人工智能可以为能够理解他人情绪并表现自己情绪的对象编写程序,它可以被称为心智理论的应用,因为他们有通过心理状态来解释行为的能力,以及通过自身和外部的感觉来阻止行为的能力。人工智能在通信领域的应用与数字环境的蓬勃发展是同步的。数字环境是大规模接入互联网的普及的结果,这大大增加了获取、传播和处理数据的可能性。互联网引发了媒体结构的重组、新平台的出现、网络媒体的出现以及超文本性、交互性和多媒体与新闻报道的融合。伴随着产品和平台的变化,技术的发展也促使新闻业进入了基于计算机生成算法的新闻内容创作的时代。算法被定义为一组有限的具体描述规则,是一个逐步过程的抽象,它接受一个输入并产生一个结果来获得一个定义好的产品。① 算法公式应用于新

---

① N. Diakopoulos. Algorithmic accountability. Algorithmic accountability. Journalistic investigation of computational power structures. *Digital Journalism* 2015,Vol. 3,No. 3.

闻业,可以对信息进行优先级排序、分类和过滤,甚至可以作为分析受众、确定可覆盖的主题,以及根据数据库中获得的信息撰写故事。算法的使用允许机器数据自动生成文本和图形的新闻产品。算法不仅可以为某个特定主题创建数千条新闻,而且速度更快、成本更低,出错率可能比任何人类记者都要低,在这种背景下,算法能够更快、更大规模地生成新闻。

自动化新闻是新闻业和大数据交叉的结果,计算机可以用来检索信息,数据挖掘过程可以用来发现结构化和非结构化随机数据竖井的新知识。计算机在新闻内容创造领域的作为已经远远超越了新闻编辑室的工作成效。自动化新闻的起源与数据新闻和基于计算机辅助报告的精确新闻有密切关联,所不同的是,数据新闻、精确新闻强调寻找故事的数据集,而自动化新闻更强调计算。通过自动化搜索、分类和信息处理,人工智能改变了记者的日常工作。较早的自动化新闻通过算法,将数据转换成叙事新闻文本,除了最初的编程选择,其他均不受人为干预,发展到现在,已经是全程使用软件或算法自动生成新闻故事,不需要人工干预。自动化新闻也称为算法新闻和机器人新闻,它始终被认为是一种技术解决方案,以生产新闻和执行新闻任务为目标,如报道、策划、数据分析和可视化。① 然而,如果我们把焦点放在结果也就是文本上,那么经历过的过程必然就是向自动化新闻发展的过程,是对人工新闻的一种抗衡。在人工新闻中,新闻编辑室的新闻制作指的是一种人造的过程,而通过算法推广的新闻代表了一种"新"新闻,在这种新闻中,人类的干预只发生在与新闻过程不相关的情况下,因为它仅限于计算机工程师对算法的设计,以及数据库和写作模板的设计和创建。在新闻准备和发布之前,都将是由机器执行流程,在这些流程中,没有记者干预文本的编写。40 多年来,新闻的制作和传播方式发生了根本性的变化。印刷新闻时代使用由手工矩阵制成的排字机,使用手工制作的页面来调整真实文本以适应可用的空间,到现在我们已经转向了由移动设备自动传播新闻。过去,我们用手在纸上一页一页地绘制模型,借助排字仪计算排字尺寸,并根据盒子的大小和选择的字体填充每个空间所需的字符,现在,我们在空间方面使用无限模板,其中文本语言、音频和可视元素共存。我们通过各种设备和平台,实现了视频、

---

① M. L. Young & A. Hermida "From Mr. and Mrs. Outlier to Central Tendencies". *Digital Journalism*, 2015, Vol. 3, No. 3, pp. 381 - 397.

语音、文字的实时互动,取代了传统的邮政、固定终端的双向通话。

在这个革命性转变的过程中,传统新闻逐渐向数字新闻发展,然后向计算新闻发展,计算新闻打开了新新闻时代的大门,并快速进入了一种新兴的自动化新闻形态,这种自动化新闻通过模仿新闻工作者生产惯例,以算法创造信息文本,这种模仿是机器的任务,它利用编程来转换新闻故事中的数据序列,遵循所有新闻报道的惯例,包括语言和副语言序列,并遵循所谓的信息风格的指导原则。在自动化新闻中,认知干预被算法无声、无形的性能所取代。而正如研究者 Vallez 和 Codina 所说,自动化新闻概念的术语非常多样化,这是因为没有明确的界限限制其范围。例如机器人新闻就是自动化新闻的别称,也是一个生动的写照,它指的是由机器程序执行某个函数,并进行模仿认知,与自动化新闻是一个涵义。我们尝试在"新闻业的量化转变"的理念下解释自动化新闻这一概念的复杂性,"量化转变"突出表现在促进网络、集中使用大数据和鼓励公众参与等问题上,可将其理解为记者用来发现、解释和发布新闻的一组工具,这些工具使用算法来创建新闻。我们看到增强新闻、数据新闻等,无论其名称如何变化,在使用计算机程序识别和编码,基于自然语言的仿真软件,允许机器人生产新闻片段等描述上,都是具有相同的特征。自动化新闻并不直接作用于由事实定义的现实,而是一种主要用数据编码的现实,算法在此基础上工作,这引起了以下两个方面的问题的探讨:首先是人工智能取代人工实践如何实现认知能力,其次是如何建立算法新闻的规则。

对计算机生成新闻内容的兴趣是 21 世纪第二个十年新闻业关注的一个领域,但它对新闻业的影响可以追溯到近半个世纪以前,在 20 世纪的最后十年,体育和经济部分的主题开始交给自动化新闻处理。自动化新闻真正崛起的开始与彭博资讯、汤森路透和纽约金融出版社的金融新闻数据化生产有关。其实自从电脑进入新闻编辑室以来,新闻生产的自动化就一直存在。新闻制作的变化是渐进的、连续的,但其方式似乎总是影响新闻的生产方式,而不是直接对内容进行转变。即使在今天,记者们也没有明确地认识到,他们已经通过自动生成的内容,和算法共享新闻的时间和空间。英国牛津大学路透研究的年度报告预测,2019 年中国的算法生成个性化新闻的资讯平台今日头条已经达到让用户每天平均停留在上面的时间超过一个小时。报告指出,这些人工智能驱动的应用程序正在亚洲各地蔓延,今日头条的所有者也在印度尼西亚投资开发了类似的应用程序。报告同时列举了其他例子来说明应用人工智能的进展在媒体的发展：BBC 在所谓的公共服务项目中指导观众如何使用算法正确地定制应用程序；芬兰公共广播公司 YLE 开发了 Voitto，这是第一款使用智能助手与用户建立持续对话的应用程序，每周与用户生成约 100 个故事和 250 幅图像，并自动同步翻译成其他语言的内容。该报告还提到了 DataMinr，这是一种针对 Twitter 内容的实时过滤工具，可以让记者选择媒体感兴趣的话题。中国新华社透露，2018 年平台媒体从寻找线索、新闻采集、编辑、发布和最后的反馈分析等新闻生产过程，都将云计算、物联网、大数据和人工智能技术应用其中。中国政府预计将在五年内投资 138 亿元人民币建设人工智能开发园区，其目标是到 2030 年成为人工智能领域的世界领导者。谷歌预计将在北京开设一个研究中心，主要面向出版物、学术会议和知识交流领域的人工智能开发，微软也将在台湾建立一个专注于人工智能开发的实验室。

与此同时，世界各国媒体和大型互联网公司都在积极研发项目，推进人工智能在媒体中的应用。通过谷歌数字新闻倡议，谷歌在 2017 年提供 62.2 万美元的资金，为英国新闻机构新闻协会（Press Association）与 Urbs Media 合作提供动力，该项目计划在 2018 年以自动化的方式每月制作 3 万多篇聚焦于本地和超本地内容的报道；2018 年 11 月至 2019 年 8 月，英国报业协会在英国 35 家地区和地方媒体上开展了一项试验，目的是让它们利用人工智能系统，用电脑生成的新闻来体验这项服务，他们指出，项目的主要目标是在人类记者和技术之间建立一个真正有效的合作框架，以增加有关某些地方问题的新闻产量，该项目利用地理分割基础和自然语言的生成，从海量数据中搜索、制作和传播本地新闻；叙事科学软件是美国芝加哥一家科技公司在 2010 年开发的项目，它是一个先进的自然语言生成平台，能够分析数据结构后生成叙述和定制新闻，它展示了自动化已经达到的阶段是被认为已经不可替代了；在中国，腾讯财经频道最先用自动化新闻写作机器人 Dreamwriter 发布了一篇报道，随后，新华社、第一财经、今日头条等分别推出了各自的写稿机器人，实现稿件的自动化撰写。[①] 人工智能领域的专家认识到，挑战在于实现从一台编程机器进化到在任何情况下都采取行动的具有自主能力、能够思考和编写反应程序的机器人的飞跃。在新闻业中，为了避

---

① 方洁、颜冬：《全球视野下的"数据新闻"：理念与实践》，《国际新闻界》2013 年第 6 期。

免机器产生的任务和文本过于标准化和单一化,未来的出路是加强人的介入,在文本中产生可识别的价值。也就是说,加强新闻工作者在参与议程设计过程中的认知部分的重要性,包括尽量避免算法强调知识组件,在新闻生产过程中重复机械决定的生产程序;尽量保证文本没有陈词滥调,避免重复的写作结构,等等。在人工智能化的新闻业中,机器人不仅写新闻,它还会随着数据的变化更新信息,因此可以认为它几乎是实时编写和传播的。人工智能可以根据订阅者的习惯向他们提供个性化的产品,甚至提供不同的语言来调整他们的消费习惯。总体而言,自动化新闻所引发的传媒变革不仅将对传统的新闻生产机制、新闻传播理念产生影响,而且对媒体人的职业发展方向、受众和社会舆论都将产生深远影响。①

2. 自动化新闻的伦理状况

自动化功能和工作环境的变化是一个现实,它影响整个世界,而不仅仅是对新闻业而言。新闻内容的真实性和控制媒体传播都将会发生变化,因为它将不再是记者/编辑的唯一责任。在自动化过程中,控制行为将由电脑系统机械地执行,并将集中于两点:1)在建立这些数据库的过程中决定数据库中所积累的资料的可用性;2)在相互关系的基础上,配置程序自动编写过程,即算法。由于数据库的建设和算法的设计将是最终结果的真正决定因素,因此注意力的中心转移了,客观、严谨、诚实、公正的要求在新闻将不再直接作用于文本,而是交给了前一阶段的数据存储和排序算法的计算机来创建,并出算法最终负责解释这些数据并将它们转换为一个新闻故事,这为围绕自动化新闻中的伦理打开了辩论的大门。研究者普遍认为,"以算法判断取代人工判断,会对新闻的形态及其合法性话语产生重大影响。"②2017年欧洲议会批准了机器人研究报告以及道德行为准则。研究人员解释说,有必要深化机器人道德,区分创造者和机器人自主创建的规则,因为"我们不应该将机器人技术与伦理道德截然分开,也就是说,道德必须迫使机器人结合伦理规则"。另外,关于是否需要监控机器和用户之间的新

---

① 许向东、郭萌萌:《智媒时代的新闻生产:自动化新闻的实践与思考》,《国际新闻界》2017年第5期。
② 马特·卡尔森、张建中:《自动化判断? 算法判断、新闻知识与新闻专业主义》,《新闻记者》2018年第3期。

关系的辩论也引入关注,普遍认为有必要加强公共精神或新闻业问责制的作用,同时,对新闻编辑室中使用算法生成新闻内容的道德必须加强监督。关于伦理方面的争论集中在有必要对人工智能进行道德筛查,应坚持其进入新闻编辑室之前就对其进行伦理价值观和标准的程序设计。另一方面,还需要坚持自动化程序的透明性,因为读者应该得到一个关于如何使用 AI 工具执行分析、识别模式或报告发现的透明性呈现,但这个过程必须转化为非技术术语的描述,以简洁的方式告诉读者,这使得有必要进行彻底的伦理道德层面的设计。由于人工智能已经集中了更多权力在手中,计算代理会导致新闻对哗众取宠的方法的自动选取,或者去追求病毒营销的效果,主导由记者编辑控制的审核流程,成为控制传播的绝对力量。因此"就像社交媒体平台一样,聚合应用程序将需要开始承担更广泛的责任,这将意味着越来越需要加强人类编辑的监督职能"[1],而不是将估值、层次结构和内容生成等所有决策都交给算法。

目前相关研究的重点是新闻业技术进步的影响和使用计算机作为工具来增加与用户的交互性问题,这为人工智能在新闻制作中的应用铺平道路,也反映出科学对新闻机器人发展的兴趣日益浓厚。学者们肯定,自动化新闻能够说明正在发生什么,什么时候发生,但不会说明原因。有研究者联系了欧洲 14 家国家新闻机构,其中 9 家承认正在使用自动化内容,另外两家表示正在准备使用,他们还展示了自动化如何改变新闻编辑室大部分的工作方式,但自动化新闻本身却被予以相当少的限制。[2] 路透社研究所和牛津大学 2017 年的数字新闻报道通过提供公众对人工编辑器和算法选择新闻的偏好数据,也强化了这一趋势。报告显示,54％的人选择自动化新闻,44％的人选择人工新闻;在 35 岁以下的人群中,64％的人更喜欢机器人写的新闻。两年后,也就是 2019 年,两家实体关于新闻趋势的报告聚焦于新闻业自动化、媒体准备和发布的新闻以及互联网上传播的虚假内容的后果。数据显示,2018 年,72％的编辑承认他们正在进行人工智能的实验,2019 年,人工智能的使用重点是:1)使用 ML 创建个性化内容,为受众创造更好的推荐;2)实现更多的故事和视频的自动化生产。

---

[1] N. Newman, Journalism, Media and Technology Trends and Predictions 2019. Reuters Institute for the Study of Journalism, 2019.

[2] A. Fanta. Putting Europe's robots on the map: automated journalism in news agencies, 2017.

其他有关伦理方面的研究关注的主题包括对产生的信息文本的感知,有研究者采访了来自 CNN、BBC 和汤森路透等媒体的 10 名记者,结果在描述上是一致的,使用机器人的批评者认为,用算法进行的新闻报道可能不仅是一种令人不安的传播模式,而且对民主本身也是一种挑战,对传统记者的权威也是一种挑战。[①] 质疑生产自动化新闻的新闻编辑室的观点认为,使用算法的自动化创建消息是对"什么是新闻"这一问题的挑战,因为机器人不能问问题,确定因果关系,形成意见,还可以不履行监督职责,算法是不可能成为民主和人权的守护者的。他们还指出,机器人化将对新闻从业者就业产生负面影响,因为它将意味着工作岗位数量的减少,还将影响新闻品质,因为它可能意味着媒体将发布乏味而重复的新闻。因此,这种自动化软件的引入不仅取决于新闻编辑室的经济考虑,而且还受制于新闻媒体的受众。媒体需要考虑的是新闻读者是否愿意消费自动化内容,而这取决于公众是否认为自动化新闻是可信的。由于媒体的基本职责是通过尽其所能报道再现事件来培育公共领域,因此可信度是必要的质量归因,它的缺失将会助长人们对媒体越来越多的不信任,这会导致新闻业的瓦解,最终可能会消解传媒业对人民的服务。[②] 然而总的来说,大多数研究一致认为,记者对技术创新的反应是复杂的,其中包括从恐惧害怕,到倡导重塑职业角色的声音等各种态度。另一方的乐观者认为,由于自动化,内容可以产生更快,使用多种语言,出现更少的错误和偏见。新闻媒体可以以最小的成本提供更广泛的新闻故事,机器人化是与人类记者合作的一种形式,或者是一种工作量的分配,因为它将记者从任务中解放出来。从这个意义上说,当机器人将记者从获取数据的工作中释放出来时,它让记者可以专注于核实新闻,打击假新闻,在常规任务被算法承担的情况下进行详尽的深度报道和研究。还有一种声音认为,关于机器人在新闻业中的普及程度和替代程度还是一个未知的现实,这并不会对传媒专业领域产生很大的影响,自动化新闻是一种人类记者创造的新闻的补充,而不是替代品,像在政治和社会等复杂领域的新闻制作依然无法实现自动化。

总体而言,自动化内容被认为是可信的,对于信息源的可信度来说,自动化

---

① N. Usher. Venture-backed News Startups and the Field of Journalism. *Digital Journalism*, 2017, Vol. 5, No. 9.

② M. Broersma, C. Peters. Introduction. In: Peters, C, Broersma, MJ (eds) *Rethinking Journalism: Trust and Participation in a Transformed News Landscape*. Abingdon: Routledge, 2013, pp. 1-12.

新闻和人工新闻之间没有什么不同。一种解释可能是算法客观性的承诺,算法的技术特性能够保证公正性,新闻读者会越来越适应算法。算法文本包含许多数字,与人类记者的书面记录相比,这些数字似乎更可信,这类可信度尤其适用于体育和金融类消息报道。记者的任务是快速报道新闻,但他们会通过重复列出事实和数字来构思写作,这可能会导致创造性写作的丧失。算法生成的新闻文本遵循预先编程的规则,类似地列出并包含相同的数字和细节,因此,如果自动化新闻成功地传递了与读者相关的信息,人们将内容评为值得信赖就不足为奇了。对于学术界来说,未来的研究应该将调查范围扩大到不那么常规的主题,而不仅仅是集中在当前的金融和体育领域。对于记者来说,算法足以与他们的职业竞争日常报道,也证实了自动化的威胁可能会夺走这些报道领域的工作,因为雇佣记者的成本要高得多,报道的速度也相对较慢,报道的范围也更窄。自动化是否最终会改变或耗尽传媒业还不确定,但已有人预言,"自动化新闻与人工新闻之间的角力,与资本主义自工业化初期不断上演的自动化与劳动力之间的技术竞争遥相呼应"。[①] 另外,经过研究人员调查,将自动条件与控制条件的消息可信度进行比较,算法源的可见性对自动内容的可信度评估没有影响,这说明,自动化新闻的可信度与是否可见署名信息没有直接关系。

从理论上讲,将自动化新闻与人工新闻合并后的新闻具有巨大的潜力,因为它允许人类记者利用原创观点来增强自动化内容。这与新闻行业的实证主义场景相联系,即自动化和人工劳动变得更加一体化,是相互补充而不是取代。然而,如果自动化新闻中人工书写的元素与人类环境中使用的部分相同,那么人工的额外解释和推理就会形成与自动化本质上的对比,综合新闻可能难以被感知。但是一个包含了大量事实信息的文本,具有降低不确定性的高潜力,也可能对一个不太愿意积极思考的读者是一种福音。相反,如果所提供的文本具有大量事实的特点,可读性可能降低,那么对同样类型的读者来说就是一种挑战。因此,对自动化新闻的研究可以进一步探索其他潜在的中介途径和其他变量对选择性的关系。应该说,网络用户对自动化新闻总体是给予了与人工新闻同等的可信度,然而,当读者决定选择新闻进行消费时,他们可能并不介意可信度评估。从

① M. Carlson. The robotic reporter: Automated journalism and the redefinition of labor, compositional forms, and journalistic authority. *Digital Journalism*, 2015, Vol. 3, No. 3, pp. 416-431.

长远来看,鉴于假新闻的增加,读者无法辨别新闻的可信度,而这反过来并不会影响选择性。尽管自动化新闻将在复杂性方面不断发展,这反过来可能会对选择性产生积极影响,但一个巨大的风险仍然存在,即计算机永远不会充当积极的消息核查者。而且学者也注意到,"更加宏观的社会文化习俗和道德标准,是包括算法在内的各类内容生产新技术难以逾越的价值鸿沟"。① 由于新闻业在某种形式下对民主和社会伦理负有责任,自动化的新闻业的长远发展依然需要伴随着人类记者的干预与监督,因此,单靠算法可能永远不会扮演合格新闻工作者的角色。这一点应该在自动化新闻的发展过程中加以考虑。应该说,融合了自动化新闻技术和人工新闻品质的组合新闻是一种理想的形式,它能够进一步融合记者的创造性写作和口译能力,同时通过算法接管日常报道任务。组合新闻应该是完全人工创造内容的可靠替代品,合并后的版本也是新闻业未来的全面理想。这里依然需要明确的一点,是自动化不会取代人工新闻,而是对人类新闻进行补充,它有助于完成日常消息报道的任务和分析大型数据集。

三、数字化与政治传播

1. 数字化背景下的政治传播

近十年来,我们目睹了数字媒体从单纯的传播平台成长为政治传播体系,它改变了资本与政治的关系性质,并正在显著改变在线和离线政治网络中资源生成的性质。由于人均互联网普及率提高,当前的数字参与、广告和政治信息的商业模式受到越来越多极端内容的威胁,假新闻、喷子、机器人水军被当前数字媒体平台的食利者利用,这一趋势引发了对网络极化现象的不同程度关注。信息和通信技术的黄金时代见证了规模空前的政治两极分化、激烈的极右、反移民和威权运动,以及由于后真相政治而导致在线互动中的更大混乱。社交媒体让志趣相投的人走得更近,但却拉大了对立观点之间的差距。数字部落已经开始聚集形成网络社群结构,并对来自其他社群的意见和表达形成敌意。真相被假新闻操纵,在算法生成的搜索结果和机器人的自动账户的帮助下,信息流的本质被

---

① 常江:《生成新闻:自动化新闻时代编辑群体心态考察》,《编辑之友》2018 年第 4 期。

打乱了。信息超载并没有使人们变得更加理性，而是使他们在对饱含偏见的内容作出反应时更加情绪化，而通过利用人类心理的"感觉良好"方面，以指数级产生的假新闻在社交网络的政治传播中找到了"春天"，并影响了政治进程，其中最重要的是民主的基础。

其中，互联网科技公司在政治传播中的作用不可小觑。社交媒体革命及其对社会运动、政治参与和信息搜寻的影响，已使 Twitter、Facebook、Instagram 和 YouTube 等顶级社交媒体平台的政治角色与主流权威媒体不相上下。新闻提要和特色文章由专门的算法运行，这些算法要么根据用户过去的数字行为（如喜欢、评论和对帖子的参与）进行定制，要么根据为特色文章付费的广告商进行定制，这将科技公司置于政治传播和议程设置的中心。此外，机器人传播的民粹言论、假新闻显著增加了网上负面信息的数量，对政策的沟通方式和西方选民偏好的形成产生了更大的影响。互联网科技公司最大化用户参与度以增加收入，都不可避免地会导致社交媒体平台上更极端或更情绪化的信息传递，平台算法也会产生不成比例的效果。用户"喜欢"和转发的政治信息，包括他们支持和分享的政治人物，会导致算法支持的过滤气泡频繁出现。如果没有平等地接触不同的观点，用户最终会认为他们的观点得到了其他人群的支持，并在政治上形成更加极端和根深蒂固的观点，这导致网络中的政治生态出现了前所未有的两极分化趋势。在信息超载的轰炸下，我们分享了志同道合的朋友们分享的东西，并在一个利用我们的注意力赚钱的商业模式的帮助下，沦入了我们为自己创建的意见部落中。

霍克海默和阿多诺曾经都对法西斯主义、消费资本主义的崛起做出了同样的诊断，即工人阶级革命力量的失败。马尔库塞通过"技术理性"（technology rational）来诊断工人阶级的这种持续失败。马尔库塞把技术理解为一个天生让人上瘾的领域，它不断演变成更先进的界面和沉浸感形式，创造出不断的疏离感。而从马克思的拜物教概念中，卢卡奇假设这是"虚幻的客观"。虚幻的客观性将技术进步插入到人类关系的核心，以一种强化人类互动、但又压倒人类注意力的方式，掩盖了人类沟通的基本本质。数字媒体平台在界面吸引力和社交验证机制方面的设计本质，尤其强化了这种成瘾机制。这种注意力、吸引力和商品化的反馈循环不可避免地会导致人类的需求减少到仅仅消费数字广告，而本质上消费的又不是产品本身，而是一种文化的象征意义。数字媒体系统继续维持着这样一种理念：资本主义是唯一可能为消费者及其所属的文化背景产生和传播意义的系统。事实上，所谓"马克思主义传播理论的出发点是商品交换理论"，也可以解释数字内容被关注如何成为一种资本，成为金融互动的主要媒介，事实上，社交媒体已经成为一种新的资本积累媒介。这一点在关于参与性文化中得到了证明，社交媒体将一些公民参与的政治职能数字化，并产生滚雪球效应，最终将更大的投资者和更大量的人聚集在同一个易于管理的媒介中，"平台帝国主义"正是建立在这样一个前提之上的。数字平台必须维持确保其霸权地位核心的数字化生产方式，它建立在由跨国平台公司、无处不在的监视所统治的社会之上，那些拥有最大市场影响力的公司在内容制作、策划和引导全球数字关注方面也拥有最大的影响力。当下政府的影响力也需要通过它们对网络新闻和议程设置权力的控制来衡量，而"平台资本主义"与政府建立了一种共生关系，在网络上构建框架，与国家利益合作，逐渐将权力重新集中到可控的政治和商业精英手中。

　　与此同时，数字威权主义也在政治实践中被概念化，这些政治实践主要是关于秩序和控制导向的自上而下的实践，是在线表达、参与和数字权利的极端化意识形态的表现。这种概念的另一种表现是以网络喷子和机器人账号的形式出现，使得极右翼极端主义内容通过算法在全球网络中空前扩散。马尔库塞的《单向度的人》为数字威权主义提供了一个很好的概念前身。他认为，在消费社会中，"人类成为他们购买的商品的延伸"，通过拥有技术来产生自我价值和自我看法。[1] 在马尔库塞看来，这使技术社会在定义上成为法西斯主义，因为它涉及通过中央监控的网络对社会关系的全面控制。尽管当前几乎所有的社会互动都受到互联网技术公司的监控，但目前很难断言这种监控机制产生了一种奥威尔式的直接压制体系。信息通信技术确实对政治参与产生了积极影响，但是它也使审查、监视和高度精准的定位变得更加容易，同时也使极端主义、假新闻的破坏更加成问题，同样，西方的国内外恐怖分子和极端分子也在社交媒体的全球性招募、策划和在线交流中"受益匪浅"。

　　在这种背景下，数字威权主义也与人工智能如何与数字通信平台交互的问

---

[1]　［美］赫伯特·马尔库塞：《单向度的人：发达工业社会意识形态研究》，刘继译，上海：上海译文出版社2016年版，第9—10页。

题密切相关。机器学习和人工智能架构都建立在这样一个前提之上：人类关系，包括政治、经济和社会关系都可以归结为一些共同的特征，这些特征可以通过非人类的机制来识别和分类。[①] 算法是可靠地、持续地提供数字媒体服务、做出越来越复杂的决策，以及将人类行为的收集和存储简化为可量化模式的关键。从这个角度看，自动化产生的大规模监控本身就带有威权主义的一面。然而，在关于算法的政治影响的更广泛的讨论中，通常忽略了嵌入算法的人类偏见的本质。例如，上海交通大学的研究者声称创建了"利用脸部照片自动推断犯罪性"研究，[②]引起了争议。理论上，这种算法可以根据个人的面部特征来测试他们的"犯罪行为"，但这可能会导致严重的误判。谷歌几名研究员认为它完全忽略了面部表情的差异可能是监狱环境的结果，并不是潜在的犯罪倾向，这种根深蒂固的偏见建立在对算法的盲目依赖上。政府和互联网科技公司也会将算法作为牺牲品，以应对对自动化错误决策的日益高涨的批评，例如当 Facebook 和谷歌在美国大选前夕，在关键的几个摇摆不定的州推出反难民运动内容时，它们都辩称此类内容是广告自动添加的结果。当代数字媒体系统的基础是通过强调参与性，如"喜欢""评论"和"转发"等将数字注意力货币化，然而这些指标作为一种社会行为趋势，往往围绕着充满情感的极端内容。这样的内容会更频繁地出现在用户的新闻源和选定的帖子中，为广告公司提供了盈利能力和广告效率的完美结合。这就把各方都锁在了一个两极分化的恶性循环中，在这个恶性循环中，极端内容得到了更多的互动，从而导致围绕此类内容的生产和传播聚集了大量的用户，在一种旨在鼓励和奖励极端信息与参与的媒介中，其结果即是前所未有的政治极化。

随着数字通信中生产手段和资源生成机制的结构化，网络"喷子"和机器人成为不可避免的政治传播工具。网络"喷子"利用网络用户的心理反应机制，解决了人们对充满情感内容的渴求问题，而机器人所做的仅仅是成倍地增加巨魔效应，用大量虚假或被操纵的内容轰炸用户，并利用在线互动机制的组织模式。"由于证实性偏差的存在，受众在面对假新闻的时候首先判断的不是它的内容是

---

① Brent Mittelstadt, Daniel, Patrick Allo, Mariarosaria Taddeo, Sandra Wächter, and Luciano Floridi. The ethics of algorithms: Mapping the debate, *Big Data & Society*, 2016, Vol. 3, No. 2.

② WuXiaolin andZhang, Xi, *Automated Inference on Criminality using Face Images*, ARXIV, 2016. https://arxiv.org/abs/1611.04135.

否准确无误,而是它是否与自己既有的认知结构接近。如果它与受众的认知期待非常接近,那么无论信息是否存在着虚假的成分,受众都会倾向于接受这一叙述。"①由于没有来自不同观点的反驳,人们沉浸在各自的真理中,消除了怀疑的影响,最大限度地提高了自己对自己观点的认同感。社交媒体和数字广告链接的"威权"地位,是参与性和数字资源融合生成的文化,数字化空间自身的寻租机制和制度也注定了它的悖论,这与线下民主所面临的挑战类似。数字民主问题与有关虚拟社区的辩论密切相关,它定位于数字社区、参与和表现的力量,使文化上不特定的关系本质上更为脆弱。数字空间会让志同道合的人走得更近,但并不能创造出新的政治可能性,假新闻不会消失,喷子或机器人也不会消失。

　　数字空间的根本问题是资本干预,这就要求在全球政治语境中构建一种新的政治经济模式。为此,对数字空间的一些最基本的批判来自马克思主义传统。数字通信平台是人类注意力商品化和媒体公司之间的桥梁,而媒体公司已经成为商业企业,正因为如此,它们自动提供的内容吸引了更多的参与,导致更极端类型的信息扩散和在线资本的吸引。这种情感上的注意力陷阱助长了像机器人水军这样的数字破坏者的崛起,并使持极端观点(往往是捏造的)的幕后操纵者受益。在供应过剩的数字信息经济中,用户依赖于算法的帮助,算法则将他们聚集到由想法相似的人组成的数字部落中,因此,用户与对立观点的互动被最小化,极易产生观点和意见的两极分化。此外,互联网的接入在很大程度上仍然是由全球和地区的不平等决定的,这阻碍了我们对网络民主提出一个总体概念。即便如此,这种两极分化的观点依然需要结合上下文来分析,虽然社交媒体助长政治两极分化已经成为一个不争的事实,但要把这些说法放在特定的情境中进行分析。目前仍存在两个关键挑战:首先,数字空间的资源生成模式有利于充满情感的内容,而不是经过验证的信息,这创造了一个让机器人和假新闻蓬勃发展的环境;其次,关于负责深化和维护人机交互的算法结构仍然是基本的。这两个问题与在数字世界中保护用户数据和开放空间的个人主权密切相关。这进而要求进行更多的案例研究,并对注意力作为一种资源、数字政治参与和自动化架构之间的关系进行持续的讨论。

① 史安斌、王沛楠:《作为社会抗争的假新闻——美国大选假新闻现象的阐释路径与生成机制》,《新闻记者》2017 年第 6 期。

2. 数字环境下的后真相政治与认同

如前所述"后真相"（Post-truth）一词最早出现在美国，用来指早期的政治丑闻，包括水门事件、伊朗门事件和第一次海湾战争。"后真相"可以定义为"与客观事实相关的或表示客观事实对公众舆论的影响小于对情感和个人信仰的影响的情况"。① 从概念上看，后真相与假新闻的概念还是不同的，后者涉及故意描绘和传播虚假信息，无论是通过传统广播或印刷媒体，还是通过互联网和其他形式的社交媒体。要想被认定为虚假，故事的创作必须有意识地欺骗或误导读者，以达某种目的。然而，"后真相"所代表的现象要比假新闻广泛得多，假新闻只是更大现实的一个组成部分。当人们认为观点和客观事实一样合理，或者当他们把情感因素和统计证据认为同等重要时，"后真相"的基础就奠定了。当这些倾向在相当人数的公众中占据主导地位时，它们可以对公共政策辩论以及行为结果产生强大的影响。"后真相"是 2016 年牛津词典的年度国际词汇，编辑们认为，这个词最能定义特定年份的风气、情绪或关注点，并具有持久的文化意义。《牛津词典》显示，在 2016 年的一年时间里，这个词的使用增加了 2000%。在英国，后真相在围绕英国退欧公投的辩论中表现得最为明显，这说明这种现象显然并不局限于美国的政治话语。事实上，它已成为一种国际政治流行病。在美国，它与特朗普的沟通风格联系最为密切。特朗普和他的竞选团队"在本质上不同于以往任何一个主要政党提名人"，"毫无疑问，即使在四年一度的总统竞选中，特朗普也创造了捏造事实的记录。"②然而，在 2016 年 11 月 2 日的 ABC-Post 民调中，尽管精英们一再发出警告，但选民们依然认为特朗普比克林顿·希拉里更诚实，民众对特朗普的认可度比克林顿·希拉里高出 8 个百分点。事实上分析报告显示，特朗普在那一周发表的 169 份声明中有 129 份是假的，而克林顿·希拉里的 212 份声明中只有 59 份是假的。③ 换句话说，选民们所相信的与事实恰恰相反。这至少在一定程度上是人们对这种风格的情感反映，而不是对候选人

---

① Oxford Dictionary. Word of the Year, November 16. Oxford, UK, 2016.

② Chris Cillizza. How the Heck Can Voters Think Donald Trump Is More Honest Than Hillary Clinton? *Washington Post*, November 2, 2016.

③ Scott Clement, Guskin Emily. Post-ABC Tracking Poll Finds Race Tied, as Trump Opens up an 8-Point Edge on Honesty. *Washington Post*, November 2, 2016.

所讲内容的情感反映。

"后真相"与谎言不同，前者是一种操纵现实的企图，要求人们自愿轻信；后者则是一种与事实相矛盾的说法，是一种不自觉地轻信别人的说法。"后真相"的概念有几个特点：首先，它在很大程度上依赖于对情绪的诉求（例如，恐惧和愤怒），这些情绪可能是在对一件事的反应中被激发出来的，但随后会对另一件完全无关的事产生影响——仅仅因为这两件事都是由对手的身份或感知者的情绪统一起来的，而这种敌意往往围绕着政治意识形态，例如，民主党人可能将共和党人定性为种族主义者，然后很容易将这种愤怒转移到共和党意识形态的其他方面；其次，"后真相"理论将事实与政策的具体细节分开，因此，对一个问题的感觉被用来为关于其他问题的对抗提供支撑，而与这些问题之间的任何实质性联系无关；第三，在"后真相"世界中，重复起着主导作用，不管任何给定的问题，都可以作为反复纠缠的替代品；第四，在后真相的讨论中，反驳无一例外要被驳回，从而拒绝给对手任何机会。在所有这些方面，事实不再像从前那样重要，世界只是人们所看到的二元对立的局面。

如果我们再深入一些关于"后真相"的常见争论，我们就会发现数字媒体环境在某种程度上是作为一个背景系统地发挥作用的。互联网为"后真相"的仿像提供了完美的舞台，网络和各种资源的假定提供给人们的是更多的虚幻而不是现实。互联网还是一个由权力和资本逻辑控制的交流环境，然而一直以来，人们都把对它的想象简化成一个放松管制的、狂野的空间。因此关于"后真相"的论述，在一定程度上源于这样上述的错误假设，即互联网是一种无政府主义的媒介，在这种假设下，主流媒体和主流权力的"权威"将会失去地盘，制度叙述（科学、政策、新闻等）将会被各种各样的、毫无根据的意见边缘化，而这些意见能够团结公众对它们的支持。同时，政治领域也被巧妙地借用互联网为谎言空间和后真相的避难所。社交媒体作为一种新闻来源的崛起，进一步模糊了新闻和观点之间的界线，人们在微博和其他非主流渠道竞相分享另类故事，仿佛它们都是真实的。随着美国2016年总统大选的升温，社交媒体上越来越多的内容偏向党派，人们可以点击新闻故事，它会告诉我们，我们想听什么，这些社交媒体流传的内容不是来自主流媒体的事实内容，它们只诉诸情感，在人们不知道自己该做什么、该信什么的情况下，可以直接满足他们对确认偏见的渴望，而不必费心去查阅传统的新闻来源。就像研究者麦金泰尔（Lee Mc Intyre）提出的反问，"既然你可以从朋友那里得到你想要的、关于你感兴趣的事件有同样多可说的故事,为什么还要花钱订阅报纸,浏览主流新闻网站呢?"①当然,朋友来源并不是我们看到的表面上的一个信息利他主义的逻辑,但我们不要忘记了麦金泰尔所指的"朋友"并不是他们传播信息的原始来源,而是与他人协同运作的传播和传播渠道。那些有能力在社交网络、假新闻、热门话题等领域引发对话的人,并不是"朋友",而是不同符号的制度化传播者,包括政党、利益集团,等等,用户只是一个隐藏真正目标的接口,他们并不是消息来源。在互联网上,媒介的病毒代理成倍增长,但其来源也就是那些有足够能力围绕某个问题展开对话并塑造公众舆论的幕后操纵者,其实还是一如既往地寥寥无几。我们不应该忽视这样一个事实:互联网作为一种媒介,就像之前的其他大众媒体一样,也是一种等级森严的权力结构。

人们接受情感为事实的易感性并不构成一种新现象,也不仅限于新闻或客观问题。然而,在讨论有可能加剧潜在心理动力的结构性因素之前,值得注意的是它对后真相的基本心理和认知来源产生的影响。对于大多数学者和精英来说,科学真理构成了信仰形成的黄金标准,如果信念不是从这一来源产生的,那么证明的责任就落在提出异议的人身上,他们要证明为什么可以用另一种标准来代替。然而,对世界上的许多人来说,事实并不是建立信仰的默认标准,其他信仰的来源也可能被认为与科学事实具有同等的合法性。首先,也是最普遍的,惯习和刻板印象为人们的生活提供了惯性原则,这意味着相信看不见或证明不了的事情对很多人来说并不陌生,因此,将这些习惯应用于政治领域并不会让人感到陌生或不寻常。第二,许多人依赖他们的情感认知作为最容易获得、最准确和最直接的真理来源,这是因为分析抽象知识需要如此多的额外努力,而对大多数人来说,自然的、共同的倾向是依靠这些因素而不是事实来协调他们的日常生活。这意味着大多数人习惯于独立于客观的科学事实和方法来评估重要的经验。因此,从类似的角度来看待新闻和政治问题似乎很容易,也很正常。事实上,人们最容易依赖于基本的和普遍的心理偏见来减少认知负荷。每个人每天都必须处理太多的信息,因此,简单、熟悉和自然的过程很快就会成为默认策略,在努力协调我们每天都必须完成的任务时,我们依赖于那些直觉上的心理捷径,

---

① L. McIntyre. *Post-Truth*, Massachusetts: MIT Press, 2018, p. 114.

而这些捷径在大多数情况下被证明是有效的。然而，这也意味着我们可能没有注意到，这些偏见使我们容易犯系统性错误或容易受到他人系统性操纵。

与流行的科学观点相反，人们不一定或自然地寻求倾向于科学真理，事实上人们更倾向于试图避免它。人类表现出一种倾向，即以一种令人惊讶的容易受骗的方式全盘接受他们所接触到的任何信息，简而言之，人类的自然默认是接受别人说的是真的。当人们试图判断真相时，他们会评估五个基本因素：相容性、连贯性、可信度、共识和支持。相容性评估是指判断信息是否不仅符合人们已经知道和感觉到的，而且是否符合他们自己的世界观。因此，相容性说明了一种方式，即社会身份可以通过塑造谁的评价更有价值，以及哪些信息更重要，从而影响对信息真实性的评价。通过这种方式，相容性解释了情感是如何作为评估真相的一个来源的，也使人们更有可能相信与他们先前存在的感觉和信仰相符合的事情，这一过程通常被称为"偏见同化"。连贯性指的是故事内部是否连贯可信。简单的故事在这方面有一个固有的优势，因为容易理解的故事往往更为连贯。可信度是评估信息的来源，共识是指其他人是否同意这样的观点，如果许多人相信它，人们就会认为它更有可能是真的。这一机制表明，当个人将自己限制在回音室中时，社交媒体能够迅速强化和放大虚假信息。而且，由美国社会心理学家利昂·费斯廷格（Leon Festinger）提出的认知失调理论（cognitive dissonance theory）也有力地证明，人们经常会改变自己的信念，使之与可能由完全不相干的力量塑造的行为保持一致，尤其是在高感知选择和低客观理由的条件下。事实上，其他形式的动机推理也可以鼓励个人出于各种原因支持某种观点，包括他们可能不愿意公开承认的自身利益。这些心理倾向当然并不局限于受教育程度较低的人，相反，它们代表了人类信息处理的普遍方面。我们在收集信息时都有基本的偏见，我们都有偏见推理和偏见回忆，等等。当一个事实是可信的，科学家仍然需要测试它，这是假设产生和检验的目的；然而，当一个故事是可信的，大多数人就会相信它是真的。这种相信故事的过程加强了那些除了情感认知之外可能没有任何共同点的人之间的合作，而这种合作所带来的好处远远超过与相信谎言有关的代价，数字传播时代的后真相政治往往源自这种合作。

如果这些潜在的心理动力还不够，网络政治环境的其他方面还会使个人比以前更容易在"后真相"世界中把意见和感觉当作事实来对待。人们对包括主流新闻媒体在内的机构的信任逐渐丧失，公众也不信任专家，部分原因是专家经常在所有问题上相互矛盾（例如饮食），此外，诋毁专家也为联盟对抗对手提供了一种简单的方式。毫无疑问，本世纪我们获取信息的方式发生了巨大的变化，社交媒体的崛起尤其意味着无论是好是坏，不再有任何中央看门人来严密审查大众获得的信息。用户生成的信息，以及互联网作为全球公共产品的出现所促进的信息民主化，也支持了回音室的出现。算法鼓励了选择性的分类，它还增加了一种错误共识的感觉，使接触到不同意见的机会更少，由于减少了人们看到他们不愿意接受和抵触的内容的可能性，从而大大减少对立信息的发生率。此外，正如剑桥分析公司（Cambridge Analytica）起诉 Facebook 的丑闻所表明的那样，社交媒体平台允许专业广告公司制定的策略，通过微定向的过程应用于政治竞选。

总体而言，人类拥有普遍的心理策略，这使得人们很难发现谎言是有原因的。讲故事是最古老的交流和娱乐方式之一，千百年来，它使大量的信息得以在未受教育的文化中代代相传。讲故事能在社群中产生强大的社会纽带，并提供有凝聚力的解释和期望。它还提供了共享的知识、历史和社群内的集体未来感，这就是为什么故事可以成为如此强大的欺骗工具。在命题逻辑与情感丰富的叙事之间的较量中，在事实与故事的较量中，每一次故事都是赢家。而情感是神话、历史、仪式和社会关系的基础，叙事流使我们在情感上和行为上都能接受其中包含的信息，这就是为什么它是所有类型极端主义的强大招募工具。本能的情感状态会引起强烈的注意力集中，虽然可证伪性是科学方法的基石，但情感可信度却是一个好故事的标志。我们回到假新闻的讨论中，在情感力量的支持下，虽然撤销和纠正假新闻可能在短期内有效，但随着时间的推移会失败，因为记忆保留了情感，忘记了来源，从而强化了错误的信念。用删堵封来对抗谎言只会让更多的人渴望接触到谎言，并通过重复和熟悉使谎言变得更加可信，从而强化谎言。我们当然可以通过在暴露前发出警告来增加怀疑，但很容易在其他方面产生适得其反的效果。因此，对抗"后真相"和假新闻，最有可能有效的策略是努力使真相出场，让事实呈现简单、容易理解。

同时研究者也看到，"后真相""未必局限于意识形态光谱的左翼或右翼，但更指向这样一个话语趋势，即右翼政治运作者们收编了数十年中左翼的相对主义和后现代主义者们对真相的理解。而学界高度关注后真相，不仅在于它挑战真相，更在于挑战真相这一话语和政治运作已然成为确立政治主导（political dominance)的机制,"后真相"并不是对真相不存在的宣称,而是对事实必然臣服个人政治观点的确认。因此,"后真相"其实是意识形态至上(ideological supremacy)的一种形态,是政治支配的一个秘方。"[①]"后真相"作为政治的概念,是一个强大的意识形态和修辞策略。它以一种被假定为自然真实的叙述方式,将其他修辞策略置于虚假的条件下,使话语去政治化。"后真相"话语及其所谓的反真相话语都有一套特定叙事逻辑,它拥有所有话语所传达的权力、修辞和说服,其必然是有倾向性的。利奥塔所阐述的后现代性的概念,可以作为对这类话语的一种理论承接性解释。[②]"后真相"话语重新激活了后现代性中许多对"秩序""回归现实"和"指称"的渴望。事实上,没有什么能阻止现实主义的衰落,同样的事情也发生在真理的概念上。20世纪初的剧作家伯托尔特·布莱希特(Bertolt Brecht)曾认为,真理有助于让这个世界的事情变得可控。很明显,这个真理的辩证和政治维度正是后真相政治所缺席的话语。

四、数字文化及其未来走向

1. 数字环境下的文化工业

距离阿多诺提出文化工业理论已经过去70年了,当下数字世界的种种场景与细节告诉我们,当年激进的意识形态正在以新模式进行中,除了文化工业的一个新分支"数字文化"(digital culture)所达到的技术改进水平之外,一切似乎都没有太大的不同。"数字文化"自称是开放和民主的,它使人们对完全个性化的网络世界充满信心。因此,我们既要更新文化工业的概念,反思新的操纵形式,又要批判数字文化倡导者所主张的虚假自由。数字文化是一种对传统社会化形式的改造,一种新的感知和心理技术,就是一种新的人类学状况,它通过算法,对数字化的人类行为进行控制,应用程序智能地为用户提供自我复制,与此同时,通过过滤气泡加强了一系列关于自我和他人的刻板印象。这也就是特朗普在美

---

① 於红梅、潘忠党:《近眺异邦:批判地审视西方关于"后真相"的学术话语》,《新闻与传播研究》2018年第5期。

② 〔法〕让-弗朗索瓦·利奥塔:《后现代性与公正游戏》,谈瀛洲译,上海:上海人民出版社2018年版,第122页。

国大选中获胜的原因：利用社交网络用户的数据，针对他们投放更多与他们的欲望、偏见和世界观相关的广告，助长选民偏激、仇恨和恐惧的心理。因此，我们也迫切需要在一种批判社会理论的知识背景下对新的数字传播媒介进行批评，揭示了当今文化工业的再现和激进化。对数字文化的批评是作为一种政治批评而出现的，其目标是超越技术的中立性，使人们能够理解新技术霸权的现实。那么当下在何种意义上仍然可以沿用文化工业的概念呢？如果这个概念依然按照阿多诺时代进行注解，则不过是添加了一个平庸和一般使用表达式的"文化工业"。马克思主义研究者的研究是标准的欧洲血统，它在媒体融合的全球化新形态以及主观发展的知识进步下，可能会出现理论滞后性。因此有研究者认为文化工业作为一个大众媒介环境生长起来的系统，是无法超越特定媒介，例如电视、电影、广播、杂志等的。在他们看来，我们正处在一个新时代，尽管依然有资本主义形式通过技术和商业控制着身体和生产消费的主体，但新媒体的发展会导致文化工业的概念过时，他们忘记了社会的变革以及思维的变化总是在历史和社会联系中重新阐述概念的前提条件。

文化工业一词最早出现在霍克海默（M. Max Horkheimer）的一篇文章中，此后，他和阿多诺在《启蒙辩证法》的同名章节"文化工业：作为大众欺骗的启蒙"中对其进行了深入的研究。[①] 他们认为，文化工业是启蒙运动的结果，也是由启蒙运动所孕育的所有技术科学进步的结果，它让每个人保持一种虚假的意识状态，这种意识是维持经济需求所必需的。如果说，在启蒙辩证法时期，阿多诺和霍克海默提出文化工业是一个系统的概念，它包括电影、广播、电视、城市建筑系统等，那么今天，我们可以考虑通过技术和数字的突破来扩展它。通过替代性体验来促进当前的再生产的功能，代表了 1940 年代的文化工业与当前文化工业及其新方面之间的联系。数字媒体具有非常特殊的特征，因此很明显需要评估和考虑技术发展领域的传播。20 世纪中叶文化工业突出体现的是其单向性问题，数字时代，用户的数字消费与生产水平，改变 20 世纪中期的被动状态，数字文化将互动性、开放沟通、互联和自由交换信息、图像等理念紧密相连，而这必然会导致更多的自由，但这并不妨碍对数字文化进行批判性分析，相反，今天对

---

① ［德］马克斯·霍克海默、西奥多·阿多诺：《启蒙辩证法：哲学断片》，渠敬东、曹卫东译，上海：上海人民出版社 2006 年版，第 107 页。

信息流动的控制空前集中。要理解它,就需要思考当前如何处理大数据,思考大数据系统的操作人员的目标、过滤和管理的目的是什么。舍恩伯格(Mayer-Schonberger)和库克耶(Kenneth Cukier)将大数据定义为"社会利用新形式的信息,获取有用的洞见或有重要价值的商品和服务的能力"和表示"可以在大范围内做但不能在小范围内做的事情,以获取新的见解或创造新的价值形式,从而改变市场、组织、公民与政府之间的关系等"。① 它表明文化在数字环境中的特点,同时也使我们有理由质疑我们的生活方式和与世界通过一组数字设备(手机、平板电脑等)的互动,在全球范围内发送和接收数据,将信息配置在一个大数据集中不断变化等所带来的风险。大量数据的存在对传统的分析和收集形式提出了挑战,同时也提供了基于整体而不是样本产生知识的新机会。显而易见,数字人文学科是一个新兴的跨学科领域,它将计算机技术和算法融入到人文学科的研究中,具有前所未有的获取历史和当前数据的可能性。在乐观者看来,"大数据被认为是科学的第四种范式,带来了数据驱动的科学新模式,会将社会科学研究带入美丽新世界。"②

　　大数据的主要特征是:体积、速度和可变性。体积的特征表示巨大的数据体量,舍恩伯格等人估计,地球上的数据量相当于给每个人多增加 300 倍的信息量,而处理全部数据将不需要理论公式,同时人们还能够全面和完整地看待现实中的事实。数据处理与频率分析一起工作,寻找模式,以获得可预测性,而不是通过寻求基于样本的结果来解释事件的理论。因此,大数据并不寻求任何因果分析来解释事情为什么会发生,而只是问发生了什么,从而迫使社会部分放弃对因果关系的痴迷,以换取纯粹的相关性。这就是所谓的数据主义,把一切都变成数据的形态。第二个大数据的特征是速度,不仅表示某个属性的信息在万维网访问几乎是瞬间发生,而且也表示通过一定的算法即时反馈的可能性,主要表现在如果信息量增长了 4 倍,处理这些信息的能力就能增长 9 倍,这是由于通过个体在数字环境中的活动,加速价值的提取而获得的。这些特性共同导致了数据循环速度和容量的稳步增长,扩大资本的再生产和系统性压力也在这个领域。

---

① 〔英〕维克托·迈尔-舍恩伯格、肯尼思·库克耶:《大数据时代》,盛杨燕、周涛译,杭州:浙江人民出版社 2013 年版。

② 陈世华:《大数据传播研究的政治经济学批判》,《国外社会科学》2019 年第 4 期。

最后,大数据的可变性表明其有能力捕捉数据和系统用户特征中最细微的变化,从而引起关于获取和传播这些数据的隐私和透明度的问题。它通过开放获取根据用户"亲密"倾向选择的信息,产生一种自由的幻觉,同时,它潜在地抑制了与用户的偏好不同的、令人烦恼的数据接触的需要。显然,使用大数据能增加销售和开发用户,或产生更多微妙的和全面的新形式的社会控制。目前,心理学家利用大数据进行的研究,为数字人文学科利用当前数字文化的典型工具所面临的风险提供了一个很好的例子,它们向我们具体指明了当前数字文化在何种意义上接近文化工业。

由于人们的大部分日常活动都是通过数字媒介进行的,这些数字媒介的行为被记录在网络中,就能与数字营销一起促进计算社会科学的出现。研发人员从大数据的角度分析网络行为至少有两大优势:1)不需要人们积极参与问卷调查;2)能够预测人们可能希望隐藏的信息。很多研究者都喜欢用 Facebook 作为新媒体传播的分析对象,研究者认为,使用这个网站可以克服传统心理学研究中的限制样本。在 Facebook 上,每小时有 1000 多万张新照片上传,它的用户每天点击"喜欢"按钮或输入评论近 30 亿次,留下海量数字足迹,Facebook 利用这个足迹找出用户的偏好。使用 Facebook 这样的社交网站而不是与现实世界进行互动,是因为越来越多的人类活动,如社交互动、娱乐、购物和访问新闻网站等,都是通过数字服务和设备进行调节的,这使得观察数百万个体的行为成为可能。大数据分析不是寻找统计规律和基本原则,而是通过识别模式,基于用户留下的数字足迹预测人格特征。这些信息是由普通用户以默许的方式提供的,这些信息由网站存储,网站的后台基站生成了一组关于个人资料、偏好、习惯等的数据,可供研究人员或广告商收集和使用。Facebook 的研究团队就使用了一种人格模型,这一模型被称为人格五因素模型(FFM),即开发一个算法可以跟踪用户的个性特征,所有私人特征和属性都是可预测的数字记录的人类行为。

FFM 声称通过五个特征来代表人类行为变化的基本结构,同时提供了一个概念框架,使在这些特征下的行为多样性得以统一。模型所描述的特征是:1)开放性,与想象力、创造力、宽容、良好的审美意识和自由有关;2)自觉性,乐于接受一种被规训的生活,而不是对自发的生活持开放态度;3)外向性,易于受外部世界刺激,善于交际,表达积极情绪;4)便利性,倾向于关注积极的社会关系,友善、富有同情心、乐于合作;5)情绪稳定性,不容易有巨大的情绪变化。这些参数建立在一个模型的基础上，经过培养教化的公民，往往会证实甚至加强这种模式，另一方面，也会使其他行为和特征病态化，这种类型的广义标准增加了主体整合的力量。Facebook 研究团队常用的一款软件叫"我的个性"（mypersonality），由剑桥大学商学院大数据分析和定量社会科学教授戴维·斯蒂尔威尔（David Stillwell）开发。该应用程序让 Facebook 用户访问 25 个心理测试问题，并随即回收结果反馈，同时被测试者可以自愿提供自己的个人资料用于研究，并与朋友分享他们的私人信息。在参与测试的用户中，有 200 多万用户同意使用他们的数据。Facebook 为每个参与者提供了一个识别号码，在研究者获得访问权限后，可以浏览项目类型并获得纵向数据、人口统计数据等。可访问数据集随着平台扩展或更改其参数和策略而变化。研究者对用户制作的内容、用户社交网络结构、偏好和日常活动、朋友信息、私人信息等进行搜集，此信息集支持基于数字足迹跟踪与各种行为和人口统计参数相关的用户分析。研究人员通过分析用户发表的帖子，通过观察表明年龄、性别和个性特征的语言使用的差异，认为 Facebook 上的"赞"对性格和其他心理统计学特征具有高度预测作用。[①]

　　此外，从智能手机上获取信息，也使从现实世界中的活动中获取的数据越来越多。研究者认为这个技术可以改进许多产品和服务，这些产品和服务将根据用户的人口统计资料提供给用户，用户的偏好将一览无余，使商家能够为消费者提供更加个性化的服务，能够准确地、而且只提供他们感兴趣的内容。此项技术被认为将有利于商品和服务贸易，不浪费时间和资源向不感兴趣的人提供产品，消费者也可以根据自己独特的个性获得他们想要的一切。同样的技术也会被而且正在被应用于疾病诊断、治疗，甚至可能在罪犯真正犯罪之前就识别他们。研究人员设想的伦理关怀包括获得知情同意以及关于数据用途和目的的信息，但很显然这些在实际情况下并没有发生作用，用户的隐私和广告轰炸依然无所不在。像 mypersonality 这样的项目事实上符合数字文化所遵循的标准，与霍克海默和阿多诺的文化工业理论中谈到的文化的商业化标准是一样的：网络屏幕上

① M. Kosinski, S. C. Matz, S. D. Gosling, V. Popov & D. Stillwell. Facebook as a research tool for the social sciences: opportunities, challenges, ethical considerations, and practical guidelines. *American Psychologist*, 2015, Vol. 70, No. 6, pp. 543 – 556.

出现的任何东西,都会变成商品的形式闪烁。然而,研究人员承认,在实现物理世界中应用的相同水平的测试,结果的可靠性程度仍然需要优化,以更准确地产生可预测性效果。事实上,大数据对人类行为的控制达到了人类历史上前所未有的水平,但是这个新工具最显著的特点是其微妙和隐蔽的操作,特别是在政治影响方面。

数字文化的倡导者声称,数字文化的内在特征将促进一种无限自由的环境,并使人们能够充分接触到所有人类文化产品,但通过观察那些实际操作系统的人所使用的数字营销的方式,这种说法显然是站不住脚的。数字文化远远超出了"圆形监狱"的影响,算法程序开发新的监督机制,侵蚀了文化持续发展的社会实践,这实际上是使数字控制行为扩展的主要元素。研究者布鲁诺提出了分布式监控的概念,试图回答数据重新恢复监控的问题,他认为目前的监控仍然存在权力游戏和特定知识的产生。个人日常生活、习惯、行为、偏好、社会关系的复杂知识网络,已经建立在对个人数据的监控基础上,尤其是在网络空间,从那里获得的知识具有权力效应,对个人和群体的选择和行动产生重大干扰。大数据以及存储大数据的云是推动信息资本主义的引擎,因为它们使一种日益占主导地位的知识形式成为可能。可以说,大数据产生了一种越来越精确和无处不在的控制,这种控制有迅速扩张的趋势。尽管危机不断且不可避免,但在全球资本主义经济领域,流动资本的增长是通过这种命令性来组织的。此外,通过这种基于大量数据的知识形成的控制,与施加约束和强制的纪律制度的配置不同,现在是用户使用自己提供的信息,作为回报,他们获取了免费的信息、消遣和娱乐,但其实这是一个不对称的游戏。用户感觉不到自己受到无所不在的监视,对于用户来说,透明度是一种不切实际的要求,它变成了一种完全受控下的自由的装饰品。更多的信息流通意味着更多的资金流通,因为这个系统是以广告为基础运作的。当用户产生具有货币价值的信息时,系统操作人员会捕捉这些信息。反过来,这些公司通过算法和利润来组织这些数据,动员用户加速他们的消费行为,无论所消费的是实物商品还是数据,在这个过程中会产生越来越多的关于他们自己的信息,这在原则上使目标广告能够行使更大的控制权,因此,霍克海默和阿多诺所描述的文化工业并不新鲜。20 世纪 50 年代以来,广播电视制作节目的目的是让观众的眼睛盯住屏幕,以便把观众的注意力卖给广告商。新的全球数字网络有着同样的意图,也有着同样的目的,但"创新"之处在于其是基于用户自己提供的大数据，所谓的微目标营销，即针对特定目标的广告营销，能精准地显示出与用户特征相关的广告。

显然，行为模式和政治意识都是通过相同的策略来监控和传播的。在数学文化的背景下，大数据实际增加了不平等并威胁民主，建立在主观程序上的算法解决问题的模式揭示了大量偏见的存在，个体的价值观和情感会影响大数据搜集和算法分析中对问题的选择。支持大数据收集的算法模型是将观点转化为数字，随着观点、意识形态和偏见在数字上的转变，它们获得了一定程度的可靠性和归化能力，能够压制人们对关于算法提供了什么、它们如何运作以及它们产生的影响的质疑。这样一来，这些观点和思维方式就被数字化了。数字文化批判认为，市场通过大型网络及其在线服务和数字接口收集全面的信息，使用精确的无处不在的监视和算法选择目标，大数据的经济驱动力就是建立在对用户生活方方面面的监视上。一个特定的主体花在与数字世界连接上的所有时间，都使他有可能受到无处不在的利用，因为他不可避免地提供、生成和传播数据，而这些数据是有价值的。因此，如果用户的活动一直被数字设备的存在所调节，这就导致了无所不在的剥削，因为是从用户的日常活动中不断地提取价值，这就加速了剥削，强化了控制。数字时代的文化工业为无处不在的剥削创造了条件，使文化工业的系统性方面变得激进，将数字文化中的每一个客体都与资本主义商业控制联系起来。如果说，在撰写《启蒙辩证法》时，霍克海默和阿多诺指出了他们称之为文化工业的社会管理趋势，那么今天，随着数字技术的发展，我们看到了一个完全被管理的社会的物化过程。运营大数据的商人们的梦想是开发出算法，不仅能够挖掘出万维网用户的有意义的数据，而且能预测和控制用户的行为，从而根据他们的意愿创造商机。新形式的控制是潜在的，因为他们会提供快乐和感官的诱惑。在数字文化的诱惑下，主体感到前所未有的自由。

从技术决定论的角度出发，社会的民主化依赖于根本性的技术变革，只有当我们在技术和产业决策过程中拥有积极的发言权时才能实现。因此我们必须了解当前技术设计的选择和决定因素，了解技术霸权的关键性基础所在。技术发展应以社会准则为导向，这些准则来自定义其行动范围的政治和文化斗争，与此同时，技术的有效性和合法性还依赖于它所建构的文化视域下的意识状态。正如霍克海默和阿多诺所强调的，这是启蒙运动的核心。虽然通过微目标进行操控的商业和社会治理的效率更高，但最大的问题可能是身份逻辑在文化领域中的日益封闭,这种封闭往往变得无处不在,加剧了对个体的剥削,使人产生疏离世界的感觉,并容易导致褊狭的不满和仇恨,仇外、性别歧视、民粹主义言论等的重新出现,即是文化工业新格局的一个重要症状。简而言之,技术进步产生新操纵形式的需求总是反复出现,它使人类在技术层面上日益一体化。20 世纪 40 年代,消费者与文化工业产品之间的互动仅限于接受或不接受通过音乐、电影、新闻等大众媒体所生产和呈现的东西,而今天,消费者也是内容的生产者,是这个行业的劳动者,尽管他们并不了解这个行业。数字文化工业正是通过他们在网络中的行动和互动而产生出来的。

2. 数字文化的生产与未来

数字时代的用户既是消费者又是生产者,研究者称其为"产销者"(prosumer)。文化研究中的产销者一词最早由托夫勒(Alvin Toffler)在 1980 年提出,用来强调个人同时作为消费者和生产者的集体行为。① 后来的研究者进一步指出,产销者是流行文化的产物,他们不仅成为消费者,还生产、传播和创造自己的文化文本。② "产销合一"的出现表明商业公司给了消费者新的自由,这意味着文化产业和消费者之间的关系不是线性的,相反,它是一种双向关系,使消费者在某种程度上成为生产者,在自己创造的基础上生产文化文本,尽管这些文本是他们消费的大众文化文本的再生产。随着互联网、数字技术和媒体的融合,大众文化文本被连接起来形成流行文化的互文性网络,有些甚至是由数字爱好者自己创造的。例如,在一个在线社群中,粉丝既可以通过各种媒体文本访问流行文化,也可以链接其他社交媒体,并添加与其他流行文本相关的新菜单。文化研究视角下观察,他们不仅以文本延伸的形式对文本进行再读、再写,还对文本进行再想象。詹金斯(Jenkins)在《融合文化》一书中指出了跨媒体存在当代媒体社会中分析文化的重要性。在媒介融合时代,出现了多文本融合为单一媒介的现象。这意味着,在一个娱乐产品或一个网站上,从电影到书籍、视频游戏等,可能提供同一系列的不同媒体产品,一种文本在一个网站的多个媒体平台

---

① [美]阿尔文·托夫勒:《第三次浪潮》,黄明坚译,北京:中信出版社 2006 年版,第 99—102 页。
② D. Tapscott. *Grown Up Digital*: *How the Net Generation is Changing Your World*. New York: *McGraw Hill*, 2009, pp. 54 - 57.

上展示。网络空间为每个人提供了一个展示自己的机会，并在公共空间中创造自己的身份。①

我们看到，网络游戏玩家不仅在虚拟社区中创造、改变、欣赏、寻找或写作，他们还生活在自己创造的虚拟空间中。数字文化的产销者并不局限于寻找流行文本的信息，在被访问的流行文本中寻找意义，而是成为社交媒体的参与者，并感觉自己就生活在社交媒体中。数字文化的粉丝们通常通过社交媒体进行互动，谈论他们在社交媒体上读到的文章，讨论、发展活动，在微信上写作，甚至持续监控互动本身。数字文化生产与网络亚文化生产密切关联，在全球化时代，网络亚文化的发展已经不再纯粹，不受地域限制，它们是融合的，是空间相互作用的产物。在数字时代，新兴的网络亚文化已经不单单是一种反抗大众传媒权力和文化产业约束的形式，网络中的年轻人表现出来的风格通常是时尚的，这与伯明翰时期强调青年文化抵抗概念不同。后现代时期对网络亚文化的研究往往集中在青年这一被各种差异所分割的文化群体，以及媒介在构建网络亚文化的作用上。数字文化提供了一个基于品位和选择的风格多元化的概念，新兴的数字亚文化是一种新的身份，是一个年轻人沉迷于体验、数字传媒和新文化产业的时代。因此，伯明翰学派所提出的关于亚文化真实性的主张在当下无法得到进一步的维护。

在媒体技术融合的支持下，作为数字狂热爱好者的年轻人有机会接触到各种文化文本，并同时消费副文本。全球娱乐行业产品的粉丝是在一个特定文化产业中的一群年轻人，他们组成网络社群，参与虚拟世界互动，同时消费不同的文化文本。加入网络社群的年轻人通常参与制作和传播媒体内容，作为全球流行文化粉丝的年轻人，除了是消费者外，还经常成为生产者、共同创造者、共同生产者。他们自己创作，再将这些文化文本传播给其他爱好者。在数字文化的爱好者中，共享是一种活动，甚至也发展成一种亚文化，它是在数字文化的爱好者之间保持持续交互性的基础。Web 2.0 的出现为消费者提供了新的自由，同时承担生产和消费两种类型的产销者的出现实际上是由用户生成内容的增加所引发的。在生产型资本主义中，控制和剥削与早期资本主义的其他形式有显著的

---

① H. Jenkins. *Convergence Culture*: *Where Old and New Media Collide*. New York: New York University Press, 2006, pp. 22 – 25.

不同,因为用户不需要为消费数字产品而付费,同时消费者创造的爆炸式增长的数字产品,在没有干预控制生产的情况下,可获得性也是非常显著的,这些趋势反映了产销者和资本主义之间联系的新可能性。

不容忽视的是,所有这些都与全球娱乐业的发展以及由文化产业设计和开发的营销策略有关,当数字文化的粉丝们交换信息并与其他粉丝分享时,加入在线社区实际上已经成为全球娱乐业力量的延伸。同样,当社交媒体用户更新他们的状态,上传照片、评论、玩网络游戏等等,他们实际上承担的是免费数字劳动者的工作。基于数字网络的消费者既可以选择他们想要购买的商品,也有机会对他们购买的商品进行评论,甚至在消费商品时发送他们的设计或照片,这些共享活动都是由 Web 2.0 支持的。如今,在全球数字文化爱好者中,分享已经成为他们参与虚拟社区的主要活动,同时他们也可以消费其他粉丝分享的文本产品。因此,粉丝们实际上发展了协作消费的力量,粉丝之间不仅相互传播自己喜欢的数字产品,而且不满足于被动消费,有创意的粉丝也会向其他粉丝传播自己的文化文本。这些粉丝实际上是文化工业力量的一部分。这意味着数字产销者的背后是资本主义霸权在全球数字工业生产中的活跃呈现。

在晚期资本主义时代,数字工业产品生产形成娱乐世界文化工业的力量。粉丝们自觉地产生新的文化文本时,就在不知不觉中成为了资本主义势力的延伸。这些数字文化的忠实粉丝不仅成为他们喜爱的数字产品的坚定捍卫者,还成为间接的促销代理人,最终为资本主义势力带来利润。例如英国女作家 J. K. 罗琳创作的著名魔幻小说《哈利波特》系列,就经历了全球粉丝不断追逐、改编、共同创作的过程,该系列的每一部小说以及改编的每一部电影,都是全球粉丝产销并举推动之下的产物。这是小说和电影等大众文化产品背后的文化工业的力量,同时更是全球数字工业爱好者的力量。粉丝是关键的,他们创造性地生产或复制文化文本,然后传播,成为资本主义永久、自由的数字劳动者。活跃而富有创造力的粉丝们同时进行两项活动:娱乐和为资本主义工作。对于加入网络社群的粉丝来说,文化产业的力量通常会做出各种各样的努力来加强他们的数字产品的推广。他们会提供大量的数字产品的最新发展信息,从小说系列出版计划到电影发行信息,从炮制明星的新闻到空降影评和票房的吹嘘,等等。越来越多的商业营销选择了社交媒体平台,一个经由粉丝或出版发行商合意创造的数字文化产业链。粉丝可以及时获得与他们喜爱的全球数字产品有关的最新信息,可以发展互动性,创造不同的文化文本,可以参与线上的集体游戏,让他们对自己喜爱的数字产品更有热情。对于粉丝来说,他们参与其中并不是因为奖品,更重要的是与其他粉丝在一起的归属感和乐趣。

通过给予生产、复制和传播其文化文本产品的自由,粉丝们实际上是自由的"数字劳动者",他们可以对自己喜爱的文化文本表达不满和批评,从中粉丝也找到了一个自我实现的空间。与马克思主义研究的"劳动者"即无产阶级群体的概念不同,在后工业社会中,这些劳动者是"数字劳动者"——这一概念已成为互联网政治经济学领域讨论的重要基础。"数字劳动者"并不是没有强大议价能力的、经济属于从属地位的非熟练劳动者。互联网平台利用用户作为自由劳动者参与内容创造,进行以利润系统为中心的价值创造活动。[①] 参与其中的数字文化爱好者通常会举行各种形式的网络活动,这些活动就是劳动,因此可以说,这种数字化的劳动活动本质上是"游戏劳动"。[②] 游戏劳动者的活动以数据的形式创造价值,平台公司将其作为单独的商品出售给广告客户,并为发展网络行为的网络用户提供微目标营销的机会。微目标广告是社交媒体平台公司资本积累的模式。当广告被展示并进行精准推广时,该网站类似于农民的工作场所或资本所有者的工厂,是他们生产和盈利的场所。

在网络社群中创造内容或文化文本的粉丝为最终过程增加了价值,因为他们实际上是平台公司的人力资源转让者,也是与公司共同参与创造集体价值的合作伙伴。在当今的数字时代,网络社群的成员活动不仅是共同创造,而且是共同生产。信息技术和互联网用户参与合作的机会越多,消费者和生产者就越难区分。因此,传统大众媒体消费的大众文化商品和虚拟世界消费的大众文化商品的区别在于,有了互联网,用户可以扮演内容生产者的角色,有些内容是用户创造的,用户参与的是永久性的创作活动、传播活动和社群发展,这与非互动的传统大众媒体有本质区别。大众媒体消费时代,受众通过单一的媒介接受商品,而在数字时代,用户开发的活动发生了变化,并被置于互联网去中心化的结构中,从而使"多对多"传播过程成为可能。个体用户的活动从生产者转向商品生

---

① T. Scholz(ed.)*Digital Labor*:*The Internet as Playground and Factory*. New York:Routledge, 2013,p. 172.

② C. Fuchs. *Foundations of Critical Media and Information Studies*. New York:Routledge, 2011, p. 68.

产者,通过自己的创造能力来生成内容。产销者的出现也是 Web 2.0 的显著特征,它充分证明了只要用户把时间花在在线活动上,就是大型平台公司的利润获取时刻。数字时代用户参与的商品化过程也比传统大众媒体时代更容易实现或发展,用户自制内容的出现、社交网络平台的免费访问等的出现,都产生了 Web 2.0 支持的软件和社交网络站点的在线广告和数字销售所产生的庞大利润。例如,用户从提供信息的网站搜索数据,然后在优酷上传或观看视频,或与共享内容的朋友联系,或通过微博或微信等社交网络平台进行在线交流,等等,这些活动都是出售给在线广告商最好的商品。

　　数字文化的实践者们没有意识到,当他们创作出新的文化文本时,他们实际上已经成为资本主义力量的延伸。资本主义力量得以进一步向市场推广他们的数字工业——而不用承担支付工资的负担。根据相关研究,在谷歌、YouTube、MySpace 或 Facebook 等案例中,“附加值”利用并不局限于那些被公司雇佣来完成编程、更新、维护硬件和软件、营销等任务的人,真正的开发已经扩展到用户和参与内容生产的用户身上。新媒体公司几乎从不向用户支付内容制作费用,与此同时,积累利润的一个策略是为粉丝或消费者提供免费的服务和平台,允许他们制作内容,并聚集大量的产销者作为商品卖给第三方广告商。更多的平台用户意味着更高的广告率,大型互联网公司占有的生产性工作时间,一方面是有偿劳动者的时间,另一方面是所有用户的上网时间。对于第一种情况,所涉及的劳动者生产的知识是由公司支付的,而对于第二种情况,用户所生产的知识则是完全免费的,这一点实际上是一种隐性利用。当消费者对任何商品感兴趣时,他们会经常与其他消费者分享,因此,促销链变得更加延伸和扩大。在传统的研究中,消费者的存在常常与娱乐、游戏等概念联系在一起,这些概念不属于劳动工资,而属于娱乐领域。然而,在数字时代,Web 2.0 和全球娱乐业的力量已经模糊了生产和消费之间的界限,因此也模糊了工作时间和娱乐活动之间的界限。舒适、乐趣、游戏和娱乐已经被纳入资本所有者的利益当中,而当今数字时代的资本主义力量创造的产销者往往意识不到新形式的剥削。在 Web 2.0、媒体融合等的支持下,文化工业在数字时代的地位似乎变得越来越坚不可摧。与法兰克福学派的文化工业状况形成鲜明对比的是,全球数字娱乐业或经济力量提供给消费者的自由,为他们提供了机会成为数字文化的生成者,能够自由生产和传播文化文本。虽然深陷其中的人们也可以自由地表达他们的批判态度,但这种批判态度也是在资本主义的隐性霸权力量范围内的。

总体而言,随着全球数字工业的蓬勃发展,粉丝不仅仅是被动的消费者,享受文化文本作为快乐的活动的一部分,更重要的是他们作为生产者还进行着文化文本的创造,这是网络时代的一个特点。一方面,青年对媒介融合平台的参与为其他粉丝提供了机会,让他们能够因喜爱数字文化文本内容而发展出不同的身份认同;另一方面,青年文化活动在文化互动中为文化产业权力利益的延伸提供动力,最终为资本主义带来利益。青年作为亚文化数字工业爱好者,并不是资本主义意识形态霸权的自由主体,他们同时也是游戏劳动者,是全球数字文化产业力量的数字劳动者。一方面,全球数字工业的狂热者自信他们的品位对数字工业产品的生成与风行至关重要;另一方面,他们不遗余力生产、推销数字文化产品,从中获得精神满足,但却拿不到报酬。对于媒体资本主义背后的商业力量而言,这种状况已成为资本主义复制新的数字工业并将其出售给市场的新诱饵。尽管从文化研究的角度来看,这还是一个基本的假设,但它提供了一些与早期文化研究中认为年轻人发展的亚文化是抵抗亚文化相反的理论暗示。正如我们所揭示的,他们仅仅发展了"准抵抗"———一种对那些认为他们是独立和批判的人的错误认识,实质是他们陷入了文化工业力量所构建的陷阱的一部分。生活在数字资本主义世界的人们认为他们是自由的,然而可供选择的,依然是资本主义商业所提供的消费世界。

第十章　数字传播与媒介文化新形态

一、能指世界的数字图像与视觉传播

1. 数字图像的社会建构

图像是现实社会建构的工具，然而，图像的意义并不是图像本身的一个特征，而是一个交往的结果，它涉及到参与这个过程的社会行动者之间的谈判。数字图像具有政治功能的观点与图像的使用相关，它符合三个主要的逻辑或原则：1)"现实原则"，即图像可以显示或以其他方式提供一些重要或真实的信息，而视觉与知识的权威相关（"你看到的就是你得到的"）；2)"快乐原则"，即图像使用使个人与社群团结在一起的事实；3)"超现实原则"，即一个图像可以是一个仿像、一个沟通工具，用来实际"隐藏"而不是"显示"现实的相关方面。在这些逻辑与原则中隐含着意义的概念，它至少包含两个重要的特征，首先，图像的意义不是图像本身的永久性特征，而是视觉意义的社会建构这一过程的非永久性结果。这个过程可以被看作是一个政治过程，在这个过程中，一些参与者比其他人更有影响力，意义问题总是与权力问题联系在一起。第二，力量和意义是相互关系的本构关系，意义不能独立于权力关系，反之亦然。如果数字视觉在其政治宣传和社群建设的传统功能中不能令人信服地减少视觉传播的不确定性，人们仍然可以声称，与传统摄影相比，数字视觉依然影响着现实的社会建构。数字化视觉的潜力在于，它首先向大部分人群开放了视觉交流的实践，模糊了视觉对象的生产者、分销商和消费者之间的区别；其次，它提高了视觉技术的生产能力，超越了现实本身，进入超真实的世界，例如，它能够使图像的生产超越人类的视角；第三，它作为现实表现的逻辑具有教化意义，并在独立于现实本身的现实社会建构中增强视觉传达的社会价值。人们会认为,这三种由数字视觉引入的变化的综合效应,在政治层面上的作用是"颠覆"现实的社会建构。换句话说,政治解放与权力关系的瓦解有关,这种权力关系是由真理和现实的概念所确立的,而数字视觉的逻辑、其表现形式的超现实主义,以及对两者的广泛获取,都对这种权力关系构成了有效的挑战,要改变世界,首先要改变我们看待世界的方式。

　　我们尝试对视觉意义的社会建构进行了更深入的探讨,以了解在视觉意义的社会建构中,哪些条件可能培育或破坏数字视觉的潜力。在解释图像的意义和评估其实际影响的权力关系方面,社会表征理论是一种独特的、富有成效的方法,它在政治分析中也尤为重要,因为"被表征物与被表征物之间不可避免的差异正是政治的所在"。[1] 从这个角度来看,也与美国后结构主义者朱迪思·巴特勒(Judith Butler)的观点一致,"解释不能被严格地设想为一种主观行为",而且,正如我们将在稍后讨论的那样,"照片本身成为解释的结构化场景"。[2] 这一角色从根本上是政治性的,甚至是政治性本身的构成。然而,关于视觉传达的政治启示至少有两个理由,首先,视觉意义社会建构中强有力的思想因素对消解数字视觉的不确定性具有重要影响;其次,同样的讨论也揭示了霸权表现形式的强制选择性在使用现有视觉技术上的能力,即当数字视觉的"根本潜力"受到阻碍时,如何充分利用其支持霸权的手段。这些问题中最相关的是社会结构的变化、意义的交往建构,以及社会身份对科学知识在感知世界中所带来的变化。意义是在社会交往实践中产生的,这些交往实践涉及到社会身份的双重作用:变化的来源和变化本身的可传途径。没有图像的时代,人们对视觉交流的兴趣很少,但现在这种兴趣正在增长,特别是数字图像以重要方式参与社会表达的观点已经得到了广泛的认同。我们将社会表征理论应用于数字视觉的社会建构,并不是说图像是关于现象的社会表征本质的经验证明,相反,社会表征的过程对图像的社会相关意义的归属有影响。此外,社会表征理论有助于分析者把握视觉意义,并了解赋予图像社会意义的程度与图像赋予现象社会意义的程度相当。社会表征理论的基本概念框架至少应包括以下几个概念:事件、主题化、对象化、

---

[1] R. Bleiker. The Aesthetic Turn in International Political Theory. Millennium: *Journal of International Studies*, 2001, Vol. 30, No. 3, pp. 509 - 533.

[2] [英]萨拉·萨里:《导读巴特勒》,马景超译,重庆:重庆大学出版社2018年版,第40页。

归化。

事件 社会表征的过程本质上是由事件触发的意义产生的交往过程,是一种戏剧性的事件或一种现象,它通过被称为主题化(themata)的思想或信念重新定义社会身份。从这个角度看,这个事件不仅仅是一个孤立的事件,而是一个社会、社群所经历的一个挑战。欧洲著名社会心理学家赛奇·莫斯科维奇(Serge Moscovici)指出,"当集体身份受到威胁时,当知识的交流淹没了社会为自己制定的规则时,社会表征就出现了"。① 因此,研究对象必须是有社会意义的,社会表现的基本思想产生关于问题本身意义的交流。数字视觉在事件的视觉建构中起着基础性的作用,这可能是数字表征的一个最重要的切入点。

主题 是那些围绕着表征构成产生的思想,其在社会表征的形成中具有规范性和生成力。主题是人们或隐或显地思考或谈论的,通常被认为是理所当然的共享知识或信仰。它们根植于一个群体的集体记忆,是社会共享知识的基础。它们是一种深层次的结构或表现。对主题的解释具有颠覆性的含义,如重新解释、重新语境化等。最终都是要颠覆意义关系,颠覆以意义关系为基础的权力关系。

对象化 研究者认为,"对象化是一个过程,它意味着将我们思想中存在的东西转化为现实中存在的东西"。② 这种描述背后的思想是,图像实际上在思想世界和实物世界之间起着重要的中介作用。而对象化的概念假设阐明视觉在概念形成中的影响,以及数字视觉在个体和群体自主形成中的影响。从这个角度看,概念的视觉建构是对现实社会建构的一个基本过程,这一过程促成了视觉概念的形成,并最终强化了广告和宣传的力量生成。

归化 是社会表征的第二个主要过程,其主要功能是使不熟悉的事物变得熟悉,或者更准确地说,是锚定陌生的思想,将它们归纳为普通的类别和图像,将它们置于熟悉的环境中。归化将新兴的表现形式整合到一个以社会价值为标志的意义网络中,产生一个解释系统。在图像意义的社会建构中,归化显得尤为重要。由于图像的意义不是图像的必要特征,而是图像使用的结果,因此图像完全

① [法]莫斯科维奇:《群氓的时代》,许列民、薛丹云、李继红译,南京:江苏人民出版社2003年版,第312页。
② I. Sakki. *A Success Story or a Failure? Representing the European Integration in the Curricula and Textbook of Five Countries*. Social Psychological Studies 25. Helsinki: Yliopistopaino, 2010.

可以被重复利用，并在替代归化中被赋予不同的意义。

数字图像是一种具有颠覆性潜力的视觉技术形式，它促进了越来越多不同的社会身份、利益和价值等级参与到视觉意义的社会建构中。视觉传达有其独特的不确定性，可以成为"纯粹的、随机的能指游戏"①，但如果每一个能指都独立于每一个所指，那么交流和理解将是不可能的。事实上，能指的自主性，以及与之相关的文化的主体性有关，与意义的社会建构的霸权控制有关。图像的意义不是独立于参与过程的主体的目的、兴趣、价值观、历史等而建构的，而是与这些主体的目的、兴趣、价值观、历史等功能相联系的。数字图像的"力量"是什么？它对政治，对社会权力分配控制权的竞争会产生什么影响？这个问题是任何试图评估数字创新和技术发展对社会文化影响的核心。抛开技术决定论，我们将其放置于视觉分析中展开沉思。受技术决定论启发的观点通常认为，传播或媒体技术是引起分析者注意的社会现象的变化或原因，但问题在于，通过用技术发展来解释社会变化，可能导致人们相信技术发展本身不是社会的一部分。但技术发展远非一种中立的力量，它是一个包含和反映有关社会权力分配的意识形态假设的核心进程。技术发展和社会变革是相互关联的，而两者的发展都是由政治推动的，是对社会价值分配控制权的竞争。视觉传达从图像和观察者之间的关系构建中体现出力量，我们需要研究的是这种关系如何以及为什么在社会中改变。从"图像就像活的有机体"这一假设出发，数字时代成为图像转向的有力支撑。

视觉传播的有效性取决于个人或组织对其的有效利用，在适当的条件下，图像可以创造归属感和认同感，最终导致与政治相关的集体行为形式。数字可视化促进了图像的流通，满足了人们归属、参与、识别等的欲望，此外，数字化能够使图像跨越物质和非物质的障碍（如地理边界、文化、语言、地位、性别等），以更有效的交流方式流通，并增强其传播效果。从视觉与政治关系的角度来看，"视觉的意义共同体"的概念与本尼迪克特·安德森提出的著名的集体身份理论是一致的，与米歇尔·马佛索利（Michel Maffesoli）所描述的"部落复兴"也是一致的，视觉的意义共同体的政治关联性在现代性的政治条件下蓬勃发展。今天，在

---

① F. Jameson. *Postmodernism or the Cultural Logic of Late Capitalism*. Durham: Duke University Press, 1991, p.31.

数字时代,后现代状况不仅深刻地改变了政治的宏大性叙事本质,而且也改写了政治的主体建构和意义呈现。例如利奥塔就认为,后现代叙事破坏了将一系列共同意义/信仰制度化,并使之成为能够产生有组织的集体行动的反"宏大叙事"的可能性。事实上,在后现代主义中,我们有理由相信不仅数字图像本身,甚至它的意义能指都具有政治相关性,数字图像和现实可能完全脱节,甚至所指也受到质疑,只剩下纯粹而随意的能指游戏,也不再产生具有现代主义特征的政治文本,而是不断地重新对文本碎片洗牌。因此,数字图像天然具有的叙事"不确定性",在传统的政治交流和身份认同已经失去价值的时代,数字图像恰好发挥了意义重建的功能。

可以说,数字图像至少在三个方面影响着现实的社会建构。首先,它提供了视觉传播实践的民主化和平民化,模糊了生产者、经销商和消费者的区别;其次,它提高了视觉技术的生产能力,超越了现实本身,进入了超真实的世界,使图像的生产超越了人类的视角;第三,它作为一种对现实的表现逻辑,在现实的社会建构中增强了视觉交流的社会价值。这三种由数字图像引入的变化,在政治层面上是"颠覆"的,它是由真理和现实的概念所确立的现代性权力关系被瓦解。数字图像的逻辑、其表现形式的超现实主义,都对这种权力关系构成了有效的挑战。要改变世界,首先要改变我们看待世界的方式,而数字图像可以帮助我们"另眼"看世界,而不是它从前的样子。从这个角度看,视觉传达的力量超越了文字信息,并延伸到了知识生产,尤其是社会世界的知识建构过程。当然,数字图像的社会建构并没有直接地解决政治问题,但是其将社会建构主义和视觉传播融合在一起,这似乎是迈向视觉政治的重要一步。这里的核心前提要素是,现实是由传播构建的,数字图像的传播方式在构建现实的方式和传统的社会建构在本质上是有所不同的。

如果数字图像支持现实的瓦解,那么它对权力关系的影响取决于我们如何理解现实与政治之间的概念联系。如果政治是建立在现实的基础上,那么对现实的颠覆就是对政治的颠覆,然而这种"颠覆"是不彻底的。福柯已经指出,权力/知识创造意义或话语结构的生产能力,是控制再生产所必需的。① 在晚期资

---

① [法]米歇尔·福柯:《知识考古学》,谢强、马月译,北京:生活·读书·新知三联书店 2013 年版,第235—237 页。

本主义的文化逻辑适用的地方,如果不断产生的新意义构成了权力关系,那么就像詹明信所指出的那样,这些关系可能不会消失,因为表达它们的符号的能指被剥夺了意义。① 相反,在这种情况下,解放性变革的可能性与意义的社会建构是脱节的,它超出了通过交流进行变革的范围,而这就是鲍德里亚所认为的符号暴力现象。他指出,与工业机器相对应的是理性的、参照的、功能的、历史的意识机器;与代码随机机制相吻合的是无参照的、移情的、不确定的、浮动的潜意识随机机制。② 而数字图像作为一种符号的系统性仿像,有助于打破真理的神话,也使政治成为一种仿真模式。数字图像的现实社会的建构遵循如下特征,首先,不同群体对现实的社会建构的控制是不平等的,一些群体总会比其他群体更有影响力;其次,技术进步也是这一现实的一部分,它会受到社会中不平等的权力分配的影响。这意味着,数字图像作为一种影响现实社会构建的交流形式,不是直接影响现实中的权力关系,而是由其他环境和条件调节的,这些环境和条件在一定程度上可能反映了权力关系。数字图像的权力潜力和其他通信技术一样取决于如何有效地使用,而有效的使用取决于用户接受影响其使用的条件。在这些条件中,最相关的是制度化的价值观层次,它或多或少地潜移默化地影响着数字图像的使用,就像其他形式的表达一样。因此,我们将意识形态定义为一种制度化的价值等级制度,在社会价值分配的竞争中发挥描述和规定的功能,而研究这个意识形态的概念是很重要的,它能让我们熟悉媒体和传播的经验,让我们意识到与数字技术打交道的风险,尤其是视觉技术。数字传播时代,数字图像以在线电影、视频点播和视频游戏的形式,从大屏幕电视传播到小屏幕电视,再到更小的个人电脑屏幕和智能手机,毫无疑问的是视觉的数字化促进传播平台的多元化,但并不能促进思想功能的多元化,也不能改变仿真、图像、符号等组织起来所表征的社会,它们是由代码、模型所统治的视觉政治的组织形式,并被无数拟真模型所控制。

2. 数字图像的视觉政治传播

　　数字图像通常由非专业人士通过参与性传播手段制作,用于社交媒体传播,

---

① [美]弗里德里希·詹明信:《晚期资本主义的文化逻辑:詹明信批评理论文选》,张旭东编,陈清侨译,北京:生活·读书·新知三联书店 2003 年版,第 15 页。
② [法]让·波德里亚:《象征交换与死亡》,车槿山译,南京:译林出版社 2012 年版。

并日益成为政治宣传和参与的新场所。新技术带来的可获得性、可负担性和表达的即时性,不断允许网络化的全球公民独立表达与参与,而不受与传统机构相关的约束。我们以社交媒体的头像和自拍照等为例,就是一种在社交媒体上构建新的政治和身份的数字图像视觉传播的范例。[①] 事实上,每一个"形象活动家"都独立于公民参与,甚至独立于那些认同他们的观点,但可能不同意其表达方式的人。虽然这些图像和可见性的影响有时是短暂的,因为他们很可能被淹没,被遗忘,但毫无疑问,社交媒体中的数字图像越来越有效地引发行动和影响观众的政治判断。数字图像被存储在可访问的服务器上,被人转发,用户可以在任何时候为了自己的目的重新组合和/或重新利用它们。作为充满能动的文化对象,这些形象代表了一个政治表达的全新时代,充满了道德、科技和地缘政治的细微差别和力量。

为了更好地理解数字图像的视觉传播,我们尝试借鉴罗兰·巴特在《影像的修辞学》中提出的图像修辞理论。对新兴的、公民参与的视觉模式进行符号学分析有助于理解意义是如何在数字图像中传递的,以及它们在社会政治上的作用程度。在图像内部、图像之间,巴特提出的"理解意义构建"分类法为研究那些被特别设计成带有政治色彩的数字图像提供了一个工具。巴特认为,通过信息传递的三个不同层次的信息分别是表示信息、符号信息和语言信息。将信息以文字和直接的形式表示,就是在一个确定的时间和物理环境中对一个可见对象的表示,而隐含的信息被认为是象征性的。此外,巴特认为,隐含信息的意义来自于社会在某种程度上传达其想法的方式。因此,对一幅照片的阅读完全是偶然的,并取决于个人对它的看法和社会文化框架,通过这个框架,一个人可以解码它的信息。因此,一个形象可以而且必须以多种方式来解释,因为意义的符号不是通过一套单一的历史、社会或文化代码来创造和理解的。巴特针对图像观看者阅读的丰富性和可变性写道:"然而,阅读的变化并不是无政府的,它取决于不同种类的知识——实用的、民族的、文化的、美学的,等等,这些可以被分类并归入一种类型"。[②]

---

① P. Gerbaudo: Protest avatars as memetic signifiers: Political profile pictures and the construction of collective identity on social media in the 2011 protest wave. *Information, Communication & Society*, Vol. 18, No. 8, 2015.

② [法]罗兰·巴特:《S/Z》,屠友祥译,上海:上海人民出版社 2000 年版,第 245—246 页。

　　根据巴特的观点,图像制作者用于嵌入内涵的惯例和编码可能与观众用于解码的含义大相径庭,观看者是根据自己的经验和语境观点来解释图像的含义的。因此,嵌入数字图像中的说服力量,是从图像制作者与他们想象中的和现实中的观众之间共识演变而来的。最后,巴特将语言信息定义为能更好地理解图片(例如图片旁边的说明)的转换能指。他认为,尽管所有类型的信息都是相互关联的,但意义是由图像所伴随的文本来构建的,它引导观看者对照片进行简要的解释,而意象是多义的,也就是说,它们具有多层含义,可以用多种方式加以解释。在多义词图像中,语言信息控制着图像的意义,使其指向所选择的意义。因此,文本和图像永远不能被看作是彼此分离的,只有在一起,它们才能传达意义。巴特的分析有助于我们探索政治表达语境下数字图像的意义形成过程。为此,数字图像具有挑战政治控制和霸权的潜力。

　　我们以社交媒体中的自拍图像为例,将参与性叙事作为一种新的意义形成,探析数字行动主义及其关联文本,以研究数字图像视觉传播的政治意蕴。在数字化传播中,数字图像的原创作品和衍生品、盗用品等混同在网络上传播,改变了原始信息的叙述和意义,偏离了图像制作者的初衷。在网络社群中,参与性的叙述源于不断发展的对话,这些对话能够激发反馈,而反馈也可能取决于围绕着一张自拍照的其他自主的、用户制作的视觉副产品。简而言之,参与性叙述反映了个人与数字技术之间的一种对立关系,这种关系在社交媒体上得到了表达。自拍这样的数字图像显示了其作为一种受欢迎的、易于个性化传播的特质,通过这种传播框架,其参与者可以将自己的个人故事、解释和历史作为各种集体信息的一部分。实际上,相互联系的网络用户通过创造性地制作、混合、再使用,甚至传播自己的原创作品来参与政治活动,形成个性化审美,从而建立起一个集体的"我们"。在这样做的过程中,无论是有意还是间接,他们从根本上改变了视觉传播的框架,不再是一种集中的、一对多的或少数对多数的状态,而是使用一种共享和个性化的方法,也是网络个人政治行动的一种表征。

　　使用个人数字图像来表达社会观点,传达了一种不同于通过文本形式的在线交流,或通过政治组织设计的集体行动策略的方式。与过去相对访问昂贵技术的图像制作相比,日益普及的移动数字设备和数码相机极具便利性,社交媒体连接全球政治地理位置和边界和数字网络即时通讯使创造性的视觉表达影响无远弗届。福柯的考古方法是研究自拍的视觉文本和政治身份之间相互关系和历史关联的一种方法,从而考察数字图像的意义产生的转化、重组和重构发生了的过程。可以说,自拍用户的自我意识颠覆了权力和知识体系,将政治权力、知识和信息分配给个人,以这种方式重塑文化形象也改变了我们此前对制度和技术的疏离。自拍同时也打破了以往的文化接受模式,社交媒体的强大吸引力将公众的注意力从国家或传统的叙述中转移到那些被边缘化的个人表达上。个人网络化时代为社会政治组织也带来了一种新的范式,这种范式的核心不是形成单一的共同特征,而是个性化行为和传播方式。卡斯特肯定了网络社会的个性化过程,认为新环境下的行动框架是根据个体政治行为者的价值观和需求以及"分享和共同体验的需要和愿望"来塑造和重塑的。① 通过在社交媒体上将参与者的内容传播到人际网络,这些数字图像为 21 世纪的组织、动员和协调参与提供了另一种视觉模式,它们表达了作者的身份、个性和叙述,并成为个性化的视觉交流手段。

研究者认为,社交媒体时代带来了一种突发性的集体身份认同,数字图像作为"模因能指"的新代表,与传统统一的集体身份本质上是不同的,社交媒体通过连接的行动和实践,将分散的在线交流和互动结合在一起,形成了集体身份和高度人格化的流动社区。② 表面上,数字图像允许自我表达和个性化,实质带来的是体验和构建集体和群体团结的新方式。这些图像支持了"个体—群体"特征,而在互联网时代,"集体"是通过"个体"体验的,个体是集体行动的手段,而不是目的。数字图像的视觉政治传播,不仅使公民能够超越地理和国家边界,以视觉的方式传播他们的政治立场,而且还活跃了一种背景框架,在这种框架内,人们可以观看和解释一种后国家的视觉表达。当终端用户在网上点击商品时,这些图片可能会被随机夹在其他完全不相关的图片之间,但他们是从一种信息文化的角度来观看图片的,也就是说,图像观看的内容是在观看者体内进行的,这使得图像两端的个体能够有更大的思想自由。同样,通过符号构成和语境框架,图像本身也具有政治意义。图像制造者、图像观看者都存在于一个广泛扩展的参照系中,这定义了传播学和政治学等学科研究的新方向。

---

① [美]曼纽尔·卡斯特:《网络社会的崛起》,夏铸九译,北京:社会科学文献出版社 2006 年版,第 353 页。

② M. Kasra. Vigilantism, public shaming, and social media hegemony: The role of digital-networked images in humiliation and sociopolitical control. *The Communication Review*, 2017.

相对于本地化(如印刷出版)的图像,数字图像的文化意义和政治传播的意蕴都要复杂得多,然而,这为建立研究这一新兴视觉政治传播提供了一个契机。数字图像培养了公民参与的自主性和个性化途径,并通过在随后的叙事中嵌入自己的故事、观点、价值观和历史,观众也能够重塑这些视觉行为的意义。因此,数字图像的意义与它的衍生品等的再分配密切相关,而这些衍生品的再分配也使原版的社会政治影响范围呈指数级增长。因此,数字图像的出现将参与式叙事作为巴特《图像的修辞》中提出的巴塞主义符号学模型的一个新的意义扩展。这种后结构主义的参与式叙事传达了文本叙事和视觉衍生品的演变。应该说,21世纪数字图像的意义不仅取决于内容描述,相反,只要这种图像存在并传播,它就源自或与之相关的不断发展的社会结构。

二、VR作为全息文化的新形式

1. VR与沉浸式新闻的参与

当今媒介生态系统一直处于不间断的变革中,传媒业也随着各个技术时代的快速更迭而发展。尽管传媒业在第三个千禧年的第二个十年里再次进化,但这一次的进化是在网络社会的庇护下进行的,传统的新闻格式混合在一个一切皆有可能的新媒体生态系统和视觉文化中。网络这一无形的世界,结合了已知和未知,告知人们在网络世界的一切都必须遵循"适应或死亡"的原则。当下,网络和移动新媒体设备为新闻格局的剧变铺平了道路,图像获得的权力比以往任何时候都多,一种新的前所未有的视觉文化爆炸:"眼见为实"作为新媒介文化的新教条主义,为新闻业提出了巨大挑战。由于技术和数字结构的最新进展,互联性以及新的消费模式和新闻制作技术的涌现也获得了前所未有的存在感。人们体验了一种以无处不在的真实影像为特征的新闻场景:移动设备作为生产、传播和消费信息的工具具有了社会学意义,通过逐步扩大更加自动化的新闻报道,无人机录音和使用算法实现文本自动化……这一趋势正是新闻业和非虚构叙事变革的主要驱动力之一,也导致了新闻消费的重大变革。

为了丰富多媒体语言,360度视频和虚拟现实(VR)技术的应用成为新闻行业的新势力,这一发展与视频游戏作为一个不断增长的文化产业的影响密切相关,它意味着新闻在讲故事方面有一个根本性的改变。由美国研究者 Nonny de la Pena 命名的沉浸式新闻(Immersive journalism),旨在使观众与传统形式相比更接近新闻,这也是媒体从一开始就追求的目标。"人类总是互相讲故事,每一个新的进步时代都导致了讲故事方式和能力的扩展"。① 由于行业和行业的混合,沉浸式新闻鼓励了这种扩展。屏幕在新闻和接收者之间的屏障已经消失,观众现在有能力穿越这道障碍,打破第四道墙,并深入虚拟世界,亲眼见证新闻的叙述。因此,这是一种通过感官沉浸的第一手新闻体验。研究者总结到,VR 沉浸式新闻从静态的新闻体验向图示化新闻表达的转变、固定模式的新闻叙事结构向受众自由的信息掌控模式过渡、非线性叙事实现时空瞬时转换这三大优势对传统新闻制播模式带来了挑战。② 同时,这一趋势在媒体日常生活中的到来和实施,不仅改变了新闻的叙述方式,也给消费模式带来了一场革命。

新技术的发展对新闻报道的进步至关重要,用户从未像现在这样出现在媒体产品中,VR 也为参与性在媒体领域的实施创造了一种新的概念。受众不仅是内容的消费者,也是内容的传播者,因此接受者(receiver)成为消费者在新媒体时代的又一新角色。事实上,消费者的角色对于新媒体领域是至关重要的,用户不再是事件的旁观者,而是成为新的信息来源和传播者。与此同时,移动新闻也出现了,这一趋势在媒体环境中得到了发展,信息专业人士也融入其中。目前,新闻工作者可以通过文本和图形元素(如现场视频和图像)更新他们的报道,而用户则可以在任何地方随时通过移动设备接收和查询信息。可以说移动和互联网的结合是成功的,我们生活在一个智媒环境中。在这个新阶段,以即时性为特征,信息就在你的掌心,只需点击一下鼠标,媒体趋向于汇聚在一个唯一的平台上,用户可以访问任何内容,并可以分享自己的内容。这些新趋势也意味着消费模式的变化。尽管全新的、革命性的融合全景出现了许多障碍,但不可否认的是,新技术的即时性也为记者和观众提供了有趣的、新奇的体验。在这种消费者语境、移动通信和即时性的背景下,跨媒体新闻应运而生。跨媒体叙事是在社会中自然产生的一种语言,它在信息生产者中的地位与日俱增,它更加强调一个产

---

① D. Gillmor. *We the media*:*Grassroots journalism by the people*,*for the people*. Sebastopol: O'Reilly, 2004.

② 米华:《VR 沉浸式新闻开启传播的智媒时代——以英美主流 VR 沉浸式新闻报道为例》,《中国编辑》2018 年第 11 期。

销者(prosumers)的概念。正是在这种背景下,新的叙事被提上议程,在视频游戏行业繁荣的影响下,数字沉浸式叙事应运而生。

VR 技术的起源可以追溯到半个多世纪以前,但其真正的发展发生在几年前,随着商业影像设备和 360 度视频技术的最新发展,促成了 VR 技术在新闻领域的广泛采用,这一过程与媒体公司进入数字阶段是平行的。互联网改变了内容生产和获取的机制,开创了以融合为特征的新时代。在这个时代,公众可以使用多种多样的屏幕来消费信息,这迫使媒体自我改造,并在当前的媒体全景中寻找新的生存方式。在这种变化的背景下,所谓的"沉浸式新闻"出现了,它与之前提到的大众对虚拟现实技术的采用密切相关,而这种技术在很大程度上受到了可视化设备成本降低的支持。2014 年,这类新闻项目第一次出现的时候还比较谨慎,但这些项目为此后新闻职业开辟了新的可能性,因为它们利用了新技术的特点,为公众提供了沉浸在叙述中的可能性。

在过去的几年里,关于在新闻业中使用虚拟现实技术的呼声与尝试一直在稳步增长,这导致了对 VR 开发的大量投资,主要的媒体公司都在试验用 VR 讲故事的可能性,相关作品也被冠以"沉浸式新闻"的术语,一些研究人员预测这种发展有可能深刻地塑造新闻的未来。[1] 要解释什么是沉浸式新闻,被学界普遍接受的定义是该领域的先驱 Nonny de la Pena 给出的定义。她使用这个术语来指"以一种允许人们对新闻故事中描述的事件或情况获得第一人称体验的方式来生产新闻"。[2] 尽管有了第一个正式的定义,但当我们试图界定"沉浸式"(immersive)一词时,还需要用相关术语来解释它的起源。沉浸一词来自拉丁语 immersus,指的是"沉浸在某物中",这里包括液体、特定的环境,以及真实或想象的环境。这一含义之前也曾被用于文学和电影等其他叙事领域。它试图解释读者或观众的认知过程,他们分别沉浸在小说或电影赋予他们的其他世界中。研究者默里将其描述为一种被转移到一个非常复杂、虚构的地方的体验,在那里,"一种类似于我们潜入海洋或游泳池的被一个完全不同的现实包围的感

---

① P. Doyle, M. Gelman, S. Gill. *Viewing the Future? Virtual Reality in Journalism. Miami*, FL: Knight Foundation, 2016.

② De la Peña, N. Weil, P., Llobera, J., Giannopoulos, E., Pomés, A., Spaniang, B., et al. Immersive journalism: Immersive virtual reality for the first-person experience of news. Presence: *Teleoperators and virtual environments*, 2010, Vol. 12, No. 4, pp. 291 – 301.

觉……一些需要我们全部注意力和感官集中的事情发生了。"①相较于传统媒体,沉浸式新闻所提供的独特的数字化传播环境,使得认知主体能得到认知对象"存在在那里"的主观感受。这种游走在虚拟世界与现实世界之间的"体验"相互交织,打破了新闻受众原本认知的局限性,并对新闻的传播效果产生特定的影响。② 打个比方,身临其境的新闻也构成了观众到事件内部的"旅程",这段旅程是从第一人称的角度出发的,这让他们体验到现实的不同表现。

沉浸式新闻的基础是存在感和沉浸感,沉浸式新闻所使用的资源使用户能够沉浸在新闻故事中,并在虚拟世界中体验存在感,这种形式的新闻产生一种存在感,将用户带到一个不同的场景,在那里他们可以看到某个新闻故事,并感觉自己"真的在那里"。它通过不同的沉浸式系统 Cave 或 HMD 对虚拟世界的创造,而 360 度视频是沉浸媒体最常见的方式,因为它的成本更低,生产时间更短。它需要通过 VR 眼镜或头盔的使用将用户置于场景的中心,并使他们能够通过移动头部发现场景。这些工具将用户与现实本身隔离开来,即脱离他们实际所在的地方,并将他们带到事件发生的地方,从而进入第二个现实。用户沉浸在一个虚拟的数字环境,也在身临其境的叙述中。通过深度沉浸式的新闻报道,能够将人们对地点的感觉转移到一个他们认为真实发生的、可信的行动正在发生的空间,最重要的是,他们的身体也参与了这个行动,而低水平的沉浸式新闻包括新闻游戏和互动纪录片,这些都是探索沉浸式叙事的方式,它们阻止用户真正沉浸,但允许参与和交互。

在虚拟现实中,沉浸感的概念与"在场"联系在一起,因为它提供了叙述新闻故事的第一人称体验。研究者认为,"在事先预设的场景中,给用户留出一定的参与空间,让用户去填补。用户在深度参与过程中,加入自身情感元素,获得身心上的刺激感或愉悦感,沉浸式传播因而被认为是对原有传播关系的全新构建。"③而沉浸式新闻通过虚拟和沉浸式的现实技术和设备充分发挥其潜力,这些技术和设备允许在三维合成环境中进行视觉和感官实验。消除物理边界的感

---

① J. Murray. *Hamlet on the holodeck*:*The future of narrative in cyberspace*. Boston:MIT Press, 1997,p. 111.

② 周勇、倪乐融、李潇潇:《"沉浸式新闻"传播效果的实证研究——基于信息认知、情感感知与态度意向的实验》,《现代传播》2018 年第 5 期。

③ 李沁、熊澄宇:《沉浸传播与"第三媒介时代"》,《新闻与传播研究》2013 年第 2 期。

官技术的发展是探索沉浸式新闻理念的最广阔的领域,因为它允许培养新的交流形式。在本研究中,沉浸式新闻的概念仅指使用 VR 技术制作的新闻作品,无论是三维娱乐还是需要观看眼镜(头戴显示器或 HMD),还是基于洞穴系统的360 度视频记录。换句话说,我们指的是一种具体化的新闻类型,它将用户传送到另一个现实的新闻故事,吸引他们的注意力,让他们感觉自己是其中的一部分,并引导他们在虚拟环境中做出反应,就好像他们是在现实世界中一样。

　　当代媒体从业者和学者都认识到,传统新闻行业正在发生着动态的变化,而且在很多情况下还在苦苦挣扎,除了订阅量下降、广告收入锐减,保持和增加利润几乎不可能之外,媒体信任度在所谓的"假新闻"时代急剧下滑,大众尤其是年轻观众对新闻的兴趣也是惊人地低。但是,正如贝尔·安德森(Anderson)等人所指出的那样,"在当前环境下获得我们所需要的新闻的唯一途径是利用新的可能性"。① 特别是随着越来越多的媒体开始尝试 VR,VR 已经成为新闻研究的热门话题。2015 年,《纽约时报》向用户发送了超过 100 万个谷歌硬纸板——可折叠的、低成本的、安装在智能手机上的虚拟现实模具,以启动一项新的虚拟现实计划,其他媒体(CNN Press Room)也相继推出了虚拟现实应用。自 2015 年末以来,越来越多的 VR 制作的作品被开发出来,涉及的话题从尼泊尔地震的后果,到朝鲜之行,再到火星盖尔环形山的发现等不一而足。值得注意的是,所有最好的作品都是由媒体领域的老牌公司制作的,它们拥有庞大的预算和专业的技术和新闻团队。目前 VR 新闻数量仍在上升,尽管业界对此很感兴趣,但在学术研究方面仍然存在很多不确定性。

　　研究者认为,尽管被贴上了"VR"的标签,但将这些产品中的大多数称为"VR"还是有些夸张。② 虽然技术和灵感来自于 40 多年以来在实验室、游戏和科幻小说中的 VR 应用,但现有的新闻作品在技术上与真正的 VR 体验并不同。真正的 VR 有四个关键要素:虚拟世界、沉浸感、感官反馈和交互性。虚拟世界是一个被构建的地方,在这里内容被传达,无论是精神上的还是身体上的沉浸感被理解为个体的存在感,而感官反馈和交互性与技术对用户行为的反应能力有

① Anderson, C, Bell, E, Shirky, C Post Industrial journalism: Adapting to the present. *Geopolitics, History, and International Relations*, 2014, Vol. 7, No. 2, pp. 32 - 123.

② W. Smith. Stop calling Google Cardboard's 360-degree videos 'VR'. *Wired*, 2015.

关。沉浸式新闻作品贴上了 VR 360 度视频,尽管为用户提供一些控制的故事,允许用户选择关注,但此类作品依然缺乏真正的"交互性",观众不能与故事中的人物或场景互动,不能接收定制响应。受题材限制,使用计算机生成的虚拟世界来表现现实的作品数量虽不多,但却在不断增加,尝试通过让观众影响正在展开的事件来或多或少地实现互动,但这些目前要么是一般难以达到的,要么仅限于眼睛控制,而不是动作控制。在关于沉浸式新闻的受众研究方面,相关探索——包括检验其对受众感知影响的实验等,总体上对沉浸式新闻在"新闻的未来"中扮演重要角色的潜力所持的是一个乐观的看法。研究者认为沉浸式新闻在精神上把观众带到遥远、难以到达的地方,并让观众"亲眼"体验这些地方的可能性。新兴的娱乐技术多年来也一直围绕这一目标,即为用户提供真正"自然""即时""直接"和"真实"的体验。这意味着沉浸式新闻或许可以以传统新闻业无法做到的方式,重建与受众之间的信任。

和存在感一样,观众的互动性和叙述者的角色也是沉浸式新闻研究的另一个关键词。在故事框架中,沉浸式新闻的制作和观看的根本性转变已经得到承认。也就是说,尽管叙述者(包括记者)为故事提供了背景,但充分的互动体验结合有效的故事讲述和适当的主题选择,似乎更有助于内容对观众的接受性,从而产生更强的影响。一项使用 VR 内容的实验探索了观众的响应性作为存在感的感知导致对沉浸式新闻产生兴趣的因素,发现响应性是对存在感起积极作用的主要因素。[1] 在现存的沉浸式新闻研究中,还有一个相关因素是同理心。在 2015 年的一次 TED 演讲中,电影制作人克里斯·米尔克(Chris Milk)将 VR 描述为"终极同理心机器",这引起了人们对 VR 技术的新闻潜力的极大兴趣。同时期出具的两份报告《虚拟现实新闻》指出,"一个核心问题是,虚拟现实是否能提供与现实生活体验类似的同理心和同情心"。[2] 沉浸式新闻实验研究发现,与传统新闻相比,VR 技术不仅在共情感受方面有积极影响,而且在来源可信度和故事分享意愿方面也有积极影响。研究表明,同理心与沉浸感和具体化有关,同

① A. Steed, Y. Pan, Watson, Zet al. 'We wait'-The impact of character responsiveness and self-embodiment on presence and interest in an immersive news experience. *Frontiers in Robotics and AI.* 2018, Vol. 5, p. 112.

② R. Aronson-Rath, J. Milward, Tet Owen, al. Virtual reality journalism. Report, *Tow Center for Digital Journalism*, Columbia University, New York, 11 November, 2015.

理心被认为在理解 VR 技术如何应用于新闻报道方面扮演着同样重要的角色。我们知道沉浸式新闻对存在有积极的影响,存在导致更高的来源可信度,而互动和移情是这些积极体验的核心。目前更多新闻编辑室加入到使用这项技术作为与受众联系的新方式。但是,沉浸式新闻要真正实现它在"新闻的未来"中的角色,还需要更多的调查来了解媒体用户如何看待这项技术在新闻消费方面的潜力,以及了解存在的相关性、互动性和对沉浸式新闻消费的同理心的影响。

理解媒体受众对于理解媒体效果至关重要,受众通常是从使用和满足理论的角度来研究的。在上世纪下半叶,随着研究视角从"媒体对人做了什么"到"人们如何利用媒体?"的转变,使用与满足理论被用来研究媒体及其内容如何满足受众的社会和心理需求。直到今天,该理论最初的轮廓仍然主导着媒体满足的研究。在网络传播中,主动而非被动的受众概念已经达到了新的高度,并从假设变成了现实。虽然学者们批评使用与满足理论缺乏全面的理论基础和清晰的中心概念,不承认技术本身如何影响媒体的选择以获得满足,等等,但该理论仍被认为是研究 21 世纪数字媒体使用和影响的一种非常有效的方法。在沉浸式新闻中,传统媒体所认定的原始满足可能不适用,因为从旁观者到目击者,受众的参与感更强。受众在沉浸新闻中时,通过头戴式设备和体配运动追踪等设备就可以置身"现场",它所带来的变化不仅是获取新闻的过程更加有趣,而且实现了受众角色的根本性转变。[①]

另外,从使用与满足的视角,我们发现在新闻报道中融入虚拟现实需要重新配置传统的新闻报道模式和体裁。在这方面沉浸式新闻的主要创新主要基于两点:一是技术方面,它是在很大程度上改变了新闻作品的生产方式;二是叙事部分也会介入到交流过程中,并与技术层面有着内在的联系(360 度视频、三维重建、化身创造等),因此也会有一定程度的修改。新闻业一直试图将公众与新闻故事联系起来,在报纸和广播时代,这种联系是通过新闻记者所报道的故事来实现的。记者从事件发生的地方描述了他自己的经历,用他自己的话描述发生了什么,尝试在阅读或听到信息的观众的脑海中创造了一个形象。有了电视以后,这种"形象"是真实的,所以观众不必"想象"所叙述的文字,而可以直接在屏幕上看到它,但这反过来又会成为"那里"(事件)和"这里"(接收者)之间的屏障。现

---

① 伊文臣:《"VR+新闻"热潮中的变革、挑战与坚守》,《中国出版》2017 年第 14 期。

在，基于 VR 或 360 度视频的沉浸式新闻可以让观众走得更远，克服电视或电脑屏幕的障碍，直接到达事件现场。换句话说，新闻的基本原则不会改变，唯一不同的是故事中存在的感觉，例如亲眼目睹一名男子因饥饿而晕倒，或成为炸弹袭击的受害者。这方面引发了迄今为止新闻界所做的最重大的变化。我们总结沉浸式新闻的新叙述元素包括以下五个：

1) 题材　一些由媒体公司制作的虚构作品最常见的是与体育和汽车相关，其次是旅游和文化，因为 VR 和 360 度技术能够以一种比传统新闻更吸引人的方式，开辟这类题材讲述新现实的新路径。2) 记者　记者可能以四种不同的方式出现：身体接触和直接对着镜头说话；身体出镜但不对着摄像机讲话，只作为叙述者，或在同一作品的不同时间，在镜头前和镜头后同时发声。3) 来源　尽管大多数作品包括来源的实体形式、画外音，或通过不直接对着镜头的陈述，但它们通常伴随着日常生活的图像。当信息源直接对着摄像机说话时，他或她就会从自己的角度和个人经验来描述所发生的事情。4) 事实　可以是以第一人称从讲述者自己的视野提供事实，也可以是记者从第三人称的角度描述发生了什么，或者两者组合。此外，还有另一种类型的阐述，可以称为"经验"。它出现在一些片段中，这些片段不提供任何信息，但为用户提供体验。5) 使用者　确定了两种模式即旁观者和目击者。然而，有些作品在不同的时间也会结合这两种模式。在一些作品中，用户可能会涉及到角色的使用。总体而言，相对于传统新闻，这五个叙事元素出现了重要的创新，共同建立了一个基于用户使用与满足体验的VR 的"身临其境的新闻体裁"。

这使我们能够识别出一系列的角色重塑，这些角色是由叙事元素扮演的，与传统的视听作品相比，它们介入了沉浸式作品。首先是记者的角色重塑，记者不仅在技术层面上扮演重要角色，而且在内容方面也扮演重要角色。记者会在经典视听产品中做同样的工作，负责制作、编辑工作，可以在镜头前呈现事实，也可以在画外音中以第三人称叙述，而这也发生在沉浸式的新闻项目中，所以记者也会以相同的形式出现。不同的是，在身临其境的碎片性的沉浸式新闻中呈现的记者在镜头和画外音的干预和编辑工作并不明显。其次是消息来源的角色重塑，消息来源负责以第一人称对着镜头讲述新闻事实。与传统新闻相比，他们的角色不能改变，因为他们必须保持客观。然而，沉浸式作品引入了一个与谁来讲述信息有关的变化，因为在传统的项目中，记者通常是传达信息的人，而在沉浸式作品中,信息直接从源流向用户,即与用户的视角一致。再次是编辑的角色重塑,在沉浸式作品中,编辑是由用户控制的,用户可以决定角度和如何消费内容。在传统的新闻中,是记者将不同的层面组合在一起,形成了蒙太奇。因此,记者对现实进行了选择和解释。在沉浸式的作品中,资源是真实而完整的,没有削减。最后是接受者的角色重塑,在传统观念中,接受者的角色是一个被动的消费者,但在沉浸式作品中,接受者可以扮演两个角色,他可以是进入故事的旁观者,也可以成为一个目击者,有时甚至是主角。与此同时,如前所述,接收者指导镜头的蒙太奇叙事,他或她可以随时决定信息呈现的角度。

2. 沉浸式媒体的拟物态与文化想象

应该说,近五年来,一系列由大型互联网平台支撑的沉浸式技术的冲击与融合催生了一种新的讲故事方式。它将观众置于中心的球形设置,并提供了一个第一人称视角,可以通过移动和转动头部来控制,就像在真实环境中一样容易。在 360°视频的帮助下,通过一个现实的、三维的表现,为观众提供了一个视觉、听觉,甚至触觉的经验沉浸。同时,这种表现形式也得到了一些美学和交互式叙事资源的支持,这些资源构成了观众和故事之间的文化想象。沉浸故事与网络游戏的不同之处在于,观众无法通过动作的选择参与到叙事的过程中。在 360 度视频中,观众互动是指观众接受导演之前选择的视角,或者选择不同的视角,置身于事件的不同部分,甚至有获取额外信息的可能性。尽管这种互动具有局限性,但控制信息体验和通过 360 度设置可视化,从而更完整地了解上下文的可能性,也是为观众呈现出在其他传统视听媒体中找不到的一系列特征。打破传统固定框架的界限,允许观众在 360 度的设置中可视化程度,这提高了他们的信息体验。这种新的讲故事方式所包含的创新意味着用于记录和编辑内容的技术手段的根本改变。当观众置身于事件的中心,就好像他们是另一个人物一样,这有助于创造一种幻觉,即人们发现自己就在事件中被叙述,并促使他们认同所看到所听到所经历到的可视化现实。

沉浸式媒体技术的复兴完全或部分地阻止了用户在现实世界中的视觉提示,对传统内容显示形成了挑战。特别是 VR 作为一种提供交互式和沉浸式计算体验的媒介所传递的实时感觉线索范围很广,并且能够在空间上呈现信息和内容,所以它应该被视为一种新型的软件媒介,而不是一种多感官投射。这种特殊类型的 VR 软件是基于其社会和文化的暴露而选择的,可能会对 VR 文化和社会影响产生更重要和持久的影响,理想情况下,人脑将无法区分电脑刺激和真实的世界。由于"沉浸感注重个人感官体验,交互性侧重于个人和社会的关系,而想象力则是人在基于前两方面的认知升华,它们之间层层递进但又相互渗透。虚拟现实在媒体领域的应用,其驱动和目的即在于对人的认知需求、感情需求及社交需求的实现和满足。"①目前流行的沉浸式媒体技术主要包括 VR、AR、MR 等,VR 应用的目的就是创建一个完整的、即时的虚拟环境,而 AR 应用则是遵循超媒体的逻辑,将某些元素或信息叠加到用户体验的真实环境中。在这里我们主要是针对更具代表性的 VR 的拟物态进行深入分析。

如前文所述,沉浸式媒体技术的复兴始于 2014 年,当时 Facebook 在 2014 年收购了 oculus——一家致力于 HMD VR 眼镜的小型初创企业。此举引发了 IT 行业的一系列事件,在经历了 20 年的停滞之后,VR 再次成为了一个主流话题。很明显,在所有沉浸式媒体技术(VR、AR、MR)在现实—虚拟连续体中复兴的背后,出现了几个技术和文化因素的汇合。消费者导向的虚拟现实之所以重新引起人们的兴趣,主要是因为市场上有相对便宜、设计良好、易于使用的标准化设备。标准化的设备为 VR 内容创造者和软件开发者提供了一个技术和业务结构,使沉浸式媒体技术作为一个容易访问的渠道,将设计者的产品轻松地交付给消费者。为了应对新硬件的可用性和局限性,软件公司开始在软件套件中提供 VR 支持,以创建 3D 实时体验。早在 2012 年,一个直接的 VR 内容开发管道已经建立,并出现了为这些内容设计图形的用户界面的需求。硬件方面,主要供应商 htc、Oculus、索尼——提供的耳机都是相似的,因此它们提供了类似的沉浸式体验,而 VR 产品的软件层更加多元化。所有这些硬件、软件和内容开发管道的进步都是突飞猛进,VR 可能最终成为不仅是一个利基技术用于军事和学术社区,也是通用软件平台,提供实时高度交互的玩家用户体验和虚拟工作环境。VR 不仅将成为一个计算机平台,而且还将成为一个新的实时空间媒体界面。

VR 作为一种沉浸式的计算界面,研究者亚历山大·加洛韦(Alexander Galloway)认为软件接口应该被更多地看作是影响结果的过程,是活动的自治区域,而不是静态对象或仅仅是软件层。在界面设计中,文化惯例的作用是至关重

---

① 殷乐、高慧敏:《虚拟现实与传播形态——国内外前沿应用案例分析》,《当代传播》2019 年第 1 期。

要的,因为从技术上讲,一个数据库可以通过不同类型的媒体界面来访问,因此界面更多地受到非技术、文化因素的约束,而不是软件的限制。① 按照加洛韦将界面视为活动区域的想法,我们可以将基于浸入式的环境视为交互式实时界面,而不是多感官投射。事实上,VR 背后的关键特征在于它是一个实时动态和多感官的媒体,一个令人信服的投影就能让用户感觉到在一个虚拟空间的存在感。研究者认为,"环境的响应特性,赋予了 VR 存在感。"② 相对于存在感是一种主观的、内在的心理状态,沉浸感则是一种客观的程度。沉浸的程度本身就是一种技术特性,它由现实系统的硬件、软件和接口层的可承受性和能力来决定,以便向用户投射令人信服的视觉刺激投影。一个引人注目的 VR 体验必须遵循一定的工程和概念原则,这些原则应该有助于创建一个完全主观的、可导航的环境,对用户的输入和行为做出反应。沉浸感和存在感不仅是通过图像的表征功能来维持,更重要的是通过媒体提供的实时多感官体验的交互潜力来维持的。这种特性使 VR 更接近于一种与电脑游戏或图形界面交互相关的体验,而不是摄影、电影或动画等非交互式媒体的被动观看。在 VR 中,用户通过使用自己的视觉感官作为动态"摄像机"或分幅装置,既是导演又是电影摄影师。VR 的这一特性让我们更接近图像媒体历史上的一个决定性的点——"动态虚拟空间"。虚拟现实环境实际上是拟物本体论的活动区域,它创造可能性的范围,通过计算系统的可承受性来定义,可以向用户提供特定的视觉、听觉和触觉线索。VR 是软件媒体体验的一种特殊变体,它利用了软件和硬件工程的进步,允许创建交互式的、沉浸式的计算环境,将用户带入"沉浸式"的环境中。在 VR 环境中实施的独特设计的启示和约束,塑造了它们作为文化软件的地位,调解人们与媒体和其他人的互动。因此,如果我们将 VR 环境视为媒体界面,我们会从风险的角度来分析当今媒体生态中不同的数字信息表现和获取模式。虚拟现实新闻通过全息手段再造现实,打破表征的现实与体验的现实之间的鸿沟,塑造出深度沉浸体验;通过地点幻觉、似真性、虚拟身体所有权以及社会互动,激发用户前所未有的在场感、关联感和情感共鸣。然而,虚拟现实新闻高度沉浸式的特征也带来生产者

---

① Galloway A. R. , (2012), *The Interface Effect*, Cambridge, UK: Polity, p. 82.
② J. D. Bolter, R. Grusin. *Remediation: Understanding New Media*, Cambridge, MA: MIT Press, 2003.

权力的不可见、叙事的煽情化以及无所不在的隐私泄露风险，这些都将对虚拟现实的价值观和伦理带来挑战，甚至将改变我们关于"何为现实"以及"现实该如何"的认知困境。①

三、沉浸体验与视觉文化的异化

1. 沉浸体验的概念

沉浸体验的概念涉及到 VR 技术发展的许多研究领域，对于一些媒体用户和评论家，特别是那些讨论高度互动媒体，如网络游戏的人而言，不仅认为沉浸体验是媒体互动的一个关键组成部分，而且它使互动变得更加扣人心弦、让人沉迷。然而，这种媒介效应仍然没有得到批判性理论的支持。沉浸体验的概念在许多领域都以某种形式被用来解释某种特定的影响，但学者们对如何定义沉浸体验、沉浸体验的关键要素以及限制沉浸体验的因素等问题也还没有达成共识。对于不同的学者来说，沉浸作为一个概念，取决于它是借用了文学理论、虚拟现实分析还是在场理论，每一种理论范式都使其意味着不同的意义和价值。有人认为沉浸是一种被带入虚构世界的感觉，类似于被水淹没，但要从理论和批判的角度来理解这样一个经验和主观的概念是很有挑战性的。② 但反对者认为这种对沉浸式的定义在研究电子游戏时是有误导性的，因为玩家可能会"被游戏作为一种现实世界的活动所吸引，并且在游戏期间或游戏的孤立部分也会强烈地想象虚构的游戏世界"。③ 另有研究者认识到沉浸体验有两种截然不同的类型，一种是技术层面——即产生沉浸体验的系统的特定元素；一种是现象学层面——即用户在虚拟世界中的"想象投资"。两者的区别可以称为感知沉浸和

---

① 张昱辰：《后数字时代的沉浸式新闻：虚拟现实新闻的本质、特征与挑战》，《国外社会科学前沿》，2019年第 6 期。

② M. Ryan. *Narrative as Virtual Reality*：*Immersion and Interactivity in Literature and Electronic Media*. Baltimore：John Hopkins University Press，2001，p. 38.

③ J. Juul，*Half-Real*：*Video Games Between Real Rules and Fictional Worlds*. Cambridge，MA：MIT Press，2005，pp. 99 – 104.

心理沉浸。① 这些类别随后被博弈论学者建立和扩展。还有研究者建立了沉浸体验的模型,该模型由感官沉浸(感官的焦点在沉浸的事物上)、系统沉浸(中介系统取代了非中介现实系统)和虚构沉浸(相信沉浸世界比所呈现的要复杂得多)。② 尽管这个模型建立的目的是为了从理论上论证游戏的沉浸体验效应,但这三种沉浸体验都不需要技术的介入,而更多地涉及感官和一个沉浸者必须接受的规则系统,规则的接受是沉浸体验的关键前提。例如,在沉浸式剧场中,戏剧的规则即演员和观众参与者对这个戏剧内的行为方式表示理解并遵循,如果演员或观众参与者违反了规则,那么沉浸体验就会被打破。

我们以网络游戏为例,尝试使用扎根理论研究网络游戏中的沉浸体验,会发现三种不同程度的游戏参与:第一个层次即参与性,需要玩家投入他们的时间、注意力和努力;第二个层次是全神贯注,即玩家在游戏中投入感情;最后一个层次是完全沉浸,通常是难以捉摸和转瞬即逝的,要求玩家感觉脱离现实,仿佛他们就在游戏中。现实中,多重障碍阻碍了沉浸体验在不同阶段的发展,对于第一级,用户投入的程度对类型的舒适度和对界面的技巧掌握有较高要求;对于第二级,一个设计结构良好且令人印象深刻的游戏世界很重要;对于第三级,用户依恋和同理心所占比重更大。这些不同程度的沉浸体验并不一定局限于游戏的效果,而且可以很容易被重新定义,这与阅读或观看电影时的参与程度是一样的,事实上,游戏玩家所理解的沉浸体验相当于沉浸在阅读和电影中。例如,一个电影观众可能会在看电影的过程中感到参与,因为他们有一段固定的不受打扰的时间来参与,当电影的结构使观众在情感上受到影响时,当他们在精神上允许自己在情感上有所投入时,他们就会全神贯注。他们甚至可能会体验到完全沉浸的时刻,不管那是多么短暂。

鉴于关于沉浸概念和应用常常会与一些术语存在重叠,我们还需要定义这些术语,并理解它们与沉浸感的关联。例如"心流"(flow)就被定义为一种最佳的、极端的体验,在这种体验中,一个人全神贯注于活动,其他一切都不重要。这通常是当一个人感到"在那个区域"时产生的效果。虽然与"完全沉浸"的体验相

---

① G. King, T. Krzywinska. *Tomb Raiders and Space Invaders: Videogame Forms and Contexts.* London: I. B. Taurus, 2006, p. 118.

② L. Ermi, F. Mäyrä. *Fundamental Components of the Gameplay Experience: Analyzing Immersion.* DiGRA, [online], 2005, pp. 15-27.

似,但心流并不等同于高度沉浸状态,因为心流的一个组成部分是有明确的目标。然而,并不是所有被理解为沉浸式的游戏都有明确的目标,因此"心流"和沉浸是明确区分但又有重叠的类别。同样,"在场"也是一种极端的体验,通常被描述为一种效果。在这种效果中,媒体用户感觉自己仿佛被带入了他们所参与的文本世界。因此,它经常与 VR 联系在一起,被理解为一种"精神状态"。虽然完全沉浸的体验和"在场"之间也有明显的重叠,但一个人并不一定需要体验存在才能感到沉浸。突出这些媒体效应的区别,我们就可以集中分析沉浸体验的风险,因为它是我们研究"身临其境"媒体的批判性本质。

2. 沉浸的视觉文化批判

尽管互动性经常被宣传为解决媒体剥夺大众权力问题的"灵丹妙药",但互动性在沉浸体验中却可能遭遇截然不同的命运。研究者认为,沉浸体验被认为是对批判性思维的威胁,媒体用户不能过度沉浸在文本中,还需要保持必要的距离进行批判性反思。一个虚构世界想要建构成功,都需要用户产生沉浸体验,无论它是文学文本形式的,还是视觉影像类型的,无论是技术上还是心理上的沉浸,都需要用户放弃识别力和批判力,而 VR 恰恰是"一种教导而不是符号的媒介"。[1] 在这一论断之外,还要补充两点考虑,首先,如果借鉴沉浸视角的三个阶段,就不需要放弃"批判的自我"来达到较低甚至中等程度的沉浸。当一个人接触到文本,他们会逐步盲目或被动地陷入符号学意义的参与,为了愉悦而阅读的人对文本有一定程度的参与和依恋,会通过意义形成的知识产生读者反应,但我们不能因此假定文本中的符号正被转换为一种固定的意义。每个人都能从文本中创造出自己的意义,无论是批判性阅读还是沉浸式阅读,这些意义部分是由文本和个人参与文本的过程决定的。与任何文本一样,从游戏中获取意义也是一个经过协商的多方面过程。因此,研究人员需要考虑不同程度的文本参与如何产生不同的含义和解释。其次,为了保持批判性和客观性而拒绝沉浸于文本,只会缩小对沉浸体验的研究范围。相反,通过讨论用户的主观依恋体验和参与文本所引发的情绪,可以为研究增加另一个分析维度,同时使研究过程更加透明。

---

[1] M. Ryan: *Narrative as Virtual Reality*: *Immersion and Interactivity in Literature and Electronic Media*. Baltimore: John Hopkins University Press, 2001.

因此,理解沉浸游戏的玩家作为一个被动的消费者,并非一种纯粹的被动过程,也不构成批判性思维的对立面。沉浸体验是活跃的,因为它不仅需要身体上的努力,还需要身临其境的积极想象力和情感参与。但同时它又是被动的,因为沉浸状态的创建和维持部分依赖于软件和硬件的功能,这样才能确保沉浸的状态不会被破坏。但这种身临其境的方法玩游戏不是仅仅把游戏看作是一个位于现实世界的活动,由于涉及反身性实践,它也需要讨论当一个人沉浸在互动游戏中,"想象"是如何作为是一个必要的游戏部分的。

在批判性研究时使用沉浸式方法是多维的,它建立在各种学科中已经使用的方法上,如网络民族志和自传体研究等。沉浸式方法的使用提供了一种视角,说明如何通过与文本的接触方式来改变用户可能产生的含义。由于 VR 技术产生的文本都可以沉浸式地参与,理解沉浸式参与所培养的依恋和情感,就能够分析沉浸性功能的关键组成部分。电子游戏是测试这种方法的理想媒介,因为它们需要直接的交互,玩家必须积极地与游戏控制进行互动,以使游戏能够前进和展开。当然,互动并不等同于沉浸体验,但通过强制玩家进行互动,游戏也鼓励了玩家的基本参与程度。正如上面所讨论的,能够达到的最低沉浸程度只需要对游戏的界面和类型感到舒适即可。当一个人玩游戏,并发展和内化游戏所需的技能和知识,以成功地畅游游戏世界时,他便因此沉浸其中。研究者指出,"沉浸式传播最令人不安的一面是其虚拟世界和物理世界的一体化趋势……在虚拟的网游世界,各个玩家以化身(avatar)面目出现,但其虚拟世界的所作所为确实影响到其物理世界的生存方式,而现实世界的肉身也常依据虚拟世界的逻辑行事。随着沉浸技术和设备的迭代更新,尼葛洛庞帝和《头号玩家》所描述的场景在沉浸式传播中正逐渐变成现实。"[①]

与沉浸体验的视觉异化状况密切相关的是可视化问题,可视化指的是利用计算机图形学和数字处理技术,通过图像、图表、图形来解释信息,可视化使用数字图形动画和沉浸式技术来构建虚拟现实或模拟自然过程,将数据转换为视觉演示,目的是从复杂的、多维的数据集中提取意义。可视化的过程导致了视觉文化的全面转向,也引起视觉文化发生异化。异化是人的内在属性,在生活的各个方面都有体现,异化分为古典和现代两种,古典的异化是人类固有的,现代的异

---

① 邵国松:《媒体智能化发展的伦理与法律问题初窥》,《现代传播》2018 年第 11 期。

化是文化发展后出现在社会中的。我们知道,视觉是现代文化的主导特征,是现代文化的功能组织成分。由于可视化促使视觉文化的深层嬗变,异化的过程也正在微观和宏观层面上形成。在物化主体精神的必然过程中,越来越多的现象被可视化工具,被摄影、数字图像和新媒体所呈现,而沉浸体验是造成视觉文化异化的原因之一。一个人与他或她的生活世界之间的分裂存在于现代文化的几个过程中。态度形成的过程本身就具有异化的特征,异化作为一种内在的人类品质,在我们的生活活动中无处不在。在马克思和弗洛伊德那里,异化始终是一个主体与外部世界(自然、劳动等方面),或自我与无法实现的自我现实(自我疏离)之间的关系。根据决定因素的前显性,我们通常可以发现以下类型的异化:个人的、人际的、群体间的和一般社会化的,而我们试图从视觉文化的物质层面来描述这类异化。视觉表征打断了社会感觉,融入了对现实的感知,并将其放大和建构,这种由多重意象的压力所创造的社会空间是不确定的。① 随着可视化数据库的增加,"现在"这个词在文化中也越来越广泛,越来越变得清晰起来。如今,最突出的自我疏离现象就是自拍,这是一个个性化的社会自恋和孤独的标志。它是一种产生自我固定的安全空间的倾向,是一种对自我存在的确认的不可抑制的渴望。每个人通过信息、文本或视觉领域的屏幕来突破世界的欲望形成了一种新的人类异化程度。

一个人所创造的世界可以作为敌对的力量与他或她对立,视觉文化也是这一活动的产物。它使用成像技术客观化心理图像,想法、思想结构和技术都来自于无形的领域。在现代哲学思想中,异化常与权力关系联系在一起。人类行为的影响归因于这些图像。人们不可能时时躲避图像,而无处不在的观察(无处不在的监控摄像头、相机镜头)作为一种监督机制,体现了权力整体的首要地位。摄影作为一种日常实践,作为当代视觉文化的基础,是走向异化的第一步。拍照意味着将自己置身于与世界的某种关系中,这种关系被认为是一种知识,因此也是一种力量。马克思强调,当生产成为维持物质生活的一种方式,而不是通过劳动来满足人的需要时,人就产生了异化。随着生产的增长,事物的数量增加了,它们变成了压倒性的数量这样一种明确的和非个人的精神。快速和大量图像,

① F. Geyer. Alienation, Sociology. In: *International encyclopediaof the social and behavioural sciences*. Elsevier, London, 2001.

无论是个人的还是公共的,都导致了日常人类空间中图像数量的指数增长。城市空间里到处都是广告、广告牌和户外摄影展。在专业术语中,这种现象被称为等离子体,因为快速变化的城市环境形成了一个城市的形象。人们的生活越是物化,他们就越脱离自己的生活。随着社会资本主义的变革,人的本质被异化了。马克思的劳动异化的概念以及弗洛伊德的精神分析理论都认为,只要存在个人与内部或外部的微观和宏观环境的相互作用模式,都将可能导致异化。人类在组织创造性工作时对自由的幻想,尽管事实上限制了自由,却是异化的直接标志。例如,在互联网上自由活动的好处就是在上面花费了时间和精力,仅此而已。显然,我们可以从几个方面来说明网络视觉文化的异化过程。视觉文化只是文化的一小部分,在这类分析中,视觉文化是最富有成果的文化,更多的事件被可视化工具物化。沉浸体验是造成视觉暴力的原因,典型的图像影响着身份的形成,将其设计成我们旅行和生活的路径。人们更喜欢数字图像,而不是现实的差异性,这些图像被印在各种屏幕中。通过新的数字媒体,人们的视觉空间被微妙的幻觉所取代,在人类活动的宏观和微观层面上,视觉文化都表现出经典和新的异化过程。

四、网络游戏:"祛魅"与"沉迷"

研究者认为,网络游戏特别适合于新媒体技术的创造性应用,游戏的可变性使其成为操纵社交网络中身份和意义的主要手段。然而,我们对游戏本身如何在有意义的日常实践中重新利用和嵌入技术仍然知之甚少。我们将青少年沉迷的数字游戏视为一种复杂的亚文化活动,有多种相互矛盾的解释:它是主观的创造力,是一种培养技术技能的中立工具,是一种脱离成人控制区域的乐趣,或者是一种使社会排斥成为可能的意识形态实践……本节尝试将网络游戏的现实意义进行文化社会学的解读。

一个多世纪以前,社会学家马克斯·韦伯(Max Weber)提出了他关于世界"觉醒"的著名论点。他认为,科学和技术的进步对前现代宗教形式的衰落起了重要作用,比如对其他世界的信仰,对精灵居住的世界的信仰,以及对控制精灵的魔法手段的信仰等。① 《指环王》《哈利·波特》《x 档案》等小说和电影的大受

---

① 〔德〕马克斯·韦伯:《儒教与道教世界宗教的经济伦理》,王容芬译,北京:中央编译出版社 2018 年版。

欢迎表明,失落的世界观在很大程度上是对权威的一种召唤,与此同时,它也证实了韦伯的经典论断。在阅读、观看或消费幻想的同时,人们期望"真实"与"模拟""现实"与"幻想"之间维持典型的现代界限。虽然事实和虚构之间的世俗区分仍然保持不变,但正如研究者所言,娱乐业鼓励"诗意信仰"的时刻,并基于人们"愿意暂停怀疑,因为暂停怀疑使我们能够进入一个比我们生活在理性真理之下的世界更丰富的想象世界"。[①] 我们尝试通过对快速发展的网络游戏类型——大型多人在线角色扮演游戏(massively multiplayer online role-playing game)的社会学分析,探索这些网络世界的文化、社会和经济结构,并评估它们在当代社会中的潜在文化意义。

"自 1817 年英国诗人柯勒律治(Samuel Taylor Coleridge)引入小说以来,愿意暂停怀疑是感知和体验小说的关键范式。"这句话是启蒙运动的典型产物,可以理解为世俗时代诗歌和文学中捍卫和合法化超自然话语的一种尝试。然而,正如研究者 During 所说:"一旦抓住了虚构和非虚构的区别,而某一特定的文本被认为是虚构的,那么就不可能简单地相信虚构事件的真实性,不管它们是不是超自然的。"[②]这种典型的现代描述依然适用于网络游戏。我们以 J. J. R. 托尔金写作的《指环王》(Lord of the Rings)三部曲和受其启发开发的角色扮演网络游戏为例作为分析对象。这三部曲小说曾被网络游戏设计师认为是小说对虚拟世界产生的最重要的影响。作为一个学者,托尔金坚持认为,创造一个真正的"第二世界"并不是一件无聊的事情。虽然它的内容应该脱离现实,但它的形式、结构和细节应该"源于现实",反映"现实的内在一致性"。矛盾的是,一个令人信服的幻想世界应该以科学、技术和对现实世界原则的模仿为基础,而托尔金对现代世界却充满敌意,尤其是对科技。《指环王》被称为"现代性的含蓄诊断",由"激进的怀旧情绪"提供信息,它合法化并鼓励"逃离"进入一个想象的、迷人的但在某种意义上更真实的世界。尽管托尔金对现代世界并不满意,但他的作品却让现代世界变得越来越让人着迷。虽然他的论调在 1955 年仍然受到褒贬不一的评价,平均销量也不低,但这种情况在 1965 年《指环王》平装本出版后迅速改变,其在三年内卖出了数百万本,尤其是对于反主流文化的年轻人来说,《指环王》激

---

① RichardBartle. *Designing Virtual Worlds*. Berkeley,2003.
② SimonDuring. *Modem Enchantments*. The Cultural Power of Secular Magic. London,2002,p. 50.

发了他们的灵感，是他们的精神所往。

有趣的是，网络技术人员、黑客和程序员往往也是托尔金作品的狂热爱好者，斯坦福人工智能实验室的房间以中土世界的地点命名；计算机科学家为斯坦福的打印机设计了三种精灵字体，等等。有人说，20 世纪 70 年代和 80 年代初的个人电脑运动深深融入了托尔金的思想，并将他的奇幻世界变成了广受欢迎且经久不衰的角色扮演游戏。这些程序员中有许多人是当时反主流文化的一分子，他们尤其不满政府和大公司对计算机能力的垄断。这种不满情绪衍生出了与反主流文化中的抗议精神并行的"黑客伦理"，包括"不信任权威""所有信息都应该免费""你可以在电脑上创造艺术和美感"，等等。这些技术人员对现代性也不抱幻想，他们试图通过计算机技术寻找另一种更好的世界。简而言之，他们被托尔金的作品吸引有两个原因：首先，它与他们自己对现代"技术官僚社会"的批判产生了共鸣；其次，托尔金的作品意蕴符合他们作为崇尚技术的黑客的习惯，因为中土世界是一个逻辑严密、制作精确的世界，接近"现实的一致性"。《指环王》不仅让人们想要逃离另一个世界，它还让人们想要建立自己的王国，这就是为什么程序员们将托尔金的小说奉为圭臬，作为他们电脑游戏的蓝图的主要原因。

托尔金于 1973 年去世，但大约在同一时间，他的迷人的中土世界在网络空间重现。从 20 世纪 70 年代中期开始，托尔金的小说就被改编成"互动小说"，并很快被翻译成数字现实。小说的角色扮演游戏最初是纸笔游戏，面对面进行。奇幻角色扮演游戏是一种文化体系，他们有社会结构、规范、价值观和一系列文化象征意义，这些虽然不是物理上的真实，但对参与其中的人来说却是真实的。这些文化体系很大程度上是以托尔金和其他奇幻文学作品为基础的。但它与普通文学又不同，它是一个想象的世界，既具有"共享的幻想"这样的社会性，也具有交互性，在剧本设定的边界内，玩家积极地塑造他们的环境。小说和游戏的交互式形态被定义为计算机程序显示文本，接受文本响应，然后根据输入的内容显示额外的文本。1976 年，一位名叫唐纳德·伍兹（Donald Woods）的斯坦福黑客和一位名叫威尔·克劳瑟（Will Crowther）的程序员开发了第一个基于文本的电脑角色扮演游戏《冒险》。在《冒险》中，玩家可以扮演一个旅行者的角色，在一个托尔金式的环境中与怪物搏斗，克服障碍，解决谜题以获得宝藏。游戏以这样的引言开始："你站在路的尽头，前面是一座小砖房。你周围是一片森林。一条小溪从建筑物里流出来，流进了一条水沟。"进入这所房子意味着进入一个充满了生物、小偷和巫师的危险的地下世界，《冒险》游戏也成为媒体早期历史上最具影响力的电脑游戏之一。当伍兹在阿帕网上发布这款游戏时，它被许多程序员采用了，当时这个程序没有任何安全条款，完全可以修改。此后，成百上千的托尔金式角色扮演游戏被开发出来。20 世纪 80 年代，"多用户副本"（MUD）被开发出来，在那之前，基于文本的角色扮演游戏是单独玩的，MUD 使人们能够与世界各地的玩家一起探索游戏世界。设计者表示其灵感主要来自托尔金的作品，强调了想象力和技巧的巧妙结合，展示了一个连贯的、可信的、迷人的、在现实中不可能存在的世界。到了 20 世纪 90 年代，基于文本的角色扮演游戏和MUD 蓬勃发展，大部分都来源于托尔金的作品。这些角色扮演游戏在电脑上的出现，促进了托尔金式幻想世界的真实性和可信性，通过使这个游戏世界具有交互性，玩家从被动的消费者变成了主动的网络居民。

托尔金的魔幻世界在网络空间的实现，伴随着文本向复杂、细致、成熟的三维世界的转变。这方面的一个关键人物是游戏设计师理查德·加里奥特（Richard Garriott）。作为一名年轻的程序员，他是托尔金奇幻文学和角色扮演游戏的狂热爱好者。1997 年，他在互联网上推出了第一款大型多人在线角色扮演游戏《Ultima Online》并获得了巨大的成功，并促使其他公司为市场开发此类游戏。1999 年，索尼公司推出了《Everquest》，有超过 500 万人在玩，微软紧随其后推出了《Asherons Call》，而最近几年广受欢迎的游戏《魔兽世界》更是形成了一个至少有 5000 万人居住的在线世界。随着每一款新游戏的出现，虚拟世界变得更大、更细致、更先进，然而，托尔金的影响始终是一个不变的因素。在所有开发的角色扮演游戏中，超过 93％是基于奇幻类型的，索尼在线游戏《Everquest》的首席设计师比尔·特罗斯特（Bill trost）在接受采访时说："托尔金创造了一个非常丰富的在线世界，有奇异的文明、语言和历史，他的世界还有自己的逻辑和科学，这是一个非常可信的地方，有着你可以认同的神奇人物。这对我为《Everquest》的创作来说无疑是一种启示和鼓舞。"

根据上述分析，我们可以得出这样的结论：托尔金式的幻想世界已经从小说发展到互动小说，再到复杂的数字世界，而这些数字世界正日益挑战小说的定义。这些在线共享世界在同一时间居住着数以千万计的玩家，他们产生一种独特的文化、社会结构、经济生态，它们反映了"现实的内在一致性"，所以玩家在许多情况下将它们体验为"真实的"地方或"真实的"世界，在那里他们过着平行的生活也就不足为奇了。这些游戏玩家15％的人说他们不玩的时候会烦躁；18％的人认为游戏给他们带来了健康、工作或人际关系方面的问题；不少于50％的人表示上瘾。他们把游戏世界当成自己的生活世界，玩家们在访问这些平行的幻想世界时几乎并不认为网络世界是虚构的，而是真实的地方，他们把它当作真实的地方来谈论，并按照网络世界的规则和信念行事，他们认为，网络游戏的世界不仅仅是作为现实生活的体验，也是比现实生活更好的体验。显然，网络世界很有吸引力，因为它们提供了在真实的当代世界中找不到的意义。那么，如何从文化社会学的角度来理解它们的意义呢？为了回答这个问题，我们对游戏"无尽的任务"（EQ）和"魔兽世界"（WoW）进行了内容分析，并将重点放在文化、社会和经济结构上。这一分析所基于的材料是这些在线游戏的"游戏手册"或"玩家指南"。

　　大多数游戏手册都包含一张详细的网络世界地图，在任何情况下，地图都被划分为不同的国家、省份、城市、村庄和岛屿。EQ 的玩家进入了一个叫做 Norrath 的世界。游戏的核心故事是基于古老的传说、流行的神话、神秘的传统等，最重要的是"失落的魔法艺术"，这些是游戏世界的核心。在 WoW 的游戏手册的封面上有这样一段话："一个在等待进入的魔兽世界，加入成千上万强大的英雄，在一个充满神话、魔法和无限冒险的在线世界。无穷无尽的历险等待着你，你还在等什么？如果你曾经想要走出你自己，走出你的生活，进入一个充满幻想和冒险的世界——虚拟世界给了你这个机会。你选择自己的虚拟生活，让自己沉浸在神秘的中世纪不列颠世界中。"这暗示人们，网络是一个你可以成为任何你想成为的人的地方。游戏手册中的例子清楚地表明，游戏制作者的主要目标是为他们的玩家创造一个迷人的环境，它们不受历史准确性的限制，剪切、粘贴和采样各种流行的传说和神话，并将它们组合成新的独特的世界。例如，在这些游戏中，你可能会在古代欧洲遇到人身牛头怪（源自希腊神话），时间和地点则服从于魔法的命令。EQ 和 WoW 的世界是完全从传统世俗的时间和空间中抽象出来的，尽管它似乎主要受北欧神话的影响（一些地区甚至提到了玛雅和非洲文化），但它几乎与现实世界无关，总之，这些游戏的环境充满了传奇、神话故事。值得注意的是，这些西方世界的游戏中，基督教的传统被淡化了，取而代之的是多神论和万物有灵论的宗教形式，其原因大概是希望能尽可能适应非宗教国家玩家的文化口味。

　　游戏中各种各样的神，无论是好的和坏的都很突出，玩家也被鼓励去执行各种"任务"，去收集精神物品，如"图腾"或充满"法力"的武器等。然而，与玩家最相关的是"魔法艺术"。在游戏开始之前，玩家必须在不同种族、职业之间做出选择，例如选择成为一个探险家、一个战士或者魔术师。一般来说，魔术师都有超自然的力量，他们有能力进行仪式和施法来治疗他们的盟友和攻击他们的敌人。游戏中人们可以选择发展自己的角色（如魔术师）的具体选项是很丰富的，例如，在 EQ 中，一个人可以成为"巫师""术士""魔法师""强制者""召唤者""亡灵巫师""魔术师""德鲁依""守卫者""萨满""亵渎者"或"神秘主义者"。每个子类都有特定的能力和技能。以法师、德鲁依和萨满为例，如《魔兽世界手册》所述："法师是强大的神秘力量的大师，能够以最壮观和最具破坏性的方式使用魔法。同时法师也是一个脆弱的职业，生命值低，战斗能力差，然而，他们用可怕的法术弥补了身体上的弱点。法师法术分为三种：奥术、冰术和火术。德鲁依是一个强大的职业，拥有良好的治疗能力、强大的攻击法术、优秀的增益以及独特的变形能力。德鲁依的玩家有三个类别的法术：治疗、加成和进攻法术。萨满是一个有效的法术施法者，他的法术使他能够执行各种有用的非战斗行动。萨满的独特力量是图腾，图腾是萨满必须通过任务获得的精神物品，它可以起死回生、吸取灵魂、召唤灵魂、心灵遥感等。"在游戏中施展魔法的咒语和可能性是多种多样的，此外，当玩家在游戏中进步时，他们可以发展自己的魔法技能，事实上，他们可以有一个神奇的职业生涯。那么，如何才能理解传说、神话和魔法在这些网络文化中的支配地位和吸引力呢？为什么这么多的虚拟世界都以魔法为特色？这些游戏的设计师们一致认为，虚拟世界提供了神奇的机会，它让人们沉浸在"力量""全能""另类"和"超越"的美妙感觉中，而这些感觉在现实生活中几乎无法找到。

　　网络游戏中的魔术是一种引人注目的观察世界的方式，它比严格的唯物主义观点能提供更多的文化意义和动力。简而言之，人们希望被理性剥夺的幻想能在游戏的世界找到，沉浸式 3D 世界为此提供了一个良好的平台。这与韦伯关于"世界觉醒"的经典论题不谋而合。他认为，基督教传统，特别是 16 世纪的"内隐的"新教伦理，已经导致了前现代形式的宗教的衰落，如神秘主义、多神论、万物有灵论等。在韦伯看来，科学技术的出现和广泛应用可以被描述为觉醒过程中的第二阶段。在一个幻灭的世界里，"没有神秘莫测的力量……一个人原则上可以通过计算掌握一切。韦伯认为，科学和技术使生活更有效率且更方便，但从另一方面来说，对那些生活在现代世界的人来说，却破坏了生活的意义。从这个角度来看，越来越多的人在数字运动中寻求意义和拯救并不奇怪，在这个运动中，古老的、神秘的、探索的、原始的人类文化起源得到了重现和传承。它也可以解释研究中的网络游戏的意义和吸引力，在这些游戏中，一个"幻灭"的社会被换成了一个充满希望的社会，就像研究者所说："在电脑游戏中，每个人都能创造出一种平行的存在模式，一种意义上的幻觉，这种幻觉变得越来越真实，在一个幻灭的世界里，最合乎逻辑的幻灭场所是虚拟的。"①

　　上述我们研究的游戏都以一种基于中世纪社会的松散社会结构为特征。EQ、WoW 的世界展示了一个无状态的社会，并且是围绕着各种各样的，经常是相互竞争的部落、社群和公会而建立的。玩家可以选择他们想要加入的社群，但一旦被选中，特定群体内的社会凝聚力便会被定义，并通过构成虚拟世界支柱的道德叙事得到强化和保证。通过明确区分善恶群体的道德稳定性实际上是由环境的结构来设计的。这种道德二元论植根于游戏世界的想象历史，以一种真正的托尔金式的方式呈现。这些游戏的结构是相似的：和平时期是通过与"黑暗势力"的斗争而赢得，但被新的邪恶势力所破坏，因此，玩家被邀请加入战斗，选择道德的一方。在 EQ 中，"亚瑟王已经不在了，随着他悲剧性的陨落，统治阿尔比昂、希比米亚和米德加尔德王国的脆弱和平已经被粉碎。仇恨已经在人们的记忆中蒙上了一层阴影，以至于现在很难知道是谁先发起了攻击，甚至圣贤们的脑子里也只有一个想法：不惜一切代价战胜那个受人诅咒的侵略者。尽管艾泽拉斯的历史充满了战争和无休止的斗争，但恶魔燃烧军团的入侵是已知的最具破坏性的冲突。军团在漫长的几个世纪里恶意地计划着它的回归，四年前，他们的宏伟计划终于实现了。"可见，网络游戏的特点是善与恶的斗争，但这并不意味着善不能变恶，反之亦然。例如，WoW 讲述了阿尔萨斯王子用他的灵魂换了一把"魔法剑"，后来又换了一把"魔法头盔"，成为"世界上最强大的实体之一"；同样地，魔法师蒙丹用他的灵魂换取了魔力和不朽。这些从善到恶的转变不能被

---

① Peter Norberg, Nicklas Lundblad. E-nchantment. Wiederverzauberung in Contemporary Computer Games. Paper presented at 14th Bled Electronic Conference, June, 2001, pp. 25 - 26.

视为道德相对主义或道德矛盾的形式,事实上,这些浮士德式的故事在游戏中展现了一种强烈的道德感,那就是神奇的力量使人堕落。

正如很多游戏手册中所详细阐述的那样,历史背景构成了玩家选择阵营的背景,具体来说,他们会通过选择一个群体和一个种族(职业是超越道德的中立类别)来做到这一点。例如,在 WoW 中,你可以选择支持部落或联盟,因为部落与联盟之间的战争多年来一直是魔兽神话的核心。在 EQ 中,善恶群体分布在两个地点,因此你选择的起始位置决定了你的道德结盟。首先是你对阵营的选择,无论是好是坏,从你的起始城市(奎诺斯代表"善",自由港代表"恶")开始,都会影响你的角色在诺瑞斯世界的路径。不管你选择哪条路,独特的冒险等待着你。必须做出的第二个选择是种族。托尔金的《指环王》中几乎所有的种族在游戏中都很突出,这个世界居住着人类、半身人、侏儒、精灵、矿石、巨怪和矮人。虽然有些种族可以发展成好或坏的角色(例如人类),但大多数种族都有明确的道德标准,即使是精灵(在托尔金的作品中基本上都是好的)也经常被分开,EQ 用户手册中就这样写着:"森林精灵和蔼可亲。他们是凶猛的林地保护者,他们会与任何胆敢玷污自然纯洁的人进行斗争。森林精灵是很好的阵营。黑暗精灵是邪恶和邪恶的化身。邪恶、狡诈、危险的黑暗精灵冷酷地掠夺弱者和无知者。黑暗精灵是邪恶的阵营。"游戏世界的想象、群体和种族之间的斗争,传达了明确的善与恶之间的道德区别。这鼓励了游戏社群的凝聚力:一旦一个玩家成为一个社群的一部分,他就必须接受形成社群身份的道德规范。

应该说,这些角色扮演游戏都是围绕着个人选择而创造的,而设计师的目标之一便是创造一种真实性。例如,如果一个人选择成为一个黑暗精灵(种族)、一个法师(职业)、一个魔术师(子类),选择擅长炼金术、钓鱼和制造匕首,那么几乎可以确定他在游戏世界是独一无二的。然而,矛盾的是,这种对个性的强调鼓励人们以宗族、部落、团体和玩家公会的形式形成有凝聚力的社会群体,这不是一个选择的问题,而是游戏结构中的一个命令。为了在游戏中通过执行任务和获得经验值,个人被迫与其他玩家合作,以结合各种专长、力量和技能。例如,一个拥有高水平魔法能力的玩家,除非他与一个拥有高水平体力的玩家合作,否则他不能在游戏中进行下去,反之亦然。从这些相互依赖中,所谓的公会就出现了。以下是《魔兽世界》游戏手册中的一句话:"公会是一群为了建立互惠关系而联合在一起的玩家,一些公会是由游戏外的朋友创建的,一些公会则是由游戏内的朋友创建的,他们希望将资源聚集在一起。"除了这些以专业技能为基础的相互依赖之外,公会还围绕着确认和巩固社会凝聚力的特定文化而建立。公会可能是围绕游戏意识形态和神话,或者是依据线下身份而建立的。有"临时公会""突击公会"和"超级公会",后者是各种公会的联盟。与前现代的氏族一样,这些公会有独特的制表符、集体符号、习俗、表达方式,有时甚至发展出自己的语言。这些社区的公会是游戏的主要吸引力之一,社区互动是玩家参与的主要动机。社会网络的产生和社会资本的流通是公会形成的最重要的基础,此外,公会不仅鼓励游戏世界中的社交,也鼓励现实生活中的社交,亲密的社交互动产生了新的关系、友谊甚至婚姻。

　　游戏松散地模拟了中世纪社会的社会结构,往往是一个无国籍的社会在小而连贯的群体基础上组织起来。古典社会学家埃米尔·涂尔干(Émile Durkheim)认为,在现代化的影响下,社区及其所提供的道德稳定性正在下降。特别是法国大革命以来现代民族国家的兴起,是道德结构沦丧的一个重要原因。用迪尔凯姆的话说:"个人不再受任何其他集体控制,而是受国家的控制,因为国家是唯一有组织的集体。个人只有通过国家才能了解社会及其对社会的依赖。但是,由于个人离国家很远,国家只能对他们产生一种遥远的、不连续的影响。这就是为什么这种感觉既没有恒常性,也没有力量。在他们生命的大部分时间里,没有任何东西能把他们从自己的生活中拉出来,也没有任何东西能约束他们。如果一个人看不到他所属于的任何高于自己的东西,他就不可能执着于更高的目标,也不可能服从于一个规则。"涂尔干还认为,世俗国家权力的出现和扩张与小而有凝聚力的社区的衰落密切相关,他认为这造成了道德相对主义和社会反常的局面。事实上,他的思想似乎被一种对中世纪社会结构的怀旧情绪所困扰:"我们可能会对过去感到遗憾,但这是徒劳的,人工复苏是不可能的,这种精神已经没有任何基础了。"①从这个角度来看,我们所研究的游戏确实重新构建了中世纪的社会结构,它们通过构建"好"与"恶"之间的明确区分来呈现出与道德相对主义相反的主题,并通过公会和其他小社群来鼓励社会凝聚力。

　　在 EQ、WoW 中,玩家必须努力工作才能在游戏中前进,可以说网络游戏模糊了工作和娱乐的界限。然而,如果我们更深入地研究游戏的内容,便会发现工

---

① [法]埃米尔·迪尔凯姆:《自杀论》,冯韵文译,北京:商务印书馆 2008 年版,第 122 页。

作扮演着重要的角色,但同时又与现代世界中典型的工作有所不同。显然,在这些想象中的中世纪环境中,没有工厂、现代企业或跨国公司,人们不得不出卖自己的劳动力。但在这些虚拟经济中,玩家完全控制了生产资料。首先,他们可以自由选择他们想做什么样的工作,例如,在 EQ 中,一个人可以选择成为一个工匠、一个装备商或一个学者,这些专业活动的结合也是游戏世界中的一种选择。玩家不仅可以发展自我技能和表达自己的潜力,他们的产品也可能会被认作是游戏社会中的"真正的大师之作"。我们可以在 EQ 指南中读到:"任何人都可以从事手工艺行业。就像冒险一样,手工艺是令人兴奋的,有时也具有挑战性。掌握贸易技能的回报可以确保一个人在诺瑞斯的历史上与世界上最伟大的探险家并驾齐驱。大师的创造几乎可以达到一种神话般的地位。"其次,玩家作为工人有机会参与到生产过程的所有步骤中。在 WoW 中,玩家同时拥有"收集贸易技能"和"生产贸易技能",这意味着鼓励人们从环境中获取原材料,比如矿物质、石头、草药和被屠宰动物的皮肤。他们可以用这些来生产有价值的产品。在 EQ 中,他们可以在"工作室"和"制作站"中做到这一点,例如,生皮可以在这里加工成皮革,皮革可以加工成夹克和其他可以使用、交换或出售的物品。简而言之,玩家是整个生产过程和最终产品的一部分。以下是 WoW 手册中提到的皮革加工的例子:"皮革加工可以让你制造皮革盔甲,皮革补丁可以增强防御能力。所有皮革加工蓝图需要皮革和加工皮革,所以未来的皮革工人也应该学习剥皮技术。工程学是一种生产技能,它能让你创造出一种奇特的组合:发条装置、炸药、护目镜和枪支。在生产贸易技能中,这一技能需要最广泛的材料。大多数蓝图还需要一些金属或石头,所以未来的工程师也应该学习采矿技术。"可见,游戏并没有要求玩家在生产过程中执行一项专门的任务,而是将整个过程作为一个整体来运行。人们可以通过加入一个公会或成为一个熟练的"大师工匠"的学徒来发展他们的贸易技能。在大多数情况下,这是一个非玩家角色(一个人工智能的"人")在真实玩家的世界里漫游,并通过编程将其知识传递给真实的玩家。人们也可以加入一个公会,在这个公会中,每一项专长都有助于团体的生存和成功。

虽然这些公会以中世纪面貌为基础,但它们并没有再现现代以前封建社会的组织特点,作为工作环境,职业公会是潜在的人性化环境,玩家可以表达和进一步发展他们作为工人的潜力。游戏设计师认为,游戏中的劳动可能是现实生活中不令人满意的工作的替代品,它能提供一个人工作的目标和实际的回报。人们在现代工作组织中遇到的困境是马克思社会科学研究的一个主流现象和领域。马克思认为,不满和异化的根源可以在现代社会的经济组织方式中找到。在 1844 年的《经济学和哲学手稿》中,他指出,人在本质上是一个创造者,人在工作中实现了他的人性,而从工作中解放出来才是社会人性化的标志。封建社会的特征是权力和财富的不平等分配,而现代工厂中的工人完全被剥夺了对生产资料的控制权,因此被迫把他们的劳动力卖给那些控制这些资料的人。这就把人变成了一件东西,或者一种商品,"劳动不仅生产商品,而且把自己和劳动者作为商品来生产"。[①] 更具体地说,在一个资本主义社会里,现代人与自己、与自己所生产的东西、与生产过程、与他的同胞团体疏远了。然而,在一个理想的社会中,人们可以自由选择职业和发挥工作能力,他们可能上午去钓鱼,下午在工厂工作,晚上读柏拉图,而这个乌托邦是在游戏世界中实现的。他们可以控制生产方式,并在平等互惠的基础上与其他玩家进行组织合作,游戏中人性化的工作环境为现代资本主义社会提供了潜在的意义。

游戏世界"祛魅"的命题深深植根于社会学传统。鲍德里亚认为,计算机技术在近代社会的出现和广泛应用,也可以被视为人们"对世界不再抱有幻想"的一种表现。鲍德里亚将后现代社会中无处不在的数字代码、虚拟现实和仿像等同于真实的消失和意义的毁灭:"剩下的就是对沙漠般冷漠的形式的迷恋,对毁灭我们的自我系统的运作的迷恋。"简而言之,鲍德里亚把数字小说对现实的胜利看作是最终"对自我世界的觉醒"。然而,矛盾的是,对现实的丧失引发了对日常生活中现实的文化迷恋和寻找。用鲍德里亚的话说:"当我不再是真实的我时,怀旧就有了完整的意义。"[②]网络游戏中的魔法世界——从托尔金的《指环王》到基于文本的角色扮演游戏,这些现实的幻想世界可以追溯到前现代、中世纪,从而超越了韦伯、迪尔凯姆和马克思所描述的现代性社会。虽然从鲍德里亚的角度来看,这些模拟只会导致现实的死亡,永远不能体现真正的意义。但是就像大多数"祛魅"的提倡者一样,鲍德里亚在"现实"和"虚构"之间采取了一种明

① [德]卡尔·马克思:《1844 年经济学哲学手稿》,中共中央马克思恩格斯列宁斯大林著作编译局编译,北京:人民出版社 2002 年版,第 143 页。
② [法]让·波德里亚:《生产之镜》,仰海峰译,北京:中央编译出版社 2005 年版,第 189 页。

确的区分,这种区分不仅是描述性的,而且首先是一种等级性和规范性的区分。什么是"真的",什么是"假的",社会科学无法客观地确定,而且正如分析所表明的那样,在社会科学研究中也越来越成问题。针对这种"本体论原教旨主义",我们可以提出一种更富有成效的立场,可称之为"本体论实用主义"。这种立场在电影《黑客帝国》中尼奥和墨菲斯的讨论中得到了很好的思索,尼奥:"这不是真实的吗?"莫斐斯:"什么是真实的?"你如何定义真实呢? 如果你谈论的是你能感觉到、尝到、闻到或看到的东西,那么"真实"就是你的大脑所理解的电信号。因此,"本体论实用主义"不仅是一个理论建构,而且可能越来越适合于网络经验世界。人们不再被"什么是真的"和"什么是假的"的认知评价所阻碍,越来越多地选择那些被体验为真实、有意义和迷人的现实。我们讨论的现实网络世界就是这种趋势的例子。鲍德里亚的本体论立场只会使研究者疏远虚拟现实带给人们的文化意义。例如,鲍德里亚的典型观点是:"这是形而上学的终结,也是超现实时代的开始。"然而,超现实的网络时代也使这个世界重新充满了魅力。

第十一章　媒介文化体系建设的困境与路径

　　一个社会能够平稳发展跟这个社会的文化体系和文化秩序有很大的关系。文化秩序(cultural order)是以一个社会的文化价值为基础形成的文化规范,是该社会的行动指南。英国学者 M. H. 布瓦索指出:"一种文化秩序也许是我们作为个人在我们日常行动中最容易认为是理所当然的事。在大部分情况下,它是一种含蓄的结构,它已经被我们所内在化,并无意识地指导我们对待交易和管理的态度。"①就人们日益依赖媒介文化的现实来说,文化功能在于以信息传播方式建设其内在的文化环境;就媒介与社会关系而言,确立并构建适应人的发展要求的文化秩序,则是其价值所在。因此良好的文化体系对于媒介文化的发展而言至关重要,对于社会的和谐发展而言,更是其表征。任何一种文化体系都不可能永远处于协调一致的状态,随着社会经济、文化的发展,代表新文化的发展壮大,它必然要对阻碍其进步的、既定的社会文化体系和秩序进行革新或重构,使其有利于自身和社会的进一步发展。

　　进入 21 世纪以来,中国社会进入了一个快速变革的历史时段,从一个世界向另一个世界过渡。随着传媒技术的变革日益深化,移动互联网由信息方式向生活方式转型,文化的转向成为当下社会现实。"文化"一词的内涵从原指农业生产或种植、培育(cultivate)转向"赋予意义"——日常生活正是通过文化获得意义和重要性的同时,也面临两方面的危机。英国文化学者戴维·钱尼认为,其一是文化获得意义性的丧失,这将导致意义的混乱,人们由此转向了另外一种信仰;其二是文化效用的丧失,以至于使那些通常赋予生活以意义的机构和形式不

---

① [英]M. H. 布瓦索:《信息空间——认识组织、制度和文化的一种框架》,王寅通译,上海:上海译文出版社 2007 年版,第 471 页。

再起作用,而这双重危机是现代社会的重要特征。① 媒介变革给文化带来变化,从没有像今天这样让人产生危机感和疏离感。一方面我们看到,当下的媒介文化因技术赋能而处在一种自我盲动、自我野蛮生长状态。文化与信息互动交错掺杂在一起,形成了文化消费的独特景观。传统大众传播时代的文化意涵建构已经被用户、玩家趣味所取代。玩家趣味成为资本筛选的投资方向,"南抖音、北快手"诸如此类的市场格局正在逐步形成,市场意志、市场逻辑正成为媒介文化发展的驱动力。媒介文化正在迅速发生转型,"高点击量""高点赞量"催生着价值观的漂移,在快手 APP 上,类似"14 岁少女怀孕晒娃"的网红视频不断涌现,已经演变成了一种时尚潮流。当媒介文化因为过度娱乐化、庸俗化、碎片化而逐渐失去生命力时,它的功能就剩下让人娱乐至死。媒介文化的发展关系到国家、民族的未来,不可无为而治。那么,国家意志在文化发展中的作用以及文化发展的基本理念和逻辑是怎样的? 文化发展的国家理念、逻辑与大众文化观念之间是否具有同构性? 毫无疑问,诸如此类的话题涉及文化的国家治理和引导,这也是当今时代最为迫切需要研究的中心话题。

当前媒介文化被娱乐风潮所裹挟,而作为推手的民粹主义暗潮在社会各个角落游荡,在这一背景下,媒介文化出现了诸多新问题,根本一点是价值体系正在迷失。在文化民粹主义风潮中,媒介文化难以按传统的模式发展,媒介文化体系建设需要经过主体、市场、文化价值的"三重门",在民粹化思潮中渐行渐远的媒介文化主体是谁? 市场是自由市场还是被控制的市场? 文化价值取向是健康的还是病态的? 这些作为体系建设的基本要素问题都无法简单回答,困惑很多,尤其在文化民粹主义风潮中,媒介生产打着"人民"的旗号,标榜主流文化地位,貌似取得了文化形式存在的合法性。

英国学者吉姆·麦克盖根认为文化民粹主义是一种知识分子的界定,认为"普通百姓的符号式经验与活动比大写的'文化'更富有政治内涵,更富思量。"② 它是反抗文化垄断、宰制状态的一种政治情感和文化表达。它一方面强调民众在社会历史进程中的作用,把民众的文化需求、愿望、情绪当作考虑问题的出发

---

① [英]戴维·钱尼:《文化转向:当代文化史概览》,戴从容译,南京:江苏人民出版社 2004 年版,第 3 页。

② [英]吉姆·麦克盖根:《文化民粹主义》,桂万先译,南京:南京大学出版社 2001 年版,第 4 页。

点和归宿,但另一方面则是教义化的文化平民化倾向和极端民主主义立场,即极端强调普通民众尤其是底层社会的价值和理想,常常把平民化作为社会治理的理想和文化活动合法性的来源和终极目标,强调对民众情绪与意愿的绝对顺从,甚至对普通民众在特定情况下出现的某种非理性的、情绪化的共识也盲目顺从。价值取向上表现出强烈的反体制文化和明显的反智主义。进入 21 世纪以来,文化民粹主义又在信息科技语境中找到生存空间,鼓吹技术给文化带来的"民主"功效,具有很强的蛊惑性。开展媒介文化体系建设,就必须进行新的"祛魅",破除文化民粹主义的这种"迷思",自然也就需要对三个基本要素问题进行梳理和反思。

一、媒介文化体系建设的困境

1. 困境之一:媒介文化主体精神缺失

媒介文化体系建设中绕不开的核心问题是文化主体和主体性。按照麦克卢汉的观点,媒介不仅仅是作为一种技术和传播手段而存在,更是一种文化本身,某种意义上说,它也是思想的催化器,它所改变的,不仅仅是文化传播的方式,还是与此文化息息相关的"主体"存在的状态。在媒介文化研究中关于"主体"的理解,西方学术界有两派主要代表:一是对媒介文化持批判态度的学者如法兰克福学派、后现代学者如鲍德里亚等,他们认为媒介文化造成了理想的现代主体的坍塌;二是对媒介文化持建设性态度的学者如本雅明、伯明翰学派以及麦克卢汉、波斯特等,他们认为媒介文化促成了一种新型现代主体的出现。显然,两派观点截然不同,分歧的根源在于现代性问题的多元反思和不同解读。但正像吉登斯所说的:"我们实际上并没有迈进一个所谓的后现代时期,而是正在进入这样一个阶段,在其中现代性的后果比从前任何一个时期都更加剧烈化更加普遍化了。"①从吉登斯的这一立场来看媒介文化的发展现状,自然会发现,当下的媒介文化可以说是一种现代性的"后果"。它显现出来症候更加"激烈化"更加"普遍化"。

---

① [英]安东尼·吉登斯:《现代性的后果》,田禾译,南京:译林出版社 2007 年版,第 3 页。

今天的大众已从传统媒体时代的"受众"转型为"用户",用户是按照沃纳·松巴特(Werner Sombart)所说的"市民精神"和"契约精神"来参与文化实践的,这两种精神的融合构成了资本主义精神。当前,网民在一个网络平台上实现了所有信息活动的整合,包括文化创作和消费活动。表面上看,受众(用户)在文化消费中占据着主动地位,但这实际上并不意味着具有主体性。从批判哲学角度看,一个完美的文化主体除了是理想的感性主体和理性主体相结合外,还要加上一个意义追寻的维度,这个维度在前现代的社会中由宗教负责,在宗教的神圣性被摧毁的现代,则由美学或一种审美文化来承载。批判哲学视野里的审美文化在20世纪初的现代主义文艺思潮中有过精彩的展示,然而,随着电子媒介的发展,这种审美文化随即被大众传媒文化所取代,媒介文化因为与世俗社会的现代性合谋而获得充足的营养。这是一种高度技术化、市场化、大众趣味化的文化,它挪用审美的要素,模糊了世俗与审美的界限,抹平艺术与非艺术的鸿沟,挑战启蒙运动所确立的领域界限。这种媒介文化对现代主体的异化在网络时代不仅没有减轻相反却进一步加重了。缺乏主体性的现代媒介文化体系建设还能走多远呢?

一个不争的事实是:新媒体时代"用户"的自主权扩大了,他得以摆脱长期对宰制文化(dominant culture)的依赖并向宰制文化权威发出挑战。在新媒体领域,由Web2.0技术带来的网络"微博""微信""播客""弹幕"等具有及时互动特性的"全民写作""山寨文化"等成为"草根传播"新形式,网络空间平民的商业成功已不再是神话,千万富翁的网络写手比比皆是,这使大众、百姓看待文化的话语权问题有了十足的底气。文化变得离每个个体越来越近,甚至连青少年网络游戏"成瘾"等都成为社会合理要求。因为网游也是文化产品。在商业大潮中,传媒生产转身为文化产业,需要大众来消费这些类似网游文化产品。要怂恿和鼓动人们去消费,只需把民粹主义的"到人民中去"的原始口号转化为"到消费中去"即可,强调消费就是生活的一切——"我消费故我在",这样才能造成全社会都沉浸在消费狂欢活动中的假象。在文化民粹主义风潮中,消费者、用户出现了主体性迷失现象是必然的。

作为文化民粹主义的话语实践,这其中蕴藏着复杂的政治、文化环境下产生的大众不满情绪。无论是媒体竞争的场域还是受众的不满情绪,都使媒介文化的主体意识发展走上民粹主义的偏途。几年前的"山寨春晚"人们还记忆犹新,那就是典型的文化民粹主义的产物,它体现了一定的文化平民意识,而此后各种娱乐节目之所以饱受诟病,就在于传媒生产还停留在过去的"宰制文化"模式中。漠视受众的好恶,自然会受到抨击,网络空间大量的负面评价正是民众不满情绪的表现。这种强势的宰制主体,多半是意识形态的产物,完全不能适应现实的需要,而这正是文化民粹主义产生的温床。媒介文化的宰制主体需要扬弃,那么,依照民粹主义建立起来的文化主体是不是可行? 这似乎又走向了另一个极端,其特征是感性欲望的伸张以及由此带来的心灵秩序的感觉化。所谓心灵秩序的感觉化,就是放弃或不追求理性的思索和超越性的解脱,而让感觉停留在物欲的此岸世界上,感觉上升为生活的主导原则,追求感觉欲望的满足成了生活的意义界限。这种心理体验结构将一切固定的、永恒的或终极的神圣价值消解在流逝的感觉性的心理因素中,在这种只剩下"现在""瞬间"的感觉性的体验结构中,"当下即是"的心态必然以丹尼尔·贝尔所描绘的感性的"及时行乐"为归宿。缺乏反思向度,主体性从何谈起!

从更深层次看,当前的一些媒介文化,除了"山寨春晚""B站新年音乐会"一类反权威、反垄断的民粹主义文化实践之外,其他都带有一种"瞎胡闹"的性质,主体意识在这些文化实践中其实是相当不稳固的,一旦实现以小博大的创富目标,文化实践很快就沦为商业附庸。可以说,媒介文化体系建设,需要有主体意识,需要有灵魂,然而在当下,那种试图有所建树的媒介文化主体,常常被民粹主义所绑架。媒介文化的主体到底是什么? 这个问题难以找到简单答案。文化民粹主义一旦高举"大众"的旗帜,最先响应的一定是传媒机构。传媒是执行大众的需求、意旨、趣味吗? 这也很难找到答案。使用与消费的自由选择权造成了媒介文化传播格局中用户势力的壮大,用户开始拥有媒介文化生产的话语权,拥有文化价值高低判断的自我裁量权,并逐渐改写文化生产的规则。这与传统媒介文化有着本质的不同。新媒介技术的进步,使用户主体意识上升后,以平民文化、草根文化为标识的媒介文化蔚为大观,一时间,平民文化成为主流并得到大力推崇,于是,在文化领域渐渐滋生出了文化民粹主义思潮,它助推了当下的媒介文化野蛮生长,于是传统的媒介文化体系被颠覆了,一切内容和模式都被改写。由此看来,用户主体不是媒介文化发展所需要的正常主体。

按照启蒙现代性的观点,主体就是启蒙理性的执行者和贯彻者,而且这个以理性为主导的主体必须具备以下特征:自主性、能动性、反思性。艾森斯塔特在

《反思现代性》一书中对此有个总结："现代性的文化方案带来了人的能动性和人在时间之流中的位置的观念的某些独特转变。它持有这样一种未来观念,其特征是通过自主的人的能动性,众多的可能性得到实现。"①"反思—超越"层面的主体,是指按照审美原则建构的"主体",它是在对前两种现代性的激烈批判中界定的。当下最突出的,是现代信息技术带来的感性层面的现代性一统天下,其阴暗面在"主体"方面的最大体现就是价值虚无。吉登斯指出:"在现代性背景下,个人的无意义感,即那种觉得生活没有提供任何有价值的东西的感受,成为根本性的心理问题。"②民粹主义将文化主体的反思、批判维度降到最低,于是娱乐大行其道,成为媒介文化主流。

　　在传统媒体时代,消费主义培育了媒体所需要的"大众",然而,这个"大众"初期也只是一群"乌合之众"。乌合之众成为有头脑的受众,也就是我们通常所说的具有主体性的信息接受者,需要一个"培养"过程。大众被召唤成主体,大众的欲望、口味、诉求也渐渐趋向一致。文化民粹主义与新媒体技术的结合,满足民众文化需求成为一种诉求,具有了合法性。在"人民的文化""大众的文化"旗帜下,自定规则生产出的文化,体现了非精英的底层文化特性:满足感官需求、娱乐至死。官方媒体迎合受众需求,大力生产全民娱乐产品,一时间"相亲节目""好声音""真人秀"充斥荧屏,一些非官方媒体更是游走在政策和法律的边缘,最近爆出的"网红"种种丑行,表明这种"民粹"容易走向低俗。传媒结构上的区分和话语功能上的分化,相应地形成了话语生产截然不同的两种游戏规则。③ 并非民粹主义必然导致低俗,而是民粹主义所引领的绝大多数底层民众文化品位不高,这是由中国人口现实决定的。这种媒介文化所培育的是"单向度的人",哪里谈得上是具有主体性的人! 这也说明,再先进的技术其实也并不能保证文化走向一个健康的、具有批判性的轨道,也不能保证形成真正意义上的主体。

　　90后群体的文化消费习惯已出现变化,他们基本不看报、不读书,甚至不在客厅里看电视,那么,什么样的文化才是他们所需要的? 接下来媒介文化的规则

---

① ［美］S. N. 艾森斯塔特:《反思现代性》,旷新年等译,北京:生活・读书・新知三联书店 2006 年版,第39 页。

② ［英］安东尼・吉登斯:《现代性与自我认同》,赵旭东等译,北京:生活・读书・新知三联书店 1998 年版,第 9 页。

③ 周宪:《当代传媒文化的景观变迁》,《文艺研究》2010 年第 7 期。

由谁来制定？文化生产的主体是政府？精英？大众？文化消费的主体又是谁？
这些完全不能按照传统的知识和经验来加以回答。早在上世纪90年代，国家意
识到文化发展需要走向市场才能有活力，进行了一系列改革，然而，文化的规则
制定并没有交到大众手中，文化体制改革，最终仍然是"带着脚镣跳舞"，政府在
文化传播中具有绝对的主导权。媒介文化主体建构的实践活动，一直处在小事
靠从业者自律，大事靠领导批示的状态。文化体制改革并没有造就真正的文化
主体，主体建构的话语实践仍然属于国家行为。受众尽管与传播者处在不平等
的位置，但在被动接受中也渐渐适应了那种文化模式。然而信息技术在本世纪
的突飞猛进，改变了媒介文化的版图，互联网尤其是移动互联网的出现，改变了
传者与受众之间的固有格局以及据此形成的文化秩序。新媒体传播突出的特点
是自主性、平等性和交互性，这自然带来文化秩序的新要求。

文化民粹主义正是在此时找到了切入口。网络时代高度中心化的文化霸权
渐渐式微，媒介文化的主体性建构逐渐进入对话的轨道。用户自我意识的上升，
带来了媒介文化生产和消费的变化，于是用户的主体性实践集中在对自我趣味
的建构上，逐步形成趣味共同体。民粹主义主张"受众至上"，文化传播的规则应
由受众来制定。规则谁来制定从根本上决定了文化体系的走向，这种用户趣味
导向的媒介文化体系能否被导向一个健康、良性发展道路，值得怀疑。当前，媒
介文化在商业化中的迎合消费趣味，已使民众丧失了批判意识，受众沦为"单向
度的人"渐渐成为现实，久而久之受众的主体性不复存在，取而代之的是一种主
体性假象，即阿尔都塞所说的"召唤主体性"或伪主体性。一种文化不能由其接
受者自己主导，那么这种文化就不是健康的文化，带给大众的只有精神殖民化。
然而，这种自主又不能等同于民粹主义的"民众自己创造的文化"。因为，文化民
粹主义所倡导的民众自主文化，只是为反精英文化而存在的，作为思潮，它只破
不立，因而归根结底是无主体性的文化。媒介文化体系建设，必须首先突破这种
屏障，走出主体迷失的状态，重塑民众文化主体地位。

2. 困境之二：文化民粹逻辑与商业逻辑合谋下的市场结构

文化体制改革后，文化生产进入了市场化轨道。文化产业概念的提出，是基
于对文化市场的想象。媒介文化在长期意识形态表述之上，形成的宰制文化霸
权积重难返，这为文化民粹主义提供了极好的出场背景。当下，媒介文化虽然热

闹,基于商业逻辑,媒介所生产的文化就是产品,产品要销售到市场,实现交换价值。一切以经济效益为本,受众就是上帝,西方媒体的口号"您所关心的就是我们所关注的"(What concerns you concerns us)这种文化产品供应商的服务姿态在任何市场都会受到欢迎。新媒体时代来临后,媒介市场竞争加剧,消费主义"用户至上"的口号同样适用于媒介文化生产。满足用户的需求是获得市场价值的主要途径。市场的简化逻辑,决定媒介文化发展的一维方向,即尽可能满足受众的需求,寻找最大受众市场和受众趣味的"最小公约数"。随着传媒消费主义的流行,"传媒拜物教"已融合了"商品拜物教"的成分,并发展成为消费时代的新的异化现象。在传媒的消费主义导引下,商品的象征价值和符号意义被不断放大。鲍德里亚用"再循环"一词表达了传媒消费的异化现象:每个人要跟得上消费潮流,"每年、每月、每个季度都有自己的服装、物品、汽车等进行再循环,假如不这么做,就不是消费社会的真正成员。"[1]在消费社会,传媒对世界所进行的诊断,具有消费意识形态的导向。"世界所有的物质、所有的文化都被当作成品、符号材料而受到工业处理,以至于所有的事件的、文化的或政治的价值都烟消云散了。"[2]媒介文化体现出"物欲症",导致商业殖民化在所难免。

　　基于民粹主义逻辑,那就是否定一切精英或政府主导的文化,将文化的主导权归还给民众。文化民粹主义者认为,现行的文化都是精英操控的,与政治领域的代议制不是大众的政治一样,精英的文化也不是"大众"所需要的文化,只有"大众"自己生产的或者符合大众趣味的,才是真正的媒介文化。因此,文化民粹主义极度推崇反智性的文化。这就造成了文化的非智性倾向。文化走向肤浅、低俗就在所难免。站在媒介生产机构的角度说,生产、制作"人民""大众"喜闻乐见的文化天经地义。"人民"如今喜欢什么,我们就应该生产什么,必须满足他们的要求;站在受众(消费者)角度说,我是"人民",我就是上帝,因此,媒介必须满足我的需求。因而,民粹主义这种逻辑成为媒介经营机构牟利的合理借口。在这种思维逻辑下,媒介机构优先满足最大多数人的需求,最终自然是感官层面的需求成为最大的需求,即在马斯洛"需求层次论"最低端的"生理需求"层面达成文化共识,文化生产贴近感官需求,那么这种文化必然是感性的。按照"需求层

---

① 〔法〕让・鲍德里亚:《消费社会》,刘成富等译,南京:南京大学出版社2001年版,第101页。
② 〔法〕让・鲍德里亚:《消费社会》,刘成富等译,南京:南京大学出版社2001年版,第133页。

次论"，能在各阶层人群中实现文化"最大公约数"的,是一种感性化的趣味文化。它直接表现为窥视欲、好奇心、感官刺激等,这种"最大公约数"说到底就是一种"快感文化"。于是,看什么,怎么看在当下都发生了变化,我们看到,电视的所谓谈话节目、"真人秀"核心的内容变成隐私的展示,而在网络空间,具有视觉冲击力的色情和准色情内容如"网红"直播、聊天室"裸聊"泛滥成灾。

　　这里我们看到,市场逻辑与民粹主义逻辑不谋而合,它们共同制约了媒介文化的生产。市场逻辑讲效益,民粹主义逻辑讲尊重和满足。于是他们共同"娇惯"出的文化就向着一个方向进发。这种文化的生产路径就是:1. 利用大众的"力比多"(libido)驱力。力比多是精神分析学中的本能驱力,传媒内容在当下的低俗化倾向,说到底是传媒生产者瞄准受众的生理需求寻找"最大公约数"的结果。从传播市场竞争的角度看,感性化的快感文化,最容易寻找到最多的受众,激发受众文化消费的快感,"力比多"(libido)有助于实现市场的最大化。视觉化的信息传达,在当下是最感性化的也是最具有市场前景的。当前已经进入了快速阅读的时代,而图像是适应这种转变的最好元素,图像的真实及其瞬间的优势都是文字所无法企及的;当今传媒已由传者本位转变为"受者本位"和"用户本位",一方面可以说是传媒培养了受众,另一方面也可以说,是受众造就了传媒。视觉化信息传达,自然而然也就培养了受众的浅阅读习惯。2. 制造"肾上腺素"的文化。既然是感性文化,要想满足狂欢的文化特性,它需要的是片刻间血脉贲张的效果,所以从《江南 style》《小苹果》,到《挑战不可能》《出彩中国人》的流行,都符合这种特性。进入消费社会后,大众传媒中的娱乐化现象即变成力比多驱使的狂欢,当下一切文化消费的放纵状态都符合文化民粹主义主张,以"人民""大众"的名义包装出来。

　　根据中国互联网络信息中心(CNNIC)第 44 次报告,截至 2019 年 6 月,我国网民规模达 8.54 亿,较 2018 年年底增长 2598 万,互联网普及率达 61.2%;我国手机网民规模达 8.47 亿,网民使用手机上网的比例达 99.1%;大学、大专学历以下的网民群体占比为 61.9%。[1] 这里可以看到,低学历人群占网络用户的绝大多数,这样的网络文化,其品质可想而知。由这个文化层次人群所代表的文化

----

[1]《中国互联网络信息中心(CNNIC)第 44 次调查报告》,http://www.cnnic.cn/gywm/xwzx/rdxw/20172017_7056/201907/t20190702_70739.htm。

是真正全体大众的文化吗？当下社会普遍的浅阅读风潮，与其说是媒体技术、信息过量的产物，不如说是放纵的结果。"人民"的感官满足、低俗满足归根结蒂是力比多的发泄与满足。文化内涵越来越空洞乏味，沦为消遣物；文化的品格越来越趋向"地平线"化。

在此背景下讨论媒介文化体系建设的路径，必须努力摆脱上述两种逻辑的制约，还媒介文化以科学、理性的状态。媒介文化有承载，不仅仅只有娱乐、狂欢功能。问题是在当下文化民粹主义大潮中，媒介文化如何有效承载其应有的文化精神。这首先得破解文化民粹主义如何与市场策略的媾和。全民娱乐大潮来临，给媒介文化市场化创造了机遇。在新媒体时代，随着各种文化趣味共同体的形成，文化生产和消费就形成了新的体系，我们必须重视全民娱乐的文化实践过程，看它是如何在两种逻辑合谋中将大众裹挟其中的。

过好文化的市场关，重要一点是要找到文化市场体系结构，突出市场的多元选择，传统文化、时尚文化、青少年趣味文化、经典文化都有存在的合理性，都应得到合理的引导，特别是传统文化的地位，特别是应强化传统文化在传媒市场化发展中的地位，这是由中国媒介文化特质性所决定的。文化价值体系的重建，应打破通俗文化与精英文化的对立，消除民粹主义的影响，突出人本价值以及文化对现实的关照，使文化的诸种功能得到释放。放任自流的媒介文化市场，最终会被民粹主义操控，只能在市民趣味中生长。

3. 困境之三：媒介文化价值取向偏差

当下媒介文化体系重建的一个突出问题是，文化价值取向的平民化和虚无化。文化民粹主义具有极端平民化倾向，即极端地强调平民的价值和理想，把平民化和大众化作为所有媒介文化合法性的终极和唯一来源，对普通大众在文化活动中会出现的某种非理性的、情绪性的共识不加辨别地顺从和迎合；对媒介文化生产中的功利性与媚俗倾向持默认态度。例如，当下媒介文化被网络流行文化牵着鼻子走，实际是顺从了网民的某些趣味。媒介文化进入了一个平民化价值隧道，似乎走上了一条不归路。于是，收视率、点击量即成为衡量媒介文化价值的标尺。按照民粹主义的逻辑，假如要对媒介文化产品做一个价值判断，那就是接受人群最多的就是好文化。这就导致媒介生产者，朝着收视率和点击量方向去努力，吸引用户成为媒介文化生产应当努力的方向。因此，在很大程度上，媒介文化生产的功利主义价值取向,导致了媒介文化接受活动中极端的商品化倾向,也导致了大众对文化中应有价值内含诸如批判与反思、平等意识、法治意识、民主意识、尊重生命、个人和集体权益保护、务实性、直率性、义务观等的淡忘。这样,平民化取向既是现行媒介文化的价值核心,又是文化发展的整体趋势。

文化中积极价值观的形成,是与人类长期以来以自然、社会为研究对象、对周遭环境进行改造的传统是分不开的,面对自然的理性主义,体现在行为方式上的契约论、博弈论都是以生存竞争为前提的,中国传统文化中也有许多价值层面的内容,均是理性化的总结,这可以说就是一种精英文化。文化民粹主义反精英、反权威、反经典,反文化霸权无疑具有进步意义,但从根本上否定精英文化价值追求则是错误的。文化民粹主义者利用新媒体带来的便利,表达对正统文化和传统经典的不屑。当下在民粹主义潮流中扮演主力的是新生代年轻人,他们通过培养媒介文化新的"玩法"、新潮流、新风尚,来达到对成人文化的抵制,抵制传统精英文化中的权威和崇高。通过对精英文化抵制、嘲弄、亵渎,文化民粹主义彰显自身的价值和意义,并告诉人们平民是一切权力的合法性根源。[①] 之所以不加分析地指斥一切精英文化平庸、苍白与虚伪、猥琐,就是试图从根本上孤立精英文化,否定精英文化的内在价值体系。

从文化使用的群体来说,民粹主义所讲的"人民""百姓"本身只是一个幌子,虽然人数众多,但并不一定代表社会整体。有时只要是穿着破烂的乞丐就有可能被描述成"人民",并可以拿来用作批评政府、批评精英的材料。文化民粹主义沿用了政治民粹主义的惯用策略,通常会使用"草根"、底层社会、平民阶层等概念,甚至在网络时代也用屌丝等描述底层人民,这个抽象的"人民"被赋予了许多天生的正面价值。仿佛只要贴上"人民"的标签就代表了正义力量和正面价值,就代表了历史发展方向。诚然,在草根阶层中不乏创造力,正如当年威廉斯、霍加特所推崇的工人阶级文化,本身就是一种相对于精英文化的一种创造。然而,发展到文化民粹主义阶段就形成了一个思维惯性,只要是草根、底层的文化就都具有创造性,就都是先进、鲜活、富有生命力的。"草根"的本原性、基础性和旺盛的生命力,"显示出一种虽然身世卑微却具有存在合理性、正义天然性和前途不

---

① 高平:《文化民粹主义批判》,《探索与争鸣》2009 年第 5 期。

可限量性的价值判断。"这是民粹主义者基于群体总数的一种判断,活跃人群天然众多,于是可以用"大众"的名义来组织媒介文化的生产。"'草根'一词积淀的这种概念内涵和价值倾向,恰好有效地满足了当前中国都市娱乐文化确立文化话语权的学术图谋,而且能够成为他们一种亚文化性质的情感表达。"①草根的概念其实并不具有正面价值的必然性。文化民粹主义的根本特征,是无保留地视普通百姓为积极的快乐追求者,完全信任他们的判断的合理性。即使百姓对邪异的个体与个性、性、丑闻、暴力、运动和娱乐等方面的兴趣,甚至其中表现的是人性的低俗品质、负面特质与卑污内涵,如果以一种生动的、有特性的语言和形式表现出来,也往往被文化民粹主义者从日常生活的意义角度来加以理解与重视,并以普通百姓的趣味与快乐的姿态,来加以解释并使之合理化。这一群落核心的心理诉求,是渴望否认体制文化特权的合法性,获得文化参与的乐趣与自我表现的快感,并通过这种"快乐"的参与,进一步获取社会、经济和文化的优势状态。②

民粹主义最大的特点是成为各类政治势力的工具,英国学者保罗·塔格特指出,"这种适应性源于民粹主义的'空心化':民粹主义缺乏一种能位置献身的价值。"③依附于其他意识形态,以填充自身的空洞无物,正是民粹主义的特征。随着民众文化消费主义和民主意识的觉醒,民粹主义就依附在民主这一意识形态上。民粹主义者认为,文化民主就一定造就优秀文化,只要具有"草根""大众"的身份就具有文化价值的天然优越性、先进性,这其实是一种误解。消费主义导向的媒介文化产品,往往因为内容的浅薄、浑浊,形式的稚拙、粗疏,只能处于自娱自乐、自生自灭的境地,只略具对于真正的文化创造的借鉴价值,本身在整个时代的文化格局中不可能拥有重大和长久的意义。

在文化民粹主义盛行的时代,媒介文化发展的最大困境是价值观错位。面对媒介文化的转型以及媒介文化体系的重建,我们必须保持清醒的头脑,不能把量的扩张、庞大简单地等同于质的纯熟和完美,应突出公正、客观的正面价值。文化价值的"以人为本"应当是以人的良性需求与发展为本;而不是对传者—受

---

① 陈丹丹、刘起林:《草根文化诉求的价值两面性及其民粹主义根基》,《理论与创作》2007 年第 5 期。
② 同上。
③ [英]保罗·塔格特:《民粹主义》,袁明旭译,长春:吉林人民出版社 2005 年版,第 5 页。

众本位的一味迎合,满足人的需求不等于放纵人欲并由此导致道德邪恶的倾向;民主、自由恰恰是一种基于社会整体责任的政治与文化权力的呼唤,必须在良性的社会伦理道德底线的基础上展开,才可以说是健康的媒介文化生态。据此推导不出以吃喝玩乐、声色犬马为基本内涵的消费文化。作为当下的文化形态,其价值观念和取向有待梳理和厘清。

英美的文化研究学者从生产(如霍加特的"文化生产民粹主义")和消费(如费斯克的"文化消费民粹主义")两个角度张扬与尊崇民众的文化经验与文化活动,贬低精英文化的价值。霍加特强调民众亲身创造的文化才能够真正体现民众的观念、意志与情感,才是"真正的人民的世界",是"理想文化"[①]而对非民众创造的商业文化深恶痛绝。而费斯克则主张民众通过对不同类型的文化原材料的消费与解读,"再生产"出理想的、纯粹的民众文化。费斯克将此称作"符号的游击战"。[②] 显然,无论是文化生产民粹主义还是文化消费民粹主义,都对民众的文化抱有理想主义的想象。然而,这种文化民粹主义的逻辑却在中国很有市场,中国社会长期文化压抑的历史,与新媒介开创的相对文化自由形成了强烈的对照,政治领域的种种禁区,使人们转而在文化领域吁求补偿。难怪,2005 年"超级女声"一问世即受到网民的追捧和欢呼,此后,"超女"模式广为流传,形成了今天的娱乐文化格局。

在复杂的时代文化环境中,如果我们对这种文化民粹主义倾向缺乏足够的警觉与抵制,那么,多样性文化就可能蜕变为对于文化糟粕、文化腐朽因素的无边界、无限度的纵容,从而遮蔽对于时代文化精髓和精华的指认与品味,导致大众精神价值培植功能和时代核心价值影响作用的弱化,损害基层民众长远的文化利益与文化发展,损害时代文化整体的健全与良性和谐,以至最终降低民族媒介文化境界、损伤民族文化品质和民族精神形象。在当前"娱乐至死"的文化风潮难以有效遏制的低俗化趋势中,这种影响与损伤实际上已经渐见端倪。

无论文化民粹主义所推崇的文化多么热闹,它终究不是媒介文化的健康形态,面对日益成为主流,却被抽空了思想的媒介文化,当务之急是需要解决社会

---

① Graeme Turner, British Cultural Studies: An introduction, London: Routledge, 2003, p. 239.

② John Storey, Cultural Theory and Popular Culture: An Introduction, Pearson Education Asia Limited and Peking University Press, 2004, p. 10.

矛盾对立问题,一是要加强社会治理;二是加强社会正确情绪引导。文化领域的对立,归根结底是经济领域矛盾对立的反映,一切贫富差距、不平等都是民粹主义的温床。费斯克指出,"在社会对立加剧的历史时刻,这种'大众式'不满,能够被转化为一种激进的'民粹主义'运动,直接对国家权力提出挑战。"①在今天,民粹主义媒介文化以"大众"相号召,很有诱惑力,遮蔽了人的智识,浸淫了人的思维,妨害了人的自由扩展。那么今天,当文化民粹主义主导了媒介文化的生产,日复一日地迎合、媚俗,这个文化就无法进步,接受这种文化的人也无法进步到自由王国。这一新的启蒙就成了必然选择,而启蒙的过程也是"祛魅"、去蔽的过程,也是一种批判的过程,祛民粹主义的"魅"是当务之急。媒介文化体系的重建,只有当文化民粹主义从当下文化中消退之后,才有转机。

二、融媒体时代的媒介文化转型机遇

近 20 年,媒介技术突飞猛进的发展,带来了媒介文化新的样式,这些新的文化样式无一例外都可以看作是媒介文化的外延形态。然而,从印刷媒介的发明到广播电视的出现,再到网络媒介的流行,媒介文化与媒介的迭代更新几乎是同步的。在过去一百几十年的历史进程中,媒介变革呈现出一个加速度的发展态势。提速发生在 20 世纪 50 年代,英国伯明翰学派的文化研究学者敏锐地捕捉到一种社会变迁的动力源:青年文化。青年成为文化发展的主体,而此时也正是大众传媒在西方进入快速发展的时期。这是一次文化裂变,大众媒介的崛起与青年文化不期而遇、不谋而合。进入 21 世纪,媒介文化伴随着社会发展和媒介技术的变革,又产生了一次裂变,内容与现实都迥异于前一次。首先,肇始于上世纪末的中国现代性方案蓝图尚未得到有效实施,中国的媒介文化就一头扎进市场实用理性的大潮中,审美现代性在当下的发展近乎终止。因而直接套用上世纪的理论与方法,无异于刻舟求剑。其次,媒介技术变革带来了媒介文化新样式,诚如麦克卢汉所言,"媒介即讯息",新媒介本身就是一种文化。与 20 世纪50 年代工人阶级文化崛起时的媒介文化不同,此次媒介变革的因素带来的变化印记更强烈一些。媒介技术赋能所带来的文化与时代文化主体的要求以及这个

---

① [美]约翰·费斯克:《理解大众文化》,王晓珏等译,北京:中央编译出版社 2001 年版,第 190 页。

时代社会文化的生成,这三股力量之间形成一个彼此博弈的过程,毫无疑问,新的媒介文化形态正是恩格斯所说的"历史结果","最终的结果总是从许多单个的意志的相互冲突中产生出来的",是"合力"作用的结果,而这个结果是不以人的意志为转移的。[①] 它包含了多样性的成分,新的话语体系、新的内容形式,必然对媒介文化研究提出了新的要求。

媒介文化的转型首先技术话语的转型。现阶段的媒介融合是深度融合、全方位融合。习近平总书记在讲话中强调,"全媒体不断发展,出现了全程媒体、全息媒体、全员媒体、全效媒体,信息无处不在、无所不及、无人不用,导致舆论生态、媒体格局、传播方式发生深刻变化,新闻舆论工作面临新的挑战。"什么是全媒体? 习总书记的讲话明确地回答了这个问题,全媒体就是全程媒体、全息媒体、全员媒体、全效媒体。全媒体就是全程媒体,也就是说全媒体将是一个全时空的媒体,能够覆盖人与信息交流全程的载体。有了5G、物联网、人工智能技术后,人类社会的信息传播将前所未有地实现无时不在、无处不在、无所不及,也无人不用。[②] 任何时间节点、任何空间所在都可以进行人类传播,真正做到最大化地释放人类社会最为重要的四个资源,即人、物、财、信息的互动潜力,从而可能最大化创造出由此而带来的各种价值。当前的媒体深度融合是一场革命,所谓全息媒体,是指融合了全现实(真实现实 + 虚拟现实)传播的媒体,能够触达人所有感官的、使人有完整体验的载体。人与虚拟世界完全对接,而且在智慧的万物互联时代,现实世界与虚拟世界的界限也可能基本消除,人所有的感官都可以被调动,人的体验将可以被完全触发。所谓全员媒体,是指融媒体将所有人连接起来。5G连同数字化、网络化、智能化技术,比如大数据、云计算、物联网、区块链、人工智能等等,可以实现所有人连接、所有物连接、所有资金连接、所有信息(数据)连接,同时还可以实现所有环节、所有过程、所有时空节点的连接。所谓全效媒体,是指融媒体具有各种场景效果。人工智能时代,万物互联带来万物皆媒。万物互联所有连接的节点,形成节点传播,每个人都可以发布信息,成为文化的生产者。因此,媒体融合后就不是传统意义上

---

① 恩格斯:《致约·布洛赫的信》,《马克思恩格斯选集》(第 2 版)第 4 卷,北京:人民出版社 1995 年版,第 695—698 页。

② 胡正荣:《传媒的紧迫任务,从媒体融合到全媒体》,https://mp. weixin. qq. com/s/ 54meLsukbGDhYBg8dnOTug。

的传播新闻、娱乐等文化内容,而是在任意时间、空间条件下,通过任意媒介到达需要到达的任意节点,在任意场景中都可以实现效果。在媒体融合这一趋势下,文化生产不再是集团式、统领式的生产,而是散点式自媒体生产,集市式交易,传统主流媒体的传播格局不复存在,而是转身为"主导媒体",但影响力早已式微。认清这一现实,对于开展有效的文化治理是必不可少的一个重要环节。

技术话语变革,体现在新生概念的层出不穷,二维码、数字传播、云计算、3D打印、大数据算法、自媒体生产、区块链模式、人工智能、知识付费……风口、机遇都围绕文化产品展开,新型话语塑造着新型媒介文化实践,媒介文化开始转型为全民参与、全民生产的文化。这种转型中最突出的问题是,传统大众传媒为公众提供公共产品的功能逐渐被削弱,即承载着国家意志的公共文化产品逐渐从媒体空间尤其是新媒体空间消失。由于自媒体的网民自生产文化产品(UGC)并不肩负文化公共产品的职能,因而史无前例地出现了一种文化的自然生长状态,亚文化在技术赋能和资本助力下迅速上升为主流文化。这种转型是革命性的、颠覆性的,必将对未来的文化发展产生深远的影响。这种深层次影响最直接地表现为媒介生产正从"点—面"传播,转变为"点—点"传播。节点传播成为媒介变革的主潮。"传—受"关系变化后,媒介文化的生产方式也在发生变化,大众传媒主导型的媒介文化历史正在被改写。传统文化研究和传播学研究的范式,已不能有效解释当下文化的复杂性。以新媒体及其传播系统为信息方式的媒介文化已经成为人们日常文化生活的重要组成部分,这不仅是因为在经验层面社交媒体的使用侵占了人们太多的闲暇与私人空间,并生产和复制出大量的信息内容,还因为媒介文化代表了一种文化趋势,改变着我们的生活状态,型塑着我们的生活方式。

于是一个新的核心问题产生了,即文化发展的国家主体性如何在这一转型时期得到体现。这里所说的国家文化主体性指的是国家政府在文化发展中所具有的独立性、主导性、能动性的主体意识和主体状态。我们所迈向的社会在不断实验各种沟通形式,此形式为体验社会内容时的核心所在:内容变成了形式。"液化的传播""流动的文化"本身就是一种向交往行动传统形态的回归。在新媒介文化中,数字媒介使作为文化生产主体和接受主体的"生产者"和"消费者"要素发生了重大改变。"媒介是文化和意识的主要塑造者。"①人的感知、思维、行为方式、价值观、主体性等从来都没逃离出媒介环境的制约。印刷媒介和数字媒介建构的主体性体现出了根本差异。谈到主体性,人们往往把启蒙主义和笛卡尔的自律、理性、独立、稳固的绝对主体性看成西方现代主体性的代名词。这种主体性的形成是西方近现代社会、历史、文化综合作用的结果。从媒介文化角度说,"液态现代性"时代,那种印刷媒介的固态化、边界分明、分割而治等特点消失了,信息生产、传递、接受都在互动沟通中完成,主体之间容易形成即时的信息反馈。印刷文化时代独立主体没有了。在新媒体时代,一种德勒兹所说的不同于"条纹空间"的"光滑空间"就被创建出来了。传统空间概念是一个同质的、总体化的概念。德勒兹从其游牧美学的光滑空间概念出发,强调光滑空间可以干扰传统空间的条纹辖域,通过无限链接展开空间化,从不同性质的处境的阻隔中创造运动变化的"时空马赛克"。② 在这样的空间中,主体的自足性和中心/边缘这样的位置关系也将走向解体。新媒介文化生产与消费打破了印刷环境中的作为固定、封闭、孤立、自足个体的现代主体性,而变成相对不确定的、流动的、开放的、个体之间边界模糊的存在。在此基础上用户个体之间形成了相对平等即时交流的"网络主体间"关系,原来上帝似的权威生产者瓦解了,接受者也成了积极参与文本建构和意义生产的能动要素。新媒体文化中的主体,是一种生产者—接受者在线交互主体。在此背景下,作为权威的国家文化主体面临挑战和选择,要么延续传统的封闭路线,做全知全能的上帝式文化权威;要么参与在线互动,成为在线交互主体的一方。融媒体战略正是顺应变革大势所做的选择。全员媒体概念本身就包含了国家主体参与交互活动的成分。

　　新型传播形态中传—受的主体正在逐渐消亡,沉浸传播的兴起,生成了用户主体,这个主体已不能简单等同于传统媒体时代的"召唤主体"。在消费主义大行其道的情形下,国家文化传播主体被迫参与新媒体环境下的博弈。主体间性理论表明在交往互动中双方是平等的关系,而非主从关系,更非单纯中性的中介性关系。国家文化主体在融媒体时代是具有决定和建构意义的主体,在这个意

---

① ［美］约书亚·梅罗维茨:《消失的地域:电子媒介对社会行为的影响》,肖志军译,北京:清华大学出版社 2002 年版,第 19 页。

② M. Bonta and J. Protevi, *Deleuze and Geophilosophy*, Edinburgh: Edinburgh University Press Ltd., 2004, p. 143.

义上国家文化主体在转型期需要调整自身姿态以适应变革形势的需要,但这并不意味着向用户主体妥协,相反,是尊重用户主体的存在,积极寻求与用户对话,并与之进行互动博弈。文化的国家主体性状态直接关系到民族文化的走向,文化的国家主体一旦缺席就会造成资本逻辑、市场逻辑对文化一统天下的局面,最终会在"娱乐至死"的形态中不断恶性循环。

三、媒介文化转型的多维审视与国家治理的路径选择

转型期的媒介文化的复杂性,需要从不同角度来加以全面认识。应当说,从"生存方式"的角度来界定是比较贴近当下媒介文化本质的。历史进入 21 世纪以后,作为"信息方式"的媒介带动了作为生存方式的媒介文化发展,这一趋势近几年表现得越来越清晰。从一般的意义上看,"物质性的生存方式与精神性的生存方式"是文化的泛含义,任何性质和形态的文化,都可以视为特定的"物质性的生存方式与精神性的生存方式"。表面看,媒介文化的内涵与一般文化并没有明确的区别,被强调的特质是时间意义上的"现代性"。因此,重新审视当今的媒介文化,需要这样几个视角:

首先,当下的媒介文化是动态的,即不能简单沿用传统的文化定义套路来加以描述,尤其是随着新技术的不断涌现,新的文化样态也层出不穷,琳琅满目的新型文化样态因为技术的普及而具有了合理性。它既不是器物性的,也很少是观念性的,能观察的部分是流行性和时尚性。我们不能简单以某一种价值标准来衡量这种文化样态的高低。中国社会的高速发展,使得有些文化缺乏价值和内涵沉淀。在变动不居的时代和信息技术大潮中,所谓媒介文化就是信息技术与时尚潮流结合而生成的一种当下流行生活方式的呈现,并不代表某种区域文化或整体固定的文化。从整个社会历史来看,它或许就是历史长河中阶段性的浪花。社会学家齐格蒙特·鲍曼的"液态现代性"(liquid modernity)理论近来为很多学者所使用。鲍曼认为,"流动"(fluidity)的"液态"(liquid)是当代社会的重要特质,他指出,当代社会处于成员行动快速变迁的状态中,其习性(habitus)与常规(routine)都来不及形塑,这种生活液态性(liquidity of life)即是现代社会的特质,无法维持固定形状与样态,也无法永恒。从这一理论视角来观察媒介文化,就会发现,当下的媒介文化所体现的正是"液态性"和"流动性"。新媒体时代

的社会生活更重视"短期""瞬间"效果,所谓"时间即金钱""速度即权力"①在当
下成为社会重要特征。作为生活方式的媒介文化也体现了"短期""瞬间"的特
征,难以形成固定的、具有稳定性的文化。

其次,当下的媒介文化是现代性进程中的症候。中国在经历了 40 年改革开
放后,物质形态的现代化已经到达一个新的阶段。伴随着现代化进程,社会现代
性、文化现代性也到了一个新的阶段。于是,从这个角度看,在这个阶段,无论是
网络语言、"网红"现象还是二次元文化,都是一定社会现实的折射和反映。例如
"佛系青年",就不是一个孤立的个案,从共时性角度看,我们可以关注到与该词
相关的还有"废柴""葛优躺""丧文化"等,对这些词语背后的社会文化心态加以
分析就可以看出其中的某些颓废、消极色彩,其中尤以"丧文化"最为典型。"丧
文化"是一种带有颓废、绝望、悲观等情绪和色彩的文化,主要呈现形式是语言或
图画,它是网络亚文化的一种新形式。以"废柴""葛优躺"等为代表的"丧文化"
的产生和流行,是网络亚文化在新媒体时代的一个缩影,反映出当前青年的消
极的精神状态和集体焦虑。从本质上看,它是新时期青年社会心态的一种现
代性症候。"佛系""丧文化"等文化来源于生活中的"挫败感",社会整体现代
化进程,带来了社会竞争的加剧,自然也就容易产生学习挫败感和职场挫败
感。诸如此类,其实都是社会整体运作过程中的工具理性的产物,当前媒介文
化的种种表现也可以看作是社会整体运作工具理性的副产品。

再次,当下的媒介文化也是"加速社会"的"异化"表征。按照德国社会学
家哈特穆特·罗萨(Hartmut Rosa)的观点,现代社会已经进入了"加速社会",
社会变革的加速,体现在价值观念、社会建制以及人际关系上,罗萨以马克思
主义的术语称之为"异化"。② 在这里,生活节奏的加快,必然在文化层面有所反
映,适应信息技术和时尚要求的新媒介文化必然体现"加速社会"的诸种特点,
"加速社会"中工具理性是一个重要特征。在当下的媒介文化生产中,工具理
性最为突出地表现为实用理性。很显然,实用理性盛行,已经成为阻碍社会进
步的公害。与教育中以成绩为目标的升学模式、职场中以金钱为目标的考核

---

① 华婉伶、臧国仁:《液态新闻:新一代记者与当前媒介境况》,台北:《传播研究与实践》2011 年第 1 期。

② Hartmut Rosa, William E. Scheuerman. *High-speed Society: Social Acceleration, Power, and
Modernity*. The Pennsylvania State University Press, 2009.

模式一样,媒介文化生产中也渗入了大量的实用理性,票房、流量、点击率等作为衡量文化生产的标准,本质上都是背离价值理性的。对阶段性目标的孜孜不倦的追求成为社会的共识,甚至不问手段,只问结果,这导致了文化发展方向性迷失,截断了与历史文化的连续性,中断了目标的方向性。实用理性在全社会盛行,渐渐发展成为一元化话语,从而压抑着多元化的文化需求和文化生产。自由主义文化诉求是现代性文化的主要组成部分,它所具有的反对控制、反对压迫的文化特征,在本质上是允许和鼓励多样性的文化价值存在的。

最后,媒介文化是当代消费社会体系中的有机组成部分。在消费社会,媒介文化被纳入消费文化的范畴是很自然的事情。媒介文化是消费社会的一种特殊商品,因而也具有商品属性。对于用消费文化来概括消费社会的文化语境的意义,英国学者迈克·费瑟斯通(Mike Featherstone)在《消费文化与后现代社会》一书中解释说:"使用'消费文化'这个词是为了强调,商品世界及其结构化原则对理解当前社会来说具有核心地位。这里有双层含义:就经济的文化维度而言,符号化过程与物质产品的使用,体现的不仅是实用价值,而且还扮演着'沟通者'的角色;其次,在文化产品的经济方面,文化产品与商品的供给、需求、资本积累、竞争及垄断市场等原则一起,运作于生活方式领域之中。"①媒介文化既有"沟通者"属性,又有商品属性,它不同于历史上出现的任何一种文化样态。它要求研究者关注商品世界中的结构化原则与符号化使用在媒介文化中生产和消费中的作用。在当下,消费者因为传播角色转换变得地位越来越高,从受众/消费者的地位转变为用户/玩家的地位,主动性明显上升,"受众是上帝"只有在其角色转换为用户/玩家时才真正成为现实。"在消费者社会中,权威/知识的合法性因消费者的选择而获确认,让消费者成为此过程中的实质掌权者。此种情形让消费者社会中的权威/知识分子不再发号施令、指引方向,反倒只是一味地迎合、说服与引诱选择者。"②

在消费社会中,媒介文化的生产和消费还是社会的一种晴雨表。在20世纪30年代美国经济大萧条时期,歌舞片一类的电影行情很好,给观众带来欢乐和

---

① 〔英〕迈克·费瑟斯通:《消费文化与后现代社会》,刘精明译,南京:译林出版社2000年版。
② 华婉伶、臧国仁:《液态新闻:新一代记者与当前媒介境况》,台北:《传播研究与实践》2011年第1期。

希望，还让秀兰·邓波儿成为家喻户晓的明星。这已成为一种社会文化的典型案例。在美国，每当在经济不景气时，口红的销量反而会直线上升。这是因为，在美国，人们认为口红是一种比较廉价的奢侈品，在经济不景气的情况下，人们仍然会有强烈的消费欲望，所以会转而购买比较廉价的奢侈品。这就是"口红效应"。当下各种网络爽文、各种"手游"作为新型的媒介文化满足了有限资源条件下，人们对自我目标实现的期望：在现实生活中难以成真的愿望，不妨在网络文化产品中寻找寄托。用户从这类媒介文化中获得快感，促进了多巴胺的分泌，可以暂时获得一种精神释放。

由此观之，无论是媒介文化的液态性特征还是现代性进程中的症候，无论是"加速社会"的"异化"表征还是消费社会的压力释放，这些都为媒介文化的国家治理提供了有益线索。不难发现，在媒介文化消费的现实中，"抖音""快手"的接受行为与"淘宝"购物行为本质上是相通的——获得精神愉悦。尤其当《我不是药神》《西虹市首富》和《延禧攻略》等成为"爆款"影片和电视剧后，更具有现实解释意义。除了一般的社会原因外，一个非常重要的原因就是底层群体面对经济下行，需要释放压力。底层群体针砭时弊的激愤、上升无望的沮丧情绪消失在"帅哥遇佳人""一夜暴富"的意淫中，生活与工作的不如意则在"升级打怪"和网络爽文的追文模式下消解了……表面看，媒介文化的现代转型有助于社会的稳定，但对媒介文化的民族文化质的规定性来看存在着隐形风险，这一消费社会的常见现象上升到国家和民族命运角度来认识就是文化"奶头乐"的危害。国家意志往往着眼于对正在进行中的媒介文化生产进行监管，监控其违法、违规行为，然而，这种国家意志的体现终究不是建设性的。

文化治理面向未来全媒体传播实践，引导建构媒介文化的新品格，依据多维审视，寻找文化体系的建设性路径。面对文化液态性现实，媒介文化治理就是要考虑如何在流动、碎片化趋势中形成固化的价值体系；面对现代性进程中的种种症候，媒介文化治理就是要考虑如何化解形成这些症候的社会根源；面对"加速社会"媒介文化的日益异化特征，媒介文化的治理就是要提升文化适应性和"同频共振"效应；面对消费社会文化的麻醉功能，在肯定其具有缓解社会压力功效的同时，防范其成为"奶嘴战略"的工具，同时对媒介文化发展应有长远的规划。

四、融媒体时代文化生产的国家意志和逻辑

在媒介文化转型期,我国学术界也有一些代表性的流行观点:1. 市场决定论。在新媒体时代,随着媒体受众向用户角色的转化,这一观点也可以称之为"用户决定论",这一论点认为,媒介文化不仅仅是受众休闲需要的内容,也是媒体经营的产业。既然是产业就有根据市场来决定生产内容的必要。用户在市场中的角色就是消费者,满足消费者的需求就变得天经地义。因此,可以任由其自由发展,自生自灭。根据用户的需求来进行媒介文化生产,就成了文化产业。这一观点的致命问题是忽视了媒介文化的价值追求。2. 严加控制论。这一论点来源于政府管理层,在他们看来,媒介文化要加以控制,不能任其自由发展,否则就是洪水猛兽,一发而不可收拾,特别是对新的媒介文化形式要加以限制。该论点看到当下文化的窳败倾向,但忽视了文化消费自身的合理性,特别是缺乏对大众趣味的尊重。3. 政府参与论。这一论点强调政府在文化建设中的主导作用,反对将文化的发展完全交由市场决定,政府直接参与文化生产,突出了意识形态引导,但却误将政府趣味视为受众趣味。这一论点凸显了政府对文化引导的作用,却对文化多样性尤其是对青少年文化缺少应有的尊重。

上述这些观点都有其合理性,也不可避免地带有特定时期的烙印。究其实质,根本一点在于对国家意志如何体现,缺少清醒的认识。多少都存在一些定位偏颇现象。在融媒体时代,国家意志在媒介文化中的体现是一个具有挑战性的时代性课题,它需要调整战略思维。

1. 国家的文化战略在媒介文化领域的体现,就是要努力实现从文化管制走向文化善治。文化管制是文化发展中国家基于意识形态、市场监管等因素实施的管理行为。从某种意义上讲,改革开放以来的中国文化体制改革,就是一个从政府"办文化"向"管文化"转变的历史过程。问题是,在对媒介文化规制的指导思想和规制实践上,长期未能摆脱传统模式和思路。在传媒技术日新月异和思想观念深刻变化的新的历史条件下,媒介文化规制、监管改革必须站在民族文化、先进文化发展的高度来加以认识,从文化善制(good cultural regulation)走向文化善治(good cultural governance),才能确保媒介文化健康有序发展。所谓文化善制,是指使公共利益最大化的文化规制;所谓文化善治,就是使文化走

向健康、有序的发展状态，最终使全体国民走向人的现代化。善制是文化发展的初始阶段必不可少的手段，制度设计的优劣直接关系到文化的走向和未来形态。我国现阶段文化治理还存在许多传统的惯性，法律规制是粗线条的，较少体现与时俱进的特点，因而需要大量的"条例""通知"来进行补充，而且这些监管手段往往是滞后的，即出现了什么有悖于现行体制和公序良俗的内容，就会临时制定一个"条例"，发布一个"通知"。临时作出规定和约束，最后造成被规制者在文化发展方向上出现错乱，政府管理滞后于形势。需要指出的是，排除规制所禁止的部分，剩下的是不是就是合乎公共利益的部分呢？非也！剩余部分关于建设性的文化体系已经七零八落，让文化生产者无所适从。在融媒体时代，头痛医头脚痛医脚式的阶段式规制，已经不适应文化流动性、碎片化等现代性发展趋势，必须顺应时代需要，进行深层次变革。

2. 融媒体时代的顶层设计是主体认同基础上的善制。好的文化规制往往具有一个本质特征，即它是文化自律与文化他律的有机结合，是规制者与被规制者的合作共制，是文化自由与文化规制之间张力的最佳状态。就中国特色的文化规制而言，无论传统意义上的文化规制，还是现代意义上的文化善制，虽然都追求稳定的规制目标，但二者对稳定的理解却是大不相同的。当前在媒介融合走向全媒体的进程中，媒介文化的内容和形式都不同了，其文化规制的内容与形式也必须进行全新的设计，从而适应媒介全现实性、全息性、全域性、全员性的要求，同时也要适应 5G、AI 人工智能时代传播技术的特性。从文化善制设计的角度来看，我国文化规制改革需要放松文化市场准入规制，协商文化产品内容规制，完善分界、分类、分级规制。① 这是因为当下的媒介文化生产，其活力部分往往是以网络亚文化生产为先导的。认识网络亚文化的整体特性，尤其是社交媒体时代网络亚文化模因传播的特点，从而形成行之有效的对策。从共时性的角度来看，文化传播（cultural diffusion）是文化以模因或模因簇的形式在不同群体和地域之间发散和传播的过程。从历时性的角度来看，文化熏陶（enculturation）则是文化以模因或模因簇的形式从一代人传给下一代人的过程。② 生命力极旺和传播力极

① 马健：《文化善制：聚焦于公共利益的文化规制新哲学》，《文化学刊》2017 年第 7 期。

② Gruenspecht H. K., Lave L. B. The economics of health, safety, and environmental regulation. *Handbook of Industrial Organization*, 1989, (2): 1507-1550.

强的模因之所以具有极强的传播能力与熏陶能力,是由于自主且自私的模因的一切活动都是为了自身的被拷贝和被复制。网络亚文化极强的传播和扩散能力,作为国家意志存在运作的传统监管机制容易丧失有效性,其效果往往是"两岸猿声啼不住,轻舟已过万重山"。

3. 以媒介文化的活跃主体——青少年为规制对象,整体制度设计必须赢得他们的认同。这是因为,被规制者对文化规制合法性的信仰来自于他们的认同,文化自律机制得以正常运行的最重要前提就是认同。换句话说,认同实际上是文化规制合法性的基础,也是文化自律与文化他律有机结合的前提。如果出现了文化规制的认同危机,并且这种认同危机不能及时得以消解,那么就很容易出现文化规制的失灵和文化秩序的失范,乃至整个文化的窳败。英国学者苏珊·布莱克摩尔(Susan Blackmore)甚至认为,全部模因学的根本要点就是将模因理解为一种独立存在的复制因子,模因的运作完全是为了自身的利益,即模因的"自私的自我复制"①。随着脑科学的发展和镜像神经元的发现,模因学终于找到了具有解释力的生物学基础———镜像神经元在外界的符号与大脑的观念之间建立起了某种映射。正如有学者指出的那样,如果将模因视为文化基因的话,那么,镜像神经元就是承载这种文化基因的 DNA。② 网络游戏、二次元文化、网红、抖音、快手等当下的媒介文化,都有模因传播的特征。规制设计需要对青少年心理有专门的研究,尤其是对其亚文化"仪式抵抗"的特性有基本的了解,寻求认同基础上的规制,才能保证青少年主体的文化实践不偏离正确价值观轨道。

4. 融媒体时代媒介文化发展的国家意志是对纯粹市场逻辑的反拨。在媒介文化转型过程中,国家意志的出场,是站在民族、国家的历史高度,对媒介文化产品公共化的维护,提供公共产品是国家意志对媒介生产中的基本要求。文化发展中的国家主体地位决定了媒介文化发展进程中始终都体现着国家意志。我们在文化规制和文化监管过程体会到国家意志的存在,通常是基于对意识形态的修正和对市场秩序的维护。长期以来文化的国家主体意志通过文化规制和文化监管,来防范价值观偏离轨道和市场混乱。

---

① Kankaanp E. Economic incentives as a policy tool to promote safetyand health at work. *Scandinavian Journal of Work , Environmentand Health* , 2010:319 - 324.
② 马荣丽:《从"魔弹论"看网络流行语的传播》,《新闻世界》2012 年第 11 期。

　　值得警惕的是,随着以媒介文化产业化的推行,诸如网络 IP 产品、网络UGC 的大规模发展,特别是流量导向的互联网文化生产,把年轻网民的趣味作为"最大公约数"和"最小公倍数"来经营,寻求利益的最大化,这样,媒介文化研究中就容易滋生某种文化民粹主义的倾向。麦克盖根探究了深潜于文化研究之中的民粹主义情感和冲动及其后现代主义的变体,并作了同情的批评;揭示出了这种完全消费主义的分析潮流,并表明它是一种难以令人满意的研究方法。他认为"文化民粹主义是由一些通俗文化专业学人所作的知识分子式的界定,认为普通老百姓的符号式经验与活动比大写的'文化'更富有政治内涵,更费思量。"[①]这个定义其实暗含了平民是文化生产和消费中所有权利合法性的根源。文化民粹主义是一种具有极端平民化特征的媒介文化研究取向,即极端地强调平民的价值和理想,想把平民化和大众化作为所有文化活动合法性的最终和唯一的来源,对普通大众在文化活动中出现的某种非理性的、情绪性的共识不加辨别地盲目顺从。这种观念取向对文化发展没有裨益,长此以往风险极高。

　　5. 建立在文化自信语境中的新型文化体系

　　文化自信作为一种精神文化现象,其最深层的力量源泉必定蕴藏于社会生产生活的过程中,受社会生产力和社会经济发展水平制约。文化自信是民族文化整体的自信,这同样也包括媒介文化。深度融合时代的媒介文化作为时代文化主流,也是民族文化的一部分,必然受主流价值观和主流意识形态的引导,作为文化发展战略的一个组成部分,如何引导媒介文化沿着民族文化主流轨道前行,是当下的一个重大命题。毫无疑问,以网络文化为主体的当代媒介文化也是中国特色社会主义文化的一部分,是中国人民文化自信价值观念的载体。人的全面发展要有文化思想的支撑,增强民众对文化核心价值的认知是融媒体传播的首要任务。同时,结合融媒体传播特征,业文化的表现形式、传播模式和途径都要进行自适性调整,"返本开新",这就需要我们客观对待民众媒介使用习惯,尊重民众审美和传播需要,在多元文化共享的新媒介环境下扩大影响力和感召力。显然,文化与融媒体结合不是对文化价值观念的否定和颠覆,甚至异化,而是有着更大的文化增值空间,更利于将本民族文化精髓发扬光大。

---

① [英]吉姆·麦克盖根:《文化民粹主义》,桂万先译,南京:南京大学出版社 2001 年版,第 4 页。

　　文化自信来源于对国家文化发展战略的自信,文化先进性源于高屋建瓴的规划、引导、建设。媒介文化是国家民族文化总体发展战略的一个有机组成部分。尽管身处媒介融合的变革环境下,媒介文化正呈现多元发展的态势,层出不穷的新形式、新风格预示着其未来走向。作为晚期现代性表征的媒介文化,在当下依然存在各种问题,并呈现出越来越复杂的状态,其价值取向和表达越来越多元化,其作为风格、潮流驻留时间也越来越短。媒介技术作为社会"加速器"带来了新型传播形态,也同时带来了文化适应性焦虑。不同年龄、不同族群之间的话语融入变得越来越困难,文化迭代中"灵韵"逐渐消失,审美体系逐渐崩溃。这显然离文化自信的要求比较远。

　　新中国成立以来,国家颁布的许多文件、召开的许多会议都有过关于文化发展的论述。进入新千年,文化发展更是作为国家战略被提出,作为国家意志的"在场",近年来文化发展战略更是被高度重视。十九大报告强调文化自信是一种"更基本、更深沉、更持久的力量"。习近平指出发展社会主义先进文化,要"不忘本来、吸收外来、面向未来,更好构筑中国精神、中国价值、中国力量,为人民提供精神指引"。这些新时代上层建筑庄严神圣的词语,可以看作是文化发展国家意志的最强烈表达。报告中共有八个部分对"坚定文化自信,推动文化繁荣"作了相关论述。某种意义上说,"文化自信"是贯穿整个十九大报告的一条理论红线。强调"坚定文化自信"是"推动社会主义文化繁荣兴盛"的重要前提和必要条件。把建设文化强国提升到了民族伟大复兴的战略高度。国家文化战略落实到实在界,就是如何振兴、繁荣融媒体时代的媒介文化,因为它是文化自信、文化繁荣最直接的呈现。由此观之,国家文化顶层设计的逻辑脉络清晰可见。

　　文化自信意味着营造与构建属于中国特色的关于"面向未来"的文化,这就是要将包括青年亚文化在内的网络文化新形式纳入国家文化发展战略里来加以统筹引领。这是国家意志的内在逻辑,抛开网络文化形式的文化必将失去未来,漠视青少年的亚文化生产也必将失去未来。从某种意义上说,未来更是我们坚定文化自信的目的与动因。因此,作为与"不忘本来""吸收外来"三位一体的"面向未来",是坚定文化自信、推动文化繁荣不可或缺的一个重要环节。具体说就是要面向未来的用户主体,面向未来的传播形态,面向未来的文化主战场,面向未来的文化新形式。《中共中央关于繁荣发展社会主义文艺的意见》明确指出:"网络文艺充满活力,发展潜力巨大……充分发挥新媒体的独特优势,把握传播规律,加强重点文艺网站建设,善于运用微博、微信、移动客户端等载体,促进优秀作品多渠道传输、多平台展示、多终端推送。加强内容管理,创新管理方式,规范传播秩序,让正能量引领网络文艺发展。"①执政党和政府管理部门要"大力发展网络文艺",这为包括网络文艺在内的融媒体时代文化发展,传递了积极的信号。

融媒体时代的媒介文化,是一种全新的文化实践,这一新文化既是基于新的媒介技术环境,充分肯定新型媒介文化表达形式的合理性,同时又需要对具体媒介技术导致的思维局限、认知局限、文化局限进行反省。以视频直播技术为例,它基于视觉和听觉的享乐原则来构建偏于形式的审美趣味,继而延伸出各种文化现象比如快手中的"喊麦"和"社会摇"等。其中粗野、低俗、软色情等均是游走在道德、法律的边缘,因此必须加以监管和引导。然而另一方面,这种新技术提出的"新"问题其实有其历史原因,需要放入到媒介发展史,或者放入文化发展史中来加以审视。加拿大学者麦克卢汉早已对此有所洞察,他指出,任何媒介的"内容"都是另一种媒介。② 在此意义上,新媒介问题其实都可以是旧媒介问题在当下的延续。在媒介深度融合的时代,媒介文化面临转型机遇,国家文化发展战略的推行,需要做以下几方面工作:

首先,在媒介深度融合中,需要将媒介文化统辖到国家战略中来进行设计。从国家文化发展战略整体构思和逻辑来看,文化发展的终极目标是人的现代化,因此媒介文化在当下所扮演的角色是当代人走向现代化的摆渡者。媒介文化要完成其历史使命,需要将节点传播整合到统一的国家意志的层面上来。因而,深度融合是一项长期而艰巨的系统工程。文化自信来源于上下五千年的中国文化精神和国家意识的整体设计。这种深度融合的整体设计包括了价值观、表达方式、表现形式都是开放、自由的,具有包容性。深度融合后的媒介文化理应是国家软实力的代表。"面向未来"的深意包含了全媒体形成后的未来传播形态及其媒介文化,这正是国家意志题中应有之意。

其次,以开放思维看待媒介文化转型。随着传—受模式的变革,媒介文化生产融入了社交媒体的交往行为,在这种情形下,传统模式中刻意寻找建构正统

---

① 《中共中央关于繁荣发展社会主义文艺的意见》,北京:人民出版社 2015 年版,第 12—13 页。
② [加]麦克卢汉:《理解媒介:论人的延伸》,何道宽译,南京:译林出版社 2011 年版,第 18 页。

性、主流性已失去意义。开放包容恰恰是文化自信的体现。技术赋能、技术赋权带来了表达自由,适当放宽规制,有助于激发文化创造的活力。平等看待新型传播形态及其文化样式,有助于新型媒介文化焕发生命力,也有利于在世界文化舞台上形成竞争力。

再次,媒介文化中"文化自信"来源于不断的创新。与传统的媒介文化不同,在深度融合的全媒体时代,体系和理念都需要全新设计。当前,媒介文化的市场逻辑,经由资本推动已经蔚然成风,商机、风口成为一种文化生产的驱动力。创新仅仅围绕市场逻辑展开,不利于媒介文化实现文化软实力的价值目标。深度融合应当包含价值观念的融合。创新必须按照全方位融合的要求,将市场逻辑与公益性服务逻辑有机统一起来。

第四,"面向未来"也是将文化的希望寄托于未来。当前,青少年网络亚文化的出场,往往带有"仪式抵抗"的色彩,但国家意志对这部分文化充满信心,认为这种文化属于未来,也是"文化自信"的生命之源。从包容性角度看,总体是可以引导,可以改造的。那种将青年网络亚文化视为洪水猛兽,对其进行限制、隔绝,是对文化的未来缺乏信心的表现。应当注意到,网络上这种青少年亚文化的成因十分复杂,有全球化影响的因子,也有内生性驱力作用,其形式在当下的文化适应性困境和文化隔膜客观存在,对"加速社会"中的文化融入困难应予以高度重视。

最后,大众传播时代消费文化的兴起造成了媒介文化的审美现代性终结。节点传播更是推波助澜,造成本雅明所说的文化"灵韵"荡然无存。全媒体时代的机遇窗口,正是审美现代性超越节点传播而获得重建,全媒体时代国家战略的整体引导,可以弥补散兵游勇式节点传播的不足,国家意志的统摄下,可以进行整体规划,强化内涵创造,实现文化灵韵的回归。

英国学者尼克·史蒂文森认为,大众传播媒介所传播的形形色色的内容,"已深刻地改变了现象学意义上的现代生活经验,以及社会权力的网络系统。"①这种认识在 20 多年后依然没有过时,特别是在新媒体发挥巨大作用的当下,媒体的能量尤其是新媒体的能量正在进一步被释放出来,大众媒体建立起来的文化传播秩序、文化生产秩序,在此刻一下被改变了。中国社会正处于转型之中,

---

① [英]尼克·史蒂文森:《认识媒介文化·前言》,王文斌译,北京:商务印书馆 2001 年版。

媒介文化也相应处于转型时期。在全球化的背景下,中国这种媒介文化转型面临前所未有的冲突和困惑、裂变和挑战。媒介融合进程既是一种挑战,也是一种重要的发展机遇。国家意志在媒介文化建设进程的"在场性",使得深度融合后的全媒体时代"文化自信"有了合理性依据。国家文化战略的推行,为全媒体媒介文化提升文化精神,作出了整体的规划设计,强化国家意志对文化的引领,对于我国媒介文化的健康发展是一种保障,有利于提升其文化核心竞争力。

主要参考文献

一、中文部分

〔德〕马克斯·霍克海默、泰奥多·阿多尔诺：《启蒙的辩证法》，洪佩郁、兰月峰译，重庆：重庆出版社 1990 年版。

〔法〕让·保罗·萨特：《辩证理性批判》，林骧华等译，合肥：安徽文艺出版社 1998 年版。

〔美〕肯尼斯·博克等：《当代西方修辞学：演讲与话语批评》，常昌富等译，北京：中国社会科学出版社 1998 年版。

〔美〕约翰·费斯克：《电视文化》，祁阿红等译，北京：商务印书馆 2005 年版。

〔美〕约翰·费斯克：《理解大众文化》，王晓珏、宋伟杰译，北京：中央编译出版社 2001 年版。

〔美〕约翰·费斯克：《传播符号学理论》，张锦华译，台北：远流图书出版公司 1995 年版。

〔美〕约翰·费斯克、〔澳〕哈特利：《解读电视》，郑明椿译，台北：远流图书出版公司 1996 年版。

〔英〕尼克·史蒂文森：《认识媒介文化》，王文斌译，北京：商务印书馆 2001 年版。

〔美〕道格拉斯·凯尔纳：《媒体文化》，丁宁译，北京：商务印书馆 2004 年版。

〔美〕道格拉斯·凯尔纳：《媒体奇观——当代美国社会文化透视》，史安斌译，北京：清华大学出版社 2003 年版。

〔美〕马克·波斯特：《信息方式》，范敬晔译，北京：商务印书馆 2000 年版。

〔美〕阿特休尔：《权力的媒介》，黄煜等译，北京：华夏出版社 1989 年版。

〔美〕E. E. 丹尼斯、D. M. 吉尔默、A. H. 易斯玛奇：《大众传播的恒久话题》，滕淑芬译，台北：远流图书出版公司 1994 年版。

〔美〕戴安娜·克兰：《文化生产：媒体与都市艺术》，赵国新译，南京：译林出版社 2001 年版。

〔英〕吉姆·麦克盖根：《文化民粹主义》，桂万先译，南京：南京大学出版社 2001 年版。

〔英〕安吉拉·默克罗比：《后现代主义与大众文化》，田晓菲译，北京：中央编译出版社 2001 年版。

〔法〕鲍德里亚：《消费社会》，刘成富、全志刚译，南京：南京大学出版社 2000 年版。

〔美〕杰姆逊：《后现代主义与文化理论》，唐小兵译，西安：陕西师范大学出版社 1990 年版。

〔法〕布尔迪厄：《关于电视》，许钧译，沈阳：辽宁教育出版社 2000 年版。

〔美〕伯格：《通俗文化、媒介与日常生活中的叙事》，姚媛译，南京：南京大学出版社 2000 年版。

〔美〕伯格：《媒介分析方法》，黄新生译，台北：远流图书出版公司 1994 年版。

〔美〕施拉姆著《大众传播的责任》，程之行译，台北：远流图书出版公司 1995 年版。

［法］托多罗夫：《巴赫金、对话理论及其他》，蒋子华、张萍译，天津：百花文艺出版社 2001 年版。

［英］奥利弗·博伊德-巴雷特、克里斯·纽博尔德编，《媒介研究的进路：经典文献读本》，汪凯、刘晓红译，北京：新华出版社 2004 年版。

［英］阿雷恩·鲍尔德温等：《文化研究导论》，陶东风译，北京：高等教育出版社 2004 年版。

［英］迈克尔·古里维奇、托尼·班乃特等：《文化、社会与媒体》，陈光兴译，台北：远流图书出版公司 1994 年版。

［加］麦克卢汉：《理解媒介——论人的延伸》，何道宽译，北京：商务印书馆 2000 年版。

［美］艾伦编：《电视与当代批评理论》，牟岭译，台北：远流图书出版公司 1996 年版。

［法］罗兰·巴特：《S/Z》，屠友祥译，上海：上海人民出版社 2016 年版。

［美］曼纽尔·卡斯特：《网络社会的崛起》，夏铸九译，北京：社会科学文献出版社 2006 年版。

［法］让·波德里亚：《生产之镜》，仰海峰译，北京：中央编译出版社 2005 年版。

［法］热奈特：《叙事话语·新叙事话语》，王文融译，北京：中国社会科学出版社 1990 年版。

［美］卡尔·豪斯曼：《良心危机：新闻伦理学的多元视点》，胡幼伟译，台北：五南图书出版公司 1995 年版。

［美］埃德温·埃默里、迈克尔·埃默里：《美国新闻史》，展江译，北京：新华出版社 1982 年版。

［美］M. H. 艾布拉姆斯：《镜与灯：浪漫主义文论及批评传统》，郦稚牛等译，北京：北京大学出版社 1989 年版。

［美］洛维利、德弗勒著《传播研究里程碑》，台北：远流出版公司 1993 年版。

［美］赫伯特·阿特休尔：《权力的媒介》，黄煜、裘志康译，北京：华夏出版社 1989 年版。

［意］葛兰西：《狱中札记》，曹雷雨等译，北京：中国社会科学出版社 2000 年 10 月版。

［俄］巴赫金：《陀斯妥耶夫斯基诗学问题》，白春仁、顾亚铃译，北京：生活·读书·新知三联书店 1992 年版。

［美］D. C. 霍埃：《批评的循环》，兰金仁译，沈阳：辽宁人民出版社 1987 年版。

［德］H. 马尔库塞：《单向度的人》，张峰等译，重庆：重庆出版社 1988 年版。

［美］书勒克·沃伦：《批评的诸种概念》，丁泓、余徵译，成都：四川文艺出版社 1988 年版。

［美］詹姆斯·库伦、迈克·古利维奇：《大众媒介与社会》，台北：五南图书出版公司 1997 年版。

［美］莱斯比特：《大趋势》，孙道章译，北京：新华出版社 1999 年版。

［德］哈贝马斯：《公共领域的结构转型》，曹卫东等译，上海：学林出版社 1999 年版。

［美］伦纳德·小唐尼、罗伯特·G. 凯泽：《美国人和他们的新闻》，党生翠等译，北京：中信出版社 2003 年版。

［英］戴维·莫利、凯文·罗宾斯著：《认同的空间》，司艳译，南京：南京大学出版社 2001 年版。

［美］约翰·特贝尔、萨拉·迈尔斯·瓦茨：《从华盛顿到里根》，余赤平等译，长春：吉林人民出版社 1989 年版。

［美］罗杰斯·菲德勒：《媒介形态变化：认识新媒介》，明安香译，北京：华夏出版社 2000 年版。

[美]鲁道夫·阿恩海姆:《视觉思维》,滕守尧译,光明日报出版社 1987 年版。

[美]保罗·M. 莱斯特:《视觉传播——形象载动信息》,霍文利等译,北京:北京广播学院出版社 2003 年版。

[德]胡塞尔:《生活世界现象学》,倪梁康等译,上海:上海译文出版社,2002 年版。

[美]威尔伯·施拉姆等:《传播学概论》,陈亮等译,北京:新华出版社 1984 年版。

[德]库尔特·考夫卡:《格式塔心理学原理》,黎炜译,杭州:浙江教育出版社 1997 版。

[加]英尼斯:《帝国与传播》,何道宽译,北京:中国人民大学出版社 2003 年版。

[德]海德格尔:《海德格尔选集》(下卷),孙周兴译,上海:上海三联书店 1996 年版。

[德]本雅明:《机械复制时代的艺术作品》,王才勇译,杭州:浙江摄影出版社 1993 年版。

[英]大卫·麦克奎恩:《理解电视》,苗棣等译,北京:华夏出版社,2003 年版。

[英]尼古拉斯·阿伯克龙比:《电视和社会》,张永喜等译,南京:南京大学出版社 2001 年版。

[美]尼尔·波兹曼:《娱乐至死》,章艳译,桂林:广西师范大学出版社 2004 年版。

[荷]胡伊青加:《人:游戏者》,成穷译,贵阳:贵州人民出版社 1998 年版。

[美]H·G·布洛克:《现代艺术哲学》,滕守尧译,成都:四川人民出版社 1998 年版。

[美]巴伦·李维斯、克利夫·纳斯:《媒体等同》,卢大川等译,上海:复旦大学出版社 2001 版。

[美]杰姆逊:《后现代主义与文化理论》,唐小兵译,北京:北京大学出版社 1997 年版。

[德]霍克海默、阿多诺:《启蒙辩证法》,张峰译,重庆:重庆出版社 1990 年版。

[美]克利福德·G. 克里斯蒂安等:《媒体伦理学》,张晓辉译,北京:华夏出版社 2000 年版。

[英]斯图尔特·霍尔:《表征—文化表象与意指实践》,徐亮、陆兴华译,北京:商务印书馆 2003 年版。

[美]沃尔特·李普曼:《公众舆论》,阎克文、江红译,上海:上海人民出版社 2002 年版。

[美]马克·波斯特:《第二媒介时代》,范静晔译,南京:南京大学出版社 2000 年版。

[法]布尔迪厄、帕斯隆:《再生产》,邢克超译,北京:商务印书馆 2012 年版。

[法]布尔迪厄:《关于电视》,许钧译,沈阳:辽宁教育出版社 2000 年版。

[法]赫伯特·马尔库塞:《单向度的人:发达工业社会意识形态研究》,刘继译,上海:上海译文出版社 2008 年版。

[英]戴维·弗里斯比:《现代性的碎片:齐美尔、克拉考尔和本雅明作品》,卢晖临等译,北京:商务印书馆 2013 年版。

[美]维克托·迈尔-舍恩伯格、肯尼思·库克耶:《大数据时代》,盛杨燕、周涛译,杭州:浙江人民出版社 2013 年版。

[法]莫斯科维奇:《群氓的时代》,许列民等译,南京:江苏人民出版社 2003 年版。

[法]让·波德里亚:《象征交换与死亡》,车槿山译,南京:译林出版社 2012 年版。

[法]米歇尔·德·赛托:《日常生活实践:实践的艺术》,方琳琳、黄春柳译,南京:南京大学出版社,2015 年版。

[美]尼尔·波兹曼:《技术垄断:文明向技术投降》,蔡金栋等译,北京:机械工业出版社 2013 年版。

[美]曼纽尔·卡斯特:《传播力》,汤景泰、星辰译,北京:社会科学文献出版社 2018 年版。

[美]尼尔·波兹曼:《娱乐至死》,章艳译,北京:中信出版社 2015 年版。

［法］米歇尔·福柯：《规训与惩罚》，刘北成、杨远婴译，北京：生活·读书·新知三联书店2013年版。

［法］罗兰·巴特：《神话：大众文化诠释》，许蔷蔷、许绮玲译，上海：上海人民出版社1999年版。

［法］让·波德里亚：《生产之镜》，仰海峰译，北京：中央编译出版社2005年版。

［法］埃米尔·迪尔凯姆：《自杀论》，冯韵文译，北京：商务印书馆，2008年版。

张锦华：《媒介文化、意识形态与女性》，台北：正中书局1994年版。

陶东风：《社会转型与当代知识分子》，上海：上海三联书店1999年版。

王甦、汪安圣：《认知心理学》，北京：北京大学出版社1992年版。

赵宁：《视听传播你和我》，台北：平氏出版有限公司1995年版。

彭家发《新闻客观性原理》，台北：三民书局1994年版。

卢岚兰：《现代媒介文化——批判的基础》，台北：三民书局2006年版。

殷晓蓉：《战后美国传播学的理论发展》，上海：复旦大学出版社2000年版。

罗钢、刘象愚主编：《文化研究读本》，北京：中国社会科学出版社2000年9月版。

王一川：《语言乌托邦》，昆明：云南人民出版社1994年版。

肖小穗：《传媒批评》，哈尔滨：黑龙江人民出版社2002年版。

刘建明：《媒介批评通论》，北京：中国人民大学出版社2001年版。

鲍小兰编：《西方女性主义研究评介》，北京：生活·读书·新知三联书店1995年版。

郝明工：《无冕国度的对舞》，昆明：云南人民出版社2002年版。

梁欣如：《电视新闻神话的解读》，台北：三民书局1993年版。

黄新生：《媒介批评——理论与方法》，台北：五南图书出版公司1990年版。

王纬主编：《镜头里的"第四势力"》，北京：北京广播学院(中国传媒大学)出版社1999年版。

蔡尚伟：《影视传播与大众文化》，成都：四川大学出版社2005年版。

翁秀琪等：《新闻与社会真实建构》，台北：三民书局1997年版。

汪琪：《文化与传播》，台北：三民书局1992年版。

张意：《文化与符号权力》，北京：中国社会科学出版社2005年版。

二、外文部分

Baehr, Heler & Ann Gray(1996) (ed.) *Turning it on: A reader in women and media*. London and New York: Arnold.

Bourdieu, P. (1998). *Practical reason: On the theory of action*. Cambridge: Polity Press.

Bourdicu, P. (1984). *Distinction: A social critique of the judgment of taste*. (Richard Nice, Trans. from Franch). Cambridge, Mass.: Harvard University Press.

Fred S. Siebert, Theodore B. Peterson & Wilbur Schramm(1956), *Four Theories of The Press*, Urbana: University Press.

Gerth, H. H., Mills, C. W. (1946). *Form Max Weber: Essays in Sociology*. New York: Oxford University Press.

Hall, E. T. (1959), *The Silent Language*, Greenwich, Conn.

Hall, S. (Ed)(1997). *Representation: Cultural representations and signifying practices*. London: Sage.

Hartly, J. (1982), *Understanding and Mythmaking*, New York: Methuen.

Henry Jenkins(1992). *Textual Poachers: Television Fans and Participatory Culture*. New York: Routledge.

Hjarvard, S. (2013). *The mediatization of culture and society*. London: Routledge.

King, G. Krzywinska, T. (2006). Tomb Raiders and Space Invaders: Videogame Forms and Contexts. London: I. B. Taurus.

Liesbet van Zoonen(1995). *Feminist Media Studies*, London: Sage.

Meskimmon, M. (2010). Contemporary art and the cosmopolitan imagination. New York, NY: Routledge.

Meyrowitz. J. (1985), *No Sense of Place*, Oxford University Press, New York.

Michell W. J. T. (1986), *Iconology: Image, Text, Ideology*, Chicago: University of Chicago Press.

Sparks, Glenn G. (2004), *Media Effects Research: A Basic Overview*, PekingUniversity Press (影印版).

Taylor, Lisa, Willis, Andrew(2004). *Media Studies: Texts, Institutions and Audiences*, Peking University Press (影印版).

Turner, G. (1987). *British Culture Studies*, London: Unwin Hyman.

McNay, L. (1994). *Foucault: A critical introduction*. Cambridge: Polity Press.

Thompson, J. B. (1995). *The media and modernity: A social theory of the media*. Cambridge: Polity Press.

Habermas, J. (1979). *Communication and the Evolution of Society*. Boston: Beacon.

Douglas, Mary(1970). *Natural symbols: Explorations in Cosmology*, New York: Pantheon books.

后　记

　　熬到 2019 年的秋天,这本书终于可以定稿,算是春华秋实、瓜熟蒂落了。

　　照例要说一些写作缘起之类的话。最近 20 年来,媒介技术变革速度加快,媒介文化也呈现日新月异的局面。如果说 20 年前,我们讨论媒介文化问题,其基本的对象是传统媒介的文化,那么今天,我们需要面对的媒介文化则是新媒介文化。作为媒介文化的当下形态,新型的媒介文化可谓千姿百态、五花八门,在媒介技术的推动之下野蛮生长。面对媒介文化传播的现实,需要对其运作机制、社会影响做深入的分析和总结。

　　当下的媒介文化随媒介技术的进步而呈现不同的样态。媒介技术在当下有两个功能:一是解构功能。媒介技术解构了一切成规陋习,也简化了一切产制程序,使得媒介文化的生产规则悄然发生变化,UGC(用户自生成内容)正成为文化生产的一种主要形态,并引领社会时尚。当前的这场文化变革,最大规模地引发社会的广泛参与,有政府层面的融媒体、全媒体、"两微一端"改革,有普通百姓层面的狂欢。旧的文化秩序被改变后,新的秩序生成了。二是赋能、赋权功能。新媒介技术赋予媒介文化以各种表现技巧和表现形式,眼前媒介文化的炫目的形态正是媒介技术赋能、赋权后出现的。应该说,在迅猛发展的技术面前,文化传播规制是相对滞后的。规制与引导缺位是当前媒介文化野蛮生长的原因。

　　以青少年为主体、以青少年趣味为主导的新型媒介文化,正在走向历史舞台的中央,我们很难对其进行简单的价值判断。未来十年、几十年这种文化有可能是社会主流文化,如果未来确定是主流文化,"你不必讶异,更无须欢喜",因为这也许就是一种文化宿命。这需要我们客观、冷静地看待这场文化变革。首先要对过去的文化霸权做一个清算。文化迭代、变迁是一种社会常态,但是长期以来,成人社会对以青年文化为主要内容的新型文化样态所抱有的态度是看不惯、鄙视、嘲讽、批判,这起源于成人社会对主流价值观念的自觉维护,其潜意识内存在一种"青年恐慌",将不服管教、不接受主导性文化、标新立异等视为青年文化的"七宗罪",本能地给作为新型媒介文化的青年文化贴上负面标签。这种成人主流文化的姿态和文化霸权,使得青年文化生产难以获得生存合法性。其次,随着 Web2.0 技术的普及,话语霸权被解构了,原先的大众传播媒介时代成人文化具有话语权垄断性,而社交媒体时代这种话语权力转移了,宰制性、统领性的话语逐渐式微。这给作为新型媒介文化的青年文化恣意发展提供了自由空间。再次,媒介形态的转型带来了文化形态的变革,这是社会发展大变革阶段性表征。文化本身有恒定的精神品质,经典之所以代代相传,正是这种精神品质的传承。当下的文化暂时看不到出自经典的精神内涵,因为全社会技术理性甚嚣尘上,暂时遮蔽了其精神内核。

随着新的现象、新的问题不断涌现。新型媒介文化常常起始于某种趣味文化时尚,而当其迅速发展壮大成参与者众多的状态时,资本就会介入,在商业利益的驱动下做大做强。文化趣味的"模因化",归根结底就是一种"玩法"的模因,资本介入使其成为一种正当的文化产业。当下各种文化"玩法"令人目不暇接,网游、"网红"、短视频"抖音"等成为媒介文化的用户新宠。新型玩法使媒介文化的内涵与外延都得到了拓展。例如,人们也许对"粉丝文化"并不陌生,但对"粉丝打榜"却知之甚少。不久前,周杰伦的粉丝在微博为周杰伦打了一场关于流量的战争。自从周杰伦被质疑微博数据表现差后,周杰伦的"老年"粉丝便在微博"超话"(网络流行语,超级话题)的栏目下展开了反攻,号召大家一起为周杰伦"做数据",转发各种"打榜"教程,表示要冲到"超话"排名第一位。周四到周六,周杰伦"超话"一路从 17 名攀升到第二名,并同长期霸居"超话"第一的蔡徐坤展开了第一争霸战。和其他"饭圈"(粉丝群体)不同,周杰伦的粉丝常常以"老年"粉、"阿姨"粉自居,特征是不热衷于刷流量和制造话题,隐匿于网络空间但人数众多,粉丝的这种冷淡却也成为了网友质疑周杰伦的理由。"饭圈"逻辑认为,资源和流量应当是对等的。对于周杰伦来说,微博没有数据和流量,为什么演唱会门票还那么难买?这涉及到周杰伦的形象和实力评价,粉丝们觉得有必要通过行动来证明他们的偶像多有实力。于是,打榜这种"玩法"就出现了。周杰伦粉丝的打榜证明了这样一件事:实力不需要被"饭圈"逻辑捆绑,但是如果到了需要流量的时候也可以证明给你看。"老年粉"作为微博"超话"的小白,一边学习一边打榜,了解"超话"的位置,熟悉领分捐分的操作。当偶像的影响力被质疑,万千粉丝内心的火苗被点燃,他们为了听了那么多年的周杰伦,纷纷向00后的微博"饭圈"小年轻们学习如何做数据。同样的情形也曾在徐峥的《我不是药神》热映时发生过,当时有网友质疑徐峥微博"超话"仅二十多人签到,为什么电影票房那么火爆。因此一波日常潜水的徐峥粉丝"蒸饭"们开始为实力演员正名打call,对质疑言论进行反击。因为粉丝坚信,虚拟世界的数字是一种存在表征,没有经过虚拟空间的实力证明,不管现实空间的情况有多真实那也是虚假的。但是从何时起,实力需要流量来证明?所谓顶级流量明星,他们的流量一定代表了他们的实力,没有任何掺杂的水分吗?事实上,对"用实力证明地位而不是流量"的呼吁已不是新鲜事,但是这次"打榜"事件依旧反映了"饭圈"逻辑仍大行其道。这些媒介文化领域新动向是以前闻所未闻的,然而,这就是当下媒介文化的新常态。

简单地从社会心理角度分析粉丝心理容易失之皮相。为什么周杰伦会有那么多粉丝为他打榜,并冲到了第一的宝座?这正是因为周杰伦为粉丝们提供了需求,解决了粉丝们的精神皈依问题,粉丝就愿意花钱买专辑、买演唱会门票。粉丝们从偶像是新人的时候就开始持续关注并花钱购买"周边"(衍生产品)支持,等新人积聚一定人气后出道时,粉丝们就能从中获得成就感。这个逐渐体系化的偶像文化涉及五大关键词:粉丝、应援、周边、梦想、打榜,归结到一句话:"爱TA就要为TA花钱"。作为媒介文化现象,这着实让人大开眼界。

有些新"玩法"的形式,其实远不是想象的那么简单,寻求垄断、寻求控制是隐而不彰的内在动力。大数据、算法、人工智能的崛起,其实都是在谋求控制。数字可视化、用户画像、精准推送等颠覆了传统的传播模式,也催生了新的文化生产模式。不断出现的新型"玩法"也是文化迭代的动力。新型媒介文化有时也不那么单纯,久而久之也会具有政治色彩,演化为"玩法政治"。从早期的"超级女声",到"内涵段子"、咪蒙等都以其独特的方式实现从娱乐狂欢向潜在性政治转移。这些现象都值得我们研究。

媒介技术不断拓展人们的想象空间,媒介化趋势越来越明显,一切都在走向媒介化,事物自身意义的自足性丧失了,它仅仅成了一个其他事物的介质或者工具,一个"他者"。20年前,报刊、广播、电视等大众媒体的文化生产,固化了人们关于文化的思维,也固化了人们的想象性文化。新媒介技术兴起后,去中心化的传播模式,颠覆和消解了人们关于文化的想象,产生了许多新型文化样式,那么,如何看待这种变化趋势？在一路点赞中，网民还需要做冷静的理性思考。

马克斯·韦伯一针见血地揭示了"现代化即理性化"的时代精神，与此同时，它还明察秋毫地指出了理性化必然导致"铁笼"效应。特别是科学技术、形式法律、科层体制、官僚体制等现代工具理性对于古代人际情感、宗教神话乃至原始巫术交感等价值理性所具有的破坏作用。为此他还发明了"祛魅"这个属于艺术领域的词汇，形象描述了工具理性的强大抽象力量，是怎样无情消解了那些曾在人类生活中占据主导地位的、诗情画意的价值理想的神秘魅力。他的这一分析，恰好一语道破了一个事实，处于变动不居的现实世界中的人们精神生态正在走向失衡。显然，现代化进程中不可避免地存在风险，这自然包括文化风险。我们在欢呼 AI 人工智能、5G、机器人写作等现代技术带来高效、便捷、趣味的同时，并没有多少人关注新技术可能带来的诸种风险。早在 20 世纪 80 年代，乌尔里希·贝克从生态主义视角审视了作为现代性特征的风险社会，更多关注现代化进程给人类生存环境带来的毁灭性的破坏，因此生态风险在他那里是现代性的核心概念。贝克提出"风险社会"理论，根本目的是要以此为依据来批判和改造"简单现代性"，或者说改造资本主义社会，提出新的未来图景。贝克的"再造政治"的理想愿景中并没有涉及文化问题。吉登斯在对现代性的分析中则引入了时空特性概念。他认为现代性与前现代性区别开来的明显特质就是现代性意味着社会变迁步伐的加快、范围的扩大和空前的深刻性。在《现代性的后果》一书中，吉登斯讨论了"适应性反应"，将人们对现代性风险景象作出的反应分为"实用主义""持久的乐观主义"和"犬儒式悲观主义"三种类型。与贝克相似，吉登斯也没有专门讨论文化风险问题，但是这种文化适应性反应在当下中国知识界更多的是一种悲观判断。

那么，新型媒介文化是不是现代性长远计划中已有的规定情境？我们看到 UGC 的崛起，证明了文化生产的规则已经发生改变，在当下的消费社会中，这种 UGC 在商业模式诸如"知识付费"等方式的推动下有可能转向一种特殊形态，一种以感官体验为中心，以娱乐、休闲为呈现形式，以用户最大化为目标的文化形态。"流动性""废弃性"作为文化症候越来越明显，长此以往，这种感性化为文化特征的文化形态，其文化灵韵如何生成？广泛弥散的碎片化、去中心化带来的社会脱域现象如何解决？这些从某种意义上说，正是技术理性所带来的风险。当下以娱乐、休闲为特性的媒介文化正在充当社会"奶嘴"角色，布热津斯基的"奶头乐战略"已转化为一种社会现实,这更是一种政治风险。

这种新型媒介文化从历时性角度看,它是现代性长河中的朵朵浪花,但绝不是现代性本身。各种炫目的"玩法"不过是媒介文化的现代性涂层,本质上它们是现代性的后果,其中蕴含着种种社会危机。社会转型期诸种现象已成为传播研究、文化研究的极有价值的议题。

实事求是地说,就某些转型期的媒介文化研究,本书难免挂一漏万,缺乏深度思考。我也希望自己的努力是一次抛砖引玉,希望有更多的学人参与进来,共同讨论媒介文化的当下议题,把媒介文化研究推向深入。

回望来时路,感慨良多。上一本书是 2015 年完成的,再往前推,上上本书是 2011 年出版的,四年学术生产成了一个基本周期。这本书可以看作是拙作《传媒文化研究》(中国人民大学出版社 2009 年版)、《媒介文化通论》(江苏教育出版社 2011 年版)的姊妹篇。写作过程中得到诸多朋友的关心和帮助,我的研究生们参与了书稿的校对工作,上海三联书店的编辑杜鹃老师为本书的出版付出了辛勤的汗水,在此一并表示感谢! 期待更多的学界朋友批评、指正!

作　者

2019 年 11 月于姑苏

图书在版编目(CIP)数据

转型时期的媒介文化议题：现代性视角的反思/陈龙著.
—上海：上海三联书店，2019.12
ISBN 978 - 7 - 5426 - 6896 - 7

Ⅰ.①转…　Ⅱ.①陈…　Ⅲ.①传播媒介－文化研究
Ⅳ.①G206.2

中国版本图书馆 CIP 数据核字(2019)第 271579 号

转型时期的媒介文化议题：现代性视角的反思

著　　者/陈　龙

责任编辑/杜　鹃
装帧设计/一本好书
监　　制/姚　军
责任校对/张大伟

出版发行/上海三联书店
　　　　　(200030)中国上海市漕溪北路 331 号 A 座 6 楼
邮购电话/021 - 22895540
印　　刷/上海展强印刷有限公司

版　　次/2019 年 12 月第 1 版
印　　次/2019 年 12 月第 1 次印刷
开　　本/710×1000　1/16
字　　数/450 千字
印　　张/26.25
书　　号/ISBN 978 - 7 - 5426 - 6896 - 7/G · 1552
定　　价/89.00 元

敬启读者,如发现本书有印装质量问题,请与印刷厂联系 021 - 66366565